Barbara Zoschke
Kölner Elternhandbuch

Barbara Zoschke

Kölner Elternhandbuch

Argon

Die Zeit bringt für viele Bereiche sehr schnell zum Teil erhebliche Veränderungen, Umstrukturierungen und Neuorganisationen mit sich. Oft ändern sich Adressen oder Telefonnummern über Nacht, oder es verschwinden ganze Institutionen. Der Verlag übernimmt daher keine Gewähr für die – allerdings immer überprüften – Angaben. Über schriftliche Hinweise für Änderungen bzw. über Ergänzungen und Anregungen freut sich die Redaktion »Kölner Elternhandbuch« im Argon Verlag, Neuenburger Str. 17, 10969 Berlin.

1. Auflage 1995
© 1995 Argon Verlag GmbH, Berlin
Alle Rechte vorbehalten
Umschlaggestaltung: Maria Herrlich, Berlin
Satz: LVD GmbH, Berlin
Druck und Bindung: Clausen & Bosse, Leck

ISBN 3-87024-313-9

Inhalt

1 **Vorwort** 9

2 **Schwangerschaft und Geburt** 15
Eltern in Köln 16
Familienplanung und Schwangerschaftsberatung 17
Genetische Beratung 20
Die Geburt im Krankenhaus 20
Die ambulante Geburt 26
Hebammen 28
Vor und nach der Geburt 36
Stillgruppen und Stillberatung 42
Mehrlingsgeburten 43
Die neue Rolle der Väter 44
Babys in Bewegung: Schwimmen und Gymnastik für Säuglinge 46
Stoff- oder Wegwerfwindeln? 48

3 **Gesundheit und Krankheit** 51
Die Versorgungslage in Köln 52
Erste Hilfe am Kind 54
Vorsorgeuntersuchungen 54
Impfen – ja oder nein? 56
Der Umgang mit Ärzten 58
Ihr Kind muß ins Krankenhaus 59
Selbsthilfegruppen und Beratungsstellen 64
Behinderte Kinder 71
Kind und Umwelt 75
Kinderpsychiatrie 76
Wenn die Mutter krank ist 78
Plötzlicher Kindstod 80

4 **Elternschaft: allein oder zu zweit** 83
Die Familie: ein Auslaufmodell? 84
Ehe 84
Wenn der Haussegen schiefhängt ... 85
Binationale Familien 88
Alleinerziehend in Köln 89
Adoption und Pflegekinder 99

5 Rechte und Finanzen 105
Familienpolitik heute 106
Das Mutterschutzgesetz 107
Kindergeld 110
Erziehungsurlaub 110
Wenn Ihr Kind krank ist 114
Worauf Sie in Notlagen Anspruch haben 115
Steuervorteile für Eltern 118
Zurück in den Beruf! 120

6 Kinderbetreuung 123
Die Versorgungssituation in Köln 124
Betreuung für einen Abend oder für jeden Tag 124
Kinder von 0 bis 3 Jahre 129
Kinder von 0,4 bis 6 Jahre 135
Tageseinrichtungen für Kinder von 3 bis 14 Jahren 140
Tageseinrichtungen für Randgruppen 149
Kindergärten mit besonderer pädagogischer Ausrichtung 153
Au pair 155

7 Schule 157
Schullandschaft in Köln 158
Der Ernst des Lebens beginnt – Schulpflicht und Einschulung 159
Grundschulen 161
Die Hauptschule – Verlierer unter den weiterführenden Schulen 166
Realschulen 170
Gymnasien 172
Gesamtschule – die umstrittene Schulform 175
Wer hilft bei Schulproblemen? 177
Wer hilft bei den Hausaufgaben? 179
Schüler machen Zeitung 182

8 Beratungsangebote für Kids 183
Kinder brauchen eine Lobby 184
Städtische Interessenvertretung für Kinder 184
Jung und fremd in Köln 186
Gewalt gegen Kinder 187
Drogenberatung 195

INHALT

9 Kids go Sports 199
Sport im Umbruch 200
Sportlichen Aktivitäten öffnen sich
viele Bahnen 201
Das Angebot für Kinder und Jugendliche
von A bis Z 209

10 Kultur 247
Die Kulturszene für die Kleinen 248
Literatur 250
Musik 267
Kunst 272
Theater 275
Film 282
Rundfunk & Fernsehen 283
Kinder im Kölner Karneval 283

11 Reise und Verkehr 287
Zuschüsse zum Familienurlaub 288
Kindgerechter Familienurlaub 291
Feriensportangebote 298
Zelten 299
Jugendherbergen in Köln 301
Ferien ohne Eltern 302
Reisen mit dem Auto 305
Reisen mit dem Zug 306
Reisen mit dem Flugzeug 309
Kinder in Bus und U-Bahn 311
Kinder auf Rädern 312

12 Spiel und Freizeit 317
Spielplätze 318
Spielpädagogische Programme der Stadt 321
Feste feiern leicht gemacht 322
Spielzeug 323
Freizeit gestalten in Köln 326
Mit Kindern ausgehen 333
Freizeitangebote für Jugendliche 335

13 Aktiv in Politik und Umwelt, Kirche und Gesellschaft 343
Engagierte Kids 344

Die Jugendverbände 344
Rathausschule 344
Soziales Engagement 345
Aktiv in Politik, Umwelt und Naturschutz 347
Aktiv bei der Kirche 350
Pfadfinder 351

14 Register und KVB-Plan 353

Vorwort

Zur Entstehung des Kölner Elternhandbuchs

Kennen Sie das? Auf einer netten Party lehnen Sie sich lässig an den Türrahmen, nippen genießerisch an einem frisch gezapften Kölsch und lächeln erwartungsvoll in die Runde. Dieser Abend wird endlich mal wieder ein Abend sein, der Ihnen ganz allein gehört. Kein Kindergeschrei (dafür ist heute abend Vera, die 15jährige Nachbarstochter, zuständig), Sie müssen nicht kochen (das Buffet muß ein Vermögen gekostet haben), und den Antrag auf Erziehungsgeld für Ihren fast 6 Monate alten Sohn können Sie auch noch morgen ausfüllen (dann wird es aber höchste Zeit). Da passiert es.
»Hallo, Barbara, wie geht es Tim?« Sie stöhnen innerlich auf. Sie wollten sich doch ausnahmsweise einmal nicht über Kinder im allgemeinen und Ihren süßen Fratz im besonderen unterhalten. Na ja, Ihr Gegenüber meint es ja gut. »Alles paletti«, antworten Sie selbstbewußt und nehmen noch einen Schluck. Ob der Fragende schon den neuen Woody-Allen-Film gesehen hat? Gerade wollen Sie ihn danach fragen. Aber zu spät.
»Hast du ihn denn schon im Kindergarten angemeldet?«
»Nö«, antworten Sie lakonisch. Seit Tims Geburt bemühen Sie sich ohne Erfolg um einen Kindergartenplatz; mit 3 oder 4 Jahren soll er schließlich nicht immer noch zu Hause sein. Das könnte seiner Entwicklung schaden, haben Sie gelesen.
»Für Philip habe ich jetzt eine wahnsinnig tolle Krabbelgruppe gefunden«, verkündet Ihr Gesprächspartner mit einem triumphierenden Lächeln. Prompt meldet sich Ihr Lenor-Gewissen mit der bohrenden Frage: Wie hat er das bloß wieder geschafft?
Einen kurzen Augenblick können Sie noch der Versuchung widerstehen, ihm sein Geheimnis zu entlocken. Sie hatten es sich doch so fest vorgenommen: Einmal wollten Sie nicht über Kinder ... Aber egal, für Tim tun Sie alles!
»Ach ja? Das freut mich aber«, heucheln Sie und geben

Ihrem Gesprächspartner damit das Startzeichen, seine Ich-bin-der-beste-Papi-der-Welt-Story zu erzählen. Als er endlich zum Schluß kommt, fühlen Sie sich ein bißchen schuldig, denn der Fall ist ganz klar. Werner, so heißt der beste Papi der Welt, hat eine Krabbelgruppe für seinen Sohn gefunden, weil er besser informiert ist als Sie. Er hat sich einen Weg durch die Institutionen, Behörden und Ämter gebahnt, hat Kindergärtnerinnen genervt, Krabbelgruppen begutachtet und vor allem nicht aufgegeben. Deshalb hat sein Sohn jetzt einen Platz in einer Krabbelgruppe und Ihrer nicht!

Zum Angebot des Kölner Elternhandbuchs

Das *Kölner Elternhandbuch* wird Ihnen helfen, solche Situationen zukünftig besser zu bestehen. Nach vielen Gesprächen, die wie das eben geschilderte abliefen, ist bei mir der Entschluß gereift, die Frage nach dem Kindergartenplatz und viele andere Probleme von Eltern nicht nur für mich, sondern auch für alle anderen zu beantworten.

Von der Geburt Ihres Kindes an über seine ersten Krankheiten und die Einschulung bis hin zur Entwicklung von Hobbys und eigenen Interessen wirft das Elternsein Fragen auf, die zu beantworten viel Zeit und Mühe kostet. Und gerade eine so lebendige Stadt wie Köln hält zu jedem Problemkreis eine verwirrende Vielfalt von Angeboten bereit. So gibt es z. B. 10 Entbindungskliniken, 1 Geburtshaus und ca. 80 Hebammen in Köln. Das *Handbuch* hilft Ihnen zu entscheiden, wo und bei wem Sie am besten aufgehoben sind, und benennt Beratungsangebote für die schöne und manchmal schwierige Zeit vor und nach der Geburt.

Den Krankheiten der eigenen Kinder, ob akut oder chronisch, angeboren oder »erworben«, steht man als Elternteil oft hilflos gegenüber. Das *Elternhandbuch* nennt nicht nur Kölner Kliniken und Ärzte, sondern gibt auch einen Überblick über die mehr als 1000 Selbsthilfegruppen der Stadt, die zu den unterschiedlichsten Problemfeldern arbeiten.

Ob allein oder zu zweit, verheiratet oder ledig, die Auf-

VORWORT

gaben von Eltern sind immer die gleichen, ihre Rechte und Pflichten in vielerlei Hinsicht jedoch nicht. Das *Kölner Elternhandbuch* gibt wertvolle Tips, nennt Anlauf- und Beratungsstellen, die sich um Partnerschaft und die Rechte und Finanzen von Familien kümmern.

Zur Frage der Kinderbetreuung erhalten Kölner Eltern von den zuständigen Behörden und Ämtern oftmals widersprüchliche Antworten. Denn die Szene ist schier unüberschaubar geworden. Die Gesetzesnovellierung, die jedem Kind ab dem 3. Lebensjahr einen Kindergartenplatz zusichert, überfordert die Gemeinden und Kommunen, auch die Kölner Verwaltung. Das sorgt bei den Eltern für Verwirrung. Aufgrund der seit Jahren bestehenden Unterversorgung mit Kindergartenplätzen gibt es in Köln eine bunte und bewegte Szene aus elterninitiierten Spiel- und Krabbelgruppen sowie Kindergärten. Das *Kölner Elternhandbuch* führt diese sowie alle städtischen und konfessionellen Betreuungseinrichtungen auf, gibt Tips zur Gründung von eigenen Gruppen und nennt die wichtigen Anlauf- und Beratungsstellen.

Mit der Schule beginnt der Ernst des Lebens. Längst haben sich in der Kölner Schullandschaft Schulen mit einem besonderen pädagogischen, sprachlichen und musischen Angebot herausgebildet. Von der Grundschule bis zu den weiterführenden Schulen macht das *Elternhandbuch* aufmerksam auf die Highlights der Kölner Schullandschaft, informiert über Hausaufgabenbetreuung, Bildungsberatung für ausländische Kinder und Beratungsangebote bei Schulproblemen.

Bestimmte Probleme des Kindseins und Erwachsenwerdens müssen Ihre Sprößlinge selbst lösen. Sie können nicht überall und immer dabei sein und schützend die Hand über Ihr Kind legen. Deshalb brauchen Kinder eine Lobby. Sie müssen die Möglichkeit haben, sich selbst und ihrer Generation Gehör zu verschaffen und Lösungen für ihre Probleme zu finden, sie brauchen Beratungsstellen, die nur für sie zuständig sind und die sie problemlos aufsuchen können. Seitdem es in Köln das Amt für Kinderinteressen gibt, finden Kölner Kids bei der Stadt immer ein offenes Ohr für ihre Probleme. Natürlich existieren in Köln noch weitere Beratungsangebote speziell für junge Menschen, manche arbeiten mit Fragen, die Eltern in ihrer

Familie lieber nicht thematisiert wüßten, z. B. sexuellen Mißbrauch und Drogen. Alle wichtigen Anlaufstellen finden Sie und Ihre Kinder in Kapitel 8.
Was bietet Köln eigentlich in Sachen Sport, Kultur, Freizeit und Spiel? Über 800 Sportvereine, ungezählte freie Kindertheatergruppen, Spielwerkstätten, und und und ... Das *Kölner Elternhandbuch* verrät Ihnen, welcher Verein in Ihrer Nähe ist, gibt einen umfassenden Überblick über das Sportangebot in der Stadt, liefert wesentliche Informationen zu einzelnen Sportdisziplinen, führt durch die anregende Literatur-, Theater-, Kunst- und Musikszene Kölns und verrät Tips für Freizeit, Spiel und Spaß.
Der Kölner an sich verreist ja nicht gern, weiß eine bekannte Brauerei der Domstadt. Wenn's denn aber doch mal passiert, ist das für Eltern mit Kindern manchmal gar nicht so leicht. Wohin soll es gehen, damit Eltern und Kinder gleichermaßen Erholung finden, und welches Verkehrsmittel ist das geeignete, damit die Anreise sicher und streßfrei zugleich verläuft? Das sind nur 2 von vielen Fragen, die das *Kölner Elternhandbuch* im Kapitel Reise und Verkehr beantwortet.
In Köln sind wichtige Verbände, Organisationen und Gruppen tätig, die Kindern die Möglichkeit zum Engagement in Politik und Umwelt, Kirche und Gesellschaft bieten. Wenn Ihr Kind aus eigenem Antrieb wissen möchte, wo es mitmachen kann, oder Sie es dazu anregen wollen, finden Sie hierzu im *Elternhandbuch* alle wichtigen Adressen.
Die Adressen- und Informationsflut, die mich bei der Recherche zu jedem Thema schier überrollte, hat meine Arbeit erst möglich gemacht. Mein besonderer Dank gilt an dieser Stelle deshalb den auskunftswilligen Mitarbeitern und Mitarbeiterinnen der Verbände, Organisationen und Ämter, die ich kontaktiert habe. Alle Zahlen und Statistiken habe ich dem Statistischen Jahrbuch 1992/93 entnommen, das das Amt für Statistik und Einwohnerwesen der Stadt Köln im Auftrag des Oberstadtdirektors herausgegeben hat.

VORWORT

Zum Aufbau des Elternhandbuchs

Die Vielfalt der Angebote in allen angesprochenen Bereichen verteilt sich in Köln auf 9 Stadtbezirke. Jeder Stadtbezirk verfügt über ein eigenes Stadtbezirksamt mit verschiedenen Abteilungen. Ich habe die Angebote, wenn es sinnvoll und nötig erschien, den einzelnen Stadtbezirken zugeordnet, damit Sie auf einen Blick erkennen, welches Angebot sich in Ihrer Nähe befindet. Zur Erinnerung für Sie und zur besseren Handhabung des Buches finden Sie die Stadtbezirke und dazugehörenden Stadtteile nachfolgend aufgelistet.

Bezirk 1, Innenstadt:
Altstadt/Süd, Altstadt/Nord, Neustadt/Süd, Neustadt/Nord, Deutz

Bezirk 2, Rodenkirchen:
Bayenthal, Marienburg, Raderberg, Raderthal, Zollstock, Rodenkirchen, Rondorf (Hochkirchen, Höningen, Konraderhöhe und Rondorf), Hahnwald, Weiß, Sürth, Immendorf, Godorf, Meschenich

Bezirk 3, Lindenthal:
Klettenberg, Sülz, Lindenthal, Braunsfeld, Müngersdorf, Lövenich, Junkersdorf (Horbell, Junkersdorf und Marsdorf), Widdersdorf, Weiden

Bezirk 4, Ehrenfeld:
Ehrenfeld, Neuehrenfeld, Vogelsang, Bickendorf, Bocklemünd/Mengenich, Ossendorf

Bezirk 5, Nippes:
Nippes, Mauenheim, Riehl, Weidenpesch, Longerich, Bilderstöckchen

Bezirk 6, Chorweiler:
Fühlingen, Roggendorf, Thenhoven, Worringen, Blumenberg (Blumenberg, Broich, Kreuzfeld), Chorweiler (Chorweiler und Hoven), Heimersdorf, Lindweiler, Volkhoven/Weiler, Merkenich (Feldkassel, Kasselberg, Langel, Mer-

kenich und Rheinkassel), Seeberg (Bergheimerhöfe und Seeberg), Pesch, Esch/Auweiler

Bezirk 7, Porz:
Poll, Westhoven, Ensen, Gremberghoven, Eil, Porz, Urbach, Elsdorf, Wahnheide, Lind, Wahn, Libur, Zündorf, Langel, Grengel (Grengel und Flughafen)

Bezirk 8, Kalk:
Humboldt-Gremberg, Kalk, Vingst, Höhenberg, Ostheim, Merheim, Brück, Rath/Heumar

Bezirk 9, Mülheim:
Mülheim, Buchforst, Flittard, Buchheim, Ho weide, Dellbrück, Höhenhaus, Dünnwald, Stammheim

Zum Geleit

Die monatelange, manchmal recht mühevolle Arbeit an dem Buch hat sich gelohnt, wenn Sie in ihm eine wertvolle Hilfe für Ihren Alltag mit Kindern seher und besserwisserischen Partygängern zukünftig voll informiert begegnen!

2

Schwangerschaft und Geburt

Eltern in Köln 16
Sinkende Geburtenzahlen 16

Familienplanung und Schwangerschaftsberatung 17
Beratung rund um Partnerschaft und Kinder 17, Geburtsvorbereitung 18

Genetische Beratung 20

Die Geburt im Krankenhaus 20
Adressen und Leistungen der Kliniken im Überblick 21, *Checkliste: In welcher Klinik möchte ich entbinden?* 25

Die ambulante Geburt 26
Das Kölner Geburtshaus 26, *Geburtshäuser in Deutschland – immer noch geringgeschätzt* 27

Hebammen 28
Hebammen, die zur Geburt ins Krankenhaus begleiten – die Ausnahme 28, Die Familienhebamme der Stadt Köln 29, Adressen und Leistungen der Kölner Hebammen 29

Vor und nach der Geburt: Wo finde ich Rat und Hilfe? 36
Freie Gruppen 36, Die Familienbildungsstätten und Volkshochschulen 38, Deutsches Rotes Kreuz 40, *Checkliste: Das Wichtigste nach der Geburt* 41

Stillgruppen und Stillberatung 42
Wer hilft bei Stillproblemen? 42, *Muttermilch* 43

Mehrlingsgeburten 43

Die neue Rolle der Väter 44

Babys in Bewegung: Schwimmen und Gymnastik für Säuglinge 46

Stoff- oder Wegwerfwindeln? 48
Pro und Contra 48, Windelservice in Köln 49

Eltern in Köln

Ein Baby bringt viele Veränderungen mit sich und wirft viele Fragen auf

Mutter oder Vater werden – das bedeutet für die/den einzelnen in Köln sicher nichts grundlegend anderes als beispielsweise für Frauen und Männer in Bremen, Karlsruhe oder Erfurt. Jede Schwangerschaft ist nicht nur von Vorfreude und Glück geprägt, sondern kennt auch dunkle Momente der Unsicherheit, Zweifel und Traurigkeit. Fragen nach dem zukünftigen Leben und den allgemeinen Veränderungen, die ein Kind mit sich bringt, nehmen viel Raum in der Gedankenwelt der werdenden Eltern ein. Kann ich meinem Kind geben, was es braucht? Werde ich ein Leben lang für es da sein?

Ist das Kind erst einmal geboren, der Wehenschmerz vergessen und das Baby zu Hause, stellt der neue Alltag enorme Anforderungen an die Familie, die ihre Mitglieder bisweilen überfordern. Für all das werden Eltern »belohnt« mit der grenzen- und bedingungslosen Liebe zu ihrem Kind, und fast alle Männer und Frauen machen ganz neue und in den meisten Fällen ungeahnte Erfahrungen mit ihren Gefühlen. Das Phänomen ist weltweit das gleiche – und viel beschrieben.

Aufgabe des *Kölner Elternhandbuchs* kann es nur sein, die Möglichkeiten, Angebote und Leistungen zu beschreiben, die Schwangeren, werdenden Vätern und Eltern in ihrer Stadt offenstehen.

Sinkende Geburtenzahlen

Ab Mitte der 80er Jahre ist die Anzahl der Geburten bis 1991 kontinuierlich gestiegen. So wurden in Köln 1985 rund 8300 und 1991 11 100 Kinder geboren. Danach sank die Geburtenzahl wieder ab. 1993 wurden 10 000 Kinder in Köln geboren. Diese Entwicklungen sind vor allem auf Veränderungen im generativen Verhalten der deutschen Bevölkerung zurückzuführen
So stieg die Anzahl der Lebendgeborenen je 100 Frauen im Alter von 15 bis 44 Jahren bei Frauen deutscher Nationalität in Köln von 34,8 in 1985 auf 45,6 in 1991 an und sank bis 1993 auf 41,1 ab. Demgegenüber war die Entwicklung der Fruchtbarkeitsziffer bei der ausländi-

FAMILIENPLANUNG UND SCHWANGERSCHAFTSBERATUNG

schen Bevölkerung kontinuierlich fallend. Lag sie 1980 bei 77,3 Prozent, so betrug sie 1993 noch 55,5. Damit hat eine deutliche Angleichung des generativen Verhaltens der ausländischen Bewohner an das der deutschen Bevölkerung stattgefunden.

Familienplanung und Schwangerschaftsberatung

Beratung rund um Partnerschaft und Kinder

Gerade wenn sich der Nachwuchs schneller ankündigt, als ursprünglich geplant war, stehen Paare vor Problemen, die sie überfordern. Aber auch wenn beide schon lange auf ein Baby warten, kommt erst einmal alles durcheinander, wenn die Frau – dann doch plötzlich – erkennt, daß sie schwanger ist. Verläuft die Schwangerschaft gut, kann diese Zeit genutzt werden, um die größten Unsicherheiten und Sorgen, z. B. finanzieller Natur, in den Griff zu bekommen. Denn wenn das Kind erst einmal da ist, bleibt für vieles Wichtige nur noch wenig Zeit. Informationen und Beratung bieten folgende Einrichtungen an:

Gesundheitsamt

Das Gesundheitsamt der Stadt Köln hält zahlreiche Broschüren für Sie bereit und informiert und berät in allen Fragen, die sich um Schwangerschaft, Geburt, Entwicklung des Kindes, Impfungen usw. drehen. Das Beraterteam besteht aus einer Frauenärztin, einer praktischen Ärztin mit Zusatzbezeichnung Psychotherapie, einer Hebamme, einer Arzthelferin, Sozialarbeiterinnen und einer Sekretärin. Das Angebot ist kostenlos, und die Berater unterliegen selbstverständlich der Schweigepflicht.

Gesundheitsamt der Stadt Köln
Neumarkt 15-21
50667 Köln
✆ 221-4742
Knauffstr. 3
51063 Köln
✆ 6470954

Pro Familia

Pro Familia, die Deutsche Gesellschaft für Sexualberatung und Familienplanung e. V., wurde 1952 gegründet, ist überparteilich und konfessionell nicht gebunden. In

Pro Familia
Hansaring 84-86
50670 Köln
✆ 122087
Unstrutweg 27a
50765 Köln
✆ 703511

Köln hat Pro Familia folgende Beratungsschwerpunkte: Verhütungsberatung, Beratung bei Schwangerschaft, gesetzlich vorgeschriebene Paragraph 218-Beratung, Kinderwunschberatung, Sexual- und Partnerschaftsberatung, Sexualpädagogik.
Wie das Gesundheitsamt berät auch Pro Familia kostenfrei und unterliegt der Schweigepflicht. In der türkischen Sprechstunde werden Türkinnen und Türken von einer türkischen Ärztin beraten.

Weitere Beratungsangebote für Schwangere

Evangelischer Stadtkirchenverband
Evangelische Beratungsstelle
Tunisstr. 3
50667 Köln
✆ 2577461

»Kleine Hände« e. V.
Vors. Ingrid Damerau
Utestr. 21
51147 Köln
✆ 02203/66516

Sozialdienst Katholischer Frauen
Georgstr. 18
50676 Köln

Geburtsvorbereitung

Je näher der Geburtstermin rückt, desto öfter drängt sich die bange Frage auf: Ob wohl alles gutgeht? Eine gute Portion Sicherheit kann man sich in den Geburtsvorbereitungskursen und in Gesprächskreisen verschaffen. Jede Schwangere, die in einer gesetzlichen Krankenkasse versichert ist, hat Anspruch auf 10 Stunden Geburtsvorbereitung. Dort lernt sie, Eröffnungswehen von Preßwehen zu unterscheiden und sie optimal zu beatmen, sie übt verschiedene Gebärhaltungen und Entspannungstechniken.
Grundsätzlich ist zwischen Kursen zu unterscheiden, die Frauen allein besuchen, und solchen, die als Paar gemeinsam belegt werden können. Manche Kurse, z. B. in der Uniklinik, sehen vor, die letzten 2 der 10 Kursstunden mit Partner zu absolvieren. Neben den 10 Kölner Entbindungskliniken (siehe Seiten 21 ff.) bieten u. a. die Evan-

FAMILIENPLANUNG UND SCHWANGERSCHAFTSBERATUNG

gelische Familienbildungsstätte, der Bauchladen e.V. (siehe auch S. 37) und das Kölner Geburtshaus Geburtsvorbereitungskurse an.

Kursangebote

Kölner Geburtshaus e. V.
Cranachstr. 21
50733 Köln
⌀ 72 44 48
Anmeldung: Mo-Fr: 9.30-13 Uhr
Di u. Do: 16-19 Uhr

Parkplätze rund ums Kölner Geburtshaus sind rar, dafür sind die Bahnverbindungen gut:
Haltestelle Florastelle oder Lohsestr.: Bahnlinien 6, 9, 10, 12
Haltestelle Cranachstr.:
Buslinie 147
Haltestelle Zonser Str.:
Buslinie 148

Evangelische Eltern- und Familienbildungsstätte
Kartäuserwall 24b
50678 Köln
⌀ 31 48 38

Bauchladen e. V.
Bergisch-Gladbacher-Str. 1116
51069 Köln
⌀ 680 32 29

Das Kursangebot des Geburtshauses (siehe auch S. 26) ist gerade in der Vorbereitung auf die Schwangerschaft vorbildlich.
Vor der Geburt:
- Yoga für Schwangere
- Geburtsvorbereitung und Schwangerschaftsgymnastik
- Haptonomie
- Natürliche Selbstheilungsmethoden gegen Rückenschmerzen in der Schwangerschaft
- Bauchtanz für Schwangere
- Tai-Chi-Chuan für Schwangere und Nichtschwangere

Beratungen
- Beratung rund ums Kinderkriegen
- Hebammensprechstunden
- Glücklose Schwangerschaft
- Beratung bei Problemkindern (0 – 2 Jahre)
- Kindersprechstunde

Wochenendseminare und Abendveranstaltungen, die ebenfalls angeboten werden, sind dem aktuellen Programm zu entnehmen.

Genetische Beratung

Frauenklinik der Universitätsklinik Köln
Kerpener Str. 34
50931 Köln
☎ 478-4994
Sprechzeiten nach telefonischer Vereinbarung

PD Dr. Uta Burck-Lehmann
Getreideweg 20
50933 Köln
☎ 495603
Sprechstunde vormittags

Wenn der Arzt eine Schwangerschaft erkennt, stellt er mit dem Ausschreiben des Mutterpasses eine Reihe von Fragen, auch solche, die Erbkrankheiten in der Familie betreffen. In bestimmten Fällen ist es angezeigt, eine genetische Beratung vorzunehmen.

Ihr Frauenarzt wird Sie in diesem Fall an die Frauenklinik der Universitätsklinik oder an die niedergelassene Genetikerin PD Dr. Uta Burck-Lehmann überweisen. Hier werden Sie sehr detailliert nach der Erbkrankheit in Ihrer Familie befragt und darüber aufgeklärt, wie hoch das wahrscheinliche Risiko ist, daß Ihr Kind die Krankheit hat.

Die Geburt im Krankenhaus

Geburtsklinik vorher genau ansehen

Immer noch der Normalfall: Von den ca. 10 000 Kölner Neugeborenen pro Jahr kommt die überwiegende Anzahl im Krankenhaus zur Welt.
Eine schwangere Frau kann in Köln zwischen 9 Krankenhäusern wählen. Für welche der Kliniken sie sich entscheidet, hängt von vielen Faktoren ab, nicht zuletzt davon, in welchem Haus sie sich am besten betreut fühlt.
Es ist ratsam, sich die Krankenhäuser der näheren Umgebung rechtzeitig anzuschauen und sich spätestens 3 Wochen vor der Geburt in einer Klinik anzumelden. Zwar wird jede Schwangere auch unangemeldet aufgenommen, doch ist es lästig, den Papierkram kurz vor der Entbindung erledigen zu müssen.
In allen Krankenhäusern Kölns ist mittlerweile Rooming-in gang und gäbe. In jedem Haus werden spezielle Schwangerschafts- und Geburtsvorbereitungskurse angeboten und den Kreißenden die Entscheidung über die Geburtsposition überlassen. Jedes Krankenhaus führt Informationsveranstaltungen durch und berät gern über die Angebote für Schwangere und werdende Väter.
Tip: Schauen Sie sich nicht nur den Kreißsaal an, sondern auch die Wöchnerinnen-Station, auf der Sie unmittelbar nach der Geburt liegen, wenn Sie nicht ambulant entbinden. Hier gibt es große Unterschiede: Ob Sie beispielsweise zu den sanitären Einrichtungen einen weiten

DIE GEBURT IM KRANKENHAUS

Weg zurücklegen müssen oder in einem Zimmer mit Dusche und WC untergebracht sind, beeinflußt das Wohlbefinden nicht unerheblich! Gesammelte Informationen über die Kölner Krankenhäuser sind beim Gesundheitsamt der Stadt Köln und bei Pro Familia erhältlich.

Adressen und Leistungen der Kliniken im Überblick

Innenstadt

Krankenhaus der Augustinerinnen
Geburtshilfe – Gynäkologische Abteilung
Jakobstr. 27-31
50678 Köln
⌀ 3308-0
Kreißsaal: 3308-1640
Information / Anmeldung: 3308-1640
Ausstattung: 2 Entbindungsräume, 1 Vorwehenzimmer, 26 Wochenbetten, 2-, 3-Bett-Zimmer. Ambulante Entbindung ist möglich, 24-Stunden-Rooming-in üblich.
Angebot: Schwangeren- und Mütterkurse, Schwimmen, Info-Veranstaltungen.

Verkehrsverbindungen:
Haltestelle Chlodwigplatz:
Buslinien 132, 133,
Straßenbahnlinien 6, 15, 16
Haltestelle Severinstr.:
Buslinie 985,
Straßenbahnlinie 3, 4, 9, 14

Lindenthal

Evangelisches Krankenhaus Köln
Geburtshaus – Gynäkologische Abteilung
Weyertal 76
50931 Köln
⌀ 479-0
Kreißsaal: 479-2208
Information / Anmeldung: 479-2208
Ausstattung: 4 Entbindungszimmer und 1 Vorwehenzimmer, 37 Wochenbetten, 52 Neugeborenenbetten, 1- und 2-Bett-Zimmer mit Dusche und WC. Ambulante Entbindung ist möglich.
Angebot: Schwangeren- und Mütterkurse, Schwimmen, Info-Veranstaltungen.

Verkehrsverbindungen:
Haltestelle Hildegardis-Krankenhaus: Buslinie 136, 137
Haltestelle Weyertal: Bahnlinie 7

DIE GEBURT IM KRANKENHAUS

Verkehrsverbindungen:
Haltestelle Laibplatz/Gleueler
Str.: Buslinie 146
Haltestelle Lindenburg oder
Weyertal: S-Bahnlinie 7

Universitäts-Frauenklinik Köln
(mit Perinatalzentrum)
Kerpener Str. 34
50931 Köln
℆ 478-1
Kreißsaal: 478-4965
Information/Anmeldung: 478-4965 u. 4915
Ausstattung: 5 Entbindungsräume und 4 Vorwehenzimmer, 43 Wochenbetten, 28 Neugeborenenbetten, 1- und 2-Bett-Zimmer, 10 Zimmer mit Dusche und WC. Ambulante Entbindungen werden angeboten, aber nicht häufig praktiziert.
Angebot: Schwangeren- und Mütterkurse, Schwimmen, Info-Veranstaltungen.

Verkehrsverbindungen:
Haltestelle Hohenlind:
Buslinie 136
Haltestelle Klitschburger Str.:
Bahnlinie 2

St.-Elisabeth-Krankenhaus
Geburtshilfe – Gynäkologische Abteilung
Werthmannstr. 1
50935 Köln
℆ 4677-0
Kreißsaal: 4677-525
Information / Anmeldung: 4677-525
Ausstattung: 4 Entbindungsräume, 2 Vorwehenzimmer, 35 Wochenbetten, 30 Neugeborenenbetten, 2-4-Bett-Zimmer (9 Zimmer mit Dusche und WC). Ambulante Entbindungen sind möglich.
Angebot: Schwangeren- und Mütterkurse, Informationsveranstaltungen.

Verkehrsverbindungen:
Haltestelle Hildegardis-
Krankenhaus:
Buslinien 136 und 146

St.-Hildegardis-Krankenhaus
Bachemer Str. 29-33
50931 Köln
℆ 4003-1
Kreißsaal: 4003-244
Information / Anmeldung: 4003-244
Ausstattung: 3 Entbindungsräume, 25 Wochenbetten, 20 Neugeborenenbetten, 1-3-Bett-Zimmer (mit Dusche und WC)
Angebot: Schwangeren- und Mütterkurse, Informationsveranstaltungen.

DIE GEBURT IM KRANKENHAUS

Nippes

Heilig-Geist-Krankenhaus
Geburtshilfe – Gynäkologische Abteilung
Graseggerstr. 105
50737 Köln
∅ 7491-0
Kreißsaal: 7491-293
Ausstattung: 3 Entbindungsräume, 1 Vorwehen-Wohnzimmer, 28 Wochenbetten, 35 Neugeborenenbetten, 4 Wärmebetten, 3 Inkubatoren. Ambulante Entbindungen sind möglich.
Angebote: Schwangeren- und Mütterkurse, Schwangerengymnastik und -schwimmgymnastik, betreutes Säuglingsschwimmen, Info-Veranstaltungen.

Verkehrsverbindungen:
Haltestelle Herforder Str.:
Straßenbahnlinien 6, 9

St.-Vinzenz-Hospital
Geburtshilfe – Gynäkologische Abteilung
Merheimer Str. 221-223
50733 Köln
∅ 7712-0
Kreißsaal: 7712-221
Information / Anmeldung: 7712-305 u. -221
Ausstattung: 3 Entbindungsräume, 1 Vorwehenzimmer, 25 Wochenbetten, 23 Neugeborenenbetten, 1-3-Bett-Zimmer (8 Zimmer mit Dusche/WC). Ambulante Entbindungen sind möglich.
Angebot: Schwangeren- und Mütterkurse, Schwimmen Informationsveranstaltungen.

Verkehrsverbindungen:
Haltestelle Florstr.:
U-Bahnlinien 6, 9, 12,
S–Bahnlinie 13
Haltestelle St.-Vinzenz-
Hospital: Buslinie 147

Porz

Krankenhaus Porz am Rhein
Geburtshilfe – Gynäkologische Abteilung
Akademisches Lehrkrankenhaus der Universität zu Köln
Urbacher Weg 19
51149 Köln
∅ 02203/566-0
Kreißsaal: 02203/566-313
Information / Anmeldung: 02203/566-305 u. -308
Ausstattung: 3 Entbindungsräume, 1 Vorwehenzimmer,

Verkehrsverbindungen:
Haltestelle Steinstr.:
S-Bahnlinie 7

36 Wochenbetten, 36 Neugeborenenbetten, 2-Bett-Zimmer, alle mit Dusche/WC. Ambulante Entbindungen sind möglich.
Angebot: Schwangeren- und Mütterkurse, Schwimmen, Info-Veranstaltungen.

Kalk

Verkehrsverbindungen:
Haltestelle Kalker Kapelle:
U-Bahn-Linie 1, 2, 9,
Buslinie (KVB) 159,
(RVK) 310, 420
Haltestelle Steinmetzstr.:
Buslinie (RVK) 424

Evangelisches Krankenhaus Kalk
Geburtshilfe – Gynäkologische Abteilung
Buchforststr. 2
51103 Köln
✆ 8289-0
Kreißsaal: 8289-305
Information / Anmeldung: 8289-485
Ausstattung: 3 Entbindungsräume, 2 Vorwehenzimmer, 35 Wochenbetten, 35 Neugeborenenbetten, 2-Bett-Zimmer (alle mit Dusche und WC). Ambulante Entbindungen sind möglich.
Angebot: Schwangeren- und Mütterkurse, Schwimmen, Info-Veranstaltungen.

Mülheim

Verkehrsverbindungen:
Haltestelle Neufelder Str.:
Bahnlinien 3, 15

Krankenhaus Holweide
Frauenklinik
Neufelderstr. 32
51067 Köln
✆ 6781-1
Kreißsaal: 6781-2746
Information/Anmeldung: 6781-2746
Ausstattung: 5 Entbindungszimmer, 1 Vorwehenzimmer, 40 Wochenbetten, 44 Neugeborenenbetten, 2-3-Bett-Zimmer, alle mit Dusche und WC. Ambulante Entbindungen sind möglich.
Angebot: Schwangeren- und Mütterkurse, Schwimmen, Info-Veranstaltungen.

DIE GEBURT IM KRANKENHAUS

Außerhalb Kölns

Vinzenz-Pallotti-Krankenhaus
Vinzenz-Pallotti-Str. 20-24
51429 Bergisch Gladbach (Bensberg)
✆ 02204/410
Kreißsaal: 02204/41-304

Das Vinzenz-Pallotti-Krankenhaus ist im Kölner Raum in seinem Angebot einmalig, weil es die natürlichen Gebärmethoden favorisiert.

> **Checkliste: In welcher Klinik möchte ich entbinden?**
>
> Folgende Fragen sollten Sie bei den Klinikbesuchen klären, um die für Sie optimale Entbindungsklinik auszuwählen:
>
> Wie sehen die Kreißsäle aus? Gibt es Entspannungsmöglichkeiten während der Eröffnungsphase, z. B. durch Bäder, Musikhören, ungestörtes Liegen etc?
>
> Werden die Schamhaare abrasiert?
>
> Wird ein Einlauf verabreicht?
>
> Wie viele Hebammen betreuen eine Kreißende?
>
> Verfügen einige Hebammen über besondere Fertigkeiten, wie Akupunktur?
>
> Wird in der Klinik bei vielen Frauen ein sogenannter Dammschnitt vorgenommen?
>
> Werden oft Eperidualanästhesien vorgenommen?
>
> Ist Rooming-in möglich?
>
> Fühlen Sie sich auf der Wöchnerinnen-Station wohl?
>
> Wie sind die Besuchszeiten?

Die ambulante Geburt

Das Kölner Geburtshaus

Kölner Geburtshaus e. V.
Cranachstr. 21
50733 Köln
℡ 72 44 48
Anmeldung:
Mo-Fr: 9.30-13 Uhr
Di u. Do: 16-19 Uhr

Ausstattung:
Entbindungsraum mit Doppelbett und großer Badewanne, Geburtshocker, 1 Wehenzimmer. Die Schwangere kann jederzeit zwischen verschiedenen Geburtspositionen wählen.

Die ambulante Entbindung bietet gegenüber der stationären viele Vorteile. Gerade Frauen, die nicht zum erstenmal entbinden, also zumindest abschätzen können, was auf sie zukommt, sehen in einer ambulanten Entbindung und der Heimkehr kurze Zeit später eine echte Alternative für sich und ihr Kind. Oftmals kann nämlich gerade der rigide Krankenhausalltag mit festen Essens-, Still- und Besuchszeiten dem Wohlergehen der jungen Familie eher schaden als nützen.

Frauen oder Paare, die sich für eine ambulante Entbindung entscheiden, haben in Köln allerdings keine große Auswahl. Die einzige Einrichtung, die in Köln die Möglichkeit einer ambulanten Entbindung bietet, ist das Kölner Geburtshaus.

1984 gründeten ein Geburtshelfer, eine Hebamme, ein Kinderarzt und eine Geburtsvorbereiterin in Mülheim eine Entbindungspraxis, um einen Ort zu schaffen, an dem neue Ideen reifen konnten. Schnell entwickelten sich um die Geburt herum begleitende Kurse, in denen sich Frauen und Männer auf die Geburt und die Zeit danach vorbereiteten. Seit dem 1.10.1992 hat das Geburtshaus in der Cranachstraße 21 in Köln-Nippes einen Ort gefunden, der groß genug ist, um Geburtsvorbereitungskurse, Entbindungen und Beratungsangebote unter einem Dach zu vereinen. Inzwischen besteht das Team aus 5 Hebammen, 1 Frauenarzt und Geburtshelfer, 1 Erzieherin, 2 Heilpraktikerinnen, 2 Sozialarbeiterinnen sowie zahlreichen Kursleiterinnen aus dem medizinisch-pädagogischen Bereich.

DIE AMBULANTE GEBURT

Geburtshäuser in Deutschland – immer noch geringgeschätzt

Was in den 60er Jahren als subversives Gedankengut galt, weiß heute jedes Kind: Eine Geburt ist eine sehr intime und emotionale Angelegenheit, verbunden mit teilweise irrationalen Hoffnungen und Ängsten. Eine Geburt ist ein Erlebnis, das, abhängig auch von der Umgebung und den Menschen, die die Frau begleiten, als schön oder schrecklich empfunden werden kann.

Um so verwunderlicher, daß es in Deutschland erst 1982 zur Gründung des ersten Geburtshauses kam, und zwar in Berlin. Die Frauen hatten endlich genug davon, der Apparatemedizin und der Willkür mancher Ärzte in den Entbindungskliniken ausgesetzt zu sein, und ahmten das Beispiel der Amerikanerinnen nach, die bereits 1976 auf die unmenschlichen Bedingungen in den Entbindungskliniken reagierten und das erste »free-standing childbirth-center« gründeten. Mit dem Wehentropf auf einen bestimmten Entbindungstermin eingestellt, mit hochgelagerten Beinen sowie rasierter und desinfizierter Scham lagen in den 60er Jahren kreißende Frauen wehrlos auf den gynäkologischen Stühlen. Und vielfach sorgten eine prophylaktische Betäubungsspritze ins Rückenmark und ein Dammschnitt für das definitive Schlachtbankgefühl.

Trotz zahlreicher Unkenrufe aus der Welt der Fachmänner und -frauen fand das Berliner Beispiel schnell viele Nachahmer in ganz Deutschland. Dennoch lehnt die »Gesellschaft für Gynäkologie und Geburtshilfe« die Hausgeburt und Praxisgeburt weger ihrer »immanenten Gefahren für das Kind« auch heute noch strikt ab. Empirisch belegbar sind die Bedenken nicht.

In Ländern wie Holland beispielsweise, in denen mehr Hausgeburten stattfinden als hier, sind Dammschnitte und Kaiserschnittgeburten seltener, und die Rate der Kindersterblichkeit liegt unter einem Prozent. Trotz wachsenden Interesses seitens der Frauen werden die Geburtshäuser von Krankenkassen und öffentlichen Stellen nur mangelhaft unterstützt. Jede Hebamme kann zwar die Geburt, Geburtsvorbereitungskurse, Schwangerenberatung und Wochenbettbetreuung mit den Krankenkassen abrechnen, aber für alle sonstigen Arbeiten, die anfallen (Telefondienste, Informationsabende etc.) wird kein Geld gezahlt.

Hebammen

Hebammen leisten verschiedene Dienste

Eine Mutter und ihr Neugeborenes haben nach der Geburt das Recht auf die Betreuung durch eine Hebamme. Insgesamt stehen jeder Frau 10 Tage Nachsorge zu. Verbringt sie beispielsweise 5 davon im Krankenhaus, kann sie weitere 5 Tage von einer Hebamme zu Hause besucht werden. Voraussetzung dafür ist, daß sie sich schon vor der Geburt um eine Hebamme bemüht hat. Da die Versorgungssituation in Köln nicht gut aussieht (ca. 10 000 Geburten bei ca. 80 Hebammen), ist es ratsam, sich möglichst früh (sofort nach Feststellen der Schwangerschaft) eine der Kölner Hebammen zu sichern. (Im Anschluß finden sie die Adressen fast aller Kölner Hebammen.)

Bei der Wahl der Hebamme ist es wichtig zu unterscheiden zwischen Hebammen, die die Vorsorge (Schwangerschaftsvorbereitung) und Nachsorge (Säuglingspflege, Stillen und Ernährungsberatung, notwendige frauenärztliche Nachsorge-Untersuchungen usw.) übernehmen sowie auch zur Geburt ins Krankenhaus begleiten, und solchen, die ausschließlich für Vor- und Nachsorge zuständig sind und nicht ins Krankenhaus begleiten.

Hebammen, die zur Geburt ins Krankenhaus begleiten – die Ausnahme

Nur wenige Hebammen begleiten ins Krankenhaus

Die Begleitung der Schwangeren ins Krankenhaus bedeutet für viele Hebammen ein zeitliches Problem. Die Geburtshelferin muß fast 4 Wochen rund um die Uhr zur Verfügung stehen, denn nur ein ganz geringer Prozentsatz von Frauen bringt ihr Kind zum errechneten Zeitpunkt zur Welt. Der überwiegende Teil kommt in einem Zeitraum von 10 Tagen vor bis 10 Tage nach dem errechneten Termin nieder, einmal ganz abgesehen von den Frühgeburten. In dieser Zeit kann die Hebamme nicht verreisen und nicht zu viele andere Termine annehmen, ist also, was ihre Verdienstmöglichkeiten betrifft, sehr eingeschränkt. »Wenn ich eine Frau zur Geburtsbegleitung annehme«, erzählt Gundula Jaskowsky von der Hebammen-Praxis in Sülz, »muß ich 5 Wochen lang rund um die Uhr abrufbereit sein.«

Diese Leistung steht in keinem Verhältnis zur Bezahlung der Hebammen durch die Krankenkassen. Für eine Geburt im Krankenhaus erhält eine Hebamme 260,- DM, für eine Hausgeburt 300,- DM und für einen Hausbesuch in der Zeit des Wochenbettes 37,- DM von den Krankenkassen. Viele Hebammen erheben deshalb von den Eltern eine zusätzliche Pauschale von ca. 300,- DM, wenn diese die Begleitung ins Krankenhaus wünschen. Von den ca. 80 Hebammen in Köln begleiten etwa 10 in ein Krankenhaus, in dem sie Belegbetten haben oder in Teilzeit beschäftigt sind. Aufgrund der terminlichen Schwierigkeiten, über die alle Kölner Hebammen klagen, ist es für die Schwangere ratsam, sich so früh wie möglich um eine Hebamme zu bemühen. Wenn Sie sich umgehend nach Feststellen der Schwangerschaft eine Hebamme suchen, ist die Wahrscheinlichkeit groß, daß Sie die Schwangerschaft, Geburt und Nachsorge in die Hände *einer* Hebamme legen können.

Die Familienhebamme der Stadt Köln

Die Familienhebamme der Stadt Köln steht Ihnen im ersten Lebensjahr des Kindes beratend zur Seite. Sie kümmert sich um Stillprobleme, beantwortet alle Fragen zu Ernährung und Pflege und ist auch Ansprechpartnerin für die Mutter. Ihre Dienste sind kostenfrei bzw. über die Krankenkassen abzurechnen. Ab 1996 wird es eine zentrale Hebammenvermittlung geben.

Gesundheitsamt der Stadt Köln
Birgit Sagenmüller
Neumarkt 15-21
50667 Köln
✆ 221-4779

Adressen und Leistungen der Kölner Hebammen

Barbara Baumgärtner
Rhöndorfer Str. 98
50939 Köln
✆ 430 36 85
Geburtsvorbereitung, Schwangerenvorsorge, Hausgeburt, Praxisgeburt, Begleitung zur Geburt in die Krankenhäuser St. Elisabeth, Holweide und Krankenhaus der Augustinerinnen, Wochenbettbetreuung, Babymassage

Martina Behlau
Rolandstr. 99
50677 Köln
✆ 384199
Risikoschwangerschaftsbetreuung, Wochenbettbetreuung

Monika Behnen
Hänflingweg 21
50127 Bergheim
✆ 02271/93266

HEBAMMEN

Geburtsvorbereitung, Hebammen-Sprechstunde, Schwangerenvorsorge, Moxa-Therapie bei Steißlage, Risikoschwangerschaftsbegleitung, Wochenbettbetreuung, Begleitung nach Fehl- oder Totgeburt, Babymassage

Heidi Bernhard
Maybachstr. 24
50670 Köln
∅ 133268
Geburtsvorbereitung, Wochenbettbetreuung, Rückbildungsgymnastik

Anna Bialas
Anemonenweg 21
50259 Pulheim
∅ 02238/51712
Geburtsvorbereitung, Wochenbettbetreuung

Christa Bleit
Rektor-Klein-Str. 7
50827 Köln
∅ 593833
Geburtsvorbereitung, Moxa-Therapie bei Steißlage, Wochenbettbetreuung, Babymassage

Elke Broeckelschen
Gütergasse 7
51143 Köln
∅ 02203/88080
Geburtsvorbereitung, Hebammen-Sprechstunde, Moxa-Therapie bei Steißlage, Akupunktur, Risikoschwangerenbegleitung, Begleitung zur Geburt in die Krankenhäuser Porz und Holweide, Wochenbettbetreuung, Begleitung nach Fehl- oder Totgeburt, Rückbildungsgymnastik, Stillgruppe, Babymassage

Esther Chrischilles
Burg Kendenich Haus II
50354 Hürth
∅ 02233/15685
Geburtsvorbereitung, Hebammen-Sprechstunde, Schwangerenvorsorge, Risiko-

schwangerenbegleitung, Hausgeburt, Praxisgeburt, Begleitung zur Geburt ins Krankenhaus Holweide, Wochenbettbetreuung, Begleitung nach Fehl- oder Totgeburt

Susanne Dortschy
Oberbech 26
51519 Odenthal
∅ 02202/71186
Moxa-Therapie bei Steißlage, Risikoschwangerenbegleitung, Wochenbettbetreuung, Begleitung nach Fehl- oder Totgeburt

Renate Egelkraut
Gustavstr. 17
50937 Köln
∅ 448877
Geburtsvorbereitung, Moxa-Therapie bei Steißlage, Hausgeburt, Wochenbettbetreuung, Begleitung zur Geburt ins Krankenhaus Weyertal

Karin Engel
Maria-Hilf-Str. 17
50677 Kön
∅ 331612
Wochenbettbetreuung

Martina Felix
Zechenstr. 7
51103 Köln
∅ 8701804
Geburtsvorbereitung, Schwangerenvorsorge, Moxa-Therapie bei Steißlage, Fußzonenreflexmassage, Wochenbettbetreuung, Babymassage

Angelika Ferrara
Im Haferkamp 12
51427 Bergisch Gladbach
∅ 02204/68983
Geburtsvorbereitung, Wochenbettbetreuung

Rosemarie Gneist
Gustavstr. 17
50937 Köln
∅ 448877
Wochenbettbetreuung

HEBAMMEN

Irene Göttgens
Stammheimer Str. 84
50735 Köln
∅ 761106
Geburtsvorbereitung, Moxa-Therapie bei Steißlage, Begleitung zur Geburt ins Krankenhaus Vinzenz-Pallotti, Bensberg

Annette Grothaus
Niehler Str. 209
50733 Köln
∅ 762250
Wochenbettbetreuung

Karola Grüsgen
Heerweg 190
53332 Bornheim
∅ 02227/7825
Geburtsvorbereitung, Risikoschwangerenbegleitung, Wochenbettbetreuung

Ulrike Heckelen
Alteburger Str. 232
50968 Köln
∅ 387167
Geburtsvorbereitung, Schwangerenvorsorge, Moxa-Therapie bei Steißlage, Haptonomie, Risikoschwangerenbegleitung, Hausgeburt, Begleitung zur Geburt ins Krankenhaus Vinzenz-Pallotti, Bensberg, Wochenbettbetreuung

Martina Heinz-Schmitten
Silberkauler Weg 16
51429 Bergisch Gladbach
∅ 02207/7937
Geburtsvorbereitung, Hebammen-Sprechstunde, Risikoschwangerenbegleitung, Wochenbettbetreuung, Begleitung nach Fehl- oder Totgeburt

Angela Herrmann
Eulerstr. 5
51065 Köln
∅ 622938
Geburtsvorbereitung, Wochenbettbetreuung

Stefanie Hesberg
Wiener Weg 12
50858 Köln
∅ 4844012
Wochenbettbetreuung

Erika Hojdem
Rektor-Schmitz-Str. 6
50825 Köln
∅ 5502619
Begleitung zur Geburt ins Krankenhaus Frechen, Wochenbettbetreuung

B. Holm-Buchka
Grevenbroicher Str. 13 c
∅ 5003471
Geburtsvorbereitung, Moxa-Therapie bei Steißlage, Wochenbettbetreuung

Rita Hüning
Münzstr. 2
51063 Köln
∅ 628626
Geburtsvorbereitung, Moxa-Therapie bei Steißlage, Begleitung zur Geburt ins Krankenhaus Holweide, Wochenbettbetreuung, Rückbildungsgymnastik

Christiane Ippach
Venloer Str. 368
50825 Köln
∅ 5502039
Geburtsvorbereitung, Hebammen-Sprechstunde, Schwangerenvorsorge, Moxa-Therapie bei Steißlage, Akupunktur, Hausgeburt, Praxisgeburt, Begleitung zur Geburt ins Krankenhaus St. Elisabeth (Hohenlind), Wochenbettbetreuung

Carolina Jänz
Philipp-Wirtgen-Str. 21
50735 Köln
∅ 766268
Wochenbettbetreuung

Gundula Jaskowsky
Bonner Str. 329
50968 Köln
∅ 385711

HEBAMMEN

Geburtsvorbereitung, Hebammen-Sprechstunde, Schwangerenvorsorge, Haptonomie, Hausgeburt, Begleitung zur Geburt in die Universitäts-Frauenklinik, Wochenbettbetreuung, Rückbildungsgymnastik

Andrea Kamphusmann
Ball 1
51429 Bergisch Gladbach
Ø 02204/85299
Geburtsvorbereitung, Schwangerenvorsorge, Moxa-Therapie bei Steißlage, Haptonomie, Fußzonenreflexmassage, Hausgeburt, Begleitung zur Geburt ins Krankenhaus Vinzenz-Pallotti, Bensberg, Marienkrankenhaus Bergisch Gladbach, Wochenbettbetreuung, Rückbildungsgymnastik, Babymassage

Susanne Kassan
Badorfer Str. 108
50321 Brühl
Ø 02232/32688
Geburtsvorbereitung, Wochenbettbetreuung, Babymassage, Moxa-Therapie bei Steißlage

Henryka Kawaletz
Unstrutweg 27
50765 Köln
Ø 7003312
Begleitung zur Geburt ins Krankenhaus St. Vinzenz (Nippes), Wochenbettbetreuung

Ute Kicsiny
Bergisch-Gladbacher-Str. 676
51067 Köln
Ø 6320814
Geburtsvorbereitung, Schwangerenvorsorge, Begleitung zur Geburt ins Krankenhaus Holweide, Wochenbettbetreuung

Bettina Kittelmann-Timpe
Am Husnolz 7
50968 Köln
Ø 3761264
Wochenbettbetreuung

Hedwig Klostermann
Manderscheider Str. 12
50937 Köln
Ø 419392 u. 7607187
Geburtsvorbereitung, Hebammen-Sprechstunde, Schwangerenvorsorge, Moxa-Therapie bei Steißlage, Haptonomie, Fußzonenreflexmassage, Risikoschwangerenbegleitung, Wochenbettbetreuung, Begleitung nach Fehl- oder Totgeburt, Rückbildungsgymnastik

Franka Knauf
Weißenburgstr. 1
50670 Köln
Ø 7390823
Geburtsvorbereitung, Risikoschwangerenbegleitung, Wochenbettbetreuung, Begleitung nach Fehl- oder Totgeburt

Susanne Koch
Steinbücheler Weg 1
51061 Köln
Ø 607117
Geburtsvorbereitung, Schwangerenvorsorge, Wochenbettbetreuung, Rückbildungsgymnastik, Babymassage

Claudia Koll
Fühlinger Kirchweg 105
50769 Köln
Ø 708611
Geburtsvorbereitung, Risikoschwangerenbegleitung, Wochenbettbetreuung, Begleitung nach Fehl- oder Totgeburt

Maritta Krieger
Pfarrer-Evers-Ring 51
50126 Bergheim
Ø 02271/66338
Geburtsvorbereitung, Wochenbettbetreuung

Iris Lehmann
Mülheimer Freiheit 135
51063 Köln
Ø 6402884
Geburtsvorbereitung, Hausgeburt, Begleitung zur Geburt ins Krankenhaus Holweide, Wochenbettbetreuung, Rückbildungsgymnastik, Babymassage

HEBAMMEN

Cordelia Manecke
Weißenburgstr. 57
50670 Köln
℘ 7326863
Schwangerenvorsorge, Wochenbettbetreuung

Vera Minnik
Körnerstr. 90
50823 Köln
℘ 529651
Geburtsvorbereitung, Hebammen-Sprechstunde, Schwangerenvorsorge, Moxa-Therapie bei Steißlage, Akupunktur, Hausgeburt, Praxisgeburt, Begleitung zur Geburt ins Krankenhaus Holweide, Wochenbettbetreuung

Adela Mohnlein
Kaiserswerther Str. 14
50739 Köln
℘ 1702910
Geburtsvorbereitung, Schwangerenvorsorge, Moxa-Therapie bei Steißlage, Akupunktur, Risikoschwangerenbegleitung, Hausgeburt, Begleitung zur Geburt in die Krankenhäuser Porz und Holweide, Wochenbettbetreuung, Rückbildungsgymnastik, Stillgruppe, Babymassage

Barbara Müller
Brambach 5
51491 Overath
℘ 02206/4168
Geburtsvorbereitung, Wochenbettbetreuung, Rückbildungsgymnastik, Begleitung nach Fehl- oder Totgeburt

Margis Palutke
Virchowstr. 36
50935 Köln
℘ 4302336
Geburtsvorbereitung, Wochenbettbetreuung

Birgit Pechmann
Stadtwaldgürtel 7
50935 Köln
℘ 402457
Geburtsvorbereitung, Haptonomie, Wochenbettbetreuung, Rückbildungsgymnastik, Babymassage

Monika Plonka
Luise-Rehling-Str. 36
51109 Köln
℘ 892200
Geburtsvorbereitung, Hebammen-Sprechstunde, Haptonomie, Hausgeburt, Praxisgeburt, Begleitung zur Geburt ins Krankenhaus Vinzenz-Pallotti, Bensberg, Wochenbettbetreuung

Ulrike Pradel
Sülzburgstr. 88
50937 Köln
℘ 2407858
Wochenbettbetreuung

Gabriele Purol
Emil-Nolde-Str. 52
50170 Kerpen
℘ 02273/52152
Wochenbettbetreuung

Gudrun Quurck
Friedrich-Offermann-Str. 38
51429 Bergisch Gladbach
℘ 02204/56595
Geburtsvorbereitung, Moxa-Therapie bei Steißlage, Fußzonenreflexmassage, Risikoschwangerenbegleitung, Hausgeburt, Begleitung zur Geburt ins Marien-Krankenhaus, Bergisch Gladbach, Wochenbettbetreuung, Begleitung nach Fehl- oder Totgeburt, Babymassage

Ingrid Revers-Schmitz
Alte Bonnstr. 147
50321 Brühl
℘ 02232/34256
Geburtsvorbereitung, Hebammen-Sprechstunde, Schwangerenvorsorge, Moxa-Therapie bei Steißlage, Risikoschwangerenbetreuung, Wochenbettbetreuung, Begleitung nach Fehl- oder Totgeburt, Rückbildungsgymnastik, Stillgruppe, Babymassage

Maya Santarossa
Roonstr. 45
50674 Köln
℘ 2405302
Wochenbettbetreuung

HEBAMMEN

Ute Röck
Reuterweg 40
53332 Bornheim
⌀ 02222/1650
Geburtsvorbereitung, Schwangerenvorsorge, Moxa-Therapie bei Steißlage, Risikoschwangerenvorsorge, Wochenbettbetreuung, Rückbildungsgymnastik, Babymassage

Birgit Sagenmüller
Gottesweg 112
50939 Köln
⌀ 419248
Geburtsvorbereitung, Wochenbettbetreuung

Ursula Sagner
Thumbstr. 34-42
51103 Köln
⌀ 857815
Geburtsvorbereitung, Begleitung zur Geburt ins Krankenhaus Kalk, Wochenbettbetreuung

Therese Schlundt
Magnolienweg 56
50769 Köln
⌀ 7088960
Geburtsvorbereitung, Schwangerenschwimmen, Hebammen-Sprechstunde, Haptonomie, Wochenbettbetreuung, Rückbildungsgymnastik, Stillgruppe, Babymassage

Susan Schmachtenberg
Vitalisstr. 96
50827 Köln
⌀ 586830
Geburtsvorbereitung, Begleitung zur Geburt in die Universitäts-Frauenklinik, Wochenbettbetreuung

Regina Ritzenhoff
Krieler Str. 65-67
50935 Köln
⌀ 436567
Geburtsvorbereitung, Haptonomie, Wochenbettbetreuung, Rückbildungsgymnastik, Babymassage

Gudrun Schöngen-Oude Hengel
Frankfurter Str. 66
51065 Köln
⌀ 617266
Geburtsvorbereitung, Schwangerenvorsorge, Wochenbettbetreuung

Verena Schulz
Aachener Str. 654
50226 Frechen
⌀ 02234/63268
Wochenbettbetreuung

Annett Schulze
Urbacher Weg 58 a
51149 Köln
⌀ 02203/51201
Geburtsvorbereitung, Schwangerenschwimmen, Hebammen-Sprechstunde, Akupunktur, Risikoschwangerenvorsorge, Begleitung zur Geburt ins Krankenhaus Porz, Wochenbettbetreuung, Begleitung nach Fehl- oder Totgeburt, Rückbildungsgymnastik, Stillgruppe, Babymassage

Heidi Schwarz
Fauthstr. 71
51465 Bergisch Gladbach
⌀ 02202/34448
Geburtsvorbereitung, Wochenbettbetreuung

Irina Sprengel
Servatiusstr. 13
51143 Köln
⌀ 896068
Fußzonenreflexmassage, Wochenbettbetreuung

Christa Steenweg
Josefstr. 11
51143 Köln
⌀ 02203/591737
Wochenbettbetreuung

Elisabeth Stollowsky
Berliner Ring 59
50321 Brühl
⌀ 02232/35560
Geburtsvorbereitung, Schwangerenvorsorge, Begleitung zur Geburt in die Universitäts-Frauenklinik, Wochenbettbetreuung

HEBAMMEN

Michaela Straßmann
Hospeltstr. 1
50825 Köln
⌀ 5469479
Akupunktur, Wochenbettbetreuung

Claudia Tramm
Graf-Adolf-Str. 73
51065 Köln
⌀ 628307
Wochenbettbetreuung

Andrea Wehling
Mommsenstr. 6
50935 Köln
⌀ 4301154
Geburtsvorbereitung, Hebammen-Sprechstunde, Schwangerenvorsorge, Haptonomie, Fußzonenreflexmassage, Risikoschwangerenbegleitung, Hausgeburt, Begleitung zur Geburt ins Krankenhaus Vinzenz-Pallotti, Bensberg, Wochenbettbetreuung, Begleitung nach Fehl- oder Totgeburt, Rückbildungsgymnastik

Sabine Weiss
Brunostr. 27
50677 Köln
⌀ 3100387
Wochenbettbetreuung

Elke Wieland
Rudolfweg 11
50999 Köln
⌀ 02236/61556
Wochenbettbetreuung, Rückbildungsgymnastik

Hiltrud Wittke
Evastr. 2 d
51149 Köln
⌀ 02203/14148
Geburtsvorbereitung, Schwangerenschwimmen, Hebammen-Sprechstunde, Schwangerenvorsorge, Moxa-Therapie bei Steißlage, Akupunktur, Risikoschwangerenbegleitung, Hausgeburt, Wochenbettbetreuung, Begleitung nach Fehl- oder Totgeburt, Rückbildungsgymnastik, Stillgruppe, Babymassage

Petra Wolter
Kurfürstenstr. 45
50321 Brühl
⌀ 02232/47625
Geburtsvorbereitung, Hebammen-Sprechstunde, Schwangerenvorsorge, Moxa-Therapie bei Steißlage, Hausgeburt, Wochenbettbetreuung, Rückbildungsgymnastik, Stillgruppe, Babymassage

Maritta Wulf-Bauer
Iddelsfelder Str. 68
51067 Köln
⌀ 693894
Geburtsvorbereitung, Hebammen-Sprechstunde, Schwangerenvorsorge, Moxa-Therapie bei Steißlage, Akupunktur, Fußzonenreflexmassage, Risikoschwangerenbegleitung, Wochenbettbetreuung, Rückbildungsgymnastik, Babymassage

Ulrike Zborowska
Am Ginsterberg 27
50169 Kerpen
⌀ 02237/62555
Geburtsvorbereitung, Wochenbettbetreuung, Rückbildungsgymnastik

Stella Zoozmann
Gauweg 12
51087 Köln
⌀ 632606
Geburtsvorbereitung, Hebammen-Sprechstunde, Schwangerenvorsorge, Moxa-Therapie bei Steißlage, Praxisgeburt, Begleitung zur Geburt ins Krankenhaus Holweide, Rückbildungsgymnastik

Elke Zysik-Mielke
Gladiolenstr. 12
53840 Troisdorf
⌀ 02241/79848
Schwangerenvorsorge, Wochenbettbetreuung

Vor und nach der Geburt: Wo finde ich Rat und Hilfe?

Freie Gruppen

Neben den Beratungsmöglichkeiten und Leistungen der städtischen und privaten Krankenhäuser und der professionellen Arbeit von Hebammen und Gynäkologen können die schwangere Frau, die Mutter und der Vater die Angebote von verschiedenen Vereinen und Selbsthilfegruppen nutzen und auf das Kursangebot der Familienbildungsstätten und Volkshochschulen zurückgreifen.

Hagazussa
Feministisches Frauen
Gesundheits Zentrum
Roonstr. 92
50674 Köln
℡ 234047
Öffnungs- u. Spechzeiten:
Mo u. Do: 16.00-19.00 Uhr
Di: 10.00-12.00 Uhr

Hagazussa

Eines der vielen positiven Beispiele aus der Kölner Selbsthilfeszene ist das Feministische Frauen Gesundheits Zentrum Hagazussa e. V. 1983 aus einer Selbsthilfegruppe entwickelt, bietet Hagazussa den Kölnerinnen ein Beratungs- und Hilfsangebot, das nach Einschätzung der Mitarbeiterinnen in Köln konkurrenzlos und in ganz Nordrhein-Westfalen einmalig ist. Grundlegende Idee der Zaunreiterinnen bzw. Hexen (so die Übersetzung des mittelalterlichen Begriffs »Hagazussa«) ist die Rückeroberung von Wissen und Kenntnissen der natürlichen Frauenheilkunde. Dabei spielt der ganzheitliche Gesundheitsansatz, der die bestehende medizinische Versorgung ergänzt und erweitert, die tragende Rolle. Ziel ist es, Frauen darin zu bestärken, die Signale ihres Körpers ernst zu nehmen, sie zu verstehen und aus Krankheiten zu lernen.
Wenn im Angebot auch keine spezifischen Eltern-Kind-Kurse zu finden sind, können sich Mütter trotzdem mit allen gesundheitlichen Problemen und frauenspezifischen Fragen an das Gesundheits Zentrum wenden.

Hebammenpraxis
Sülzburgstr. 200
50937 Köln
℡ 411624

Hebammenpraxen

Einige Hebammen haben sich in Praxen zusammengeschlossen. Sie alle bieten Geburtsvorbereitung, Wochenbettpflege, Begleitung von Risikoschwangeren, Einzelgeburtsvorbereitung oder Geburtsvorbereitung in Gruppen, Moxa-Therapie bei Steißlage, Haptonomie, Rückbildungsgymnastik und Babymassage. In der Sülzburgstraße gibt es auch PEKIP-Gruppen und Ernährungsberatung. Dort haben sich 4 Hebammen zusammengeschlossen: Regina Ritzenhoff, Gesine Habermann, Gundula Jaskowsky und Birgit Pechmann. Die Hebammenpraxis in der Neusserstraße wird von Christa Bleit, Hedwig Klostermann und Andrea Wehling geführt. In Porz gibt es in der Dülkerstraße eine Praxis, in der sich Elke Broeckelschen, Annett Schulze und Hiltrud Wittke zusammengeschlossen haben. Hiltrud Wittke ist ebenfalls in der Hebammenpraxis in der Südstadt (Eifelstraße) tätig, gemeinsam mit Iris Lehmann und Dorothee Schlüter.

Hebammenpraxis
Neusserstr. 397
50733 Köln
✆ 7607187

Hebammenpraxis
Eifelstr. 29
50677 Köln
✆ 318503

Hebammenpraxis
Dülkerstr. 3
51143 Köln
✆ 02203/591872

Oase e. V.

Unter der Leitung der Kölner Hebammen-Koryphäe Therese Schlundt bietet die Oase, ein Zentrum für Geburtsvorbereitung und Geburtsnachsorge, Kurse und Beratungen im Rahmen der Geburtsvorbereitung, leistet Schwangerenbetreuung vor und nach der Geburt und hat zahlreiche Kurse im Angebot, die nach der Geburt weiterhelfen, wie Babymassage, Ernährungsberatung, Nabelpflege usw.

Oase e. V.
Longericher Str. 389
50739 Köln
✆ 5994994

Verkehrsverbindungen:
Haltestelle Longericher Str.:
Buslinie 125, 121
Haltestelle Longerich Friedhof:
Buslinie 127

Bauchladen e. V.

Wie viele andere Einrichtungen auch ist der Bauchladen von den finanziellen Kürzungen der Stadt Köln so betroffen, daß die wertvolle Arbeit des Vereins rund um Schwangerschaft, Geburt, Elternsein, Kinder und Partnerschaft bedroht ist. So lief beispielsweise die ABM-Stelle am 1.2.1995 aus. Der Verein ist zur Sicherung der Fixkosten (Miete etc.) auf Spenden und Mitgliedsbeiträge angewiesen. Der Mitgliedsbeitrag beläuft sich auf 60,- DM jährlich. Das Programmheft umfaßt 50 Seiten und enthält Angebote zu Schwangerschaft und Wochenbett, Eltern und Kind, Entspannung, Elterntreffs und Abendveranstaltungen.

Bauchladen e. V.
Zentrum für Frauen, Männer,
Kinder und Schwangerschaft
Bergisch-Gladbacher-Str. 1116
51069 Köln
✆ 6803229

Kölner Geburtshaus e.V.

Das umfangreiche Kursangebot des Geburtshauses für Schwangere (siehe S. 26) wird durch das Programm für Mütter, Väter und Babys ergänzt. Von Babytreff und Babymassage über eine offene Stillgruppe, Rückbildungsgymnastik und Beckenbodengymnastik bis zum Prager

Kölner Geburtshaus e.V.
Cranachstr. 21
50733 Köln
✆ 724448

Eltern Kind Programm (PEKIP), Spielspaß für Kinder von 12 bis 18 Monaten und Massagen zum Entspannen und Genießen reicht das Angebot.

Die Familienbildungsstätten und Volkshochschulen

In Köln gibt es 1 Evangelische und 5 Katholische Familienbildungsstätten sowie eine Volkshochschule mit 8 Außenstellen. Die Angebote der städtischen und kirchlichen Einrichtungen sind so vielseitig, daß Sie die verschiedenen Adressen und Telefonnummern der Einrichtungen in mehreren Kapiteln dieses Buches finden werden. In der Regel wurde darauf verzichtet, die Kursangebote bis ins Detail zu beschreiben, weil sie naturgemäß aktuellen Veränderungen unterliegen. Wir haben uns jedoch bemüht, das Kursangebot durch die Nennung von Stichworten zu charakterisieren und die Kursgebühren aufzuführen.

Die Katholischen Familienbildungsstätten

Die 5 Katholischen Familienbildungsstätten im Kölner Stadtgebiet bieten umfassende Kurse für Schwangere und Eltern mit Babys. Das reichste Kursangebot in dieser Hinsicht hat die Familienbildungsstätte »An St. Katharinen«, aber auch in allen anderen Einrichtungen widmen sich Fachkräfte den wesentlichen Fragestellungen von Schwangerschaft und Geburt sowie den besonderen Problemen und Bedürfnissen im ersten Lebensjahr des Kindes.

Unter der Überschrift Familie und Gesellschaft rubrizieren die Familienbildungsstätten folgende Kursangebote: »Geburtsvorbereitung«, »Säuglingspflege«, »Pampers, Fläschchen und Co.«, »Wiedersehenstreffen nach der Geburt«, »Wenn Paare Eltern werden«, »Rückbildungsgymnastik«, »Eltern-Kind-Gruppen«, »Babymassage und Babyschwimmen«, »Spiel und Bewegung für Babys«, »Vater – Kind: Heute gehört mein Daddy mir« und anderes. Welches konkrete Angebot in der Familienbildungsstätte in Ihrer Nähe besteht, erfragen Sie bitte unter den folgenden Adressen und Telefonnummern. Auf Anfrage

WO FINDE ICH RAT UND HILFE?

wird Ihnen das Kursprogramm gegen Einsendung des Portos von 1,50 DM zugesandt, es liegt aber auch kostenlos in Ihrem Pfarramt, in Ihrer Stadtteilbücherei und in einigen Geschäften aus.
Die Kursgebühren liegen zwischen 10,- und 100,- DM. In besonderen Fällen kann auf Anfrage eine Ermäßigung erfolgen.

Kath. Familienbildungsstätte Vogelsang
Rotkehlchenweg 49
50829 Köln
∅ 582302

Kath. Familienbildungsstätte An St. Urban
An St. Urban 2
51063 Köln
∅ 813284

Kath. Familienbildungsstätte Weißenburgstraße
Weißenburgstr. 14
50670 Köln
∅ 734794

Kath. Familienbildungsstätte »An St. Katharinen«
Arnold-von-Siegen-Str. 7
50678 Köln
∅ 931840-0

Kath. Familienbildungsstätte »An der Kalker Kapelle«
Kapellenstr. 7
51103 Köln
∅ 8701908

Die Evangelische Familienbildungsstätte

Die Kurse der Evangelischen Familienbildungsstätte finden sowohl in der zentralen Einrichtung am Kartäuserwall statt als auch in den Außenstellen in verschiedenen Evangelischen Gemeinde- und Jugendzentren (Bensberg, Bilderstöckchen, Brühl, Dellbrück, Holweide, Ehrenfeld, Höhenhaus, Klettenberg, Lindenthal, Longerich, Mauenheim, Weidenpesch, Michaelshoven, Niehl, Porz-Urbach, Porz-Wahn, Porz-Heide, Pulheim, Stommeln, Sinthern, Rath, Ostheim, Sürth und Weiss).
Der Fachbereich »Rund ums Kind« veranstaltet regelmäßig Geburtsvorbereitungskurse, Yoga für Schwangere, Gespräch mit dem Kinderarzt, Babyschwimmen, Spiel- und Bewegungsanregung für Babys und ihre Mütter und Väter (PEKIP-Gruppen). Die Kursgebühren liegen je nach Veranstaltung zwischen 0,- und 100,- DM. In besonderen Fällen kann eine Gebührenermäßigung erfolgen

Ev. Familienbildungsstätte
Kartäuserwall 24 b
50678 Köln
∅ 314838

(für Sozialhilfeempfänger, Arbeitslose, Kurzarbeiter, Ein-Eltern-Familien, Familien mit 3 und mehr Kindern, Spätaussiedler-Familien und Übersiedler-Familien, Familien mit Behinderten und Suchtkranken und vom Strafvollzug betroffene Familien).

Die Volkshochschulen in den Stadtbezirken
Die Volkshochschulen bieten neben Geburtsvorbereitung, Schwangerengymnastik und Babyschwimmen auch Kurse zu Ernährungs- und Partnerfragen an. Das aktuelle Angebot ist bei den Zweigstellen oder der zentralen Volkshochschule am Haubrich-Hof zu erfragen.

Volkshochschule, Zentrale
Studienhaus am Neumarkt
Josef-Haubrich-Hof 2
50676 Köln
✆ 2213601

VHS-Zweigstelle Chorweiler
Pariser Platz 1
50765 Köln
✆ 2211368

VHS-Zweigstelle Ehrenfeld
Rothehausstr. 1 a
50823 Köln
✆ 5488416

VHS-Zweigstelle Porz
Friedrich-Ebert-Ufer 64-70
51143 Köln
✆ 02203/41373

VHS-Zweigstelle Nippes
Simon-Meister-Str. 46-50
50733 Köln
✆ 7391702

VHS-Zweigstelle Kalk
Kalker Hauptstr. 247-273
51103 Köln
✆ 8279830 und 8279829

VHS-Zweigstelle Rodenkirchen
Sommershof
Hauptstr. 71
50996 Köln
✆ 3591397

VHS-Zweigstelle Mülheim
Genovevastr. 72
51063 Köln
✆ 6719321

Deutsches Rotes Kreuz

Familienbildungswerk
Deutsches Rotes Kreuz
Kreisverband Köln e. V.
Oskar-Jäger-Str. 101-103
50825 Köln
✆ 5487-0

Eine gesunde Eltern-Kind-Beziehung muß wachsen können. In dem Kurs vom DRK können Eltern miteinander ins Gespräch kommen und Anregungen für den Alltag mit ihren Säuglingen erhalten. Babymassage, Entwicklungsbegleitung und spielerische Anregungen, orientiert an den Bedürfnissen der Babys, sind Inhalte der Grup-

Checkliste: Das Wichtigste nach der Geburt

Vorsorgeuntersuchung U2
Die 2. Vorsorgeuntersuchung findet in der Regel noch im Krankenhaus statt. Haben Sie ambulant entbunden, müssen Sie darauf achten, die U2 am 5. oder 6. Tag nach der Geburt vornehmen zu lassen.

Anzeige der Geburt
In vielen Krankenhäusern wird das Melden des Kindes beim Standesamt für Mütter und Väter organisiert. Sie füllen lediglich die notwendigen Formulare aus und geben sie an die Krankenhausverwaltung zurück. Bietet Ihre Klinik diesen Service nicht, so müssen Sie die Geburt des Kindes spätestens 4 Wochen nach der Geburt dem Standesamt melden.

Haushaltshilfe
Nach einer Geburt haben junge Eltern alle Hände voll zu tun, um die neuen Aufgaben zu bewältigen. Sollten Sie feststellen, daß Sie nicht in der Lage sind, den Haushalt oder Ihre anderen Kinder zu versorgen, setzen Sie sich mit Ihrer Krankenkasse in Verbindung, denn Sie haben Anspruch auf eine Haushaltshilfe (siehe »Rechte und Finanzen«).

Kinderarzt
Haben Sie nicht schon vor der Geburt einen Kinderarzt gefunden, so sollten Sie sich jetzt umgehend einen suchen, damit Sie wissen, an wen Sie sich wenden können, wenn Ihr Kind unerwartet krank wird.

Kinderbetreuung
Im Kapitel »Kinderbetreuung« finden Sie alle wichtigen Anlaufstellen, die Ihnen Auskunft erteilen, wo und wie Sie Ihr Kind betreuen lassen können. Die Angebote reichen vom Babysitter über die Tagesmutter bis zu Krabbelgruppen und Tageseinrichtungen.

Rechte und Finanzen
Mit der Geburt eines Kindes sind neue Rechte und Pflichten verbunden. Welche finanziellen Leistungen Ihnen jetzt zustehen, erfahren Sie im Kapitel »Rechte und Finanzen«.

penstunden, in denen die Babys auch gestillt, gefüttert und gewickelt werden können. Der Kurs ist zweigeteilt und richtet sich einmal an Eltern mit Säuglingen von der 6. Lebenswoche bis zum 6. Monat und zum anderen an Eltern mit Säuglingen vom 6. bis 12. Monat.

Stillgruppen und Stillberatung

Muttermilch ist in den ersten 3 bis 6 Lebensmonaten das beste fürs Baby, denn Muttermilch enthält alle wichtigen Nährstoffe, die das Baby braucht und die ihm einen optimalen Immunschutz verleihen. Es gibt aber zahlreiche körperliche, psychische und persönliche Gründe, warum Frauen gar nicht oder nicht voll stillen wollen oder können.

Wer hilft bei Stillproblemen?

Da Stillen für viele Frauen mit Unsicherheiten und Problemen behaftet ist, bieten verschiedene Träger und eine Reihe von Hebammen Stillgruppen und Stillberatung an.

Hebammen und Gesundheitszentren

Kölner Geburtshaus e. V.
Cranachstr. 21
50733 Köln
✆ 724448

Elke Broeckelschen
Gütergasse 7
51143 Köln
✆ 02203/88080

Maritta Krieger
Pfarrer-Evers-Ring 51
50126 Bergheim
✆ 02271/66338

Adela Mohnlein
Kaiserswerther Str. 14
50739 Köln
✆ 1702910

Ingrid Revers-Schmitz
Alte Bonnstr. 147
50321 Brühl
✆ 02232/34256

Therese Schlundt
Magnolienweg 56
50769 Köln
✆ 7088960

Annett Schulze
Urbacher Weg 58 a
51149 Köln
✆ 02203/51201

Oase e. V.
Longericher Str. 389
50739 Köln
✆ 5995994

Bauchladen e. V.
Bergisch-Gladbacher-Str. 1116
51069 Köln
✆ 6803292

STILLGRUPPEN UND STILLBERATUNG **2**

Die Arbeitsgemeinschaft Freier Stillgruppen e. V.

Die Arbeitsgemeinschaft Freier Stillgruppen arbeitet in 4 Kölner Krankenhäusern und vermittelt in ihrer Arbeit theoretisches Wissen über das Stillen und die Muttermilch und leistet konkrete Hilfe bei Stillproblemen. Die Gruppen treffen sich in den nachstehenden Kliniken zu den angegebenen Zeiten:

Arbeitsgemeinschaft freier Stillgruppen e. V.
Hannelore Ruppert
✆ 438814
Christina Aughagen
✆ 02236/31299

Städtisches Krankenhaus Holweide
Neufelder Str. 32
51067 Köln
Mo ab 10 Uhr

Krankenhaus Porz
Urbacher Weg 19
51149 Köln
Mo ab 10 Uhr

Universitäts-Frauenklink
Kerpener Str. 34
51931 Köln
Mo ab 10 Uhr

Kinderkrankenhaus
Amsterdamer Str. 59
50735 Köln
Do ab 17.30 Uhr

Muttermilch

Auch die Muttermilch ist nicht mehr das, was sie einmal war. Belastet von DDT, Lindan, PCB, HCB und Dieldrin, fragen sich viele Frauen, ob Muttermilch wirklich das beste für ihr Baby ist. Wer sicher sein will, kann eine kostenlose Muttermilchuntersuchung beim Chemischen Landesuntersuchungsamt in Münster durchführen lassen.

Chemisches Landesuntersuchungsamt
Sperlichstr. 19
48151 Münster
✆ 0251/98210

Mehrlingsgeburten

ABC-Club e.V.

Mehrlingsgeburten bringen eine Reihe von Problemen mit sich. Das fängt bereits bei der körperlichen Belastung an, die für die Frau in der Schwangerschaft entsteht, wenn in ihrem Bauch zwei Babys heranwachsen. Danach erlebt die junge Familie die Mutter- und Vaterfreuden wie -leiden in doppelter Ausfertigung. Kann schon ein einzelnes Baby Anforderungen stellen, die die

ABC-Club e.V.
Internationale Drillings- und Mehrlingsinitiative
Strohweg 55
64297 Darmstadt
✆ 06151/55430

MEHRLINGSGEBURTEN

Zwillingseltern-Initiative Köln
Treffen auch für werdende Eltern jeden 1. Di im Monat, nähere Infos: ✆ *3761103 u. 5906839*

Eltern rund um die Uhr beschäftigen, so ist dies bei zwei oder mehr Kleinkindern erst recht der Fall. Und damit wachsen auch die Probleme. Angefangen vom Stillen bis zu Erziehungsfragen finden Eltern von Zwillingen, Mehrlingen oder von Kindern, die in sehr kurzer Zeit hintereinander geboren wurden, Rat und Hilfe bei dem ABC Club e. V. und der Zwillingseltern-Initiative Köln.

Die neue Rolle der Väter

Neue Väter braucht das Land

Es hat lange gedauert, bis die Väter daran gingen, eine ähnlich enge Beziehung wie die Mutter zu ihren Kindern aufzubauen und sich auch den ganzen praktischen Aufgaben der Elternschaft zu widmen, und es hat noch länger gebraucht, um auch die besonderen Probleme, die sich für die Väter aus ihrer neuen Rolle in der Familie ergeben, ins Blickfeld zu rücken.

Als die Väter noch die ausschließlichen Ernährer der Familie waren, war ihr familiäres Aufgabenfeld eng umrissen. Als Freizeit-Papis spielten sie mit den Kleinen am Wochenende oder in den Ferien, den oft nervenzerreißenden Alltag mit den Kindern mußten die Frauen bewältigen.

In den 70er Jahren setzte ein gesellschaftlicher, maßgeblich von den Feministinnen angestoßener Wertewandel ein, der auch das Selbstverständnis der Väter ins Visier nahm. Ist die außerhäusige Arbeit wirklich soviel mehr wert als die Arbeit einer Hausfrau? fragten sie. Woraus leitet der Mann das Recht ab, seine Frau mit der Aufzucht der Kinder allein zu lassen? Trägt er nicht mindestens genausoviel Verantwortung für die Kinder wie seine Frau? Heute nehmen viele Väter, wenn auch längst nicht alle, aktiv an der Erziehung und Betreuung ihrer Kinder teil und fühlen sich idealerweise genauso zuständig für den Nachwuchs wie die Mütter. »Vater werden ist nicht schwer, Vater sein dagegen sehr.« Dieser Ausspruch hat heute an ernstzunehmender Bedeutung gewonnen und ist längst mehr als ein Thekenwitz.

Doch so positiv diese Entwicklung auch sein mag, sie birgt erst einmal reichlich Konfliktstoff. Mit den neuen Anforderungen von außen und den hohen Ansprüchen

DIE NEUE ROLLE DER VÄTER

an sich selbst, mit der veränderten Beziehung zu ihren Frauen und manchmal auch den Freunden haben Väter häufig große Probleme. Oftmals hilft schon das Gespräch mit einem erfahreneren Vater oder mit einem Mann, der alles ganz anders macht, oder einem, der genau das gleiche durchlebt, um die Probleme besser zu bewältigen.

Evangelische Familienbildungsstätte

In Köln gibt es verschiedene Einrichtungen und Selbsthilfegruppen, die sich mit dem Thema Vatersein auseinandersetzen. Im Evangelischen Familienbildungswerk z. B. findet einmal im Monat ein Sonntags-Treff für Väter und Kinder statt, die sich nur an den Wochenenden sehen. Hier werden Anregungen zum gemeinsamen Spiel, aber auch Anstöße zum Erfahrungs- und Gedankenaustausch gegeben.

Evangelische Familienbildungsstätte
Kartäuserwall 24 b
50678 Köln
✆ 314838

Anlaufstellen für Väter

Kölner Geburtshaus e. V.
Cranachstr. 21
50733 Köln
✆ 724448
Väter-Stammtisch jeden
1. So im Monat, 11 Uhr in
der Stammheimer Str. 23

Väteraufbruch für Kinder e. V.
Väter treffen sich zum Gedanken- und Erfahrungsaustausch, Do 20 Uhr in
der Steinbergerstr. 40,
3. Etage, Kontakt:
✆ 7325351

Männerbüro Köln
Sprechstunde, Information,
Beratung jeden Do 20 Uhr im
Bürgerzentrum Alte Feuerwache
Melchiorstr. 3
50670 Köln
✆ 625058 u. 858402

Schwule Väter Köln
Treff jeden ersten Fr im
Monat um 20 Uhr im
Buchladen
»Lavendelschwert«
Bayardgasse 3
50676 Köln

Väter-Projekt-Köln
Kontakt- und Beratungsstelle für Väter in allen
Lebenssituationen jeden
Di. von 10-13 Uhr und
Do von 16-19 Uhr
Steinbergerstr. 40
50733 Köln
✆ 7325351

Babys in Bewegung: Schwimmen und Gymnastik für Säuglinge

Babyschwimmen – pro und contra

Das Babyschwimmen bietet neben der Babymassage und -gymnastik Eltern und Säuglingen die Möglichkeit, gemeinsame Sinneserfahrungen zu machen. Der Bewegungsdrang des Säuglings wird dabei gefördert und unterstützt, und den Babys, die sich gern im Wasser tummeln, macht es einen Riesenspaß.

Allerdings ist das Babyschwimmen in Verruf geraten, seitdem zu befürchten steht, daß das Chlor in den Hallenbädern krebserregend ist. Viele Eltern berichten auch von Pilzinfektionen ihrer Kinder, die sie sich in den Hallenbädern eingefangen haben und nur mühsam wieder loswerden. In jedem Fall ist es wohl sinnvoll, die Vor- und Nachteile des Babyschwimmens gegeneinander abzuwägen, um herauszufinden, ob die Teilnahme an einem Babyschwimmkurs im Einzelfall sinnvoll ist. Veranstaltet werden Babyschwimmkurse in fast allen Hallenbädern im gesamten Stadtbezirk von folgenden Einrichtungen:

Bildungswerk des Stadtsportbundes Köln e. V.
Schaevenstr. 1 b
50676 Köln
✆ 2401234

Deutsche Sporthochschule Köln
Carl-Diem-Weg 6
50933 Köln
✆ 4982-241

Ev. Familienbildungsstätte
Kartäuserwall 24 b
50678 Köln
✆ 314838

Kum & Luk
Hansaring 66
50670 Köln
✆ 1390551

Kath. Familienbildungsstätte
»An St. Katharinen«
Arnold-von-Siegen-Str. 7
50678 Köln
✆ 931840-0

Kath. Familienbildungsstätte Vogelsang
Rotkehlchenweg 49
50829 Köln
✆ 582302

Kath. Familienbildungsstätte »An der Kalker Kapelle«
Kapellenstr. 7
51103 Köln
✆ 8701908

SCHWIMMEN UND GYMNASTIK FÜR SÄUGLINGE

Weniger bedenklich und in jedem Fall der Gesundheit des Babys zuträglich ist die Babygymnastik. Der progressive Eltern- und Erzieherverband organisiert Treffen für Mütter und Väter und ihre Babys (ab der 6. Lebenswoche bis zur Vollendung des 1. Lebensjahrs) und entwickelt gemeinsam mit ihnen spielerisch die Sinne und den natürlichen Bewegungsdrang der Kinder.

Die kirchlichen Familienbildungsstätten bieten Babygymnastik teilweise auch nach PEKIP an. Die Adressen und Telefonnummern sind unter dem Kapitel »Vor und nach der Geburt: Wo finde ich Rat und Hilfe?« aufgeführt.

Auch einige Bürgerzentren, der Turn- und Spielverein Nippes und das Deutsche Rote Kreuz haben Turnen für die Kleinsten zusammen mit ihren Eltern im Programm.

PEV – Progressiver Eltern- und Erzieherverband
Prager Eltern-Kind-Programm, Spielen und Bewegen
Zugweg 22
50677 Köln
✆ 321665 u. 323474

Bürgerzentrum Alte Feuerwache
Melchiorstr. 3
50670 Köln
✆ 7391073 / 726047

Bürgerzentrum Nippes
Turmstraße 3-5
50733 Köln
✆ 221-9589

Turn- und Spielvereinigung Nippes
Johannes Molz
✆ 7126677

Familienbildungswerk Deutsches Rotes Kreuz
Kreisverband Köln e. V.
Oskar-Jäger-Str. 101-103
50825 Köln
✆ 5487-0

Gymnastikschule Anne Bach-Jacobs
Dürener Str. 85
50931 Köln
✆ 409604

Die Gymnastikschule Anne Bach-Jacobs bietet Mutter-Kind und Mutter-Baby-Turnen. Außerdem können Frauen nach der Geburt Rückbildungsgymnastik betreiben. Besonderer Clou und ein viel zu selten gebotener Service: Sie können das Baby mitbringen!

Babygymnastik

Stoff- oder Wegwerfwindeln?

Bei der Überlegung, ob man Einmalwindeln oder Stoffwindeln verwenden möchte, spielt auch die Umweltverträglichkeit eine Rolle. Hier galten die Stoffwindeln als überlegen, was jedoch durch Untersuchungen von Procter und Gamble in Zusammenarbeit mit der Technischen Universität Berlin in Zweifel gezogen wurde. Der amerikanische Konzern, Marktführer unter den Herstellern von Höschenwindeln, kam zu dem Schluß, daß Stoff- und Einmalwindeln ökologisch gleichzusetzen sind, weil keine der beiden Windelarten in puncto Rohstoffbedarf, Abfall, Abwasser, Abluft und Energiebedarf eindeutige Vorteile bietet. Das gleiche Ergebnis erreichte 1991 das unabhängige »Institut für Produktanalyse und Umwelt« in Zusammenarbeit mit der Universität Darmstadt.

Pro und Contra

»Windeln«
In: ÖKO-TEST-Sonderheft
Nr. 14, »Kleinkinder«, 1994,
S. 80-87

Wegwerfwindeln
Energieverbrauch:
Herstellung von Zellstoff, Plastikfolien und Absorberkügelchen aus Polyacrylat verbrauchen in hohem Maße Holz und Erdöl.
Umweltverschmutzung:
Produktion von Zellstoff und Plastik verunreinigt große Mengen von Wasser. Plastikwindeln machen 2 Prozent des gesamten Hausmülls aus.

Stoffwindeln
Energieverbrauch:
Produktion der Baumwolltücher, Windelhosen und Waschmittel erhöhen den Energieverbrauch.
Umweltverschmutzung:
Reinigen und Trocknen belastet die Gewässer und die Luft.

Beim Rohstoff- und Energieverbrauch schneidet in beiden Arbeiten die Wegwerfwindel schlechter ab als die Stoffwindel, dafür ist nicht eindeutig geklärt, welche Variante Luft und Wasser stärker belastet. Fest steht auf

jeden Fall, daß Stoffwindelwickler die Windeln nicht selbst waschen, sondern einen Windelservice in Anspruch nehmen sollten. Der muß zwar erst mit einem Auto durch die Gegend fahren, um die Windeln einzusammeln und auszufahren, dafür arbeiten die Dienstleister mit großen Gewerbewaschmaschinen, die das Wasser mehrmals nutzen können und die Wärme zum Waschen und Trocknen meist mit Gas statt mit Strom erzeugen. Außerdem verwenden sie oft umweltverträgliche Baukastenwaschmittel. Diese Argumente scheinen überzeugt zu haben. In Deutschland nehmen 7 Prozent die Dienste von schätzungsweise 100 bis 150 Windelservices in Anspruch.
Wer trotzdem Einweghöschen benutzen will – immerhin sind sie leichter zu handhaben –, sollte darauf achten, ungebleichte Marken zu verwenden, die es mittlerweile in allen Drogeriemärkten gibt – der Umwelt zuliebe.

Windelservice in Köln

Der Windelservice, eine private Initiative, bietet im Kölner Raum, in Leverkusen und Bergisch Gladbach die wöchentliche Lieferung von 30 gewaschenen Baumwollwindeln und den Abholdienst der gebrauchten frei Haus. Die kleinste Größe (I) kostet 13,80 DM, jede weitere 0,40 DM; Größe II 14,80 DM, jede weitere 0,40 DM; Größe III 15,80 DM, jede weitere 0,45 DM und Größe IV 16,80 DM und jede weitere 0,50 DM. Zum Vergleich: 60 Einmalwindeln mittlerer bis guter Qualität kosten ca. 25,- DM.

Windel-Service rechtsrheinisch
M. Künzel
Wichheimerstr. 277
51067 Köln
✆ 691457 u. 691484

Gesundheit und Krankheit

Die Versorgungslage in Köln 52
Hohe Arztdichte 52, Jugendzahnärztlicher Dienst 52, Fachdienste für Bürger mit gesundheitlichen Problemen oder Fragen 53

Erste Hilfe am Kind 54

Vorsorgeuntersuchungen 54
Die Vorsorgeuntersuchungen U1 bis U9 55

Impfen – ja oder nein? 56
Impfempfehlungen der Ständigen Impfkommission des Bundesgesundheitsamtes 57

Der Umgang mit Ärzten 58

Ihr Kind muß ins Krankenhaus 59
Die Mitaufnahme von Eltern 59, Ambulant contra stationär 60, Krankenhausbesuchsdienste 60, Wenn Ihr Kind krank wird, haben Sie Anspruch auf … 61, *Charta für Kinder im Krankenhaus* 62, Krankenhäuser mit Fachrichtung Kinderheilkunde 63

Selbsthilfegruppen und Beratungsstellen 64
KISS – Kontakt- und Informationsstelle für Selbsthilfe 64, Allergien 65, Autismus 67, Minimale Cerebrale Dysfunktion 67, Herzkrankheiten 68, Sehbehinderung 69, Schwerhörigkeit 69, Eßstörungen 70, Sprachförderung 70

Behinderte Kinder 71
Städtische Angebote 72, Schwerbehindertenausweis 73, Selbsthilfegruppen 73

Kind und Umwelt 75

Kinderpsychiatrie 76
Die Villa Kunterbunt 77, Psychotherapie und psychologische Beratung 77, *Die einzelnen sozialpsychiatrischen Zentren im Überblick* 78

Wenn die Mutter krank ist 78
Häusliche Pflege 78, Kuren für Mütter mit und ohne Kinder 79

Plötzlicher Kindstod 80
Selbsthilfe 81, *Literatur zum Thema* 82

Die Versorgungslage in Köln

Hohe Arztdichte

In Köln praktizieren – ohne die Krankenhausärzte – über 1500 niedergelassene Ärzte der verschiedenen Fachrichtungen. Gegenüber 1982 hat ihre Zahl um rund ein Viertel zugenommen. Addiert man die Zahl der Krankenhausärzte hinzu, so weist Köln rund 3000 Ärzte auf, so daß auf etwa 333 Einwohner je 1 Arzt kommt. Kinderärzte gibt es 88. Die Arztdichte ist damit in Köln insgesamt relativ hoch.

Es gilt allerdings einschränkend zu bemerken, daß einige Stadtbezirke mit Ärzten überversorgt sind, während andere unter Ärztemangel leiden. Die Innenstadt ist in jedem Fall überversorgt, weil hier 30 Prozent aller Fachärzte, 25 Prozent der Zahnärzte und 19 Prozent der Allgemeinmediziner niedergelassen sind. Dies hängt mit der zentralen Lage und der damit verbundenen Attraktivität der Innenstadt zusammen. Umgekehrt weist der dünner besiedelte Kölner Norden, insbesondere der Stadtbezirk Chorweiler, zumindest für einzelne Facharztgruppen eine Tendenz zur Unterversorgung auf.

In den 18 Kölner Krankenhäusern stehen den Kölnern im Krankheitsfall fast 8000 Betten zur Verfügung, die 1993 zu 78 Prozent ausgelastet waren.

Jugendzahnärztlicher Dienst

Das Kölner Gesundheitsamt verfügt über einen eigenen Jugendzahnärztlichen Dienst mit 5 Zahnärzten, 6 Zahnarzthelferinnen, von denen eine nur eine halbe Stelle hat, sowie 2 Prophylaxehelferinnen. Von dem Dienst werden Vorsorgeuntersuchungen und Reihenuntersuchungen in Kindergärten, Grundschulen und Sonderschulen sowie in weiterführenden Schulen durchgeführt. Bei der Prävention geht es um zahngesunde Ernährung, Mundhygiene (z. B. richtiges Zähneputzen) und Zahnschmelzhärtung.

DIE VERSORGUNGSLAGE IN KÖLN

Fachdienste für Bürger mit gesundheitlichen Problemen oder Fragen

Die städtischen Dienste des Gesundheitsamtes, die für Bürgerinnen und Bürger mit Gesundheitsproblemen bereitstehen, ergänzen in der Regel bei besonderen Problemlagen das Angebot anderer Einrichtungen und Dienste. Sie untersuchen und informieren, bearbeiten Anfragen, beraten, betreuen und vermitteln Hilfe. Die Dienste können in Anspruch genommen werden, wenn eine Erkrankung bereits eingetreten ist, sie werden aber vor allem vorbeugend aktiv.

Das Gesundheitsamt arbeitet mit Kliniken, der Ärzte- und Apothekerschaft sowie Einrichtungen der freien Wohlfahrtsverbände zusammen. Es hilft ratsuchenden Kölnern und Kölnerinnen, die für sie geeignete Stelle zur weitergehenden Therapie, Pflege, Begleitung und Rehabilitation zu finden.

Im Gesundheitsamt sind Dienste zu folgenden Gesundheitsproblemen, die Eltern und Kinder betreffen können, erreichbar. Wählen Sie (221- vorangestellt):

Behinderung bei Kindern	4705
Drogenabhängigkeit	4710, 4051
Entwicklungsstörungen bei Kindern	4795
Ernährungsprobleme bei Kindern	4786
Familienplanung	4779
Impfungen	4813
Kariesprophylaxe für Kinder	4750
Körperbehinderung bei Kindern	4751
Mütterberatung (Entwicklung des Säuglings, Stillen etc.)	4786
Schulfähigkeit (Einschulungsuntersuchung)	4786
Schulsportbefreiung	4786
Schwangerschaft und Geburt	4779
Sinnesschädigung bei Kindern	4705
Sportförderunterricht	4786
Stiftung »Mutter und Kind«	4779
Umweltbezogener Gesundheitsschutz (Umweltschadstoffe)	4753, 4031
Umweltmedizinische Fragen	2772, 4031

ERSTE HILFE AM KIND

Vorbeugende Untersuchungen von
Säuglingen, Klein- und Schulkindern,
Berufsschülern 4786
Zahnerkrankungen bei Kindern
und Jugendlichen 4750

Giftnotrufzentrale
Informationszentrale gegen
Vergiftungen –
Zentrum für Kinderheilkunde
Adenauerallee 119
53113 Bonn
℡ 0228/287 32 11

Deutsches Rotes Kreuz
Oskar-Jäger-Str. 101
50825 Köln
℡ 5487-250

Giftnotrufzentrale

Wenn Sie befürchten, daß Ihr Kind etwas Giftiges zu sich genommen hat, erhalten Sie erste Auskünfte und Ratschläge bei der Giftnotrufzentrale in Bonn.

Erste Hilfe am Kind

Was tun, wenn das Kind einen plötzlichen Asthma-Anfall bekommt, von einer Biene gestochen wird oder Durchfall hat? Wer im Fall des Falles eine Antwort auf diese und weitaus ernstere Fragen, die die Gesundheit des Kindes betreffen, parat haben will, sollte beim Deutschen Roten Kreuz die Sonderausbildung »Erste Hilfe am Kind« absolvieren. Gegen einen Kostenbeitrag von 40,- DM werden an fast 20 Terminen über das Jahr verteilt alle wichtigen Notfälle behandelt: Von A wie »Allergisch bedingte Erkrankungen« bis W wie »Windpocken« und »Wunden«.

J. H. Brüggemann
»Vorsorgeuntersuchungen im
Kindesalter (U1 bis U9)«.
Erläuterungen für Eltern zum
»Gelben Heft«, Stuttgart,
26,80 DM

Vorsorgeuntersuchungen

Das in allen Bundesländern einheitliche Vorsorgeprogramm für Kinder sieht für Kinder bis zum 6. Lebensjahr insgesamt 9 Vorsorgeuntersuchungen vor (U1 bis U9). Die Wahrnehmung der Termine geschieht auf freiwilliger Basis, ist also nicht Pflicht, sollte jedoch im Interesse des Kindes zum jeweiligen Zeitpunkt erfolgen.
Nach der Geburt erhalten die Eltern das sogenannte Gelbe Untersuchungsheft für Kinder, in dem die Termine und Ergebnisse der Untersuchungen festgehalten werden. Es ist zu jedem Arzttermin mitzubringen. Die U1 wird am 1. und die U2 am 5. Lebenstag durchgeführt, bei Krankenhausgeburten in der Regel noch in der Klinik. Ab der 3. Untersuchung ist dann der Kinderarzt zu-

VORSORGEUNTERSUCHUNGEN

ständig, der Sie auf Anfrage auch darüber informiert, was bei den einzelnen Vorsorgeuntersuchungen kontrolliert wird. Darüber hinaus sind in dem Buch *Vorsorgeuntersuchungen im Kindesalter* Erläuterungen der Untersuchungen in verständlicher Sprache zu finden.

Die Vorsorgeuntersuchungen U1 bis U9

U1
Unmittelbar nach der Geburt wird der Gesamtzustand des Kindes geprüft, die Atmung, der Herzschlag, die Muskelspannung, die Bewegung und die Hautfärbung.

U2
Am 5. Tag nach der Geburt werden Untersuchungen zur Früherkennung von Stoffwechselerkrankungen und Hüftgelenkschäden durchgeführt.

U3
In der 4. bis 6. Woche kontrolliert der Kinderarzt den Gesamtzustand des Kindes, stellt Fragen zur Ernährung, zudem werden Gewicht und Größe erfaßt.

U4
Im 3. bis 4. Monat beginnen die Impfungen, und die allgemeine körperliche und geistige Entwicklung des Kindes wird untersucht.

U5
Gegenstand der 5. Untersuchung, die im 6. bis 7. Lebensmonat des Babys vorgenommen wird, sind seine Bewegungsabläufe und die Geschicklichkeit.

U6
Wenn das Kind fast ein Jahr alt ist, bzw. zwischen dem 10. und 12. Monat, überprüft der Arzt die allgemeine Entwicklung und die Geschlechtsorgane.

> **U7**
> Im 2. Lebensjahr, zwischen dem 21. und 24. Lebensmonat, steht die altersgerechte Entwicklung des Kindes im Mittelpunkt der Untersuchung, also Bewegungsapparat, Geschicklichkeit sowie die Funktionen der Sinnesorgane und das Sprachvermögen.
>
> **U8**
> Im Alter von 3,5 bis 4 Jahren werden die Untersuchungen der 7. Vorsorge wiederholt und durch Beobachtungen der seelischen Entwicklung ergänzt.
>
> **U9**
> Die letzte und 9. Untersuchung findet im Alter von 5 bis 5,5 Jahren statt und erfaßt die körperliche und geistige Entwicklung, das Bewegungs-, Seh-, Hör- und Sprachvermögen des Kindes.

Manche Kinderärzte plädieren für die Einführung 2 weiterer Untersuchungen im Alter von 8 und 12 Jahren zur Früherkennung von orthopädischen Schäden. Natürlich steht es jedem Elternteil und -paar frei, diese Kontrollen selbst zu initiieren und den Kinderarzt um eine entsprechende Untersuchung zu bitten.

Impfen – ja oder nein?

Kaum ein Gebiet der Kinderheilkunde sorgt für mehr Verwirrung bei den Eltern als das Thema Impfungen. Sind die Risiken einer dauerhaften Schädigung meines Kindes nun größer als der Nutzen der Impfung, wie die Impfkritiker behaupten, oder bieten Impfungen doch den besten Schutz gegen Krankheiten wie Keuchhusten, wobei die Risiken vernachlässigbar gering sind?
Fest steht, daß sich die Meinungen auch in Fachkreisen stark unterscheiden und jeder gut beraten ist, wenn er sich vorab genau informiert.

Schutzverband für Impfgeschädigte e. V.

Die Impfung gegen Keuchhusten z. B. ist zunehmend ins Kreuzfeuer der Kritik geraten, weil das Kind die erste Impfung im Alter von 3 Monaten erhält, der volle Impfschutz infolge der notwendigen Wiederholungen der Impfung jedoch erst mit einem Jahr gegeben ist. Besonders gefährlich ist Keuchhusten, aber im ersten Lebensjahr des Kindes, also dann, wenn es durch die Impfung noch gar nicht geschützt ist.

Wer Beratung und Informationen in Impfangelegenheiten sucht, sollte zuerst mit dem behandelnden Kinderarzt sprechen oder sich direkt an den Schutzverband für Impfgeschädigte e. V. wenden.

Schutzverband für Impfgeschädigte e. V.
Postfach 1160
57259 Hilchenbach
✆ 02733/12273

Impfen: Abwägen ist sinnvoll
ÖKO-TEST Sonderheft Nr. 14, »Kleinkinder«, 1994

Impfempfehlungen der Ständigen Impfkommission des Bundesgesundheitsamtes

Lebensalter	Impfung gegen
Ab 3. Lebensmonat	*Diphterie-Pertussis-Tetanus:* 3mal im Abstand von 4 Wochen, *Haemophilus influenzae Typ b:* 2 Impfungen im Abstand von mindestens 6 Wochen oder mit der 1. und 3. DPT-Impfung oder 3 Impfungen mit kombiniertem DPT-Hib-Impfstoff im Abstand von 4 Wochen, *Poliomyelitis (Kinderlähmung):* 2mal Schluckimpfung im Abstand von mind. 6 Wochen, mit der 1. und 3. DPT-Impfung oder Teilnahme an Impfaktionen der Gesundheitsämter im folgenden Winter
2. Lebensjahr	*Diphterie-Pertussis-Tetanus:* 4. Impfung (Abschluß der Grundimmunisierung), *Haemophilus influenzae Typ b:* 3. Impfung ggf. in Verbindung mit der 4. DPT-Impfung oder 4. Impfung mit kombiniertem DPT-Hib-Impfstoff.

	Poliomyelitis (Kinderlähmung): 3. Schluckimpfung (Abschluß der Grundimmunisierung), *Masern, Mumps, Röteln:* 1. Impfung
Ab 6. Lebensjahr	*Masern, Mumps, Röteln:* 2. Impfung, *Tetanus-Diphterie:* Auffrisch-Impfung
Ab 10. Lebensjahr	*Poliomyelitis (Kinderlähmung):* Wiederimpfung, Schluckimpfung
11. – 15. Lebensjahr	*Röteln:* alle Mädchen, auch wenn im Kleinkindalter bereits gegen Röteln geimpft, *Tetanus-Diphterie* Auffrisch-Impfung

Der Umgang mit Ärzten

Es ist nicht immer leicht, die Nervosität beim Arztbesuch zu überwinden, und in der zur Verfügung stehenden Zeit, die oft knapp bemessen ist, alles Wichtige vorzubringen. Jeder kennt das Szenario: Eine Reihe von Fragen brennen auf der Seele, und kaum ist man endlich im Sprechzimmer, ist der Kopf wie leergefegt. Wieder zu Hause angelangt, fallen einem die wichtigen Fragen wieder ein, und der Ärger über die verpaßte Gelegenheit ist riesengroß.

In jedem Fall ist es ratsam, aus einer solchen Erfahrung zu lernen und sich auf kommende Arztbesuche gut vorzubereiten. Hilfreich ist beispielsweise, die Fragen vorher aufzuschreiben, was allerdings nur dann effektiv ist, wenn Sie während des Gesprächs mit dem Arzt oder der Ärztin auch einen Blick auf ihren Merkzettel werfen.

Evangelische Familienbildungsstätte

Die Evangelische Familienbildungsstätte bietet zu diesem Thema Informationsabende an, die unter der Leitung von Dieter C. Zschocke stehen, einem hochgeachteten Kinderarzt, der 1995 in den Ruhestand getreten ist. Die Kursgebühr beträgt für eine Doppelstunde 7,- DM.

Evangelische Familienbildungsstätte
Kartäuserwall 24 b
50678 Köln
✆ 314838

Ihr Kind muß ins Krankenhaus
Die Mitaufnahme von Eltern

Ein Kind im Krankenhaus – das ist die elterliche Schreckensvision schlechthin. Und je jünger das Kind ist, desto größer sind die Belastungen für die gesamte Familie.

Vor 25 Jahren, als Eltern im Krankenhausbetrieb noch als Störenfriede galten, gründete sich das »Aktionskomitee Kind im Krankenhaus e. V.«, um den Eltern und ihren kranken Kindern das Beisammensein im Krankenhaus zu ermöglichen. Zu der Überzeugung gelangt, daß Eltern den Genesungsprozeß ihrer Kinder positiv beinflussen und sich lange Trennungen gerade von Kleinkindern und Eltern negativ auf die Entwicklung der Kinder auswirken können, streiten die ehrenamtlichen Mitarbeiter von AKIK auch heute noch für die generelle Mitaufnahme von Eltern ins Krankenhaus. Das AKIK in Oberursel informiert betroffene Eltern über alles, was mit dem Thema zusammenhängt, und nennt Arbeitsgruppen in Ihrer näheren Umgebung.

In den Kölner Kliniken mit der Fachrichtung Kinderheilkunde haben sich mittlerweile unbegrenzte Besuchszeiten durchgesetzt, und es besteht im begrenzten Umfang die Möglichkeit der Mitaufnahme für die Eltern. Je nach Alter der Kinder und der Schwere der Erkrankung können Eltern also beantragen, bei ihren Kindern im Krankenhaus übernachten zu dürfen. Wenn die Mitaufnahme aus medizinischen Gründen angezeigt ist, übernimmt die Krankenkasse die daraus entstehenden Kosten. Über die notwendigen Voraussetzungen, die die Mitaufnahme ermöglichen, informiert das »Aktionskomitee Kind im Krankenhaus«.

Aktionskomitee »Kind im Krankenhaus« e.V.
Kirchstr. 34
61440 Oberursel
✆ 06172/303600

Broschüre
»Katrin kommt ins Krankenhaus«

Ambulant contra stationär

Neben dem Bemühen um die Mitaufnahme von Eltern ins Krankenhaus gibt es die Bestrebung von anderen Vereinen, kranken Kindern den Krankenhausaufenthalt zu verkürzen oder – am besten noch – zu ersparen und sie zu Hause zu pflegen. Die Eltern werden dabei in der häuslichen Pflege ihres Kindes praktisch unterstützt und fachlich beraten. In der vertrauten häuslichen Umgebung erfährt die Eltern-Kind-Beziehung keine Veränderung und die sozialen Kontakte bleiben erhalten. Trennungsängste und damit verbundene Verhaltens- und Entwicklungsstörungen können so vermieden werden, und der Heilungsprozeß insgesamt wird positiv beeinflußt.

Kranke Pänz e. V.
Hansaring 84-86
50670 Köln
✆ 138433
Mo-Fr 9-13 Uhr
Di 14-17 Uhr

Kranke Pänz e. V.

»Kranke Pänz e. V.« z. B. hat sich in Köln zu einem nicht wegzudenkenden Faktor bei der Versorgung kranker Kinder entwickelt. Der seit 1988 bestehende Verein arbeitet derzeit mit fest angestellten Krankenschwestern und einer Sozialpädagogin, die die Kinder im Schichtdienst betreuen. Anspruch auf die ambulante Krankenhausersatzpflege haben alle Familien mit kranken und pflegebedürftigen Kindern. Die Kosten werden von der Krankenkasse übernommen, wenn der behandelnde Arzt die Krankenpflege verordnet.

Krankenhausbesuchsdienste

Ist es doch notwendig, daß das Kind ins Krankenhaus kommt, bieten Krankhausbesuchsdienste Kindern und Eltern Hilfe und Unterstützung an.

Deutscher
Kinderschutzbund
Ortsverband Köln e. V.
Spichernstr. 55
50672 Köln
✆ 11103

Deutscher Kinderschutzbund

Das Kinderschutzzentrum Köln organisiert unter der Leitung von Frau Frings Krankenhausbesuchsdienste für die Kinder in der Universitätsklinik und im Kinderkrankenhaus Riehl. Dabei wird sowohl die Einzelbetreuung der erkrankten Kinder geleistet, als auch Hilfe und Unterstützung für die Eltern erkrankter Kinder gewährt. Wer die Hilfe des Kinderschutzzentrums in Anspruch nehmen

IHR KIND MUSS INS KRANKENHAUS

möchte, ruft in der Zentrale an und hinterläßt seine Rufnummer. Frau Frings setzt sich dann mit Ihnen in Verbindung.

Sozialer Dienst der Johanniter-Kinderklinik
Die Johanniter vermitteln die kostenlose Unterbringung von Eltern, deren Kinder längere Zeit in der Klinik in St. Augustin sind, und stehen während dieser Zeit den Eltern in allen Belangen als Ansprechpartner zur Verfügung.

Informationen und Tips zu diesem Thema bietet übrigens die Broschüre »*Unsere Kinder*«.

Sozialer Dienst der
Johanniter-Kinderklinik
Postfach 11 49
53757 St. Augustin
✆ 02241/249235

Bestelladresse:
Bundeszentrale für gesundheitliche Aufklärung
Referat VO4
51101 Köln

Wenn Ihr Kind krank wird, haben Sie Anspruch auf ...

Seit dem 1.1.1992 können sich Eltern von Kindern bis zu 12 Jahren, die krank werden, bis zu 10 Arbeitstage pro Kind von der Arbeit unbezahlt freistellen lassen und haben währenddessen Anspruch auf die Zahlung von Krankengeld. Damit alle Kinder, unabhängig davon, ob sie mit beiden Eltern oder nur einem Elternteil zusammenleben, gleichgestellt sind, wurde der Anspruch für Alleinerziehende auf 20 Arbeitstage ausgedehnt. Unabhängig von der Anzahl der erkrankten Kinder können die Eltern aber höchstens 25 Arbeitstage (Alleinerziehende 50 Tage) pro Jahr geltend machen.
Die gesetzlichen Krankenkassen sind gemäß Sozialgesetzbuch verpflichtet, »die aus medizinischen Gründen notwendige Mitaufnahme einer Begleitperson des Versicherten (hier des Kindes)« zu zahlen. Diese Krankenhausleistung muß vom aufnehmenden Krankenhausarzt bescheinigt werden und ist im Pflegesatz enthalten, ebenso wie die Behandlung und Pflege des Kindes. Demnach müssen entstehende Kosten nicht zur Erstattung bei der Krankenkasse eingereicht werden, sondern werden automatisch übernommen.
Aus der Sicht der Krankenkassen ist der Begriff der medizinischen Notwendigkeit leider sehr eng ausgelegt. Maßgeblich ist, daß ohne die Mitaufnahme der Gesundheitsprozeß ernsthaft und deutlich verzögert wird oder Ver-

haltensstörungen auftreten, die die Behandlung gravierend erschweren.

Manche Krankenhäuser bieten die Mitaufnahme als Wahlleistung an, wobei die daraus entstehenden Kosten von den Eltern zu tragen sind. Die Kosten für die Wahlleistung Mitaufnahme liegen nach den Erfahrungen des Aktionskomitees zwischen 20,- und 200,- DM pro Tag.

Charta für Kinder im Krankenhaus

Im Mai 1988 haben 12 europäische Initiativen »Kind im Krankenhaus« die »Charta für Kinder im Krankenhaus« erarbeitet. Sie beinhaltet in 10 Punkten Grundbedingungen zur Behandlung und Betreuung von Kindern im Krankenhaus.

1. Kinder sollen nur dann in ein Krankenhaus aufgenommen werden, wenn die medizinische Behandlung, die sie benötigen, nicht ebensogut zu Hause oder in einer Tagesklinik erfolgen kann.

2. Kinder im Krankenhaus haben das Recht, ihre Eltern oder eine andere Bezugsperson jederzeit bei sich zu haben.

3. Bei der Aufnahme eines Kindes ins Krankenhaus soll allen Eltern die Mitaufnahme angeboten werden, und ihnen soll geholfen werden zu bleiben. Eltern sollen daraus keine zusätzlichen Kosten oder Einkommenseinbußen entstehen.
Um an der Pflege Ihres Kindes teilnehmen zu können, sollen Eltern über die Grundpflege und den Stationsalltag informiert werden. Ihre aktive Teilnahme daran soll unterstützt werden.

4. Kinder und Eltern haben das Recht, in angemessener Art ihrem Alter und ihrem Verständnis entsprechend informiert zu werden. Es sollen Maßnahmen ergriffen werden, um körperlichen und seelischen Streß zu mildern.

5. Kinder und Eltern haben das Recht, in alle Entscheidungen, die ihre Gesundheitsfürsorge betreffen, einbezogen zu werden. Jedes Kind soll vor unnötigen medizinischen Behandlungen und Untersuchungen geschützt werden.

IHR KIND MUSS INS KRANKENHAUS

6. Kinder sollen gemeinsam mit Kindern betreut werden, die von ihrer Entwicklung her ähnliche Bedürfnisse haben. Kinder sollen nicht in Erwachsenenstationen aufgenommen werden. Es soll keine Altersbegrenzung für Besucher von Kindern im Krankenhaus geben.

7. Kinder haben das Recht auf eine Umgebung, die ihrem Alter und ihrem Zustand entspricht und die ihnen umfangreiche Möglichkeiten zum Spielen, zur Erholung und Schulbildung gibt.
Die Umgebung soll für Kinder geplant sein und mit Möbeln und Personal ausgestattet sein, die den Bedürfnissen von Kindern entsprechen.

8. Kinder sollen von Personal betreut werden, das durch Ausbildung und Einfühlungsvermögen befähigt ist, auf die körperlichen, seelischen und entwicklungsbedingten Bedürfnisse von Kindern und ihren Familien einzugehen.

9. Die Kontinuität in der Pflege kranker Kinder soll durch ein Team sichergestellt sein.

10. Kinder sollen mit Takt und Verständnis behandelt werden, und ihre Intimsphäre soll jederzeit respektiert werden.

Krankenhäuser mit Fachrichtung Kinderheilkunde

Nicht alle Kinder, die stationär in einem Krankenhaus behandelt werden müssen, haben das Glück, in ein Kinderkrankenhaus oder ein Krankenhaus mit pädiatrischer Abteilung zu kommen. Demzufolge werden sie auch nicht von Kinderärzten oder Kinderkrankenschwestern betreut, sondern von dem Klinikpersonal, daß sich auch um die erwachsenen Patienten kümmert. Das »Aktionskomitee Kind im Krankenhaus« setzt sich auch hier dafür ein, Verbesserungen der Versorgungslage zu erreichen, denn die fachärztliche Betreuung von Kindern sowie eine kindgerechte Umgebung sollten eigentlich selbstverständlich sein.
In Köln gibt es 3 Kinderkliniken bzw. Kliniken mit kinderheilkundlichen Abteilungen:

Universitätskliniken
Josef-Stelzmann-Str. 9
50931 Köln
∅ 478-0

Krankenhaus Porz am Rhein
Urbacher Weg 19
51149 Köln
∅ 02203/566-0

Kinderkrankenhaus Riehl
Amsterdamer Str. 59
50735 Köln
∅ 7774-1

Selbsthilfegruppen und Beratungsstellen

Austausch mit anderen Betroffenen suchen

Nicht jede Krankheit ist mit einem oder mehreren Arztbesuchen oder einem Krankenhausaufenthalt kuriert. Oftmals führt vom ersten Verdachtsmoment über die Diagnose bis zur Therapie ein langer, beschwerlicher Weg, der für die Eltern von Unsicherheiten und Ängsten gesäumt ist. Dabei begegnen sie vielen Ärzten, vielen Meinungen und meist noch mehr Therapievorschlägen.
In diesen Fällen kann es sehr hilfreich sein, sich – neben der Nutzung von Angeboten des städtischen Gesundheitswesens – mit anderen Betroffenen über die Krankheit und die mit ihr zusammenhängenden Erfahrungen und Ängste auszutauschen. In Köln gibt es zahlreiche Selbsthilfegruppen, aber natürlich auch städtische Hilfsangebote für bestimmte Krankheiten.

KISS – Kontakt- und InformationsStelle für Selbsthilfe

Welche Gruppen in Köln existieren, erfährt man bei KISS montags und donnerstags von 9 bis 12 Uhr unter der Rufnummer 951542-16.

Die über 1000 Kölner Selbsthilfegruppen aus dem gesundheitlichen und sozialen Bereich haben sich 1993 zur Arbeitsgemeinschaft Selbsthilfe im Paritätischen Wohlfahrtsverband zusammengeschlossen und damit eine bundesweit einmalige Form der Zusammenarbeit und Vernetzung im Selbsthilfebereich installiert. Für Bürgerinnen und Bürger, die selbst Mitglied in einer Selbsthilfegruppe sind bzw. werden wollen oder eine Gruppe grün-

SELBSTHILFEGRUPPEN UND BERATUNGSSTELLEN

den wollen, wurde KISS eingerichtet, die Kontakt- und InformationsStelle für Selbsthilfe Köln.
Die Hauptaufgabe des Vereins liegt in der Beratung von Menschen, die eine Selbsthilfegruppe gründen möchten, in der gegenseitigen Information, dem Erfahrungsaustausch, der Diskussion und gemeinsamen Positonsbestimmung. Zudem führen die Sprecher und Sprecherinnen der AG und von KISS Gespräche mit den Krankenkassen, um die Möglichkeiten und Bedingungen der Selbsthilfegruppenförderung nach § 20 Abs. 3a, Sozialgesetzbuch zu verbessern.
1995 stellten sich erstmals 47 Gruppen auf dem ersten Selbsthilfetag am Josef-Haubrich-Hof vor und warben für sich und die Idee der Selbsthilfegruppen.
Welche Gruppen in Köln existieren, erfährt man bei KISS montags und donnerstags von 9 bis 12 Uhr unter der Rufnummer 951542-16. Dabei reicht die Bandbreite der Gruppenschwerpunkte von Aids und Autismus über Probleme von Eltern mit Zwillingen, krebs- und herzkranken oder hochbegabten Kindern bis zu Scheidung, Sucht und Wohnungslosigkeit.

Allergien

15 Prozent der in Deutschland lebenden Kinder im Alter bis zu 14 Jahren leiden unter einer Allergie, allein 10 Prozent von ihnen haben Asthma. Für Köln heißt das, daß bei etwa 10 000 Geburten im Jahr von den 140 000 Kindern im Alter bis zu 14 Jahren 21 000 Allergiker sind. Tendenz steigend. 1993 waren 3,9 Prozent aller Kinder, die zur Einschulung kamen, Allergiker, 1994 waren es schon 4,4 Prozent.
Die Gründe dafür beschreibt Dr. Korch, Kinderarzt und Allergologe an der Kinderklinik Riehl, mit den Stichworten Genetik, Rauchen, Abgase. Zum einen ist demnach die Disposition an einer Allergie zu erkranken, erblich. Zum zweiten erkranken solche Kinder häufiger an Allergien, deren Eltern schon vor der Geburt geraucht haben. Drittens reagieren Kinder, die täglich länger als 2 Stunden dem Straßenverkehr und den Abgasen ausgesetzt sind, sensibler auf Allergene als beispielsweise

Atemwegserkrankungen:
Wenn die Luft wegbleibt. In: ÖKO-TEST-Sonderheft Nr. 14, »Kleinkinder«, 1994, 12,80 DM

Neurodermitis:
Zum Aus-der-Haut-Fahren. In: ÖKO-TEST-Sonderheft Nr. 14, »Kleinkinder«, 1994, 12,80 DM

Kinder, die in Borken, einer sehr ländlichen Umgebung, aufwachsen.

Kölner Förderverein für das Allergie- und Asthmakranke Kind e. V.

Der »Kölner Förderverein für das Asthma- und Allergiekranke Kind e. V.« ist ein vom Kinderkrankenhaus Riehl unabhängig arbeitender Verbund betroffener Eltern. Seine Hauptaufgabe sieht er in der Beratung. Haben Sie beispielsweise eine Diagnose nicht verstanden, bemüht man sich hier um Erklärungen. Sie erhalten Adressen von guten Ärzten und Informationen über Erfahrungen mit bestimmten Therapien. Außerdem veranstaltet der Verein Fortbildungsschulungen für Eltern und bietet Kursreihen zu verschiedenen Themen an, z. B. »Backen für Lebensmittelallergiker«.

Kölner Förderverein für das Allergie- und Asthmakranke Kind e. V. (FAAK Köln)
Kinderkrankenhaus Riehl
Amsterdamer Str. 59
50735 Köln
Marita Wittemeier
✆ 7774-223,
Dr. Korch (allergologischer Oberarzt) -438

Überregionale Kontakstellen und Selbsthilfegruppen

Deutscher Allergie- und Asthmabund e. V.
Hindenburgstr. 110
41061 Mönchengladbach
✆ 02161/183024

Arbeitsgemeinschaft Allergiekrankes Kind/Hilfen für Kinder mit Asthma, Ekzem oder Heuschnupfen e. V.
Hauptstr. 29
35745 Herborn
✆ 02772/41237

Eltern für saubere Luft / Initiative Pseudokrupp
Elke Grosse
Stadtstraße 57
79104 Freiburg
✆ 0761/2442

Allergie- und Asthmatikerverband Hamburg
Schloßmühlendamm 14
21073 Hamburg
✆ 040/7658736

Neurodermitis
Bundesverband Neurodermitiskranker in Deutschland e. V.
Oberstr. 171
56145 Boppard/Rhein
✆ 06742/2598
Lokale Gruppen in über 70 Orten, Merkblätter, Verbandszeitschrift, ausgewählte Behandlungszentren und Heilpraktiker

Deutscher Neurodermitiker Bund e. V.
Spaldingstr. 210
20097 Hamburg
✆ 040/2205757
Lokale Kontaktpersonen in über 100 Orten, Selbsthilfegruppen, Merkblätter, Verbandszeitschrift, Liste mit Behandlungszentren

Deutsche Haut- und Allergiehilfe e. V.
Fontanestr. 14
53173 Bonn
✆ 0228/35109-1

Autismus

Hilfe für das autistische Kind e. V.
Auf 10 000 Neugeborene jährlich kommen 5 autistische Kinder. In Köln leben also, hochgerechnet, unter den 140 000 Kindern bis zu 14 Jahren 70 Autisten.
Der Regionalverband »Hilfe für das autistische Kind« wurde 1984 gegründet und ist eine Selbsthilfegemeinschaft betroffener Eltern, die autistische Kinder im Alter von 3 bis 28 Jahren haben. Der Regionalverband bietet regelmäßig Maßnahmen und Hilfen für betroffene Familien an sowie Gesprächskreise unter fachlicher Anleitung, Elternseminare, Familienbildungsmaßnahmen, Behindertenfreizeiten zur Entlastung der Familie, Fortbildungsveranstaltungen mit Fachreferenten für Eltern, Erzieher und Betreuer autistisch Behinderter, Einsatz von Zivildienstleistenden, Praktikanten und Studenten der Sonderpädagogik zur Betreuung der Behinderten.

Hilfe für das autistische Kind e. V.
Regionalverband Köln/Bonn e. V.
Boltensternstr. 16, Haus P1
50735 Köln
✆ 767072
Sprechzeiten: 9 – 13 Uhr

Minimale Cerebrale Dysfunktion (MCD)

Verein zur Förderung der Kinder und Jugendlichen mit Teilleistungsstörungen e. V.
»Ihr Kind ist ungeschickt, ungehorsam, faul, dumm, unberechenbar, aggressiv, ein Spielverderber und flippt ständig aus.« So oder ähnlich lauten die Vorwürfe, mit denen sich Eltern von Kindern mit Teilleistungsstörungen (MCD/HKS) auseinandersetzen müssen.
Heute weiß man, daß bei einem großen Teil dieser auffälligen Kinder hirnfunktionsbedingte Störungen (MCD – Minimale Cerebrale Dysfunktion) vorliegen, die sich als Teilleistungsstörungen in verschiedenen Bereichen nachweisen lassen, in erster Linie als Bewegungs-, Sprach- und Wahrnehmungsstörungen sowie Verhaltensauffälligkeiten. Die Betroffenen können sich nicht an Regeln halten, stolpern über einen Stein, der auf der Straße liegt, stören in der Schule durch Albernheiten, Clownerien oder Zappeligkeit den Unterricht, sind weder mit Geduld noch durch Strenge zu beeinflussen und kommen trotz normaler Intelligenz in der Schule nicht mit. 12 bis 14 Pro-

Verein zur Förderung der Kinder und Jugendlichen mit Teilleistungsstörungen e. V.
Wendelinstr. 64
50933 Köln
Postfach 450246
50877 Köln
✆ 491400

zent aller Schulkinder, so schätzt die Bundesregierung, sind MCD-Kinder.
Der »Verein zur Förderung von Kindern und Jugendlichen mit Teilleistungsstörungen e. V.« setzt sich für die Verbesserung der Förderung dieser Kinder und Jugendlichen ein und hilft den Familien, die vielgestaltigen Probleme zu bewältigen. Neben der Information und Aufklärung der Öffentlichkeit leistet der Verein die fachliche und organisatorische Unterstützung der Selbsthilfeinitiativen und -vereine, gibt Forschungsergebnisse an die Betroffenen weiter und fördert den Erfahrungsaustausch zwischen den Eltern. Diese notwendige Elternarbeit wird seit Anfang 1994 durch eine psychologische Beratungsstelle geleistet.

Herzkrankheiten

Interessengemeinschaft
»Das herzkranke Kind« e. V.
Hermann Loschelder
Möbiusstr. 11
45143 Essen
℡ 0201/626972

Elterninitiative
Herzkrankes Kind e. V.
℡ 415118
Information, Adressen und
Beratung, Infos

Interessengemeinschaft »Das herzkranke Kind« e. V.
Das am häufigsten fehlentwickelte menschliche Organ ist das Herz mit seinen angrenzenden großen Arterien. Diese gravierende Behinderung zeigt sich bereits bei den Säuglingen, denn rund 1 Prozent der neugeborenen Kinder leidet an einer Fehlbildung des Herzens. Viele Fehlbildungen am Herzen können schon im Säuglings- oder Kleinkindalter operiert und behoben werden, aber daneben gibt es immer noch bundesweit 80 000 Kinder, die mit einer chronischen Herzkrankheit leben.
Eltern von herzkranken Kindern haben in Köln die Möglichkeit, sich einer der Selbsthilfegruppen anzuschließen, die sich mit dem Thema herzkrankes Kind beschäftigen. Alle Gruppen und Vereine informieren zu den verschiedenen Herzkrankheiten, geben Adressen von anderen betroffenen Eltern weiter und laden ein zum Gespräch und Erfahrungsaustausch.

Elterninitiative herzkranker
Kinder, Köln e. V.
Josef-Stelzmann-Str. 9
50937 Köln
℡ 415118

Elterninitiative herzkranker Kinder, Köln e. V.
Die »Elterninitiative herzkranker Kinder, Köln e. V.« begleitet die Eltern bei Stationsgesprächen in der kinderkardiologischen Abteilung der Universitätsklinik Köln, führt Gesprächsnachmittage durch für Familien, deren Kinder nach der Operation wieder zu Hause sind, und veranstal-

SELBSTHILFEGRUPPEN UND BERATUNGSSTELLEN

tet ein Mütter-Café zum Erfahrungsaustausch. Außerdem werden Informationsgespräche veranstaltet, die sich mit verschiedenen Erkrankungen des Herzens befassen, und es gibt Treffs für herzkranke Jugendliche.

Sehbehinderung

Rheinische Schule für Sehbehinderte Köln

Am 25.4.1957 wurde in Köln eine zweiklassige Schule für sehbehinderte Kinder eröffnet, die sich im Lauf der Jahre zu einem differenzierten Schulsystem entwickelt hat, das gute Voraussetzungen für die besonderen Bildungsbedürfnisse sehbehinderter Kinder und Schüler bietet. Der Einzugsbereich der Schule umfaßt die Städte Köln, Bonn, Leverkusen, den Erftkreis, den Rhein-Sieg-Kreis, den Rheinisch Bergischen Kreis, den östlichen Teil vom Kreis Euskirchen und vom Kreis Neuss. Die Schüler werden durch einen Zubringerdienst jeden Tag zur Schule und wieder nach Hause gebracht.

Im Bildungs- und Erziehungsauftrag der Schule ist die vorschulische Frühförderung sehbehinderter Kinder festgeschrieben, der Unterricht im Grundschul- und Hauptschulbereich bis zu der Klasse, die mit der Fachoberschulreife abgeschlossen werden kann, die sonderpädagogische Betreuung sehbehinderter Schüler, die eine Regelschule besuchen, und berufsvorbereitende Maßnahmen, um den Übergang in das Berufsleben zu erleichtern.

Rheinische Schule für
Sehbehinderte Köln
Weberstraße 37
50676 Köln
✆ *238722*

Schwerhörigkeit

Verein der Eltern und Förderer schwerhöriger Kinder e.V.

Um die besonderen Probleme schwerhöriger Kinder und ihrer Angehörigen kümmert sich der »Verein der Eltern und Förderer schwerhöriger Kinder«.

Verein der Eltern und
Förderer schwerhöriger
Kinder e.V.
Georgestr. 9-13
51109 Köln
✆ *231833*

Eßstörungen

Babykost:
Gut im Futter? In: ÖKO-TEST-Sonderheft Nr. 14, »Kleinkinder«, 1994, 12,80 DM

Babytees:
Noch immer zuckersüß. In: ÖKO-TEST-Sonderheft Nr. 14, »Kleinkinder«, 1994, 12,80 DM

Pfarrheim St. Vitalis
Elternkreis Eßgestörter Töchter und Söhne
Alter Militärring 43
50933 Köln
℡ 951542-16
Kontaktperson: 491918

Bundeszentrale für gesundheitliche Aufklärung
Ostmerheimerstr. 200
51109 Köln
℡ 8992-1

Das eine Kind ißt zuwenig und nicht so, wie die Eltern es sich vorstellen, das andere ißt zuviel und wird dick. Für Fehlernährung und Übergewicht gibt es viele medizinische als auch psychologische Ursachen, die nicht sofort erkennbar und somit nicht leicht behebbar sind. Kinder, die erst einmal ein falsches Eßverhalten haben – die z. B. gelernt haben, bei Kummer zu essen –, bleiben oft für ihr ganzes Leben davon beeinflußt.

Oftmals bewirkt eine kleine Veränderung im Verhalten schon viel, und es zeigen sich erste Möglichkeiten, wie das Problem ums leidige Thema Essen gelöst werden kann. Erfahrungen mit anderen Eltern eßgestörter Kinder können hierzu einen wertvollen Beitrag leisten. Eine Kölner Selbsthilfegruppe, die sich mit dem Thema auseinandersetzt, trifft sich im Pfarrheim St. Vitalis, auf dem Alten Militärring.

Bundeszentrale für gesundheitliche Aufklärung

Die Bundeszentrale für gesundheitliche Aufklärung gibt verschiedene Broschüren zum Thema Essen und Kinder/Familie heraus, die dort kostenlos zu bestellen sind. Ihre Titel lauten z. B. *Eßgeschichten – Wenn Kinder zu dick oder zu dünn werden; Wenn der Hefeteig spazierengeht ... und andere Geschichten übers Essen; Die kleine Lok, die alles weiß* (Rezepte, Tips und Spielanleitungen für Kinder zum Thema Ernährung) oder *Unsere Kinder* (über Kinder von 2 bis 6 Jahren).

Sprachförderung

Wenn Ihr Kind Sprachschwierigkeiten hat, z. B. stottert oder lispelt, finden Sie beim Gesundheitsamt und der Erziehungsberatungsstelle der Stadt Köln Unterstützung. Die dortigen Mitarbeiter beraten und helfen (dieses Angebot richtet sich speziell auch an türkische Mitbürgerinnen und Mitbürger), sie vermitteln Adressen zur Hausaufgabenhilfe und Sprachförderung und geben die Broschüre *Köln Information – Hilfen für sprachbehinderte Kinder und Jugendliche* heraus.

Städtische Schule für Sprachbehinderte

Die »Städtische Schule für Sprachbehinderte« hält Adressen für Sprachheilambulanzen bereit, die sich mit sprachlichen Auffälligkeiten befassen. Bei der Bundeszentrale für gesundheitliche Aufklärung können Sie die Broschüre *Unsere Kinder* anfordern, die Ratschläge und Infos zum Thema Schule enthält.

Stadt Köln – Familienberatung
Schaevenstr. 1 b
50676 Köln
⌀ 221-5430/32

Städtische Schule für Sprachbehinderte
Marienplatz 2
50674 Köln
⌀ 221-3695, 221-3696

Stadt Köln – Gesundheitsamt
Neumarkt 15
50667 Köln
⌀ 221-4786

Bundeszentrale für gesundheitliche Aufklärung
Ostmerheimer Str. 200
51109 Köln
⌀ 8992-1

Stotterer-Selbsthilfe Köln e. V.

Die »Stotterer-Selbsthilfe Köln e. V.« wurde 1974 von ehemaligen Klienten einer Gruppentherapie gegründet. Ihr Hauptanliegen war es damals, den Übergang von der Therapie in den Alltag sowie die Umsetzung des Erlernten zu erleichtern.
Darüber hinaus hat der Verein es sich zur Aufgabe gemacht, dem Entstehen von Stottern entgegenzuwirken und die Lebenssituation von Stotternden zu verbessern.

Stotterer-Selbsthilfe Köln e. V.
Kasparstr. 4
50670 Köln
⌀ 724375

Behinderte Kinder

Wenn ein behindertes Kind zur Welt kommt oder das Kind durch einen Unfall oder Entwicklungsstörungen behindert wird, verändert sich das Leben des Kindes selbst und das der Familie ganz grundlegend. Es kommen Probleme auf die Betroffenen zu, bei denen sie auf kompetente Hilfe und Unterstützung angewiesen sind.

3 BEHINDERTE KINDER

Städtische Angebote

Stadt Köln – Beratungsstelle für Behinderte
Jülicher Str. 6
50674 Köln
℡ 221-7433

Stadt Köln – Jugendamt
Abt. Frühförderung für behinderte und von Behinderung bedrohte Säuglinge und Kleinkinder
Johannisstr. 66-80
50668 Köln
℡ 221-2070/2023

Stadt Köln – Gesundheitsamt
Beratungsstelle für entwicklungsgestörte Kinder
Neumarkt 15-21
50667 Köln
℡ 221-4795, 221-4705

Stadt Köln – Genesungs- und Heilfürsorge für Kinder und Jugendliche
℡ 221-4788
Beratung, Hilfe bzw. Therapie und Kuren

Stadt Köln – Behindertenfahrtendienst
Fürsorgestelle für Schwerbehinderte
Jülicher Str. 6
50674 Köln
℡ 221-7424

Beratungsstellen für Behinderte

Die Stadt Köln hat für die Belange von Behinderten und deren Familien eine Beratungsstelle für Behinderte sowie eine Genesungs- und Heilfürsorge für Kinder und Jugendliche eingerichtet. Das Jugendamt verfügt über eine eigene Abteilung, die sich mit der Frühförderung für behinderte und von Behinderung bedrohte Säuglinge und Kleinkinder beschäftigt, und im Gesundheitsamt gibt es eine Beratungsstelle für entwicklungsgestörte Kinder.
Nie wieder ist die Lernbereitschaft und Auffassungsgabe von Menschen so groß wie in den ersten 3 Lebensjahren. Deshalb muß für Kinder, die in ihrer Entwicklung behindert oder verzögert sind, in dieser Lebensphase eine besondere Förderung stattfinden. Ein Team von Fachleuten aus Ärzten, Therapeuten, Pädagogen und Psychologen arbeitet in und mit den Frühförderstellen zusammen. Gemeinsam mit den Eltern werden alle Schritte vorbereitet, die zur Erziehung und Förderung des Kindes notwendig sind. Die Eltern werden z. B. angeleitet, sinnvoll mit dem Kind zu spielen, oder es werden Übungen erarbeitet, um etwa die Bewegungsfähigkeit oder Sprachentwicklung des Kindes zu fördern.
Die städtischen Stellen beraten insgesamt zum Thema Früherkennung, Förderungsmaßnahmen und Therapiemöglichkeiten, nennen die Adressen von Selbsthilfegruppen und Kindersondereinrichtungen sowie Werkstätten, Freizeit- und Sportangeboten.
Über den Behindertenfahrtendienst werden Fahrten zwischen Wohnstätte und Schule oder Arbeitsplatz organisiert. Auf dem *Cityplan für Rollstuhlfahrer*, den die Stadt Köln herausgibt, sind die mit Rollstuhl zu befahrenden Straßen markiert; er ermöglicht somit die Planung einer Ausfahrt, ohne den Behinderten vor unüberwindbare Hindernisse zu stellen.
Der *Kölner Stadtführer für Behinderte* enthält Infos und Tips zu den Themen Freizeit, Verkehr, Einkauf, Kultur und Behörden. Der *Ratgeber für Behinderte*, wie die beiden anderen Schriften von der Stadt Köln herausgegeben, widmet sich den Gebieten Bildung, Ferien und Freizeit.

BEHINDERTE KINDER 3

Schwerbehindertenausweis

Der Antrag auf einen Schwerbehindertenausweis wird in Köln beim Versorgungsamt gestellt. Seine Inhaber haben z. B. ermäßigten Eintritt zu allen städtischen Kultureinrichtungen und dürfen auf den Behindertenparkplätzen im gesamten Stadtgebiet parken. Über die Voraussetzungen zur Beantragung eines Schwerbehindertenausweises und damit zusammenhängende Fragen informiert das Versorgungsamt in der Boltensternstraße.

Stadt Köln –
Versorgungsamt
Boltensternstr. 10
50735 Köln
✆ *7783-0*

Selbsthilfegruppen

Auch für behinderte Kinder und ihre Angehörigen gibt es in Köln zahlreiche Selbsthilfegruppen, deren Anschriften und Telefonnummern über KISS – Kontakt- und Informationsstelle für Selbsthilfe (siehe Seite 64) bezogen werden können.
Einige Gruppen sowie andere Ansprechpartner sollen im folgenden aufgeführt werden:

Interessenverband Contergangeschädigter und deren Angehörige e. V.
Auf der Ruhr 7
50677 Köln
✆ *2574622*

Verein zur Förderung und Betreuung spastisch gelähmter und körperbehinderter Kinder e.V.
Ulmenallee 51
50999 Köln
✆ *02236/68443*

Zentrum für Frühbehandlung und Frühförderung e. V.
Geilenkircher Str. 52
50933 Köln
✆ *495207*
(Behandlungsmaßnahmen für Kinder bis zum Schulalter)

Verein zur Hilfe und Frühförderung unserer Kinder e. V.
Rathausstr. 20
51143 Köln
✆ *02203/54928*

Sozialpädiatrisches Zentrum Kinderkrankenhaus Riehl
Amsterdamer Str. 59
50735 Köln
✆ *7774-4567*

Behindertensportverband NRW (BSNW)
Stadtsportwart Köln
Siegfried Lomberg
Brüder-Grimm-Str. 3
50997 Köln
✆ *02233/22702*
(Informationen über 25 Behindertensportgruppen, die verschiedene Sportarten für Behinderte betreiben)

3 BEHINDERTE KINDER

Club 68 Köln e. V.
Verein für Behinderte und Nichtbehinderte
Wormser Str. 45
50677 Köln
⌀ 380607
(Projekte mit Behinderten und Nichtbehinderten, vor allem im Bereich Wohnen und Arbeiten)

Gemeinschaft
»Unser Platz im Leben« e. V.
Verein zur lebensbejahenden Förderung und Integration für behinderte Kinder und Jugendliche Köln e. V.
c/o Dr. T. Stührenberg
Aachener Str. 1413
50859 Köln
⌀ 02234/77355
(Beratung, Hilfe, Treffen, Adressen)

Forschungsgemeinschaft
»Das körperbehinderte Kind«
Geilenkircher Str. 32
50933 Köln
(Informationen, Adressen, Beratung)

Lebenshilfe für Geistigbehinderte
Ortsvereinigung Köln e. V.
Lukasstr. 30
50823 Köln
⌀ 527552
Ortsvereinigung Rodenkirchen
Heinrichstr. 7 a
50996 Köln
⌀ 02236/63595
(Informationen und Adressen)

Rat und Tat e. V.
Kempener Str. 135
50733 Köln
⌀ 7390734
(Hilfe, Beratung für Angehörige psychisch Kranker)

Initiative für die Integration behinderter Kinder in Köln
Info B. Münter
Blumenthalstr. 81
50668 Köln
⌀ 727871

Bundesministerium für Familie, Senioren, Frauen und Jugend
Pressereferat
53107 Bonn
⌀ 0228/9302784
Broschüre »Menschen wie wir«

Bundesarbeitsgemeinschaft Hilfe für Behinderte
Kirchfeldstr. 149
40215 Düsseldorf
Broschüre »Die Rechte der Behinderten und ihrer Angehörigen«

Bundesvereinigung Lebenshilfe für Geistigbehinderte e. V.
Postfach 80
Marburg
Broschüre »Ein Kind auf seinem Weg ins Leben« (zum Down-Syndrom) und »Liebe Mutter, lieber Vater« (Informationen von Behinderten)

Kind und Umwelt

Für den kindlichen Organismus sind die Belastungen durch Umweltgifte und Schadstoffe in Luft und Wasser erheblich gefährlicher als für den ausgewachsenen Menschen. Und da die Umweltverschmutzung immer stärker zunimmt, sind auch Kinder immer mehr gefährdet. Diesen Zusammenhängen trägt eine neue medizinische Fachrichtung Rechnung: die Ökopädiatrie. Sie setzt sich mit dem Themenkomplex Kind und Umwelt auseinander und ist 1986 aus dem vom Berufsverband der Kinderärzte gegründeten Ausschuß »Kind und Umwelt« hervorgegangen.

In Köln gibt es zwar keine Ärzte der Ökopädiatrie, dafür aber verschiedene Stellen, die bei diesbezüglichen Fragen und Problemen weiterhelfen, wie beispielsweise das Öko-Bildungswerk, das Veranstaltungen für die ganze Familie zum Thema Umwelt im Programm hat, den Bund für Umwelt und Naturschutz, den Deutschen Kinderschutzbund mit dem Arbeitskreis Kind und Umwelt, die Kontaktgruppe Köln von Greenpeace, die Verbraucherzentrale Nordrhein-Westfalen, die VOV Verbraucherberatung e. V. und das Umweltzentrum West.

Das Gesundheitsamt berät zu Fragen der Gesundheitsvorsorge, Ernährung und Therapie für Allergiker. Das Landesjugendamt gibt *Pädagogische Arbeitshilfen* mit kommentierten Spiellisten der Bremer Umweltberatung heraus sowie Bücherlisten der UNESCO zum Thema Umwelterziehung, außerdem hält es Anregungen bereit, wie Ökothemen in den Ferien angegangen werden können.

Bund für Umwelt und Naturschutz Deutschland Kreisgruppe Köln
Weißenburgstr. 65
50670 Köln
⌀ 724710

Deutscher Kinderschutzbund – Arbeitskreis Kind und Umwelt
Spichernstr. 55
50672 Köln
⌀ 520086

Öko-Bildungswerk
Herwarthstr. 22
50672 Köln
⌀ 527387

Greenpeace-Kontaktgruppe Köln
Hansaring 135
50670 Köln
⌀ 7391271
Treffpunkt:
Mo, Mi 17.00-19.00 Uhr

Verbraucherzentrale Nordrhein-Westfalen
Schaevenstr. 1 b
50676 Köln
∅ 2407559

Stadt Köln – Gesundheitsamt
Neumarkt 15
50667 Köln
∅ 221-4728

Umweltzentrum Köln-West
Werkstattstr. 100
50733 Köln
∅ 7325121

Landesjugendamt
Kennedy-Ufer 2
50679 Köln
∅ 8092475

Stadt Köln – Amt für Umweltschutz
Gürzenichstr. 6
50667 Köln
∅ 221-2020

Zudem seien noch zwei überregionale Kontaktstellen und Selbsthilfegruppen genannt:

Infonetz Kind und Umwelt
Maya Schmitz-Peick
Finkenstr. 27
47929 Grefrath

Dokumentations- und Informationsstelle für Umweltfragen
Iburger Str. 200
49082 Osnabrück
∅ 0541/56846

Kinderpsychiatrie

Die Versorgung psychisch kranker Menschen wurde in den letzten Jahren in Köln besonders ausgebaut. Chronisch psychisch Kranke benötigen ein übersichtliches und eng verzahntes Hilfsangebot in einem erreichbaren und überschaubaren Bereich. Deshalb wurden seit 1989 in Köln 6 Sozialpsychiatrische Zentren (SPZ) auf Stadtbezirksebene mit den Bereichen Sozialpsychiatrischer Dienst, Kontakt- und Beratungsstelle, Betreutes Wohnen u.a. geschaffen, die von der Stadt und gemeinnützigen Trägern betrieben werden. Gerade weil die Betroffenen durch die SPZ in ihrer unmittelbaren Wohnortnähe kontinuierlich betreut werden können, lassen sich Klinikaufenthalte auf das unbedingt notwendige Maß reduzieren.

KINDERPSYCHIATRIE

Die Villa Kunterbunt

Die Kölner Kinder- und Jugendpsychiatrie, in der Jungen und Mädchen aus dem Großraum Köln stationär oder ambulant behandelt werden, ist medizinisch gut ausgestattet. Lange Zeit fehlte es dem Therapiezentrum der Kinder- und Jugendpsychiatrie der **Universitätsklinik Köln** allerdings an dem notwendigen Raum, um die jungen Patienten optimal zu versorgen. Denn zur Therapie gehören ja auch Sport, Tanz, Musik und Kunst. Bei einer Spendenaktion des *Kölner Stadt-Anzeiger*, die vom Spätherbst 1993 bis Frühjahr 1994 dauerte, überwiesen Leser mehr als eine Million Mark. Mit diesem Geld wurde im Herbst 1995 das neue Therapiezentrum »Villa Kunterbunt« eröffnet.

Universitätsklinik Köln
»Villa Kunterbunt«
Robert-Koch-Str. 10
50931 Köln
✆ 478-4370

Psychotherapie und psychologische Beratung

Sozialpsychiatrischer Dienst

Der »Sozialpsychiatrische Dienst (SPZ)« des Gesundheitsamtes der Stadt Köln bietet fachärztliche und sozialarbeiterische Hilfen bei der Vor- und Nachsorge (Krisenintervention, Aufklärung, Beratung, Hilfe im Vorfeld psychischer Erkrankungen und akuter Krisen, längerfristige Betreuung im Einzelkontakt, Gutachterliche Stellungnahmen).

Für langwierig psychisch Kranke sind in den verschiedenen Kölner Stadtbezirken Sozialpsychiatrische Zentren aufgebaut, die alle für sie notwendigen Hilfen in den verschiedenen Lebensbereichen anbieten bzw. vermitteln. Sie werden von Wohlfahrtsverbänden und der Stadt Köln getragen.

Sie bieten fachärztliche Beratung/Krisenhilfe, psychosoziale Beratung, Kontakt- und Freizeitangebote, Betreuung im Wohnbereich, Hilfen zur Beschäftigung, Bildung und Arbeit, Angehörigengruppen, Selbsthilfegruppen, Hilfe bei Behördenangelegenheiten und Krankenhausbesuchsdienste.

Sozialpsychiatrischer Dienst
Gesundheitsamt
Neumarkt 15
50667 Köln
✆ 626065

Die einzelnen Sozialpsychiatrischen Zentren im Überblick

SPZ Innenstadt
Neumarkt 15
50676 Köln
✆ 221-2980

SPZ Porz
Wilhelmstr. 11
51143 Köln
✆ 02203/55218

SPZ Ehrenfeld
Venloer Str. 383
50825 Köln
✆ 5488-337

SPZ Kalk/Deutz
Olpener Str. 110
51103 Köln
✆ 872001

SPZ Nippes
Niehler Str. 83
50733 Köln
✆ 762000

SPZ Mühlheim
Regentenstr. 48
51063 Köln
✆ 626065

Wenn die Mutter krank ist

Häusliche Pflege

Krankenkassen übernehmen die Kosten

Sollten Sie während der Schwangerschaft oder in der Zeit nach der Entbindung häusliche Pflege brauchen, die keine in Ihrem Haushalt lebende Person erbringen kann, beantragen Sie bei Ihrer Krankenkasse häusliche Pflege (§198 RVO). In den meisten Fällen wird eine Pflegeperson gestellt; Sie können aber auch versuchen, selbst jemanden zu finden, der die Pflege übernimmt, und die Kosten dafür erstattet zu bekommen.

Der Umfang der Leistung bestimmt sich nach Ihrem Gesundheitszustand und Ihrem Bedürfnis nach persönlicher Betreuung. Die häusliche Pflege muß vor dem Tätigwerden der Pflegekraft beantragt werden, weil rückwirkend keine Kosten erstattet werden. Dem Antrag ist eine ärztliche Bescheinigung beizufügen, die Angaben über den Grund der häuslichen Pflege sowie die Art, die Intensität und die voraussichtliche Dauer der erforderlichen Maßnahmen enthält.

WENN DIE MUTTER KRANK IST

Kuren für Mütter mit und ohne Kinder

Lange Wartezeiten

Das Müttergenesungswerk bietet 4wöchige Vorsorge- und Rehabilitationskuren an, die auf die Gesundheitsprobleme und Lebenslagen von Müttern ausgerichtet sind und ein umfassendes Angebot zur seelischen und körperlichen Regeneration enthalten. Bestandteile der Kuren sind sowohl die medizinische Behandlung als auch eine sozialtherapeutische Unterstützung bei der Bewältigung schwieriger Lebenssituationen sowie gesundheitsfördernde und kreative Angebote. Bei Mutter-Kind-Kuren werden die Kinder tagsüber in Gruppen betreut, aber es gibt auch stets Angebote, die Mutter und Kind zusammen nutzen können. Die persönlichen finanziellen Verhältnisse sind für die Kurbewilligung nicht ausschlaggebend, sondern der Gesundheitszustand. In jedem Fall muß ärztlich attestiert werden, daß die Kur erforderlich und geeignet ist, eine drohende Krankheit zu verhüten oder eine bereits bestehende zu kurieren. Dabei ist es unbedingt nötig, sich so frühzeitig wie möglich anzumelden. Die Wartezeit für Mütter mit Kindern unter drei Jahren beträgt 1 bis 2 Jahre.

Den richtigen Kurplatz zu finden, die Finanzierung abzusichern und sonstige Aufgaben und Probleme zu lösen, dabei helfen die Vermittlungsstellen des Müttergenesungswerks:

Kfd – Kath. Frauengemeinschaft Deutschlands
Stadtverband Köln
Neven-DuMont-Str. 5
50667 Köln
✆ 2576238

Amt für Diakonie
Brandenburger Str. 23
50668 Köln
✆ 16038-0

Arbeiterwohlfahrt Köln e. V.
Rubensstr. 7-13
50676 Köln
✆ 20407-0

Caritasverband für die Stadt Köln
Große Telegraphenstr. 35
50676 Köln
✆ 20190

Der Paritätische Wohlfahrtsverband Kreisgruppe Köln
Herwarthstr. 12
50672 Köln
✆ 951542-0

Deutsches Rotes Kreuz
Oskar-Jäger-Str. 101
50825 Köln
✆ 5487-0

Plötzlicher Kindstod

Schrecken aller Eltern: Plötzlicher Kindstod

Gesellschaft zur Erforschung des Plötzlichen Säuglingstodes Deutschland e. V. (GEPS)
Bundesgeschäftsstelle
Postfach 1126
31501 Munstorf
℡ 05031/912727

Gesellschaft zur Erforschung des Plötzlichen Säuglingstodes NRW e. V. (GEPS)
Hildegard Jorch
Stadtlohnweg 34
48161 Münster
℡ 0251/862011

Täglich sterben in Deutschland 2 bis 3 Babys den Plötzlichen Kindstod. In Köln verstarben 1994 insgesamt 48 Säuglinge und bei 19 von ihnen wurde die Todesursache »Plötzlicher Kindstod« festgestellt. Aus unerklärlichen Gründen wachen die Säuglinge aus dem Schlaf nicht mehr auf und hinterlassen verzweifelte und von irrationalen Schuldkomplexen gepeinigte Eltern und Familien. Die Selbstvorwürfe, so wird von Betroffenen berichtet, verschwinden oftmals erst nach sehr langer Zeit und nach intensiven Gespächen mit anderen Betroffenen.
Was diese Todesart so besonders schlimm macht und Eltern wie Angehörige fassungslos zurückläßt, ist auch, daß keine medizinischen Erklärungen angeboten werden können. Denn es gibt keine. Oder zumindest keine eindeutigen. Alles, was Wissenschaftler bisher zutage gefördert haben an Erklärungen für das »sudden infant death syndrome«, so der Fachausdruck, bleibt insgesamt vage und liefert kein zusammenhängendes Ursache-Wirkung-System, das den Plötzlichen Kindstod faßbarer machte. Immerhin haben langjährige Forschungen 4 Studienergebnisse erbracht, die den Eltern die Möglichkeit geben, das Risiko des plötzlich eintretenden Atemstillstandes bei ihrem Kind zu verringern. Allerdings schließt die Beachtung dieser Faktoren den plötzlichen Tod nicht aus.

Vier Risikofaktoren

1. Die Bauchlage
86 Prozent der 140 Kinder, die in Niedersachsen an Plötzlichem Kindstod gestorben sind, haben im Schlaf auf dem Bauch gelegen. Die Bauchlage erhöht das Risiko des Plötzlichen Kindstodes demnach um das 7,4fache.

2. Rauchen
Rauchen werdende Mütter mehr als 20 Zigaretten täglich, erhöht sich das Risiko für ihre Kinder um das 9fache, und auch nach der Geburt ist das Rauchen im Beisein von Säuglingen alles andere als zuträglich. Säuglinge, die regelmäßigem Zigarettenrauch ausgesetzt werden, haben kleinere Bronchien, und sind somit schlechter mit Sauerstoff versorgt.

PLÖTZLICHER KINDSTOD

3. Überwärmung
18 bis 20 Grad Celsius Raumtemperatur im Schlaf- bzw. Kinderzimmer sind optimal. Babys, die in überheizten Räumen schlafen oder zu dick angezogen sind, sterben vermehrt den Plötzlichen Kindstod.

4. Immunabwehr
Infektionen mit Viren oder Bakterien heben das Risiko, an Plötzlichem Kindstod zu sterben. Deshalb ist es wichtig, das Immunabwehrsystem der Kinder zu stärken und sie z. B. mindestens drei Monate lang zu stillen.

Selbsthilfe

Initiative Plötzlicher Säuglingstod e. V.
Um mit ihrem Leid nicht allein zu sein, können sich die Eltern, die ein Kind durch Plötzlichen Kindstod verloren haben, an verschiedene Selbsthilfegruppen, Initiativen und Einrichtungen wenden.
Die Krankenhäuser in Porz und Holweide beraten in allen Fragen, die angesichts des Plötzlichen Kindstodes auftreten.

Krankenhaus Porz am Rhein
Pädiatrische Abteilung
Urbacher Weg 19
51149 Köln
☎ 02203/566354

Städt. Frauenklinik
Holweide
Neufelder Str. 32
51067 Köln
☎ 6781-0

Zum Schluß sei noch auf 2 Selbsthilfegruppen verwiesen:

Regenbogen
Selbsthilfe für Eltern, die ihr Kind durch Fehl-, Totgeburt oder frühen Kindstod verloren haben
☎ 644830

Selbsthilfegruppe »Verwaiste Eltern«
Gertrude Dittrich
☎ 316438 oder 317666
Treffen in der Pfarrei Maria Hilf
Rolandstr. 16, 1. Etage
50677 Köln

3 — PLÖTZLICHER KINDSTOD

Literatur zum Thema

Jutta Hartmann: Lautlos und unbemerkt – der Plötzliche Kindstod. Beck'sche Reihe, 1990, 12,80 DM

Prof. Dr. Karl Bentele, Prof. Dr. Michael Albani: Plötzlicher Säuglingstod (SIDS). In: Die Blätter, Ausgabe 7, 10/1987, 3,- DM, zu beziehen über die GEPS

Harriet S. Schiff: Verwaiste Eltern. Kreuz Verlag 1990, 24,80 DM

Plötzlicher Kindstod: Plötzlich, still und unbemerkt. In: ÖKO-TEST-Sonderheft Nr. 14, »Kleinkinder«, 1994, 12,80 DM

Elternschaft: allein oder zu zweit

Die Familie: ein Auslaufmodell? 84

Ehe 84
Das Namensrecht 84

Wenn der Haussegen schiefhängt ... 85
Scheidung 85, *Familienberatung der Stadt Köln* 86, Beratungsstellen konfessioneller Träger 87, Weitere Beratungsstellen für Ehe- und Familienfragen 88

Binationale Familien 88

Alleinerziehend in Köln 89
Rechte und Pflichten Alleinerziehender 89, Sorgerecht und Amtspflegschaft 90, Namensrecht bei nichtehelichen Kindern 91, Vaterschaftsrecht 91, Umgangs- und Sorgerecht 91, Unterhaltsgeld/Unterhaltsvorschuß 92, Wenn der Vater nicht zahlt ... 94, Beratungsangebote 94, Städtische Beratungsstellen 95, Beratungsangebote von Wohlfahrtsverbänden und freien Trägern 95, Selbsthilfegruppen 96, *Literatur* 98

Adoption und Pflegekinder 99
Wo bekommen Sie Informationen? 99, Voraussetzungen für eine Adoption 100, Auslandsadoption 101, Die Adoption rückt näher 102, Ein Kind zur Adoption freigeben 102, Pflegekinder 103

Die Familie: ein Auslaufmodell?

Die traditionelle Familie, bestehend aus Vater, Mutter und Kind, hat als alleinseligmachende Lebensform längst ausgedient. In Köln leben über 17 000 Alleinerziehende, meist Frauen, mit minderjährigen Kindern. Das entspricht einem Anteil von ca. 18 Prozent an allen Haushalten mit Kindern unter 18 Jahren. Ein großer Teil dieses Kapitels ist aus diesem Grunde den besonderen Problemen der Alleinerziehenden gewidmet. Außerdem wird auf den Sonderfall Adoption eingegangen.

Ehe

1993 heirateten rund 9500 Kölnerinnen und Kölner, das waren 2000 mehr als 1980. Die Anzahl der Eheschließungen je 1000 Einwohner schwankte in dem Zeitraum von 1980 bis 1990 zwischen 9,2 und 10,4. In den 90er Jahren stieg sie auf über 11 an.

Das Namensrecht

Individuelle Wahl des Familiennamens — Seit Inkrafttreten des neuen Familiennamensrechts am 1.4.1994 haben Paare das Recht, ihren Familiennamen selbst zu bestimmen. Dabei sind, grob gesagt, insgesamt drei Varianten möglich:

Variante 1 — Die Heiratswilligen bestimmen einen der beiden Namen für sich und ihre Kinder zum gemeinsamen Familiennamen. Sie heißt Schmitz, geb. Müller, er bleibt Schmitz, und alle Nachkommen werden Schmitz heißen.
Die meisten Frischvermählten in Köln halten sich nach wie vor an die Tradition, denn eine große Mehrheit von ihnen entscheidet sich für einen gemeinsamen Familiennamen und nimmt dann den des Mannes. Von den 6300 Paaren, die 1993 in Köln geheiratet haben, haben 5066 den Geburtsnamen des Mannes zum Familiennamen bestimmt.

Variante 2 — Die 2. Möglichkeit sieht vor, daß einer der Eheleute seinen Geburtsnamen als Familiennamen weiterführt, der andere einen Doppelnamen annimmt und die Kinder den gemeinsamen Familiennamen tragen. Also: Er heißt Schmitz, sie Schmitz-Müller oder Müller-Schmitz, und die Kinder heißen Schmitz. Natürlich kann auch die Frau den Familiennamen führen und der Mann den Doppelnamen. Das sähe dann so aus: Sein Name lautet Schmitz-Müller oder Müller-Schmitz, ihrer Müller und der der Kinder Müller.

Bei der 3. Wahlmöglichkeit behält sowohl der Mann als auch die Frau den jeweiligen Geburtsnamen, und es wird ein Familienname bestimmt, den die Kinder tragen sollen. Bei diesem Beispiel kann sie Schmitz, er Müller heißen und die Kinder entweder Schmitz oder Müller. Ein Bindestrich-Name für die Nachkommen ist nicht möglich. Bei etwa 20 Prozent der Kölner Eheschließungen im Jahr 1993 entschied sich die Frau dafür, ihren Mädchennamen zu behalten oder einen Doppelnamen zu führen. Allerdings wird die Entscheidung für die Bindestrich-Variante erfahrungsgemäß am häufigsten bereut, denn seit der Gesetzesnovellierung wurden in Köln immerhin 540 Paare vorstellig, die die lästigen Zungenbrecher wieder loswerden wollten.

Variante 3

Wenn der Haussegen schiefhängt ...

Scheidung

Glücklich sind die, die nur die Namenswahl bereuen und nicht auch noch die Entscheidung für den Partner. 41 Prozent der Kölnerinnen und Kölner sind ledig, 46 Prozent verheiratet und 13 Prozent geschieden oder verwitwet. Der Anteil der Geschiedenen ist in der Altersspanne von 35 bis 60 Jahren am höchsten. So sind je ein Zehntel der 35- bis 44jährigen und der 45- bis 54jährigen Männer geschieden. Bei den Frauen ist der Anteil in diesen Altersgruppen mit 12 bzw. 13 Prozent noch etwas höher. Insgesamt wurden 1993 rund 2500 Ehen geschieden, davon waren 60 Prozent kinderlos.

Einer Scheidung vorzubeugen oder sie im Falle des Falles glatt und ohne viele Scherben über die Bühne zu brin-

Deutscher Familienverband Kreisverband Köln e.V.
Christophstr. 41
50670 Köln
✆ 120019

Pro Familia
Hansaring 84-86
50670 Köln
✆ 122087
Unstrutweg 27 a
50765 Köln
✆ 703511

gen, dazu bedarf es im Einzelfall kompetenter Beratung, gründlicher Prüfung und unkomplizierter Hilfe.

In Köln werden diese Aufgaben von städtischen Einrichtungen wie den Familienberatungsstellen übernommen, aber auch von verschiedenen Wohlfahrtsverbänden sowie Selbsthilfegruppen.

Der »Deutsche Familienverband« beispielsweise berät Familien in allen sozialen Angelegenheiten, aber auch bezüglich Wohnen und Bauen, zudem ist er Mittler zwischen Bürgern und Behörden bei Amtsgängen. Auch »Pro Familia«, die »Deutsche Gesellschaft für Sexualberatung und Familienplanung e. V.«, b eten Partnerschaftsberatung an.

Familienberatung der Stadt Köln

Zentrale:
Schaevenstr. 1 b
50676 Köln
✆ 221-5432

Innenstadt:
Schaevenstr. 1 b
50676 Köln
✆ 221-5433/4923

Rodenkirchen:
Hauptstr. 30
50996 Köln
✆ 3591-367

Lindenthal:
Dürener Str. 199-203
50931 Köln
✆ 4060081/82

Ehrenfeld:
Helmholtzstr. 76
50825 Köln
✆ 544010/19, 5488457
Familienladen Ehrenfeld
Herbrandstr. 7
50825 Köln
✆ 5488-446, 447, 448

Nippes:
Florastr. 105
50733 Köln
✆ 7761-411

Chorweiler:
Florenzer Str. 20
50765 Köln
✆ 221-1380

Chorweiler-Nord:
Weserplatz 5
50765 Köln
✆ 221-1334

Porz:
Goethestr. 7
51143 Köln
✆ 02203/41417

Kalk:
Robertstr. 5-7
51105 Köln
✆ 8703014/15

Mülheim:
Buchheimer Str. 64-66
51063 Köln
✆ 6702-451/452

WENN DER HAUSSEGEN SCHIEFHÄNGT ...

Beratungsstellen konfessioneller Träger

Neben den nachstehenden Ehe- und Familienberatungsstellen der Kirchen finden sich zahlreiche Gesprächsangebote in den Programmen der Katholischen und der Evangelischen Familienbildungsstätten. Die Adressen und Telefonnummern finden Sie im Abschnitt »Familienbildungsstätten und Volkshochschulen« des Kapitels »Schwangerschaft und Geburt« auf der S. 38.

Die Evangelische Kirche
Psychologisch und therapeutisch ausgebildete Mitarbeiterinnen und Mitarbeiter beraten Bürger gleich welcher Religion oder Weltanschauung bei persönlichen, partnerschaftlichen und familiären Problemen. Die Gespräche unterliegen der Schweigepflicht und sind kostenlos.

Amt für Erziehungs-, Ehe- und Lebensberatung im Ev. Stadtkirchenverband
Tunisstr. 3
50667 Köln
⌀ 2577461

Die Katholische Kirche
Die katholische Kirche verfügt über mehrere Beratungsstellen für Ehe- und Familienkonflikte.

Kath. Beratungsstelle für Eltern, Kinder und Jugendliche
Arnold-von-Siegen-Str. 5
50678 Köln
⌀ 312910, 329371

Kath. Beratungsstelle für Ehe-, Familien- und Lebensfragen Köln

Steinweg 12	Friedrich-Ebert-Ufer 54
50667 Köln	51143 Köln (Porz)
⌀ 2582271	⌀ 02203/52636

Weitere Beratungsstellen für Ehe- und Familienfragen

Beratungsstelle für Eltern, Jugendliche und Kinder in Köln-Porz
Rathausstr. 8
51143 Köln
℡ 02203/55001

Psychologischer Dienst für Italiener und Spanier
Mittelstr. 52
50672 Köln
℡ 25731-41/42

Kinderschutz-Zentrum im Kinderschutzbund
Spichernstr. 55
50672 Köln
℡ 11103

Christliche Sozialhilfe Köln
Familienberatung
Knauffstr. 14
51063 Köln
℡ 64709-31/52

Binationale Familien

Nach deutschem Recht hat ein nichteheliches Kind mit einer deutschen Mutter und einem Vater anderer Nationalität nur die deutsche Staatsangehörigkeit seiner Mutter. Es kann jedoch nach dem Heimatrecht des Vaters auch dessen Staatsangehörigkeit besitzen.

IAF – Binationaler Familien- und Partnerschaftsverband

IAF – Verband binationaler Familien und Partnerschaften
Hansaring 24
50670 Köln
℡ 137761

Internationaler Sozialdienst
Deutscher Zweig e. V.
Am Stockborn 5-7
60439 Frankfurt/M.
℡ 069/95807-0/02

Kinderschutzbund Internutional e. V.
Lübecker Str. 9
50668 Köln
℡ 121616

Fälle sogenannter Kindesentziehungen durch ausländische Väter nehmen zu, und das Zurückholen eines Kindes aus dem Ausland ist für deutsche Gerichte und Botschaften schwierig. Falls Sie Probleme befürchten, wenden Sie sich an den »IAF«, den »Verband binationaler Familien und Partnerschaften«, oder an den »Internationalen Sozialdienst«, der als internationaler Wohlfahrtsverband Kontakt zu ausländischen Behörden hat oder Kontakt zu Unterhaltspflichtigen im Ausland aufnimmt. Auch der »Kinderschutzbund« bietet Beratungen und unterstützt Sie mit konkreten Hilfsangeboten, wenn Ihr Kind vom anderen Elternteil entführt worden ist.

Alleinerziehend in Köln

Jedes 7. Kind in Deutschland wächst mit nur einem Elternteil auf – Tendenz, und das schon seit Jahren, steigend. Gesellschaftliche Konventionen sowie die Rechtsprechung haben dazu geführt, daß die Kinder in der Regel bei ihren Müttern wohnen.

Ein-Eltern-Familie wird immer häufiger

Am 1.1.1991 lebten in Köln mehr als 16 000 Alleinerziehende mit minderjährigen Kindern, das sind gut 18 Prozent aller Haushalte mit Kindern. Mehr als 85 Prozent der Kinder wohnen im Haushalt der Mutter, und 34 Prozent sind jünger als 6 Jahre. Rund 40 Prozent aller Alleinerziehenden in Köln sind geschieden, so daß die Scheidung als Hauptursache für das Phänomen Ein-Eltern-Familie zu bezeichnen ist. Die meisten geschiedenen alleinerziehenden Frauen sind zwischen 35 und 40 Jahre alt.

Die Zahlen zeigen deutlich, daß diese Form des Zusammenlebens mit Kindern inzwischen ein fester Bestandteil der Gesellschaft ist. Dennoch haben gerade Alleinerziehende Probleme, die Elternpaare oftmals nicht kennen. Angefangen von der Unvereinbarkeit von Kind und Beruf angesichts der desolaten Kinderbetreuungssituation in Köln über Probleme mit der Isolation und den Schwierigkeiten bei der Partnersuche haben Alleinerziehende häufig an allen Fronten ihres Lebens zu kämpfen. In Köln gibt es zahlreiche städtische und konfessionelle Einrichtungen sowie private Initiativen, die sich der Zielgruppe »Alleinerziehende« annehmen. Weiter unten werden die wichtigsten unter ihnen genannt und vorgestellt (siehe ab S. 95).

Rechte und Pflichten Alleinerziehender

Tatsächlich bewältigen die sogenannnten Ein-Eltern-Familien die Anforderungen des Familienalltags recht gut, haben aber nach wie vor noch mit vielen Vorurteilen zu kämpfen und sind mit Problemen konfrontiert, die komplette Familien bisweilen nicht kennen.

Vorurteile

Aufgrund des geringen Einkommensniveaus sind viele Alleinerziehende auf Sozialhilfe angewiesen; Ursache für

Geringeres Einkommen

jeden 5. Sozialhilfefall in Köln ist, daß ein Elternteil, zumeist die Mutter, allein für die Erziehung des Kindes/der Kinder verantwortlich ist. Jede 3. Alleinerziehende hatte im Jahr 1989 in der Bundesrepublik ein Nettoeinkommen zwischen 600,- und 1800,- DM. Nur jedes 38. Ehepaar hingegen mußte mit einem derart geringen Verdienst auskommen. Aber selbst wenn sich Ein-Eltern-Familien finanziell besser stehen, bleibt noch das kräftezehrende Problem, den ganzen Alltag mit Kinderbetreuung allein zu bewältigen. Daher ist es besonders wichtig zu wissen, welche Rechte Alleinerziehende haben und welche finanzielle Unterstützung ihnen zusteht. In der Folge werden die wesentlichen Rechte Alleinerziehender beschrieben, wobei immer davon ausgegangen wird, daß die Frau das Kind erzieht, weil dies der Regelfall ist.

Sorgerecht und Amtspflegschaft

Aufhebung der Amtspflegschaft

Mütter nichtehelicher Kinder verfügen nicht allein über das Sorgerecht für ihre Kinder, hier meldet sich außerdem der Staat zu Wort. Ihm obliegt die sogenannte Amtspflegschaft. Die Amtspflegschaft wird vom Jugendamt ausgeübt und soll die Interessen des Kindes sicherstellen. Bei geschiedenen Alleinerziehenden gibt es keine Amtspflegschaft.

Da das Jugendamt zu den Aufgaben der Amtspflegschaft insbesondere die Feststellung der Vaterschaft und der Unterhaltsansprüche des Kindes zählt, ist es nach Klärung der Ansprüche leicht, diese Amtspflegschaft aufzuheben.

Wenn Sie 8 Wochen vor der Geburt Ihres Kindes beim Jugendamt der jeweiligen Bezirksverwaltung einen Antrag auf Aufhebung der Amtspflegschaft stellen, taucht das Jugendamt erst gar nicht in den Geburtsurkunden auf. Dennoch darf ein Vertreter des Jugendamtes später bei Ihnen zu Hause überprüfen, ob das Kind vernünftig untergebracht ist.

Namensrecht bei nichtehelichen Kindern

Auskünfte über das aktuelle Namensrecht gibt das Standesamt. Das Kind trägt als Geburtsnamen den Familiennamen, den seine Mutter zur Zeit der Geburt führt.

Vaterschaftsrecht

Zwischen Vater und Kind bestehen nicht per se Rechtsbeziehungen. Diese hängen vielmehr von der Feststellung der Vaterschaft ab, die durch die Vaterschaftsanerkennung oder per Gerichtsurteil erfolgt. Erst wenn die Vaterschaft anerkannt ist, ist das Kind für die Ämter mit dem Vater verwandt und somit ihm gegenüber unterhalts- und erbberechtigt. Außerdem ist die Vaterschaft für soziale Leistungen wie Sozialhilfe, Unterhaltsvorschuß etc. relevant. Die Vaterschaft kann jederzeit festgestellt werden, auch wenn eine Frau in einer früheren Entscheidung darauf verzichtet hat.

Ohne Vaterschaftsanerkennung keine Rechtsbeziehung zwischen Vater und Kind

Wenn der Vater die Vaterschaft freiwillig anerkennt, kann er dies bereits vor der Geburt beim Jugendamt tun. Mit der Aushändigung einer Urkunde für das Stammbuch ist die Vaterschaft rechtmäßig. Beim gerichtlichen Feststellen der Vaterschaft strengt das Jugendamt, wenn es die Amtspflegschaft führt, das Verfahren im Namen des Kindes an.

Umgangs- und Sorgerecht

Bei unverheirateten Paaren erhält die Mutter das Sorgerecht. Bei einer Scheidung kann das Sorgerecht beiden Partnern zugesprochen werden. Das Umgangsrecht mit dem Vater ist bei nichtehelichen Kindern vom Einverständnis der Mutter abhängig. Der Vater kann das Umgangsrecht u.U. mit vormundschaftsrechtlicher Hilfe erzwingen.

Unterhaltsgeld/Unterhaltsvorschuß

Unterhalt für die Mutter

Das nichteheliche Kind hat sowohl der Mutter als auch dem Vater gegenüber einen Unterhaltsanspruch, während die Mutter eines nichtehelichen Kindes gegenüber dem Kindesvater nur einen sehr begrenzten Unterhaltsanspruch hat.
Wenn Sie wegen einer durch Schwangerschaft oder Geburt verursachten Krankheit oder wegen der Notwendigkeit, das Baby zu betreuen, nicht arbeiten können, daher bedürftig sind und der Vater leistungsfähig ist, können Sie vom Vater Unterhalt fordern, vorausgesetzt, die Vaterschaft wurde festgestellt. Bestimmte Leistungen, die Sie erhalten, z. B. Mutterschaftsgeld, können die Höhe des Unterhaltsanspruches verringern. Die Höhe des zu beziehenden Unterhaltsanspruches richtet sich im Prinzip danach, was die Mutter hätte verdienen können, wenn sie arbeitsfähig wäre.

Unterhalt für das Kind

Beim Unterhalt für das Kind muß der Vater den monatlichen Unterhalt nur dann erbringen, wenn er nicht mit dem Kind in einem Haushalt zusammenlebt. Wenn Sie und der Vater in einer nichtehelichen Gemeinschaft zusammenleben, entfällt die Unterhaltspflicht. Ist das Kind in einem Heim oder bei Dritten untergebracht, muß auch die Mutter mit Geld zum Unterhalt beitragen.
Der monatliche Unterhalt für das Kind kann nach drei verschiedenen Möglichkeiten berechnet werden:

Individualunterhalt
Hierbei wird die Unterhaltssumme individuell nach der Lebensstellung beider Eltern ermittelt. Die Höhe des angemessenen Unterhalts läßt sich der sogenannten Düsseldorfer Tabelle entnehmen und richtet sich neben der Höhe des Nettoeinkommens nach dem Alter des Kindes.

Düsseldorfer Tabelle

Nettoeinkommen	Alter		
	Bis 6 Jahre	7 bis 12 Jahre	13 bis 18 Jahre
Bis 2300 DM	291,-	353,-	418,-
2300 – 2600 DM	310,-	375,-	445,-
2600 – 3000 DM	335,-	405,-	480,-
3000 – 3500 DM	370,-	450,-	530,-
3500 – 4100 DM	410,-	495,-	590,-
4100 – 4800 DM	450,-	545,-	650,-
4800 – 5700 DM	500,-	605,-	720,-
5700 – 6700 DM	550,-	665,-	790,-
6700 – 8000 DM	600,-	730,-	860,-
Über 8000	Nach den Umständen des Falles		

Regelunterhalt

Der sogenannte Regelunterhalt ist von der Bundesregierung in der »Regelunterhaltsverordnung« festgelegt. Er steht dem minderjährigen Kind zu, das nicht mit dem Vater in häuslicher Gemeinschaft lebt. Der Vater kann aber die Herabsetzung des Regelunterhaltes beantragen, wenn sein eigener Selbsterhalt gefährdet ist.
Der Regelunterhalt beträgt bei Kindern
bis zu 6 Jahren: 291,- DM
von 7 bis 12 Jahren: 353,- DM
von 13 bis 18 Jahren: 418,- DM monatlich.

Schematisierter Individualunterhaltsanspruch

Der schematisierte Individualunterhaltsanspruch verbindet die Vorteile des Regelunterhaltes mit dem Individualanspruch. Wenn der Vater nach seinem Verdienst mehr als den Regelunterhalt leisten könnte, wird auf den Regelunterhalt ein prozentualer Zuschlag von z.B. 20 Prozent gegeben. Diese Form der Unterhaltszahlung wird oft bei gerichtlichen Verfahren als Vergleich vorgeschlagen.
Kindergeld, Kinderzulagen laut Tarifverträgen u.ä. verringern den Unterhaltsanspruch. Leistungen, die Mutter oder Kind wegen Krankheit oder Arbeitslosigkeit erhalten,

werden dagegen nicht auf den Unterhalt angerechnet, ebenso wie der Kindergeldzuschlag nach § 11a Bundeskindergeldgesetz.

Wenn der Vater nicht zahlt ...

In einer nicht zu unterschätzenden Anzahl von Fällen weigert sich der Vater, Unterhalt zu zahlen. Dann können Sie Zahlungen nach dem Unterhaltsvorschußgesetz beantragen. Darauf haben Kinder unter 12 Jahren Anspruch, wenn sie bei einem alleinerziehenden Elternteil aufwachsen und vom anderen Elternteil nicht mindestens den Regelunterhalt erhalten. Der Vorschuß wird maximal für 72 Monate gewährt. Auch ausländische Kinder mit Wohnsitz in Deutschland haben diesen Anspruch.

Der Vorschuß wird höchstens 3 Monate rückwirkend vom Zeitpunkt der Antragstellung aus bewilligt. Den Antrag müssen Sie schriftlich beim **Jugendamt** stellen.

Wenn Sie gegen den Vater wegen Ihrer eigenen Unterhaltsansprüche vorgehen wollen, können Sie eine normale Unterhaltsklage beim **Amtsgericht** erheben, vorausgesetzt, die Vaterschaft ist auch gerichtlich festgestellt oder anerkannt. Bei einer nur vermuteten Vaterschaft können Sie beim Amtsgericht einen Antrag auf Erlaß einer einstweiligen Verfügung stellen. Bevor Sie jedoch diese Schritte unternehmen, sollten Sie eine Rechtsberatungsstelle aufsuchen und sich eingehend beraten lassen. Im übrigen haben Sie die Möglichkeit, beim Amtsgericht Prozeßkostenbeihilfe zu beantragen.

Jugendamt
Das Jugendamt ist in verschiedene Bezirke unterteilt. Welches Amt für Sie zuständig ist, erfahren Sie unter ✆ 221-0.

Amtsgericht
Rechtsberatungsstelle
Luxemburger Str. 101
50939 Köln
✆ 477-0

Beratungsangebote

Die besonderen Probleme und die vielfältigen Fragen, die sich den hochgerechnet 16 000 Alleinerziehenden in Köln stellen, haben ein dichtes Beratungsnetz entstehen lassen, in das sich die Stadt, die Kirche, die Wohlfahrtsverbände und Selbsthilfegruppen teilen. Die Angebote der Kirchen und städtischen wie konfessionellen Bürgerzentren sind im Detail hier nicht aufgeführt, weil sie laufenden Programmänderungen unterliegen. In der Regel werden hier Gesprächskreise und offene Treffs angeboten, deren Termine und Treffpunkte bei den Gemeinden oder der Stadt erfragt werden können.

Städtische Beratungsstellen

Neben der Abteilung Jugendförderung bei der Stadt Köln, die Auskunft zu Unterhaltszahlungen für Kinder gibt, dem Frauenamt, das sich grundsätzlich für alle Belange von Frauen zuständig fühlt und Alleinerziehende mit ihren spezifischen Fragestellungen an die entsprechenden Stellen weiterleitet, beraten die Familienberatungsstellen der Stadt Köln natürlich auch Alleinerziehende. (Adressen und Telefonnummern siehe S. 86)

Stadt Köln
Abt. Jugendförderung
Johannisstr. 66-80
50668 Köln
✆ 221-2990

Stadt Köln
Frauenamt
Markmannsgasse 7
50667 Köln
✆ 221-6482

Beratungsangebote von Wohlfahrtsverbänden und freien Trägern

Pro Familia

Die Deutsche Gesellschaft für Sexualberatung und Familienplanung e.V. »Pro Familia« wurde im Jahr 1952 gegründet. In der Beratungsstelle arbeiten 12 Mitarbeiterinnen, die der Schweigepflicht unterliegen. Die Schwerpunkte ihrer Tätigkeit liegen bei Verhütungsberatung, Schwangerschaftsberatung, gesetzlich vorgeschriebener Paragraph-218-Beratung, bei Kinderwunsch sowie bei Sexual- und Partnerproblemen. Mittwochs vormittags ist eine türkische Sprechstunde, wo Sie die Möglichkeit haben, von einer türkischen Ärztin beraten zu werden.

Pro Familia
Hansaring 84-86
50670 Köln
✆ 122087
Sprechstunden:
Mo 9-12 Uhr, 14.30-16 Uhr,
17-20 Uhr
Di 9-12 Uhr, 14.30-16 Uhr
Mi 9-12 Uhr, 14.30-18 Uhr
Do 14.30-17 Uhr
Fr 9-12 Uhr

Deutscher Kinderschutzbund

Das »Kinderschutz-Zentrum« ist eine Beratungsstelle für Kinder, Jugendliche und Eltern. Als Elternteil können Sie sich bei der Lösung von Problemen und Schwierigkeiten mit Ihren Kindern helfen lassen und die kostenfreien Gespräche und Beratungsangebote wahrnehmen.

Kinderschutz-Zentrum
Ortsverband Köln e. V.
Spichernstr. 55
50672 Köln
✆ 11103

Änne-Schulte-Familienbildungswerk der Arbeiterwohlfahrt

Änne-Schulte-Familienbildungswerk der Arbeiterwohlfahrt
Kreisverband Köln e. V.
Rubensstr. 7-13
50999 Köln
℡ 20407-21
Öffnungszeiten:
Mo bis Do 10.00-12.00 Uhr
14.00-16.00 Uhr

Das Änne-Schulte-Familienbildungswerk der Arbeiterwohlfahrt arbeitet seit 1982 zu Themen wie Familienalltag, Erziehungsfragen, zwischenmenschliche Beziehungen und Partnersuche. Das Seminar- und Kursangebot richtet sich z. T. an Alleinerziehende.

Selbsthilfegruppen

Kölner Geburtshaus e. V.
Cranachstr. 21
50733 Köln
℡ 724448

Kölner Geburtshaus e. V.
Das Ziel des Geburtshauses ist es u. a., Frauen und Männer in der Schwangerschaft und bei der Geburt zu unterstützen, einen selbstbestimmten Weg zu gehen und ihnen praktische Hilfe bei der Elternschaft zu geben. Für Alleinerziehende liegt der Arbeitsschwerpunkt auf der Beratung. Selbstverständlich können Alleinerziehende auch alle anderen Angebote der Einrichtung (siehe S. 26,38) nutzen.

VAMV Köln e. V
(Verband alleinstehender Mütter und Väter e. V.)
Maastrichter Str. 3
50672 Köln
Kontakttelefon: ℡ 734673
Infos und Kontakttreff:
So 15 Uhr im Bürgerzentrum Ehrenfeld

VAMV Köln e. V
Der Verband alleinstehender Mütter und Väter e.V. ist eine Selbsthilfegruppe für ledige, getrennt lebende, geschiedene oder verwitwete Mütter und Väter. VAMV e.V. leistet Einzelfallhilfe bei Schwierigkeiten mit Scheidungs-, Unterhalts- und Erziehungsfragen. Er gibt Broschüren und Schriften zu aktuellen Themen für Alleinerziehende heraus und führt Gruppen und Freizeitangebote durch.

Kleine Hände Köln e. V.
Utestr. 21
51147 Köln
℡ 02203/66516

Kleine Hände Köln e. V.
Allen Müttern, Vätern und Familien, die in Not geraten sind, bietet Kleine Hände e. V. seine Hilfe an. Als Anleitung und Hilfe zur Selbsthilfe werden Patenschaften vermittelt sowie Sachhilfe und finanzielle Mittel zur Verfügung gestellt. Außerdem wird Unterstützung bei Behördengängen geleistet.

Verein Berufstätiger Mütter e. V.
Volksgartenstr. 12
50677 Köln
℡ 446626

Verein Berufstätiger Mütter e. V.
Dem Verein Berufstätiger Mütter e.V. gehören alleinerziehende, verheiratete oder geschiedene berufstätige Mütter

ALLEINERZIEHEND IN KÖLN

an, die sich gegenseitig darin unterstützen, sich in ihrem Beruf zu behaupten. Sie informieren über Teilzeitarbeit, Betreuungsmöglichkeiten für Kinder, Zeitplanung, Lebensplanung und Altersversorgung.

Beratungsstelle Frauen helfen Frauen e.V.
Der Verein »Frauen helfen Frauen« unterhält seit Oktober 1980 eine Beratungsstelle für Frauen in Problemsituationen. Er ist Anlaufstelle für Alleinerziehende, die Fragen zu Erziehungsgeld, Unterhaltsvorschuß, Unterhalt durch den getrennt lebenden Ehegatten usw. haben. Es wird bei Bedarf an andere Beratungsstellen, Rechtsanwältinnen, Therapeutinnen und Frauengruppen weitervermittelt. Die Beratung, Information und Unterstützung ist kostenlos.

Beratungsstelle Frauen helfen Frauen e.V.
Gutenbergstr. 57
50823 Köln
✆ 515512

Chorweiler Selbsthilfe e. V.
Seit 1976 ist die Chorweiler Selbsthilfe e. V. eine wichtige Kontaktstelle für die unterschiedlichsten Gruppen von Bürgern und Bürgerinnen im sozialen Brennpunkt Chorweiler.
Einmal wöchentlich lädt die Einrichtung zu einer Alleinerziehendengruppe ein.

Chorweiler Selbsthilfe e. V.
Lyoner Passage 3-4
50675 Köln
✆ 701616

Bauchladen e. V.
Im Bauchladen e.V. (siehe auch S. 19,37) können sich alleinerziehende Frauen nach terminlicher Vereinbarung beraten lassen, auch schon während der Schwangerschaft.

Bauchladen e. V.
Zentrum für Frauen, Männer, Kinder und Schwangerschaft
Bergisch Gladbacher-Str. 1116
51069 Köln
✆ 6803229
Öffnungszeiten
Mo-Do 9.30-12 Uhr

Treffpunkt Alleinerziehender im Café Bickolo
Der Treffpunkt für alleinerziehende Mütter und Väter mit ihren Kindern schafft Raum für Begegnungen zwischen Betroffenen, die sich im Gespräch austauschen können. Vielleicht wollen Sie aber auch nur einmal abschalten und entspannen – für Kinderbetreuung ist gesorgt.

Treffpunkt Alleinerziehender im Café Bickolo
Clemens-Hastrich-Str. 11
50827 Köln
✆ 5952625

KALZ
Das KALZ berät bei allen Problemen mit dem Arbeits- oder Sozialamt und hilft Arbeitslosen beim Wiedereinstieg in den Beruf. Im Bereich der Tätigkeit mit und für erwerbslose Frauen wurde der »Arbeitskreis Mütter und

KALZ
Kölner Arbeitslosenzentrum e. V.
Philippstr. 23
50823 Köln
✆ 518111

Beruf« gegründet, der für den Wiedereinstieg in den Beruf von Frauen kämpft sowie auf die Vereinbarkeit von Familien und Beruf hinwirkt. Einmal wöchentlich findet vormittags ein Müttergesprächskreis mit paralleler Kinderbetreuung statt, und mehrmals im Jahr werden mehrtägige Seminarfahrten und Workshops für arbeitslose Alleinerziehende, ebenfalls mit Kinderbetreuung, durchgeführt.

Väteraufbruch für Kinder

Väteraufbruch für Kinder
Ortsverband Köln e.V.
Steinbergerstr. 40
50733 Köln
✆ 7325351
Vater-Kind-Hotline ✆ 19297

Zunächst verstand sich die 1993 gegründete Selbsthilfegruppe Väteraufbruch als helfende Instanz für Väter in Trennungs- und Konfliktsituationen. Heute ist es ein Schwerpunkt der Arbeit, den Vätern zu helfen, die Probleme haben, ihre Kinder sehen zu dürfen. Im Rahmen eines Väterprojekts wird Vätern in sozialen und psychischen Notlagen professionelle Beratung geboten.

MÜHLE e.V.

MÜHLE e.V.
Mülheimer Lebensdienste
Altstr. 6
51063 Köln
✆ 624870

Das Arbeitslosenprojekt MÜHLE e. V. berät alleinerziehende Arbeitslose, lädt ein zu einem Alleinerziehendentreff (mittwochs 15-17.30 Uhr) und bietet bestimmte Bildungsangebote an, die Arbeitslosen den Wiedereinstieg in den Beruf ermöglichen sollen.

Literatur

»Allein durch dick und dünn«
Ratgeber für schwangere, alleinstehende Frauen in Köln
Stadt Köln, Frauenamt
Markmannsgasse 7
50667 Köln

So schaffe ich es allein
Verband alleinstehender Mütter und Väter (VAMV)
Von-Grote-Platz 20
53173 Bonn

ADOPTION UND PFLEGEKINDER

> *Jugend und Familie*
> *Angebote, Aktionen, Adressen für*
> *Alleinerziehende*
> *Stadt Köln, Jugendamt*
> *Tel: 221-2990*
>
> *Frauen in Köln II – Alleinerziehende*
> *Vertrieb: Stadt Köln, Amt für Statistik und*
> *Einwohnerwesen*
>
> *Der Unterhaltsvorschuß, eine Hilfe für Allein-*
> *erziehende*
> *Vertrieb: Bundesministerium für Familie und*
> *Senioren*
> *Godesberger Allee 140*
> *53175 Bonn*

Adoption und Pflegekinder

Bundesweit kommen auf ein zu vermittelndes Kind 27 Bewerber und Bewerberinnen. Für Köln bedeutet das, daß z. B. bei der Säuglingsadoption auf ca. 10 bis 12 Kinder etwa 120 neue Bewerberpaare pro Jahr entfallen. Wer sich für die Adoption eines Kindes interessiert, muß also viel Geduld und Frustrationstoleranz mitbringen, denn längst nicht jeder Wunsch nach einem Adoptivkind kann erfüllt werden. In jedem Fall ist der Adoptionsvorgang ein langwieriger Prozeß, der gut vorbereitet sein will. Das Informationsangebot in Köln zum Themenkomplex »Adoption« ist sehr gut.

Wo bekommen Sie Informationen?

Die meisten Stadt- und Kreisjugendämter verfügen über eine Adoptionsvermittlungsstelle. Zu ihren Aufgaben gehört die Vorbereitung und Durchführung der Adoptionsvermittlung eines minderjährigen Kindes sowie die Beratung und Hilfestellung vor, während und nach der

ADOPTION UND PFLEGEKINDER

abgeschlossenen Adoption. Das beinhaltet die Beratung und Begleitung der künftigen Eltern und das Einholen aller Informationen über das zu vermittelnde Kind. Hierbei geht es um seine psychische, soziale und gesundheitliche Verfassung, um seine Herkunft und die Vorgeschichte seiner leiblichen Eltern sowie um die Gründe, die zur Adoptionseinwilligung geführt haben.

Die zentrale Adoptionsvermittlungsstelle des Jugendamtes der Stadt Köln veranstaltet regelmäßig Informationsnachmittage für Bewerberpaare. Auskunft erhalten Sie unter der Rufnummer: 221-5576 oder 221-4890.

Sozialdienst Katholischer Frauen e. V.
Hansaring 20
50670 Köln
✆ 120421

Sozialdienst Katholischer Frauen e. V.
Darüber hinaus erteilen die Kirchen und freien Wohlfahrtsverbände Auskunft, z. B. der »Sozialdienst Katholischer Frauen e. V.«. Bei der »Initiative Kölner Adoptiv- und Pflegeeltern (IKAP)« und der »Vereinigung der Pflege- und Adoptiveltern NRW e.v.« können Informationen und Erfahrungen ausgetauscht sowie Erläuterungen zur Gesetzeslage eingeholt werden.

IKAP
Dr. Christiane Waldorf
Lindenaustr. 39
50935 Köln
✆ 432769

Bundesverband der Pflege- und Adoptiveltern e. V.
Roggenmarkt 9
48143 Münster
✆ 0251/45940

Informationen finden Sie auch in der Broschüre *Kinder suchen Eltern / Eltern suchen Kinder*, die das Bundesministerium für Jugend, Familie, Frauen und Gesundheit in Bonn (Postfach 200220) herausgegeben hat.

Voraussetzungen für eine Adoption

Adoptionswillige müssen ein kompliziertes Auswahlverfahren bestehen

Vor einer intensiveren Auseinandersetzung mit dem Adoptionswunsch sollte das Wissen um die groben Eckpfeiler des Adoptionsverfahrens stehen. Zwar ist hinlänglich bekannt, daß gerade das deutsche Adoptionsverfahren nicht unkompliziert ist, dennoch bestehen oftmals falsche Vorstellungen darüber, wie aufwendig in vielerlei Hinsicht die Adoption eines Kindes ist. Vielfach entsteht deshalb bei adoptionswilligen Ehepaaren oder Einzelpersonen Ärger und Unwillen, wenn sie mit den ungeahnten Dimensionen des Bürokratismus hierzulande konfrontiert werden.

An erster Stelle sollten sich adoptionswillige Ehepaare oder Einzelpersonen deshalb selbstkritisch prüfen, ob sie sich den notwendigen Gesprächen mit der Adoptionsvermittlungsstelle, die sowohl in der Dienststelle als auch in Ihrem Zuhause stattfinden, öffnen können und wollen. Da ein zur Adoption freigegebenes Kind bereits einmal Eltern verloren hat, ist es ein besonderes Anliegen der Adoptionsvermittlungsstelle, für dieses Kind Eltern zu finden, die geistig und körperlich gesund und psychisch stabil sind. Deshalb stehen umfangreiche medizinische Untersuchungen und psychologische Eignungstests der Adoptionswilligen am Anfang eines jeden Adoptionsvorgangs. Damit das Kind in materiell gesicherten Verhältnissen groß wird, muß die Bewerberfamilie den Behörden Einblick in ihre finanzielle Lage gewähren.

Grundsätzlich läßt das Adoptionsrecht auch die Adoption durch Alleinstehende zu, jedoch werden »Vater-Mutter-Kind-Familien« bevorzugt. Das Alter des Paares oder der Einzelperson sollte einem natürlichen Eltern-Kind-Verhältnis entsprechen. Die Annehmenden müssen ein Mindestalter von 25 Jahren haben, wobei es für ein Ehepaar genügt, wenn ein Partner 25 Jahre und der andere Partner 21 Jahre alt ist. Es gibt zwar keine gesetzlich vorgeschriebene Altersgrenze, in der Praxis werden für Säuglinge und Kleinkinder aber bevorzugt Adoptiveltern ausgewählt, die das Alter von 35 bis 40 Jahren nicht überschritten haben. Und einer der Partner muß seinen Beruf zeitweise aufgeben.

Auslandsadoption

Auf dem Gebiet der Auslandsadoptionen tummeln sich viele private Vermittler. Die private Vermittlung von ausländischen Kindern an deutsche Eltern ist jedoch per Gesetz verboten und wird, wenn sie kommerziellen Interessen dient, sogar strafrechtlich verfolgt. Es ist also unbedingt davon abzuraten, sich an einen privaten Vermittler zu wenden. Vielmehr sind die zuständigen ausländischen Vermittlungsstellen im Heimatland des Kindes anzusprechen, wobei die jeweiligen Adoptionsrechte zu beachten sind. In der Regel wird von der ausländischen Vermittlungsstelle ein sogenannter Sozialbericht über die Adoptiveltern verlangt. Das Jugendamt

Internationaler Sozialdienst
Deutsche Zweigstelle e.V.
Am Stockborn 5-7
60439 Frankfurt

Köln gibt auch hierzu Auskunft. Beratung, besonders über die Adoption ausländischer Kinder, leistet ebenfalls der Internationale Sozialdienst.

Die Adoption rückt näher

Wenn alle Formalitäten geklärt sind, kommt das Kind zu seinen Adoptiveltern. Rechtlich gehört es allerdings noch nicht richtig zu seiner neuen Familie, denn zunächst besteht die gesetzlich vorgeschriebene Adoptionspflegezeit, die in der Regel ein Jahr dauert, bei älteren oder behinderten Kindern auch länger. In dieser Zeit kommen die Eltern für den Unterhalt des Kindes auf, es besteht kein Anspruch auf staatliche Pflegedienstleistungen. Die Adoptiveltern haben bereits jetzt Anspruch auf Erziehungsgeld und Erziehungsurlaub, Kindergeld und Beurlaubungen wegen Kindererziehung. Es erfolgt die Eintragung auf der Steuerkarte der Adoptiveltern und die Anmeldung beim Einwohnermeldeamt. Das Kölner Jugendamt bleibt für die Zeit der Adoptionspflege in der Regel Vormund des Kindes.

Ein Kind zur Adoption freigeben

Leibliche Eltern müssen einwilligen

Der schweren Entscheidung, ein Kind zur Adoption freizugeben, gehen viele Überlegungen voraus. Die Adoptionsvermittlungsstellen stehen allen Ratsuchenden zu ausführlichen Gesprächen zur Verfügung und suchen mit den Betroffenen gemeinsam nach Lösungen.
Voraussetzung für eine Adoption ist die Einwilligung der leiblichen Eltern; in seltenen Fällen kann das Vormundschaftsgericht diese Einwilligung ersetzen, wenn z.B. die Eltern sich einer dauernden oder besonders schwerwiegenden Pflichtverletzung schuldig gemacht haben. Die Eltern erteilen die Einwilligung in die Adoption vor einem Notar, bei einem Neugeborenen können sie das rechtswirksam frühestens 8 Wochen nach der Geburt. Das Kind kann aber bereits vorher den zukünftigen Adoptiveltern übergeben werden. Bei einem ehelichen Kind muß sowohl Vater als auch Mutter einwilligen, bei ei-

nem nichtehelichen Kind nur die Mutter. Der Vater gibt eine Verzichtserklärung ab, d. h., der Vater erklärt rechtswirksam, daß er auf eine Ehelichkeitserklärung bzw. Adoption seines nichtehelichen Kindes verzichtet. Es ist möglich, wenn auch nicht die Regel, daß die leiblichen Eltern die Adoptiveltern kennenlernen.

Nach der Abgabe der unwiderruflichen notariellen Einwilligung ruhen alle elterlichen Rechte und Pflichten einschließlich des Unterhalts, alle rechtlichen Beziehungen zwischen dem Kind und den leiblichen Eltern sind aufgehoben und das Kind wird vollgültiges Mitglied der neuen Familie.

Pflegekinder

Im Unterschied zur Adoption geben Ehepaare oder Einzelpersonen Pflegekindern nur auf Zeit ein Zuhause. Wenn es wieder möglich ist, kehren die Kinder in ihre Herkunftsfamilie zurück, zu der die Pflegefamilie den Kontakt gehalten hat, während das Kind bei ihr lebte. Mit den Familien, die sich beim Pflegekinderdienst der Stadt Köln bewerben, werden mehrere intensive Gespräche geführt, um herauszufinden, welche Familie zu welchem Kind paßt. Außerdem wird die räumliche und finanzielle Situation der Pflegefamilie geprüft sowie ein polizeiliches Führungszeugnis und eine ärztliche Bescheinigung verlangt. Für die Leistung der Pflegefamilie wird Erziehungs- und Unterhaltsgeld, z. Z. ca. 1000,- DM monatlich, gezahlt.

Pflegekinder vermittelt der Pflegekinderdienst der Stadt Köln in den einzelnen Bezirksämtern, Fachbereich Jugend und Familie:

Innenstadt

Brückenstr. 19
∅ 221-5266/5285

Rodenkirchen

Hauptstr. 85
∅ 3591-286/289/298

Lindenthal

Stolberger Str. 2
∅ 5484-269/282

Ehrenfeld

Venloer Str. 421
∅ 5488-284/293/359

Nippes

Neusser Str. 284
∅ 7761-287/290

Chorweiler

Pariser Platz 1
∅ 221-1278/1279

Porz

Friedrich-Ebert-Ufer 64-70
∅ 41-278/79

Kalk

Kalker Hauptstr. 247-273
∅ 8279-496

Mülheim

Wiener Platz 4
∅ 6702-288/297/397

Pflegekinder werden auch durch den Sozialdienst Katholischer Frauen (Genovevastr. 40, 51065 Köln, ∅ 617433) vermittelt.

Worauf Sie in Notlagen Anspruch haben 115
Sozialhilfe und Wohngeld 115, *Selbsthilfegruppen bei Fragen zur Sozialhilfe* 116, Bundesstiftung »Mutter und Kind – Schutz des ungeborenen Lebens« 116, Kölnpaß 117, Arbeitslosengeld 118, Arbeitslosenhilfe 118

Steuervorteile für Eltern 118
Kinderfreibeträge 118, Ausbildungsfreibeträge 118, Baukindergeld und Wohnungsbauförderung 119, Kinderbetreuungskosten 119

Zurück in den Beruf! 120
Ausbildungsförderungsgesetz (AFG) 121, *Literatur* 121

Familienpolitik heute

Schlechtes Kinderbetreuungssystem, aber finanzielle Erleichterungen für Familien

»Ehe und Familie stehen unter dem besonderen Schutz der staatlichen Ordnung ... Jede Mutter hat Anspruch auf den Schutz und die Fürsorge der Gemeinschaft.« So steht es in Artikel 6 unseres Grundgesetzes, und diese Verpflichtung bildet die Grundlage der Familienpolitik der Bundesregierung. Bundeskanzler Helmut Kohl hält die Institution Familie, die zu stärken sein erklärtes politisches Ziel ist, hoch. Gibt sie doch, wie er sagt, als »Quelle menschlicher Wärme und Geborgenheit ... in einer Zeit tiefgreifender Veränderung Halt«.

Trotz oder aufgrund dieser Bekenntnisse zur Familie vernachlässigt die Regierung in vielen Punkten ihre festgeschriebenen Verpflichtungen, da sie, grundsätzlich gesehen, einem überholten Frauen- und Familienbild anhängt. Weil die tiefsitzende Überzeugung herrscht, daß Mütter zumindest während der ersten 3 Lebensjahre ihrer Kinder nach Hause gehören und nicht als Sekretärin ins Büro, als Meisterin an die Werkbank oder als Ärztin in die Klinik, leistet sich die Bundesregierung ein Kinderbetreuungssystem, das im europäischen Vergleich mittelalterlich daherkommt. Auf der anderen Seite hat die Bundesregierung unter Helmut Kohl vor dem Hintergrund seines unionsdemokratischen Frauenbildes wichtige familienpolitische Leistungen durchgesetzt, die die finanzielle Situation von Familien verbessert haben und insbesondere der Mutter in ihrer traditionellen Rolle zugute kommen.

In dem vorliegenden Kapitel finden Sie Hinweise auf alle rechtlichen und finanziellen Belange, die mit Ihrer Elternschaft zusammenhängen. Außerdem widmen wir uns der besonderen Situation von Frauen, die nach der Familienphase in den Beruf zurückkehren wollen, oder – wie der überwiegende Teil der Frauen – aus finanziellen Erwägungen zurückkehren müssen.

Das Mutterschutzgesetz

Das Mutterschutzgesetz gilt für alle Frauen, die in einem Arbeitsverhältnis stehen, also auch für Teilzeitbeschäftigte, Haushaltsgehilfinnen und Heimarbeiterinnen, für Angestellte und Arbeiterinnen im öffentlichen Dienst sowie für Frauen, die sich noch in der Ausbildung befinden. Für die Anwendung des Mutterschutzgesetzes spielen weder der Familienstand noch die Staatsangehörigkeit eine Rolle. Nicht unter den Mutterschutz fallen Hausfrauen und Selbständige.

Für schwangere Frauen und stillende Mütter gelten besondere Schutzbestimmungen

Nach dem Mutterschutzgesetz soll eine werdende Mutter, sobald sie Gewißheit über ihre Schwangerschaft und den voraussichtlichen Tag der Entbindung hat, ihren Arbeitgeber unverzüglich davon unterrichten. Das ist Voraussetzung dafür, daß dieser seine gesetzlichen Pflichten zum Schutz der werdenden Mutter erfüllen kann.

Der Mutterschutz umfaßt zum einen den Kündigungsschutz, der besagt, daß einer Frau während der Schwangerschaft und in den ersten 4 Monaten nach der Entbindung nicht gekündigt werden kann. Neben dem Kündigungsschutz gibt es für werdende Mütter und stillende Frauen Schutzvorschriften bezüglich ihres Arbeitsplatzes, die Frau und Kind während der Arbeit schonen und schützen sollen und an die sich jeder Arbeitgeber halten muß.

Während der Schwangerschaft sind beispielsweise verboten:
- Akkordarbeiten
- Schwere körperliche Arbeiten
- Arbeiten mit gesundheitsgefährdenden Stoffen und Strahlen
- Arbeiten an Sonn- und Feiertagen
- Ab dem 5. Schwangerschaftsmonat Arbeiten, bei denen Sie mehr als 4 Stunden täglich stehen müssen
- Arbeiten zwischen 20.00 und 6.00 Uhr.

Muß wegen der Schutzvorschriften die Tätigkeit gewechselt werden, dürfen damit keinesfalls finanzielle Einbußen für die Frau verbunden sein.

Außerdem regelt das Mutterschutzgesetz bestimmte Schutzfristen vor und nach der Entbindung. Die Schutzfrist beginnt 6 Wochen vor der Entbindung und endet normalerweise 8 Wochen, bei Früh- und Mehrlingsgeburten 12 Wochen nach der Entbindung. Während der 6 Wochen vor der Geburt des Kindes darf die werdende Mutter nur dann beschäftigt werden, wenn es ihr eigener ausdrücklicher Wunsch ist. Es steht ihr jedoch frei, diese Entscheidung jederzeit rückgängig zu machen. Während der Schutzfrist nach der Entbindung besteht ein absolutes Beschäftigungsverbot. In dieser Zeit dürfen Frauen auch dann nicht beschäftigt werden, wenn sie bereit wären zu arbeiten. Während der Schutzfristen wird Mutterschaftsgeld gezahlt (s. S. 109).

Für stillende Mütter gelten nach Ablauf der Schutzfristen im wesentlichen die gleichen Arbeitsverbote wie für werdende Mütter. Sie haben außerdem einen Anspruch auf Stillpausen während der Arbeitszeit. Zweimal täglich stehen stillenden Frauen eine halbe Stunde oder einmal täglich eine ganze Stunde zu, die sie nicht vor- oder nacharbeiten müssen und die ihnen auch keine Verdienstausfälle einbringen dürfen.

Staatliches Amt für Arbeitsschutz
Schanzenstr. 38
51063 Köln
✆ 962770

Bei allen Fragen zum Mutterschutzgesetz oder bei Problemen bei der Durchsetzung Ihrer Ansprüche gegenüber dem Arbeitgeber wenden Sie sich an Ihren Betriebsrat oder das **Staatliche Amt für Arbeitsschutz**.

Mutterschaftshilfe

Frauen, die in einer gesetzlichen Krankenversicherung sind und ein Kind bekommen, haben Anspruch auf Mutterschaftshilfe. Sie umfaßt folgende Leistungen:
- Fachärztliche Betreuung der Schwangeren
- Hebammenhilfe (Geburtsvorbereitung, Schwangerschaftsgymnastik, Entbindung, Nachsorge)
- Stationäre Entbindung
- Entbindungsgeld
- Häusliche Pflege nach der Geburt
- Haushaltshilfe nach der Geburt
- Mutterschaftsgeld

Mutterschaftsgeld und Entbindungsgeld

Bundesversicherungsamt

Wie bereits oben erwähnt, wird das Mutterschaftsgeld für die Dauer der Schutzfristen vor und nach der Entbindung gezahlt.

Sind Sie Mitglied einer gesetzlichen Krankenkasse, bekommen Sie Mutterschaftsgeld, wenn Sie vom Beginn des 1. bis zum Ende des 4. Monats vor der Entbindung für mindestens 12 Wochen in der gesetzlichen Krankenversicherung gewesen sind oder in einem Arbeitsverhältnis gestanden haben bzw. wenn Sie Arbeitslosengeld oder Arbeitslosenhilfe beziehen.

Sie erhalten dann von Ihrer Krankenkasse bis zu 25,- DM pro Tag Mutterschaftsgeld. Wenn Ihr Einkommen höher liegt, zahlt die Differenz der Arbeitgeber. Sind Sie arbeitslos, entspricht die Höhe des Mutterschaftsgeldes dem Betrag des Arbeitslosengeldes oder der Arbeitslosenhilfe. Wenn Sie bei Beginn der Schutzfrist in keinem Arbeitsverhältnis stehen, jedoch bei einer Pflichtkrankenkasse oder Ersatzkasse mit Anspruch auf Krankengeld versichert sind (z. B. Selbständige), erhalten Sie von der Krankenkasse Mutterschaftsgeld in Höhe des Krankengeldes. Selbständige Frauen müssen hier darauf achten, bei ihren Angaben zu Einkommen und Arbeitszeiten die gesetzlichen Bestimmungen zur Zahlung von Mutterschaftsgeld zu beachten. Wer ohne Anspruch auf Krankengeld versichert ist, bekommt nur ein einmaliges Entbindungsgeld von 150,- DM.

Wenn Sie zu Beginn der Mutterschutzfrist nicht oder privat krankenversichert sind, erhalten Sie Mutterschaftsgeld in Höhe von insgesamt höchstens 400,- DM vom Bundesversicherungsamt.

Das Mutterschaftsgeld wird netto ausgezahlt, ist steuer- und sozialabgabenfrei. Die Beziehenden von Mutterschaftsgeld bleiben in der Renten-, Kranken- und Arbeitslosenversicherung versichert, sind aber von den Beiträgen befreit.

Der Antrag auf Mutterschaftsgeld wird bei der zuständigen Krankenkasse gestellt. Dazu muß ein Attest des Gynäkologen über den voraussichtlichen Entbindungs-

Bundesversicherungsamt
Reichpietschufer 74-76
10785 Berlin

»Mutterschutzgesetz –
Leitfaden zum Mutterschutz«
zu beziehen über das
Bundesministerium für
Familie und Senioren
Godesberger Allee 140
53175 Bonn

termin vorgelegt werden, das allerdings frühestens 7 Wochen vor dem erwarteten Geburtstermin ausgestellt werden darf.

Bei allen Fragen, die das Mutterschaftsgeld betreffen, erteilt das Bundesversicherungsamt Auskunft.

Kindergeld

Kindergeldkasse des Arbeitsamtes

Kindergeldkasse des Arbeitsamts
Luxemburger Str. 121
50939 Köln
✆ 9429-0

Das Kindergeld wird aus Mitteln des Bundes bezahlt und ist steuerfrei.
Es beträgt monatlich:

Für das 1. Kind:	70,- DM	ab 1996	200,- DM
Für das 2. Kind:	130,- DM	ab 1996	200,- DM
Für das 3. Kind:	220,- DM	ab 1996	300,- DM
Für jedes weitere Kind	240,- DM	ab 1996	350,- DM

Das Kindergeld muß schriftlich bei der Kindergeldkasse des Arbeitsamts beantragt werden. Die notwendigen Formulare werden Ihnen auf Anfrage zugeschickt. Achten Sie darauf, daß bestimmte Angaben im Antrag durch Urkunden und Bescheinigungen nachgewiesen werden müssen. Da das Kindergeld vom Zeitpunkt der Antragstellung aus gerechnet rückwirkend nur für 6 Monate gezahlt wird, sollte der Antrag möglichst bald nach der Geburt des Kindes gestellt werden.

Broschüre »Kindergeld«
zu beziehen über das Bundesministerium für Familie und Senioren Referat Öffentlichkeitsarbeit Godesberger Allee 140 53175 Bonn

Die Kindergeldkasse des Arbeitsamts informiert auch über alle Einzelheiten und Fragen zum Kindergeld.

Erziehungsurlaub

Erziehungsurlaub steht Müttern und Vätern zu, auch im Wechsel

Der Erziehungsurlaub soll Vätern und Müttern die Möglichkeit geben, sich ausschließlich oder zu einem überwiegenden Teil der Zeit ihrem Kind zu widmen. In dieser Zeit besteht Kündigungsschutz. Anspruch auf Erziehungsurlaub hat jede Arbeitnehmerin/jeder Arbeitnehmer unter folgenden Voraussetzungen:
- Das Kind lebt mit Ihnen im selben Haushalt
- Sie betreuen und erziehen das Kind überwiegend selbst
- Sie sind alleinstehend oder

ERZIEHUNGSURLAUB

– Ihr Partner ist erwerbstätig, in der Ausbildung oder arbeitslos.

Erziehungsurlaub kann in jedem Arbeitnehmerverhältnis im Anschluß an die Mutterschutzfrist bis längstens zur Vollendung des 3. Lebensjahres des Kindes genommen werden. Natürlich ist es möglich, in Absprache mit dem Arbeitgeber einen kürzeren Erziehungsurlaub zu nehmen. Endet das Arbeitsverhältnis vor Ablauf der 3 Jahre (z. B. durch Ablauf eines befristeten Arbeitsverhältnisses, durch einverständliche Aufhebung oder durch eine zulässige Kündigung), endet auch der Anspruch auf Erziehungsurlaub. Ausgenommen hiervon sind Ausbildungsverträge. Die Zeit des Erziehungsurlaubs wird nicht auf die Ausbildungszeit angerechnet.

Spätestens 4 Wochen vor seinem Beginn muß der Erziehungsurlaub beim Arbeitgeber angemeldet werden. Gleichzeitig muß auch erklärt werden, wie lange der Erziehungsurlaub dauern soll. Eine nachträgliche Änderung der Dauer des Erziehungsurlaubs ist nur mit dem Einverständnis des Arbeitgebers möglich.

Eltern können sich während des Erziehungsurlaubs dreimal mit der Betreuung des Kindes abwechseln. Wichtig ist nur, die Meldefrist gegenüber dem Arbeitgeber einzuhalten, ihm also spätestens 4 Wochen vor Beginn des Erziehungsurlaubs Bescheid zu geben.

Während des Erziehungsurlaubs ist eine Teilzeitbeschäftigung bis zu 19 Stunden wöchentlich möglich. Wenn Ihr Arbeitgeber damit einverstanden ist, sogar bei einem anderen Arbeitgeber. Über mögliche Auswirkungen des Einkommens aus der Teilzeitbeschäftigung auf die Höhe des Erziehungsgelds berät das Versorgungsamt (s. S. 114). Während des Erziehungsurlaubs und 6 Wochen vor seinem Beginn besteht ein Kündigungsschutz. Zum Ende des Erziehungsurlaubs, bei Einhaltung der gesetzlichen 3monatigen Kündigungsfrist, kann dem Arbeitnehmer allerdings gekündigt werden.

Der Arbeitnehmer bleibt während des Erziehungsurlaubs gesetzlich krankenversichert. Bezieht er keine weiteren beitragspflichtigen Einkünfte, ist er von Beitragszahlungen befreit.

Nach Beendigung des Erziehungsurlaubs hat der Arbeitnehmer Anspruch auf eine dem Arbeitsvertrag entsprechende Arbeit und ist dazu verpflichtet, sie anzunehmen. Es besteht kein Anspruch darauf, auf den alten Arbeitsplatz zurückkehren zu dürfen. Eine Schlechterstellung, insbesondere ein geringeres Entgelt, ist aber nicht zulässig.

Erziehungsgeld

Das Erziehungsgeld ist eine Leistung des Bundes, das die wirtschaftliche Situation der Eltern in den ersten Lebensmonaten des Kindes verbessern soll. Es beträgt höchstens 600,- DM monatlich und wird für jedes Kind gezahlt. Der Anspruch besteht vom Tage der Geburt des Kindes an bis längstens zum 24. Lebensmonat.
Für Geburten ab dem 1.1.1994 ist Erziehungsgeld bereits ab dem ersten Lebensmonat des Kindes einkommensabhängig. Dabei darf das voraussichtliche Einkommen bei Verheirateten, die nicht dauernd getrennt leben, oder bei Partnern in eheähnlicher Lebensgemeinschaft 100 000,- DM pro Jahr und bei anderen Berechtigten 75 000,- DM pro Jahr nicht übersteigen. Dies gilt für Zahlungen in den ersten 6 Monaten. Vom 7. Lebensmonat des Kindes an gelten besondere Einkommensgrenzen: Für Verheiratete liegen sie bei jährlich 29 400,- DM bereinigtes Brutto-Einkommen (Brutto-Verdienst abzüglich Werbungskosten und 27 Prozent Pauschale) und für Alleinerziehende bei 23 700,- DM. Die Summe erhöht sich bei jedem weiteren Kind um 4200,- DM.
Das Erziehungsgeld ist jeweils für ein Lebensjahr des Kindes zu beantragen. Für das zweite Lebensjahr muß also ein neuer Antrag gestellt werden (frühestens ist das im 9. Lebensmonat des Kindes möglich)! Achten Sie darauf, die Anträge früh abzugeben, weil auch das Erziehungsgeld nur bis zu 6 Monaten rückwirkend gezahlt wird.

Wer hat Anspruch auf Erziehungsgeld?

Erziehungsgeld steht jedem zu, der

- einen Wohnsitz oder den gewöhnlichen Aufenthalt in der Bundesrepublik Deutschland hat

- das Kind vorwiegend selbst betreut und erzieht
- die Personensorge für das Kind hat und mit ihm in einem Haushalt lebt (also auch Großeltern, Stiefeltern oder Verwandten, die das Sorgerecht haben)
- nicht oder nicht mehr als 19 Stunden wöchentlich erwerbstätig ist, es sei denn, er befindet sich in der Berufsausbildung.

Haben Sie noch andere gesetzliche Leistungen bezogen, müssen Sie klären, ob diese Ihnen auch bei Erhalt von Erziehungsgeld noch zustehen. Denn bestimmte Leistungen aus der öffentlichen Hand werden zusätzlich zum Erziehungsgeld gezahlt, andere jedoch nicht.
Zusätzlich zu beziehen sind

- Ausbildungsförderung (BaföG)
- Wohngeld
- Kindergeld
- Arbeitslosenhilfe und Sozialhilfe

Nicht zusätzlich zum Erziehungsgeld zu beziehen ist:

- Arbeitslosengeld, Arbeitslosenbeihilfe oder Eingliederungsgeld
- Mutterschaftsgeld bei erwerbstätigen Frauen.

Das Mutterschaftsgeld wird mit dem Erziehungsgeld verrechnet, so daß Frauen, die mehr als 600,- DM Mutterschaftsgeld beziehen, während des Bezugs keinen Anspruch auf Erziehungsgeld haben. Erhalten sie weniger, bekommen sie Erziehungsgeld in einer Höhe, die die Differenz zu 600,- DM ausgleicht.
Wenn der Vater während des Mutterschutzes Erziehungsgeld in Anspruch nimmt, bleibt das Einkommen der Frau unberücksichtigt, und die Familie erhält Erziehungsgeld und Mutterschaftsgeld.
Arbeitslosengeld wird als Lohnersatzzahlung definiert, und wer Lohn bezieht, darf kein Erziehungsgeld bekommen.
Arbeiten Sie als Alleinerziehende während des Erziehungsurlaubs in Teilzeit mit nicht mehr als 19 Stunden wöchentlich, wird das Einkommen aus dieser Tätigkeit bei der Berechnung Ihrer Einkünfte berücksichtigt. In Härtefällen kann eine volle Erwerbstätigkeit zulässig sein und dennoch ein Anspruch auf Erziehungsgeld bestehen.

ERZIEHUNGSURLAUB

Damit soll sichergestellt werden, daß die Existenzgrundlage nicht entzogen wird.
Unterhaltsverpflichtungen werden durch den Bezug von Erziehungsgeld nicht berührt. Das bedeutet, daß der Unterhaltsverpflichtete nicht berechtigt ist, Unterhaltszahlungen wegen des Erziehungsgeldes zu kürzen oder einzustellen.

Krankenversicherung

»Erziehungsgeld/Eziehungsurlaub«

»Erziehungsgeld/ Erziehungsurlaub« zu beziehen über das Bundesministerium für Familie und Senioren Godesberger Allee 140 53175 Bonn

Wenn Sie Pflichtmitglied in der gesetzlichen Krankenversicherung sind, bleiben Sie für die Dauer der Inanspruchnahme von Erziehungsurlaub oder des Bezugs von Erziehungsgeld krankenversichert. Nur soweit neben dem Bezug von Erziehungsgeld keine weiteren Einkünfte bestehen, gilt Beitragsfreiheit.
Bei einer freiwilligen Mitgliedschaft in einer gesetzlichen Krankenversicherung sollten Sie sich von Ihrer Krankenkasse beraten lassen.
Privat Versicherte müssen weiterhin selbst Beiträge bezahlen.

Versorgungsamt Köln

Versorgungsamt Köln Boltensternstr. 10 50730 Köln ℡ 77830

Den Antrag auf Erziehungsgeld und ggf. den Antrag auf eine Härtefallregelung richten Sie an das Versorgungsamt Köln.

Wenn Ihr Kind krank ist

Arbeitsbefreiung und Krankengeldzahlung

Wenn Ihr Kind krank werden sollte und Sie in der gesetzlichen Krankenkasse versichert sind, haben Sie unter bestimmten Voraussetzungen einen Anspruch auf Arbeitsbefreiung und Krankengeldzahlung. Anspruch auf Freistellung und Krankengeld haben alle Versicherten, wenn es nach ärztlichem Zeugnis erforderlich ist, daß Sie zur Beaufsichtigung, Betreuung oder Pflege Ihres erkrankten Kindes der Arbeit fernbleiben. Voraussetzung ist, daß eine andere im Haushalt lebende Person das Kind nicht pflegen kann.

Alleinerziehende erhalten Freistellung und Krankengeld für maximal 20 Arbeitstage im Jahr, bei mehreren Kindern für maximal 50 Arbeitstage. Diese Regelung gilt bis zur Vollendung des 12. Lebensjahres des Kindes. Ehepartner bekommen jeweils 10 freie Tage. Der Anspruch gilt auch für nichteheliche Lebensgemeinschaften, wenn das erkrankte Kind in einem Kindschaftsverhältnis zum Lebenspartner steht. Die Krankenkassen gewähren Krankengeld in der Höhe der üblichen Krankengeldzahlung. Sie machen Ihren Anspruch geltend, indem Sie Ihrem Arbeitgeber ein ärztliches Attest über die Pflegenotwendigkeit und -dauer vorlegen und auch Ihrer Krankenkasse eine solche Bescheinigung schicken. Eventuell ist auch eine bezahlte Freistellung vom Arbeitgeber möglich, die im Tarifvertrag oder der Betriebsvereinbarung festgeschrieben sein muß.

Worauf Sie in Notlagen Anspruch haben

Sozialhilfe und Wohngeld

Von 1988 bis 1993 hat sich die Zahl der Haushalte in Köln um 16 998 auf insgesamt 489 902 erhöht. Die wachsende Zahl der Kölner Haushalte hängt im wesentlichen mit der deutlichen Zunahme der Einpersonenhaushalte zusammen, wofür die gestiegene Studentenzahl, der Trend zur späteren Heirat bei gleichzeitig steigender Scheidungsrate und die höhere Lebenserwartung von Frauen verantwortlich gemacht werden.
Die stark gestiegene Zahl der Einpersonenhaushalte (1993 waren es 221 954) ist auch einer der Hauptgründe für die erheblich gestiegene Nachfrage nach Wohnungen und damit zudem ein Auslöser für die erheblichen Mietsteigerungen. Hierdurch gelangen auch mittlere Einkommensbezieher, wenn sie eine Familie mit Kindern haben und Alleinverdiener sind, in Lebenslagen, die staatliche Unterstützung in Form von Wohngeld oder Sozialhilfe erforderlich machen.

WORAUF SIE IN NOTLAGEN ANSPRUCH HABEN

Sozialamt der Stadt Köln
Johannisstr. 66-80
50668 Köln
℡ 221-0

Amt für Wohnungswesen der Stadt Köln
Johannisstr. 66-80
50668 Köln
℡ 221-0

Da die Bestimmungen sehr kompliziert sind und der Anspruch auf Sozialhilfe und Wohngeld individuell ausgerechnet wird, verzichten wir an dieser Stelle darauf, Details zu erörtern. Auskunft erteilt das **Sozialamt** der Stadt Köln.

Wenn Sie Schwierigkeiten haben, sich mit den Behörden zu verständigen, oder Fragen offenbleiben, können Sie sich auch an eine der Kölner Selbsthilfegruppen wenden. Hier können Sie mit anderen Betroffenen Erfahrungen austauschen und so manchen wertvollen Tip bekommen.

Bei Fragen zum Wohngeld wenden Sie sich an das Wohnungsamt der Stadt Köln oder Ihr Bezirksrathaus (siehe S. 181).

Selbsthilfegruppen bei Fragen zur Sozialhilfe

KALZ Kölner Arbeitslosenzentrum e. V.
Philippstr. 23
50823 Köln
℡ 518111

Mülheimer Selbsthilfe
Teestube e. V. (Mütze)
Berliner Str. 77
51063 Köln
℡ 626151

Chorweiler Selbsthilfe
Lyoner Passage 3-4
50765 Köln
℡ 701616

PEV – Progressiver Eltern- und Erzieherverband
Prager Eltern-Kind-Programm, Spielen und Bewegen
Zugweg 22
50677 Köln
℡ 321665 u. 323474

Faultiere im Zentrum Alte Feuerwache
Melchiorstr. 3
50670 Köln
℡ 7391073

Bundesstiftung »Mutter und Kind – Schutz des ungeborenen Lebens«

Amt für Diakonie

Amt für Diakonie
Brandenburger Str. 23
50668 Köln
℡ 1603860

Um werdenden Müttern, die sich in einer finanziellen Notlage befinden, zu helfen, hat der Bundestag das Gesetz zur Errichtung einer Stiftung »Mutter und Kind – Schutz des ungeborenen Lebens« beschlossen. Zweck der

WORAUF SIE IN NOTLAGEN ANSPRUCH HABEN

Stiftung ist es, Mittel zur Verfügung zu stellen, um werdenden Müttern in Not- und Konfliktsituationen durch finanzielle Unterstützung die Fortsetzung der Schwangerschaft zu erleichtern.
Finanziell unterstützt wird der Kauf z. B. von Umstandskleidung und Einrichtungsgegenständen für das Baby, die Erstausstattung des Kindes und Mittel zur Weiterführung des Haushalts.
Voraussetzung ist, daß die Hilfe durch andere Sozialleistungen wie z. B. Sozialhilfe nicht möglich ist, nicht ausreicht oder nicht rechtzeitig möglich ist.
Anträge auf Stiftungsmittel können beim Amt für Diakonie, dem Gesundheitsamt der Stadt Köln und dem Sozialdienst Katholischer Frauen gestellt werden.
Für alle 3 Beratungsstellen gilt: Rechtzeitig anmelden. Denn wer keinen Termin während der Schwangerschaft erhält, wird keine Leistungen aus der Bundesstiftung bekommen, und die Wartelisten für einen Termin zum persönlichen Gespräch sind ellenlang.

Gesundheitsamt der **Stadt Köln**
Neumarkt 15-21
50667 Köln
✆ 221-4779

Sozialdienst der Kath. Frauen e. V.
Neumarkt 1 d
50667 Köln
✆ 2575431

Kölnpaß

Der Kölnpaß bietet Sozialhilfeberechtigten oder Personen mit ähnlich niedrigem Einkommen Preisermäßigungen für den Besuch von
- Oper, Schauspielhaus usw.
- Städtischen Hallen- und Freibädern
- Städtischen Museen
- Kursen an den Volkshochschulen
- Zoo und Aquarium und
- für Fahrten mit der KVB.

Den Kölnpaß erhalten Sozialhilfeempfänger, die Hilfe zum Lebensunterhalt beziehen und sonstige Personen, deren Einkommen nicht mehr als 30 Prozent über dem Bedarfssatz der Hilfe zum Lebensunterhalt liegt. Anträge und Auskunft sind bei den zuständigen Bezirksämtern, Fachbereich Soziales erhältlich.

Arbeitslosengeld

Arbeitslosengeld bekommt, wer arbeitslos ist, der Arbeitsvermittlung zur Verfügung steht und sich beim Arbeitsamt arbeitslos gemeldet hat, in den letzten drei Jahren vor der Arbeitslosenmeldung wenigstens 360 Kalendertage beitragspflichtig beschäftigt war und Arbeitslosengeld beantragt hat. Das Arbeitslosengeld beträgt für Arbeitslose mit mindestens einem Kind 68 Prozent des ausfallenden regelmäßigen Nettoentgelts.

Arbeitslosenhilfe

Arbeitslosenhilfe bekommt der Arbeitslose, der seinen Anspruch auf Arbeitslosengeld ausgeschöpft hat und bedürftig ist. Die Arbeitslosenhilfe beträgt für Arbeitslose mit mindestens einem Kind 58 Prozent des letzten Nettogehalts.

Steuervorteile für Eltern

Kinderfreibeträge

Für ein Kind wird im laufenden Lohnsteuerabzugsverfahren ein Kinderfreibetrag von 4104,- DM, 6264,- DM ab 1996, gewährt. Das heißt: Von einem zu versteuernden Einkommen einer Familie wird die Summe von 4104,- DM abgezogen, so daß insgesamt ein niedrigeres zu versteuerndes Einkommen zugrunde gelegt wird und weniger Steuern zu zahlen sind. Für dauernd getrennt lebende Eltern bzw. Geschiedene und Alleinerziehende beläuft sich die Höhe des Kinderfreibetrags auf 2052,- DM.

Ausbildungsfreibeträge

Amt für Ausbildungsförderung
Johannisstr. 66-80
50668 Köln
Tel. Vermittlung über die Zentrale: 221-0
Allg. Fragen beantwortet Frau Böker, ✆ 221-5463

Amt für Ausbildungsförderung

Familien mit Kindern in der Ausbildung werden durch die Ausbildungsfreibeträge steuerlich (zusätzlich) entlastet. Für Kinder über 18 Jahre, die im Haushalt des Steu-

erpflichtigen wohnen, beträgt der Ausbildungsfreibetrag seit 1.1.1988 2400,- DM. Bei auswärtiger Unterbringung liegt er bei 4200,- DM.
Für Kinder unter 18 Jahren, die auswärts untergebracht sind, beträgt der Freibetrag 1800,- DM. Für Kinder, die Grundwehr- oder Zivildienst geleistet haben, kommen Ausbildungsfreibeträge bis zur Vollendung des 29. Lebensjahres in Frage.
Informationen erteilen die Finanzämter der Stadt Köln und das Amt für Ausbildungsförderung.

Baukindergeld und Wohnungsbauförderung

Seit 1987 wird im Zuge der Neuregelung der steuerlichen Wohnbauförderung das Baukindergeld schon für das 1. Kind gezahlt. Alle Eltern, die eine Wohnung, ein Ein- oder Mehrfamilienhaus kaufen oder bauen und selbst bewohnen, können bis zu 8 Jahre lang jährlich 1000,- DM von der Steuerschuld abziehen.

Neben dem Baukindergeld können Sie für selbstgenutzte Eigenheime oder Eigentumswohnungen einen Höchstbetrag von 330 000,- DM steuerlich geltend machen.

Für Bauanträge, die nach dem 30.9.1991 gestellt wurden, können in den ersten 4 Jahren nach Bau oder Erwerb 6 Prozent der Kosten bis zum Höchstbetrag geltend gemacht werden. Fragen zur Wohnungsbauförderung beantwortet das **Amt für Wohnungswesen**. Die Beträge sollen 1996 erhöht werden.

Amt für Wohnungswesen
Johannisstr. 66-80
50668 Köln
✆ 221-0

Kinderbetreuungskosten

Aufwendungen, die Ihnen für die Beaufsichtigung des im Haushalt lebenden Kindes (unter 16 Jahren) entstehen, gelten als außergewöhnliche Belastung, die man von der Steuer absetzen kann. Dabei darf es sich allerdings nicht um Aufwendungen für Unterricht, die Vermittlung besonderer Fähigkeiten oder um sportliche und andere Freizeitbeschäftigungen handeln.

Zurück in den Beruf!

Jährlich kehren über 320 000 Frauen in der Bundesrepublik in den Beruf zurück. Oft stehen aber der Realisierung Hindernisse im Weg, die einerseits in den persönlichen Verhältnissen, andererseits auf dem Arbeitsmarkt zu suchen sind. Die überwiegende Anzahl der Frauen, die wieder arbeiten möchten, sind durch ihre finanzielle Situation motiviert. Sie haben oft gar keine andere Wahl, als Geld für ihren Lebensunterhalt zu verdienen. Die Frauen, die wieder arbeiten möchten, weil ihnen Haushalt und Kind allein nicht genügen und der Beruf ihnen Freude macht, stellen 23 Prozent aller Berufsrückkehrerinnen, so die Umfrage der IAB-Berufsforschung-Datenbank von 1993.

Zur Zeit liegt die durchschnittliche Dauer der Familienpause bei Berufsrückkehrerinnen bei 7 bis 8 Jahren, bei jüngeren Frauen sind es oft weniger, bei älteren manchmal mehr Jahre. Das bedeutet häufig, daß »Berufsrückkehrerinnen veraltetes Wissen und damit Schwierigkeiten haben, sich im Beruf zurechtzufinden«. So jedenfalls lautet die durchgängige Meinung in kaufmännischen und verwaltenden Betrieben. Dabei bringen gerade Frauen, die eine Erwerbspause eingelegt haben und sich zwischenzeitlich Haushalt und Familie gewidmet haben, soziale Kompetenzen wie Kooperationsbereitschaft, Verantwortungsgefühl, Organisationstalent und eine hohe Motivation mit.

»Jour fixe« für Berufsrückkehrerinnen

Wenn Sie die Rückkehr in Ihren Beruf erwägen, ist es empfehlenswert, sich mit Gleichgesinnten zu unterhalten und sich umfassend zu informieren. Möglich ist das z. B. beim Arbeitsamt. Für Berufsrückkehrerinnen gibt es den sogenannten »Jour fixe«. An diesem Tag informieren die Fachkräfte des Arbeitsamts über die Arbeitsmarktsituation sowie über Umschulungs- und Fortbildungsmöglichkeiten.

»Jour fixe« für
Berufsrückkehrerinnen
Arbeitsamt Hauptamt
Luxemburger Str. 121
50939 Köln
✆ 9429-1390
Jeden Do 8-12.30 Uhr

ZURÜCK IN DEN BERUF!

Ausbildungsförderungsgesetz (AFG)

Arbeitsamt Köln

Ziel des Ausbildungsförderungsgestzes ist es, Arbeitslosigkeit zu vermeiden und den Wiedereinstieg in den Beruf, z. B. nach Erziehungszeiten, zu erleichtern. Vor allem für Frauen ist es wichtig, daß sie ihre Berufstätigkeit 5 Jahre lang unterbrechen dürfen, ohne daß dadurch vorher erworbene Rechte auf Umschulung oder berufliche Weiterbildung verlorengehen. Außerdem regelt das AFG die Gewährung von Einarbeitungszuschüssen für arbeitslose Arbeitnehmer und Arbeitnehmerinnen, die nach der Kindererziehung wieder in den Job zurückkehren wollen.

Bei Fragen zum Ausbildungsförderungsgesetz informiert das Arbeitsamt.

Arbeitsamt Köln
Luxemburger Str. 121
50939 Köln
✆ 9429-0

Literatur

Wiedereinstieg ins Berufsleben, Weiterbildungsangebote für Frauen in Köln. Hrsg.: Stadt Köln, Der Oberstadtdirektor.

Ihre berufliche Zukunft, Informationen für Frauen. Hrsg.: Bundesanstalt für Arbeit, Nürnberg, 2. Ausgabe/1993, erhältlich beim Arbeitsamt

Kinderbetreuung

Die Versorgungssituation in Köln 124

Betreuung für einen Abend oder für jeden Tag 124
Babysitter 124, Babysitterdienste in Köln 125, *Zeitungen und Zeitschriften, in denen Babysitter ihre Dienste anbieten* 126, Tagesmütter 127, Finanzierung einer Tagesmutter 127, Wer vermittelt Tagesmütter? 128

Kinder von 0 bis 3 Jahre 129
Spielgruppen für Eltern mit Kleinkindern 129, Krabbelgruppen 130, Selbst sind die Eltern – die Gründung von Krabbelgruppen 131, Der Weg zu einer öffentlich geförderten Krabbelgruppe 132, Idealtypische Ablaufplanung zur Gründung einer Krabbelgruppe 133

Kinder von 0,4 bis 6 Jahre 135
Altersgemischte Gruppen in Kölner Tageseinrichtungen 135, Adressen von elterninitiierten, städtischen und konfessionellen altersgemischten Gruppen 136

Tageseinrichtungen für Kinder von 3 bis 14 Jahren 140
Kindertagesstätten und Horte 140, Ihr gutes Recht 143, Kinder haben Rechte 144, Städtische Tageseinrichtungen 144, *Elternbeiträge in Tageseinrichtungen* 145, Konfessionelle Tageseinrichtungen und Angebote der Freien Wohlfahrt 146, Elterninitiierte Tageseinrichtungen 146, Betriebskindergärten 147, Kein Betriebskindergarten? Gewußt wie! 148

Tageseinrichtungen für Randgruppen 149
Tageseinrichtungen für Spätaussiedler 149, Der Arbeitskreis für das ausländische Kind 150, *Die Kindertagesstätten des Arbeitskreises für das ausländische Kind* 151, Tageseinrichtungen für italienische, spanische und Roma-Kinder 151, Tageseinrichtungen für behinderte Kinder 152

Kindergärten mit besonderer pädagogischer Ausrichtung 153
Waldorfkindergärten 153, Montessori-Kindergärten 154

Au pair 155
Die Pflichten und Rechte der Au-pair-Jugendlichen 155, Die Pflichten und Rechte der Gastfamilie 155, *Kosten für einen 10monatigen Au-pair-Aufenthalt* 156

Die Versorgungssituation in Köln

Unzureichendes Angebot

Die außerfamiliären Betreuungsmöglichkeiten für Kinder, ganz besonders für Kinder unter 3 Jahren, reichen in Köln bei weitem nicht aus. Es ist daher erforderlich, sich sehr frühzeitig über die bestehenden Angebote zu informieren, sich schnell für eine der Betreuungsformen zu entscheiden und das Kind umgehend anzumelden. Wenn man alle Einrichtungen, von den privat initiierten über die städtischen bis zu den konfessionellen, berücksichtigt, reicht das Angebot von Babysittern, Tagesmüttern, Krabbel- und Spielgruppen (0 bis 3 Jahre) über Kindergärten (3 bis 6 Jahre) und Horte (6 bis 14 Jahre) bis zu altersgemischten Gruppen, die Kinder von 0,4 bis 6 Jahren und von 3 bis 14 Jahren betreuen.

Betreuung für einen Abend oder für jeden Tag

Babysitter

Nur noch wenige Babysitterdienste

Die organisierte Vermittlung von Babysittern durch Babysitterdienste ist in Köln Legende. In den 80er Jahren von der modernen Kleinfamilie (Vater, Mutter, Kind) als Ei des Kolumbus gefeiert, zählt der Babysitterdienst heute zu einer aussterbenden Spezies im Kölner Kinderbetreuungs-Biotop. Von den dereinst zahlreichen Babysitterdiensten, die auf nahezu alle Stadtteile verteilt waren, sind gerade noch 3 nachvollziehbar aktiv.

Die Gründe dafür sind leicht auszumachen. Zum einen trifft natürlich die Stadt Köln mit ihrem mickrigen Familienetat eine große Schuld. Sie kürzte die Mittel bei dem gut eingeführten »Familienladen Ehrenfeld« oder der »Nachbarschaftsselbsthilfe Sülz-Klettenberg e. V.« solange, bis die Babysitterdienste dicht machten. Allein auf die ehrenamtliche Tätigkeit von Kölner Bürgerinnen angewiesen, hält kein Verein lange durch.

»Wer übernimmt denn heute noch eine so verantwortungsvolle Aufgabe ehrenamtlich?« fragt eine Mitarbeiterin vom »Familienladen Ehrenfeld«. »In Sachen Kin-

derbetreuung geht der Trend eindeutig zu privatwirtschaftlich organisierten Unternehmen, denn die können viel preiswerter arbeiten. Bei denen hängt nicht die ganze Verwaltung mit dran«, urteilt die Psychologin.
Abgesehen von der Geldnot hatten Babysitterdienste mancherorts in Köln aber auch mit Akzeptanzproblemen zu kämpfen, die einige über kurz oder lang zur Strecke brachten. Die Familienbildungsstätte der Christlichen Sozialhilfe in Mülheim beispielsweise berichtet, daß die Vermittlung von Babysittern von der Bevölkerung nicht angenommen wurde. Dabei hatte man gerade im Norden Mülheims, wo zahlreiche Familien mit mehreren Kindern leben, damit gerechnet, mit dem Babysitterdienst eine Lücke in der beklagenswert schlechten Versorgungssituation zu schließen. Aber so war es nicht, und daher verschwand der Babysitterdienst wieder von der Bildfläche. »Oft ist es halt besser, das Leiden zu ertragen, als Lösungen zu finden«, resümiert eine Mitarbeiterin der Christlichen Sozialhilfe resigniert.

Babysitterdienste in Köln

Babysitterdienst e. V.
Die Krankenschwester U. Jöbgen gründete nach dem Krieg einen Babysitterdienst, weil sie fand, »daß es letztendlich den Kindern zugute kommt, wenn Mütter auch mal rauskommen«. Seit 1984 vermittelt sie unter dem Namen Babysitterdienst e. V. ehrenamtlich 15- bis 80jährige Babysitter im ganzen Stadtgebiet. Die Vermittlung selbst ist kostenfrei, und die Bezahlung der Babysitter ist Verhandlungssache der Vertragspartner.

Babysitterdienst e. V.
c/o U. Jöbgen
Ehrenfeldgürtel 106
50823 Köln
✆ 5507217

Kinder, Kids & Kleine Leute
Elke Stienen betreibt die Initiative Kinder, Kids & Kleine Leute kommerziell. Interessierte Eltern, die regel- oder unregelmäßig einen Babysitter brauchen, zahlen einen Jahresbeitrag von 90,- DM, der die Bearbeitungsgebühren und die Berufshaftpflichtversicherung für die Babysitter deckt. Die Babysitter sind bei »Kinder, Kids & Kleine Leute« fest angestellt, die meisten sind Schülerinnen, Studentinnen und Rentnerinnen. Zum Jahresbei-

Kinder, Kids & Kleine Leute
Elke Stienen
Weißenburgstr. 41
50670 Köln
✆ 7391577

trag kommt das Honorar für den Babysitter, das bei 12, DM beginnt.

Deutscher Kinderschutzbund

Deutscher Kinderschutzbund Kalker Laden Hauptstr. 214 51103 Köln ✆ 8701070

Der Babysittervermittlungsdienst im Kalker Laden ist auf Anfragen aus der Bevölkerung heraus entstanden. »Einerseits fragten viele Frauen nach Betreuungsmöglichkeiten für ihre Kinder, und andererseits suchten Schülerinnen und Studentinnen im pädagogischen Bereich Arbeit«, erzählt Nuran Kancok vom Kalker Laden. »Wir haben dann eine Kartei angelegt und vermitteln jetzt Babysitter und Tagesmütter.« Interessierten Eltern werden auf Anfrage mehrere Namen und Adressen aus der Kartei herausgesucht, die sie dann selbst kontaktieren. »Unsere Devise lautet: Hilfe zur Selbsthilfe«, erklärt Nuran Kancok das Verfahren. Nach der Herausgabe von Name und Anschrift ist alles weitere, wie Honorar und Terminierung, Sache der Eltern und Betreuer. Der Dienst wird überwiegend von Bürgern und Bürgerinnen aus Kalk, Vingst, Höhenberg und Mülheim genutzt.

Zeitungen und Zeitschriften, in denen Babysitter ihre Dienste anbieten:

Anzeigenblätter

Annonce
✆ 2570411

Kölner Wochenspiegel
✆ 9544140

Marktplatz
✆ 233643

Stadtzeitungen

Kölner Illustrierte
✆ 6347270

Stadt-Revue
✆ 9515410

Prinz
✆ 210032

Tagespresse

Kölner Stadt-Anzeiger/ Express
✆ 224-2811

Kölnische Rundschau
✆ 1632-0

Tagesmütter

Im Rahmen der »Tagespflege« werden Kinder von morgens bis abends oder für einen bestimmten Teil des Tages bzw. an bestimmten Wochentagen regelmäßig in der Wohnung von Tagesmüttern (bzw. Tagesvätern) betreut und versorgt.
Auskunft erteilt das Jugendamt unter der Rufnummer 221-7581.

Zentrale des Jugendamtes
Frau Grothe
✆ 221-7581

Finanzierung einer Tagesmutter

Die Finanzierung einer Tagesmutter durch das Jugendamt setzt voraus, daß diese vom Jugendamt vermittelt oder anerkannt wird. Die Kostenübernahme ist an bestimmte Einkommensgrenzen gebunden und im Einzelfall durch das zuständige Bezirksamt zu prüfen. Tagesmütter brauchen keine Ausbildung oder Schulung. Es ist möglich, sich in der Verwandtschaft, im Freundeskreis, in der Nachbarschaft oder durch eine Anzeige um eine Tagesmutter zu bemühen und sie dem Jugendamt zu benennen.
Die Kosten werden übernommen, wenn bestimmte Voraussetzungen erfüllt sind. Dazu zählen:
- Die Pflege muß in einer normal großen und eingerichteten Wohnung stattfinden, wobei es nicht unbedingt die Wohnung der Tagesmutter sein muß
- Die Tagesmutter muß ein Gesundheitszeugnis und ein polizeiliches Führungszeugnis vorlegen
- Der Lebensunterhalt der Tagesmutter muß auch ohne das Pflegegeld gesichert sein

Sofern die Mutter oder der Vater Anspruch auf wirtschaftliche Jugendhilfe hat, erhält die Tagesmutter vom Jugendamt 400,- DM steuerfrei.
Zuständig für die Beratung über und die Vermittlung von Tagesmüttern ist der Pflegekinderdienst in den Bezirksämtern der Stadt:

6 BETREUUNG FÜR EINEN ABEND ODER FÜR JEDEN TAG

Innenstadt	Nippes
Bezirksamt 1 – Pflegekinderdienst ℡ 221-5266/585	Bezirksamt 5 – Pflegekinderdienst ℡ 221-1278/1279

Rodenkirchen	Porz
Bezirksamt 2 – Pflegekinderdienst ℡ 3591-289/286/298	Bezirksamt 7 – Pflegekinderdienst ℡ 41-278/279

Lindenthal	Kalk
Bezirksamt 3 – Pflegekinderdienst ℡ 5484-282/291/270/269	Bezirksamt 8 – Pflegekinderdienst ℡ 8996-361

Ehrenfeld	Mülheim
Bezirksamt 4 – Pflegekinderdienst ℡ 7761-287/290	Bezirksamt 9 – Pflegekinderdienst ℡ 6702-297/288

Wer vermittelt Tagesmütter?

Deutscher Familienverband

Deutscher Familienverband
Christophstr. 41
50670 Köln
℡ 120019

Der Deutsche Familienverband vermittelt Tagesmütter, qualifiziert aber auch zur Tagesmutter und begleitet sie bei der Ausbildung und bei späteren Tätigkeiten. Tagesmütter können sich beispielsweise im Deutschen Familienverband treffen und über ihre Arbeit austauschen. Die vom Verband vermittelten Tagesmütter kosten die Eltern bei einer Betreuungszeit von 40 Stunden pro Woche 580,- DM.

Kinder, Kids & Kleine Leute

Kinder, Kids & Kleine Leute
Elke Stienen
Weißenburgstr. 41
50670 Köln
℡ 7391577

Die Vermittlung von Tagesmüttern läuft bei Kinder, Kids & Kleine Leute ganz unbürokratisch. Eine schriftliche Auftragserteilung genügt, und für eine Bearbeitungsgebühr von 135,- DM bemüht sich Elke Stienen darum, eine den Wünschen der Eltern angemessene Tagesmutter zu finden. Die Kosten für eine Tagesmutter liegen zwischen 400,- und 600,- DM für eine Halbtagsbetreuung und zwischen 700,- und 1000,- DM für ganze Tage.

Kinder von 0 bis 3 Jahre

Spielgruppen für Eltern mit
Kleinkindern

Eine Spielgruppe bietet Eltern Austauschmöglichkeiten, intensiviert vielleicht schon bestehende Kontakte und gibt Kindern die Gelegenheit, miteinander zu spielen und altersgerechte Erfahrungen zu sammeln. Für die Gründung von Spielgruppen existieren keine Auflagen, bestenfalls ein paar wertvolle Tips von Spielgruppen-Erfahrenen.
Durch Aushänge oder Anzeigen in den entsprechenden Zeitungen und Zeitschriften (siehe S. 126) oder beim Kinderarzt, Frauenarzt und in Secondhandläden lassen sich Spielgruppen gründen. Manchmal wird der Grundstein für eine Spielgruppe auch durch ein Gespräch auf dem Spielplatz gelegt.
Über die Häufigkeit der Treffs und die Anzahl der Kinder muß sich jede Gruppe selbst klar werden. Erfahrungen haben gezeigt, daß es maximal 7 Kinder sein sollten, die sich zusammen mit den Müttern und/oder Vätern 2- bis 3mal die Woche treffen. Dabei können sowohl die eigenen Wohnräume genutzt als auch Räume angemietet werden. Eventuell gibt es auch die Möglichkeit, sich schon bestehenden Spielgruppen anzuschließen. Informationen erhalten Sie hierzu am zuverlässigsten von Ihrer Kirchengemeinde, den Familienbildungsstätten (siehe S. 38, 39) oder dem Jugendamt (✆ 221-5423).
Sofern die Kinder in eigenen Wohnräumen betreut werden, sollten ganz klare Absprachen bezüglich der Aufräumarbeiten mit den anderen Eltern getroffen werden. So läßt sich vorprogrammierter Ärger vermeiden. Natürlich gilt es, sich bei allen Belangen der Spieltreffs in Offenheit zu üben. Die Eltern tun gut daran, ihre Vorstellungen und Erwartungen deutlich zu äußern, damit sie ihre Kinder vertrauensvoll in die Obhut anderer Mütter und Väter geben können.
Sollen Räume angemietet werden, so kann für eventuell anfallende Renovierungsarbeiten ein Zuschuß beim Jugendamt der Stadt Köln beantragt werden (✆ 221-5423). Eventuell ist der Abschluß einer Haftpflicht- und Unfallversicherung für die Gruppe sinnvoll.

Gründen Sie eine Spielgruppe

Krabbelgruppen

Krabbelgruppen unterliegen Auflagen

Für die Unterbringung von Kindern unter 3 Jahren haben sich Eltern- und Mütterinitiativen gebildet, weil die Versorgungssituation durch städtische Einrichtungen für diese Altersgruppe in Köln besonders mangelhaft ist. Also wird ein Raum gemietet und die Betreuung der Kinder entweder von den Eltern geleistet oder eine pädagogische Fachkraft engagiert. Aber: So einfach geht das nicht! Die meisten dieser Gruppen bewegen sich durch ihr Tun am Rande der Legalität, weil sie aus Geldnot den hohen Auflagen des Landesjugendamtes nicht genügen können.

»Wenn man mehr als 5 Kinder betreut, ist die Heimaufsicht des Landesjugendamtes zuständig«, weiß Petra Dill vom »Arbeitskreis Kölner Krabbelgruppen (AKK)« zu berichten. Und die verlangt z. B., daß Kinder in einem 80 Quadratmeter großen Raum untergebracht sind, daß eine separate Kindertoilette, eine Personaltoilette und ein Wickelraum vorhanden sind und die Kinder von einer pädagogischen Fachkraft beaufsichtigt werden.

Gegen die Auflagen ist nichts zu sagen, im Gegenteil: Sie dienen dem Wohle des Kindes. Doch gepaart mit einem seit Jahren abgedrehten Geldhahn und hoffnungslos langen Wartelisten bei den städtischen altersgemischten Gruppen geraten die Auflagen zur Farce. Zumal das Kölner Jugendamt nolens volens schon mal beide Augen zudrückt und eine Krabbelgruppe flugs zu einer Elternspielgruppe deklariert, wenn das Landesjugendamt Strenge walten läßt.

»Die vielen Anfragen aus der Bevölkerung nach Krabbelgruppen kann die Stadt Köln doch gar nicht bewältigen. Die verweisen dann immer auf uns, den ›Arbeitskreis Kölner Krabbelgruppen‹, obwohl die Stadt weiß, daß wir nur Adressen von Gruppen haben, die den Auflagen des Landesjugendamtes nicht entsprechen«, berichtet Petra Dill und fügt hinzu: »Unsere Arbeit läuft auf Vertrauensbasis, sonst können die ganzen Kölner Krabbelgruppen dichtmachen.«

KINDER VON 0 BIS 3 JAHRE

AKK – Arbeitskreis Kölner Krabbelgruppen

Der »Arbeitskreis Kölner Krabbelgruppen« wurde 1983 gegründet, als sich Eltern, Erzieher und Pädagogen zusammenschlossen, um das Problem der Kleinkinderversorgung in Köln anzugehen. In einem langen Marsch durch die Institutionen hat der Arbeitskreis versucht, bestehenden illegalen Krabbelgruppen zur Anerkennung zu verhelfen, um die Situation in Köln zu verbessern. Geschafft hat das bislang nur die »Ehrenfelder Rasselbande e. V.«. Allerdings ist sie zunehmend in finanzielle Not geraten und prozessiert derzeit auf öffentliche Förderung. Der Arbeitskreis gibt Auskunft über bestehende Krabbelgruppen sowie Tips und Hilfestellung bei der Gründung von Krabbelgruppen, außerdem unterstützt er die Kinderbetreuung in Nachbarschaftshilfe. Auch der »Familienladen Ehrenfeld« berät in Sachen Führung und Gründung einer Krabbelgruppe.

AKK – Arbeitskreis Kölner Krabbelgruppen
c/o Keks e. V.
Venloer Str. 725
50827 Köln
✆ 9589254

Stadt Köln
Familienladen Ehrenfeld
Herbrandstr. 7
50825 Köln
✆ 5488446

Selbst sind die Eltern – die Gründung von Krabbelgruppen

Es ist durchaus denkbar, daß Sie alle Krabbelgruppen und altersgemischten Gruppen in Ihrem Stadtteil (siehe nachfolgenden Abschnitt) kontaktiert und trotzdem keinen Platz für Ihr Kind bekommen haben. Vielleicht hat man Sie auf später vertröstet, weil Ihr Kind noch nicht »sauber« ist, vielleicht hat Ihnen das Konzept der Erzieherinnen und Erzieher nicht gefallen, oder ... Gründe gibt es genug.

Wenn Sie sich deshalb entschließen, selbst etwas zu unternehmen, und eine eigene Krabbelgruppe gründen möchten, sollten Sie sich vorab gut informieren. Einfach wird es in keinem Fall.

Die Erfahrung des »Arbeitskreises Kölner Krabbelgruppen« hat gezeigt, daß das Landesjugendamt und das Jugendamt altersgemischte Gruppen reinen Krabbelgruppen vorziehen und sogar ausdrücklich von einem Antrag auf Förderung einer reinen Krabbelgruppe abraten. Aus pädagogischer Sicht, so die Argumentation, sei die Fremdbetreuung von Kindern unter 3 Jahren nicht sinnvoll. Will sagen: Mütter gehören während der ersten 3 Lebensjahre

Der Weg zu einer öffentlich geförderten Krabbelgruppe

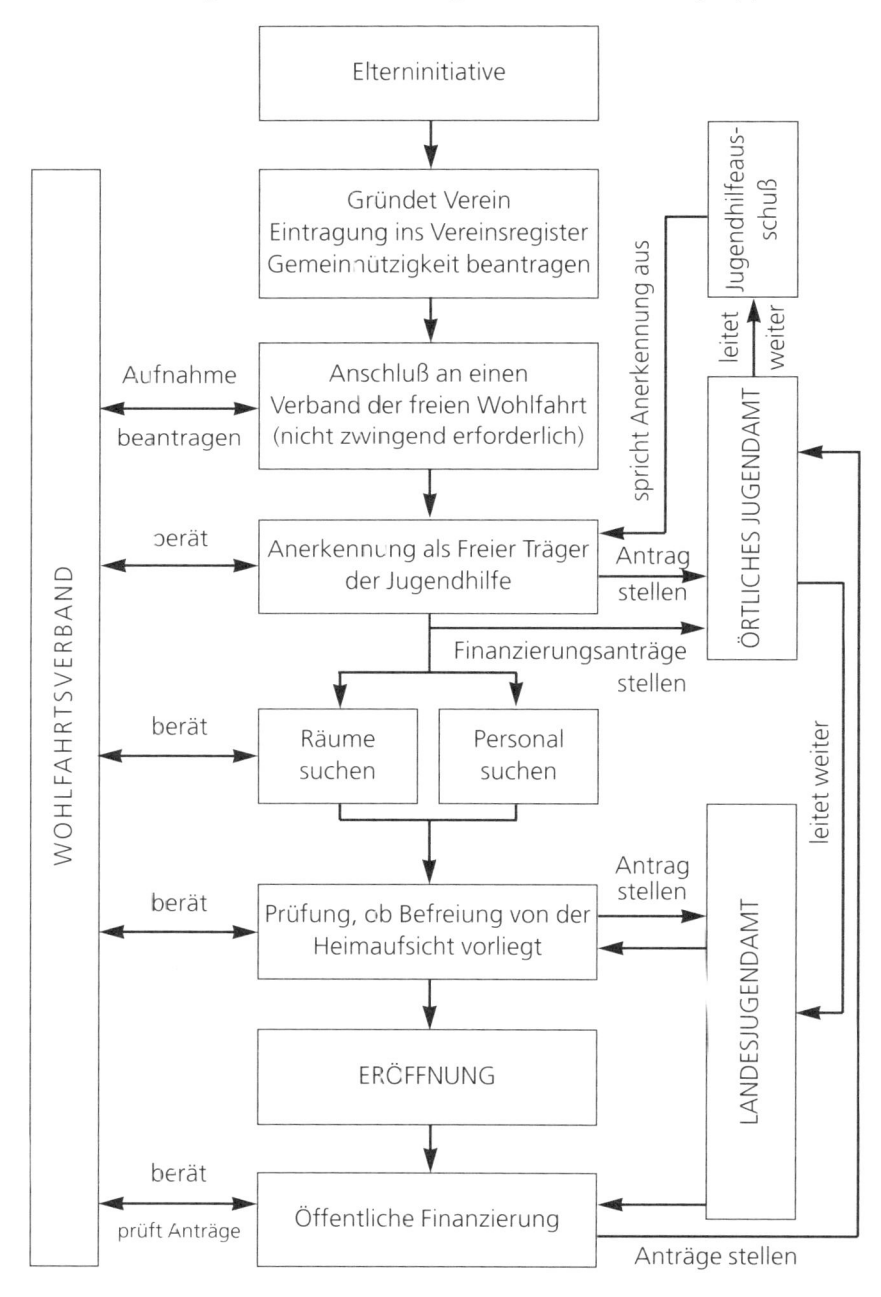

```
                          Elterninitiative
                                │
                                ▼
                       Gründet Verein
                    Eintragung ins Vereinsregister
                    Gemeinnützigkeit beantragen
                                │
                                ▼
      Aufnahme         Anschluß an einen
      ◄──────►       Verband der freien Wohlfahrt
      beantragen       (nicht zwingend erforderlich)
                                │
                                ▼
        berät        Anerkennung als Freier Träger     Antrag
      ◄──────►           der Jugendhilfe              stellen
                                │
                                │    Finanzierungsanträge
                                │         stellen
                                ▼         ▼
        berät              Räume      Personal
      ◄──────►             suchen     suchen
                                │
                                ▼
                                                      Antrag
        berät        Prüfung, ob Befreiung von der    stellen
      ◄──────►          Heimaufsicht vorliegt
                                │
                                ▼
                          ERÖFFNUNG
                                │
                                ▼
        berät
      ◄──────►          Öffentliche Finanzierung
      prüft Anträge
                                         Anträge stellen
```

WOHLFAHRTSVERBAND — ÖRTLICHES JUGENDAMT — Jugendhilfeausschuß (leitet weiter) — spricht Anerkennung aus — LANDESJUGENDAMT (leitet weiter)

KINDER VON 0 BIS 3 JAHRE

ihrer Kinder nach Hause. Wer sich von derlei Argumenten nicht schrecken läßt, und trotzdem – alleine oder zusammen mit anderen Eltern – eine Krabbelgruppe gründen möchte, sollte gut vorbereitet sein.

Idealtypische Ablaufplanung zur Gründung einer Krabbelgruppe

1. Gemeinnützigkeit
Die Krabbelgruppe braucht einen Trägerverein. Dieser sollte gemeinnützig sein, weil dadurch einiges kostengünstiger wird. Der Antrag auf Gemeinnützigkeit ist bei dem zuständigen Finanzamt zu stellen, wobei dem Antrag die Vereinssatzung, ein formloses Begleitschreiben und das Gründungsprotokoll beigefügt werden müssen. Bezüglich der Vereinssatzung gibt der Deutsche Paritätische Wohlfahrtsverband Auskunft. Erfahrungsgemäß dauert die Bearbeitung des Antrags 3 Wochen. Dann wird ein vorläufiger Gemeinnützigkeitsbescheid erstellt, der nach einem Jahr durch entsprechende Belege nachgewiesen werden muß.

2. Vereinsregister
Der Eintrag in das Vereinsregister muß von einem Notar vorgenommen werden. Er braucht dazu die Vereinssatzung und das Gründungsprotokoll.

3. Anschluß an einen Spitzenverband der freien Wohlfahrtspflege
Die meisten Krabbelgruppen schließen sich dem Deutschen Paritätischen Wohlfahrtsverband an. Durch die Verbandszugehörigkeit ergeben sich einige wesentliche Vorteile:
– Beratung beim Aufbau von Initiativen
– Beratung bei Antragstellung und Berechnung der Betriebskosten sowie Fortbildung in diesen Fragen
– Hilfen in der täglichen Behördenpraxis

Möglich wäre auch der Beitritt beim Deutschen Roten Kreuz, der Arbeiterwohlfahrt, Caritas, dem Amt für Diakonie.

4. Anerkennung

Anspruch auf finanzielle Unterstützung hat nur, wer als »Träger der freien Jugendhilfe« gemäß Paragraph 9 Jugendwohlfahrtsgesetz (JWG) anerkannt ist. Die Erfahrungen der »Ehrenfelder Rasselbande« haben allerdings gezeigt, daß bei den derzeit leeren Kassen auch die Anerkennung nicht hilft.
Der Antrag ist beim Jugendamt der Stadt Köln zu stellen. Eingereicht werden müssen: Satzung, Gründungsprotokoll, Vereinsregisterauszug, Bestätigung der Gemeinnützigkeit, Führungszeugnisse der 4 Vorstandsmitglieder und pädagogische Konzeption der geplanten Krabbelgruppe. Empfehlenswert ist ferner der Nachweis über die Zugehörigkeit zu einem Wohlfahrtsverband.

5. Heimaufsicht

Bei einer Gruppenstärke von bis zu 5 Kindern ist das Jugendamt der Stadt Köln für die Erteilung der Pflegeerlaubnis zuständig. Bei mehr als 5 Kindern tritt die Heimaufsicht des Landesjugendamtes in Aktion. Um von der Heimaufsicht befreit zu werden, müssen bestimmte Bedingungen erfüllt werden. U. a. müssen vorhanden sein:
- 1 großer Gruppenraum
- 1 kleiner Gruppenraum
- 1 Babyruheraum mit Wickelmöglichkeit
- 1 Schlaf- und Mehrzweckraum
- 1 Personalraum von 6 Quadratmetern
- 1 Personal-WC
- 2 Kinder-WC (entweder 2 kleine oder 2 große mit Podest)
- Diele

6. Personal

Folgende Kräfte müssen in einer Krabbelgruppe beschäftigt sein:
- 1 Erzieherin oder Sozialpädagogin mit 3 Jahren Berufserfahrung (davon 1 Jahr Praktikum) als Leiterin mit einem Gehalt BAT Vc/VIb
- 1 Fachkraft (Kinderkrankenschwester oder Erzieherin mit Säuglingspflegeausbildung) mit einem Gehalt BAT VIb/VII

- 1 Hilfskraft ohne pädagogischen Qualifikationsnachweis mit einem Gehalt BAT VIII/IX.

7. Finanzierung
Nach dem Kindergartengesetz steht den Krabbelgruppen bei Anerkennung die Förderung der über 3jährigen zu. Für die unter 3jährigen muß ein Antrag auf die Aufnahme in die Förderliste des Landes NRW gestellt werden. Um durch das Landesjugendamt einen positiven Bescheid über die Förderung zu bekommen, muß das Jugendamt der Stadt Köln den Bedarf an Plätzen in dem jeweiligen Stadtteil feststellen.

Um die Kosten der Krabbelgruppe zu senken, besteht die Möglichkeit, die Planstelle der Hilfskraft ohne pädagogische Qualifikation zu halbieren und die Hälfte durch Eltern zu ersetzen. Diese können im Rotationsprinzip kochen, putzen und die Kinder betreuen.

Kinder von 0,4 bis 6 Jahre

Altersgemischte Gruppen in Kölner Tageseinrichtungen

Abgesehen von den Krabbelgruppen, deren Adressen beim AKK zu erfragen sind, können natürlich die altersgemischten Gruppen kontaktiert werden, die Kinder von 0,4 bis 6 Jahren betreuen. Es gibt eine ganze Reihe altersgemischter Gruppen, allerdings nehmen die Gruppen vorzugsweise Kinder auf, die dem Säuglingsalter entwachsen und am besten schon trocken sind. Eltern auf der Suche nach einer kompetenten Betreuung für ihre Kleinsten wird hier somit selten geholfen.

Eltern, die in den Stadtteilen Chorweiler und Mülheim leben und vielfach auf die Betreuung auch der Kinder unter 3 Jahren angewiesen sind, weil beide Elternteile arbeiten, sind am schlechtesten versorgt. In diesen Stadtteilen gibt es nämlich keine elterninitiierten Krabbelgruppen, so daß alle Kinder unter 3 Jahren auf die Aufnahme in altersgemischten Gruppen der Tageseinrichtungen angewiesen sind.

Grundsätzlich sollten sich alle Eltern, die auf der Suche

Deutscher Paritätischer Wohlfahrtsverband
Kreisgruppe Köln
Herwarthstr. 12
50672 Köln
✆ 95154213

Stadt Köln, Jugendamt
Abt. Tageseinrichtungen
für Kinder
Johannisstr. 66-80
50668 Köln
✆ 221-5407
Adressen von altersgemischten Gruppen, Kindertagesstätten
✆ 221-2981
Krabbelgruppen, Elterninitiativen

nach Krabbelgruppen für ihre Kinder sind, erst einmal beim Jugendamt der Stadt Köln um Auskunft bemühen. Obwohl ihnen dort höchstwahrscheinlich kein Platz in einer Gruppe angeboten werden kann und sie auf den »Arbeitskreis Kölner Krabbelgruppen« verwiesen werden, erfährt die Stadt somit zumindest, wie hoch der Bedarf an Betreuung für die Kleinsten ist. Und vielleicht bewirkt das ja etwas?

Immerhin verfügt die Stadt Köln, wie auch der Paritätische Wohlfahrtsverband, über eine Liste »Tageseinrichtungen für Kinder«, auf der 15 altersgemischte Gruppen und 1 Krabbelgruppe zu finden sind.

Nachbarschaftsselbsthilfe Sülz-Klettenberg e. V

Nachbarschaftsselbsthilfe Sülz-Klettenberg e. V:
Ulrike Diekmann
Breibergstr. 2
50939 Köln
✆ 426464

In einem offenen Eltern-Kind-Treff, auch Mütter-/Vätercafé genannt, können Eltern Erfahrungen austauschen und Kinder miteinander spielen. Der Verein finanziert sich über Mitgliedsbeiträge und erhält einen Mietkostenzuschuß von der Stadt Köln. Außerdem werden Räume, die ehemals von Kindergruppen genutzt wurden, vermietet.

Adressen von elterninitiierten, städtischen und konfessionellen altersgemischten Gruppen

Innenstadt

Südstadtkinder Birkenbäumchen e. V. (GG)
Alteburger Str. 125 a
50678 Köln
✆ 385970 u. 3761807

Südstadtkinder e. V. (GG)
Alteburger Str. 125 a
50678 Köln
✆ 341430

Caterpillar Kinderladen e. V.
Lütticher Str. 33-35
50674 Köln
✆ 513693

Orgelpfeifen e. V.
Brüsseler Str. 19
50674 Köln
✆ 245910

Die Farbkleckse e. V.
c/o Wienpahl
Volksgartenstr. 18
50677 Köln
✆ 326557

Patuljak e. V.
Kindertagesstätte
Probsteigasse 24-26
50670 Köln
✆ 132879

Stadt Köln
Mauritiuswall 29
50676 Köln
✆ 221-7735

Kath. Kirchengemeinde St. Paul
Eifelstr. 41
50677 Köln
✆ 322955

ALTERSGEMISCHTE GRUPPEN

Stadt Köln
Oberländer Wall 31
50678 Köln
∅ 344122

Rodenkirchen

Marienkäfer e. V.
– Kindertagesstätte –
Bonner Str. 469
50968 Köln
∅ 341579

Für unsere Kinder Köln e. V.
Körnerstr. 1
50823 Köln
∅ 498314

Stadt Köln
Kottenforststr. 2
50969 Köln
∅ 369274

Stadt Köln
Brühler Landstr. 450
50997 Köln
∅ 02232/67286

Lindenthal

Elterninitiative Pänz e. V.
Lindenthalgürtel 80
50935 Köln
∅ 407056

Kinderladen 41 e. V.
c/o Georg Kunz-Schürmann
Theophanostr. 38
50969 Köln
∅ 3685275

Ameisen e. V.
Redwitzstr. 98
50937 Köln
∅ 446457

Sülzer Tiger e. V.
c/o Kerstin Rutwalt-Berger
Heimbacher Str. 24
50937 Köln

Purzelbäume e. V.
Curtiusstr. 9 a
50935 Köln
∅ 402974

Stadt Köln
Nikolausstr. 101-103
50937 Köln
∅ 413734

Stadt Köln
Weyertal 113
50931 Köln
∅ 414930

Stadt Köln
Belvederestr. 155
50933 Köln
∅ 492364

Ehrenfeld

Ehrenfelder Rasselbande e. V.
Platenstr. 32
50825 Köln
∅ 556356

Bürgerschaftshaus Sozial
Kulturelles Zentrum Bocklemünd/Mengenich e. V.
– Kindergarten –
Schumacherring 65
50829 Köln
∅ 504644

Brunnenkinder e. V.
Venloer Str. 725
50827 Köln
∅ 586600

Schlabberlätze e. V.
Heliosstr. 2
50825 Köln
∅ 5461633

Stadt Köln
Marienstr. 37
50825 Köln
∅ 5488-234

Stadt Köln
Marienstr. 108-114
50825 Köln
∅ 5488-375

Sternschnuppen e. V.
Piusstr. 72
50823 Köln
∅ 561607

Stadt Köln
Vogelsanger Str. 129
50823 Köln
∅ 5101583

Köln Kitas GmbH
Clemens-Hastrich-Str. 27
50827 Köln
∅ 594560

Sozialdienst Kath. Männer e. V.
Mathias-Brüggen-Str. 22
50827 Köln
∅ 581575

Köln Kitas GmbH
Ossendorfer Weg 17
50827 Köln
∅ 5952476

Schmierfinke e. V.
Rochusstr. 34 a
50827 Köln
∅ 532787

6 ALTERSGEMISCHTE GRUPPEN

Sonnenstrahlen e. V.
Rotkehlchenweg 527
50829 Köln
∅ 581320

Stadt Köln
Alfred-Döblin-Str. 11
50829 Köln
∅ 501090

Nippes

Hüppedeercher Nippes e. V.
Bülowstr. 12
50733 Köln
∅ 767983

Stadt Köln
Kalkarer Str. 2
50733 Köln
∅ 7607132

Stadt Köln
Niehler Gürtel 104
50733 Köln
∅ 7761394

Stadt Köln
Nibelungenstr. 50 b
50739 Köln
∅ 744468

Stadt Köln
Amsterdamer Str. 59
50735 Köln
∅ 7774-568

Stadt Köln
Flemingstr. 5
50735 Köln
∅ 766987

Nordstadtkinder e. V.
Flemingstr. 4
50735 Köln
∅ 767675

Stadt Köln
Niehler Str. 344
50735 Köln
∅ 714174

Stadt Köln
Kapuzinerstr. 10
50737 Köln
∅ 7409324

Stadt Köln
Pallenbergstr. 24
50737 Köln
∅ 741455

Sozialdienst Kath. Frauen e. V.
Escher Str. 158
50739 Köln
∅ 1701816

Chorweiler

Stadt Köln
Paul-Löbe-Weg 36
50769 Köln
∅ 221-1372

Stadt Köln
Allerstr. 1
50765 Köln
∅ 221-1440

Stadt Köln
Merianstr. 17
50765 Köln
∅ 221-1364

Stadt Köln
Osloer Str. 3
50765 Köln
∅ 221-1374

Ev. Kirchengemeinde Köln – Neue Stadt
Usedomstr. 68
50765 Köln
∅ 705310

Stadt Köln
Langenbergstr. 142
50765 Köln
∅ 7902418

Porz

Kinderparadies e. V.
Müllergasse 21
51105 Köln
∅ 8305682

Schmuddelkinder e. V.
Auf dem Wasserfeld 15
51149 Köln
∅ 02203/14158

Stadt Köln
Oberstr. 119
51149 Köln
∅ 02203/16265

Stadt Köln
Josefstr. 83
51143 Köln
∅ 02203/51911

Stadt Köln
Konrad-Adenauer-Str. 18
51149 Köln
∅ 02203/38138

Krankenhausstift Porz am Rhein
Urbacher Weg 33
51149 Köln
∅ 02203/53334

Stadt Köln
Wiesenweg 29
51147 Köln
∅ 02203/27283

Stadt Köln
Hunoldstr. 7
51147 Köln
∅ 02203/61976

ALTERSGEMISCHTE GRUPPEN

Stadt Köln
Alte Apotheke
51143 Köln
∅ 02203/87318

Eltern-Selbsthilfe Wichtelhaus e. V.
Wahner Str. 8
51143 Köln
∅ 02203/88146

Stadt Köln
In der Bohnenbitze 76
51143 Köln
∅ 02203/85311

Kalk

Stadt Köln
Odenwaldstr. 62
51105 Köln
∅ 832701

Stadt Köln
Kalk-Mülheimer-Str. 216
51103 Köln
∅ 851708

Kunterbunt e. V.
Burgstr. 20 a
51103 Köln
∅ 873917

Stadt Köln
Geraer Platz
51103 Köln
∅ 8704627

Stadt Köln
Rothenburger Str. 2
51103 Köln
∅ 877170

Stadt Köln
Ludwig-Ronig-Str. 12
51107 Köln
∅ 8901052

Stadt Köln
Kieskauler Weg 55
51109 Köln
∅ 694565

Stadt Köln
Ostmerheimer Str. 200
51109 Köln
∅ 8907-2338

Ev. Kirchengemeinde Köln Brück/Merkheim
Am Schildchen 11
51109 Köln
∅ 840799

Kath. Kirchengemeinde St. Adelheid
An St. Adelheid 7
51109 Köln
∅ 894304

Stadt Köln
Europaring 59
51109 Köln
∅ 891638

Stadt Köln
Paffendorfstr. 33
51107 Köln
∅ 862602

Mülheim

Stadt Köln
Berliner Str. 20
51063 Köln
∅ 614344

Stadt Köln
Düsseldorfer Str. 40
51063 Köln
∅ 6402930

Christl. Sozialhilfe e. V.
Knauffstr. 5
51063 Köln
∅ 6470911

Stadt Köln
Am Steinbergsweiher 14
51067 Köln
∅ 691557

Stadt Köln
Burgwiesenstr. 60
51067 Köln
∅ 695154

Stadt Köln
Neufelder Str. 32
51067 Köln
∅ 6310211

Stadt Köln
Piccoloministr. 531
51067 Köln
∅ 6802122

Amt für Diakonie
Ringenstr. 42
51067 Köln
∅ 632447

Stadt Köln
Berliner Str. 448
51061 Köln
∅ 6403100

Tageseinrichtungen für Kinder von 3 bis 14 Jahren

Kindertagesstätten und Horte

Die Verwirrung um den Anspruch auf einen Kindergartenplatz hat seit den hierzu erlassenen Gesetzesnovellierungen nur noch zugenommen. Beschlossen ist: Vom 1.1.1996 an soll jedes Kind ab 3 Jahren einen Anspruch auf einen Kindergartenplatz haben. Die Länder und Kommunen stöhnen, weil sie wissen, daß sie bis zum Stichtag nicht ausreichend viele Kindergartenplätze geschaffen haben werden, um Eltern und Kindern zu ihrem Recht zu verhelfen.

Deshalb werden in Köln und anderswo mittlerweile Übergangsregelungen diskutiert, die helfen sollen, den Rechtsanspruch zu verwirklichen. Wenn auch nur zum Teil. Zum einen sollen mehr Tagesmütter geschult und beschäftigt werden, deren Honorar das Jugendamt aber nur dann übernimmt, wenn die Eltern besonders bedürftig sind. Zum anderen wird über eine zeitweise Vergrößerung der Gruppenstärke nachgedacht. Zur Zeit ist die Gruppengröße im Kindergarten auf 25 Jungen und Mädchen begrenzt, in einer Tagesstätte auf 20 und in altersgemischten Gruppen auf 15. Um Wartelisten abzubauen, wurden die vorgegebenen Stärken in Einzelfällen aber schon überschritten, sehr zum Leidwesen der Erzieherinnen, die eine Überforderung für die Kinder und sich selbst beklagen.

Außerdem versprechen sich die Sozialdemokraten im Kölner Rat eine Entspannung der Situation durch die sogenannte Stichtagsregelung: Sie sieht vor, daß Kinder nicht mit dem dritten Geburtstag, sondern erst im Sommer darauf in Kindergärten angenommen werden.

Anfang 1995 gab es in Köln insgesamt 23 200 Kindergarten- und Tagesstättenplätze, für die 292 Millionen Mark Betriebskosten aufgebracht werden mußten. Bis 1996 sollen bis pro Jahr 1000 neue Plätze geschaffen werden, die mit zusätzlichen 9,7 Millionen Mark finanziert werden. Demnach stünden am 1.1.1996 24 200 Kindergartenplätze zur Verfügung. Tritt die Stichtagsre-

TAGESEINRICHTUNGEN FÜR KINDER VON 3 BIS 14 JAHREN

gelung in Kraft, werden sich nicht 34 000 Kinder um diese streiten, sondern nur 29 700. In den darauffolgenden Jahren wird die Kinderzahl aufgrund gesunkener Geburtenzahlen soweit abnehmen, daß nach Rechnung der Stadt zukünftig genügend Kindergartenplätze zur Verfügung stehen.

Die im folgenden aufgeführten Tageseinrichtungen sind immer mit einem Buchstaben in Klammern versehen, der die genaue Art der Einrichtung bezeichnet. Dabei steht:

K	für	Kindergartengruppen	(3 bis 6 Jahre)
T	für	Tagesstättengruppen	(3 bis 6 Jahre)
H	für	Hortgruppen	(6 bis 14 Jahre)
GG	für	Altersgemischte Gruppen	(0,4 bis 6 Jahre)
GG/H	für	Altersgemischte Gruppen	(3 bis 14 Jahren)

Der Kindergarten ist ...
... eine sozialpädagogische Einrichtung und hat neben der Betreuungsaufgabe einen eigenständigen Erziehungs- und Bildungsauftrag als Elementarbereich des Bildungssystems.

Der Kindergarten soll ...
... die Persönlichkeitsentwicklung des Kindes fördern,
... die Erziehungsberechtigten informieren und beraten,
... die Lebenssituation jedes Kindes berücksichtigen,
... dem Kind zur größtmöglichen Selbständigkeit und Eigeninitiative verhelfen, seine Lernfreude anregen und stärken,
... dem Kind ermöglichen, seine emotionalen Kräfte aufzubauen,
... die schöpferischen Kräfte des Kindes unter Berücksichtigung seiner individuellen Neigungen und Begabungen fördern,
... dem Kind Grundwissen über seinen Körper vermitteln und seine körperliche Entwicklung fördern,

> ... die Entfaltung der geistigen Fähigkeiten und der Interessen des Kindes unterstützen und ihm durch ein breites Angebot von Erfahrungsmöglichkeiten elementare Kenntnisse von der Umwelt vermitteln,
> ... ein partnerschaftliches, gewaltfreies und gleichberechtigtes Miteinander insbesondere auch der Geschlechter untereinander und
> ... Toleranz gegenüber Behinderten, anderen Kulturen und Weltanschauungen fördern.

Der Hort ist ...
... eine sozialpädagogische Einrichtung mit einem eigenständigen Erziehungs- und Bildungsauftrag.

Der Hort soll ...
... in altersangemessener Weise die wachsende Selbständigkeit der Kinder unterstützen und die notwendige Orientierung und Bildung ermöglichen,
... die sozialen und emotionalen Bedürfnisse der Kinder, die Freizeitinteressen und Erfordernisse, die sich aus der Schulsituation ergeben, berücksichtigen,
... eng mit den Schulen zusammenarbeiten.

TAGESEINRICHTUNGEN FÜR KINDER VON 3 BIS 14 JAHREN

> **Altersgemischte Gruppen sind ...**
> ... sozialpädagogische Erziehungs-, Bildungs- und Betreuungsangebote, die durch Altersmischung ein familienähnliches Zusammenleben von Kindern ermöglichen.
>
> **Altersgemischte Gruppen sollen ...**
> ... sich an den altersgemäßen, sozialen und pflegerischen Bedürfnissen der Kinder orientieren,
> ... die geistige Entwicklung und die sprachliche und nichtsprachliche Verständigung der Kinder unterstützen und
> ... allen Kindern altersgemäße Anregungen bieten.

Ihr gutes Recht

Haben Sie es geschafft, Ihr Kind in einer Betreuungseinrichtung unterzubringen, können Sie dort auch auf verschiedene Art und Weise Einfluß ausüben.

Die Elternversammlung
Die Erziehungsberechtigten der Kinder, die eine Einrichtung besuchen, bilden die Elternversammlung. Die Elternversammlung kann vom Träger und in pädagogischen Fragen von den pädagogischen Kräften Auskunft über alles verlangen, was die Einrichtungen betrifft. Außerdem hat sie natürlich das Recht, sich zu allen Angelegenheiten, die die Einrichtung betreffen, zu äußern.

Der Elternrat
Der Elternrat wird aus mindestens 2 gewählten Vertreterinnen oder Vertretern der Eltern gebildet und tagt mindestens 3mal jährlich. Er hat die Aufgabe, die Zusammenarbeit zwischen den Erziehungsberechtigten, dem Träger und den pädagogischen Kräften zu fördern und die Interessen der Eltern zu vertreten. Die Einrichtung muß den Elternrat über alle Angelegenheiten der Einrichtung informieren und z. B. bei Anstellung und Kündigung von

pädagogischen Kräften (mit Ausnahme von Aushilfskräften) miteinbeziehen.

Kinder haben Rechte

Die Kinder wirken ihrem Alter und ihren Bedürfnissen entsprechend bei der Gestaltung des Alltags im Hort mit. Sie können aus ihrer Mitte eine Sprecherin oder einen Sprecher wählen, der ihre Interessen vertritt. Außerdem können sie eine Person, die in der Einrichtung tätig ist, zu ihrer Vertrauensperson bestimmen, die im Elternrat im Interesse der Kinder beratend mitwirkt.

Städtische Tageseinrichtungen

Anmeldung

Die Anmeldung in den Kölner Tageseinrichtungen erfolgt durch den/die Personensorgeberechtigte(n). Die Leiter und Leiterinnen der einzelnen Einrichtungen können Auskünfte über freie Plätze erteilen, über die Aufnahme entscheidet aber der Träger der jeweiligen Einrichtung. Ab dem 1.1.1996 muß die Anmeldung zentral bei der Stadt erfolgen.

Stadt Köln – Jugendamt
Abt. Tageseinrichtungen und Tagesbetreuung für Kinder
Johannisstr. 66-80
50668 Köln
☏ 221-5407

Elternbeiträge

Die Eltern haben entsprechend ihrem Einkommen Beiträge zu den Jahresbetriebskosten einer Tageseinrichtung zu entrichten. Lebt das Kind mit nur einem Elternteil zusammen, so tritt dieser an die Stelle der Eltern. Als Beitragszeitraum wird das Kindergartenjahr zugrunde gelegt, das dem Schuljahr entspricht. Die Beiträge müssen das ganze Jahr hindurch gezahlt werden, also auch in den Ferien. Wünschen Eltern die regelmäßige Betreuung eines Kindes im Kindergarten über Mittag, ist ein zusätzlicher Beitrag zu zahlen. Wenn mehr als ein Kind einer Familie gleichzeitig eine Tageseinrichtung besucht, entfallen die Beiträge für das zweite und jedes weitere Kind. Auskunft zu allen Fragen erteilt das Jugendamt der Stadt Köln.

TAGESEINRICHTUNGEN FÜR KINDER VON 3 BIS 14 JAHREN

Elternbeiträge in Tageseinrichtungen

Die Elternbeiträge für den Besuch einer Tageseinrichtung für Kinder werden nach folgender Staffel erhoben:

Jahreseinkommen	bis 24 000 DM
Kindergarten	0 DM
Kindergarten über Mittag zusätzlich	0 DM
Kinder unter 3 Jahren	0 DM
Hort	0 DM
Jahreseinkommen	bis 48 000 DM
Kindergarten	50 DM
Kindergarten über Mittag zusätzlich	30 DM
Kinder unter drei Jahren	130 DM
Hort	50 DM
Jahreseinkommen	bis 72 000 DM
Kindergarten	85 DM
Kindergarten über Mittag zusätzlich	50 DM
Kinder unter 3 Jahren	270 DM
Hort	110 DM
Jahreseinkommen	bis 96 000 DM
Kindergarten	140 DM
Kindergarten über Mittag zusätzlich	80 DM
Kinder unter 3 Jahren	400 DM
Hort	160 DM
Jahreseinkommen	bis 120 000 DM
Kindergarten	220 DM
Kindergarten über Mittag zusätzlich	120 DM
Kinder unter drei Jahren	530 DM
Hort	220 DM
Jahreseinkommen	über 120 000 DM
Kindergarten	290 DM
Kindergarten über Mittag zusätzlich	160 DM
Kinder unter drei Jahren	600 DM
Hort	290 DM

6 TAGESEINRICHTUNGEN FÜR KINDER VON 3 BIS 14 JAHREN

Konfessionelle Tageseinrichtungen und Angebote der freien Wohlfahrt

Tagesstätten der AWO
Kindertagesstätte
Frohnhofstr. 140
50827 Köln
✆ 592299

Kindertagesstätte
Gießener Str. 30
50679 Köln
✆ 814348

Kindertagesstätte
Im Winkel 1 a
51063 Köln
✆ 645575

Die konfessionellen Tageseinrichtungen werden von der Stadt, der Kirche und dem Landschaftsverband Rheinland finanziert. Auflage ist, daß nicht nur Kinder der entsprechenden Konfession aufgenommen werden dürfen. Die Beiträge sind so wie bei den städtischen Einrichtungen abhängig vom Einkommen der Eltern. Neben den zahlreichen katholischen und evangelischen Tageseinrichtungen gibt es in Köln einen jüdischen Kindergarten, dessen Adresse bei der Stadt zu erfragen ist. Selbstverständlich nimmt auch der Kindergarten der Synagogengemeinde Köln nichtjüdische Kinder auf. Er verfügt über 80 Plätze und kostet zuzüglich der städtischen vom Einkommen abhängigen Beiträge 87,- DM pro Monat. Darin enthalten sind 3 Mahlzeiten.

Die Arbeiterwohlfahrt in Köln ist Träger von 3 Tageseinrichtungen für Kinder. Jede Kindertagesstätte gliedert sich in Kindergarten und Hort. In den Kindergartengruppen werden Kinder im Alter von 3 bis 6 Jahren betreut. Nach der Einschulung können Kinder bis zu 14 Jahren den Hort weiterbesuchen. Die einzelnen Gruppen (15 bis 20 Kinder) werden von pädagogischen Fachkräften betreut.

Aufgrund der veränderten Lebensbedingungen vieler Familien sieht es die AWO als selbstverständlich an, in ihren Tageseinrichtungen für Kinder die Möglichkeit der ganztägigen Betreuung anzubieten. Die Aktivitäten in den Einrichtungen umfassen gezielte Anleitungen und Förderungen, Einzelförderung, Bastel- und Werkangebote, Schwimmen, Übernachtungen in der Einrichtung, Tagesausflüge, Ferienfahrten etc. Alle Schulkinder (im Hort und in den altersgemischten Gruppen) werden regelmäßig bei den Hausaufgaben betreut.

Elterninitiierte Tageseinrichtungen

Als anerkannter Träger der freien Jugendhilfe können elterninitiierte Tageseinrichtungen Anträge auf Baukosten-, Einrichtungskosten- und Betriebskostenzuschuß stellen. Die Anträge sind an die örtlichen Träger der öffentlichen

TAGESEINRICHTUNGEN FÜR KINDER VON 3 BIS 14 JAHREN

Jugendhilfe zu richten, in dessen Bezirk sich die Einrichtung befindet. Die Elternbeiträge orientieren sich naturgemäß danach, wie hoch die Zuschüsse in den einzelnen Einrichtungen sind.

Universitätskindergarten e. V. (T)
Das Entstehen der beiden Universitätskindergärten in Köln ist der Initiative einiger Studentinnnen Ende der 60er Jahre zu verdanken, die bemüht waren, Studium und Kinder unter einen Hut zu bringen. Heute sind nur noch 50 Prozent der insgesamt 50 Kindergartenplätze Kindern von Studentinnen und Studenten vorbehalten, die restlichen stehen allen übrigen Interessenten offen. Wartelisten im klassischen Sinn gibt es nicht. Vielmehr wird die Aufnahme davon abhängig gemacht, ob Kind und Eltern in das bestehende pädagogische Konzept und in die Gruppe passen. Interessierte Eltern müssen mindestens dreimal hospitieren, erst dann wird endgültig über die Aufnahme entschieden. Ein Platz kostet 105,- DM monatlich.

Universitätskindergarten e. V. (T)
Zülpicher Str. 51
50937 Köln
✆ 441600

Universitätskindergarten e. V. (K)
Weyertal 113 a
50931 Köln
✆ 446004

Betriebskindergärten

Im Gesetz über Tageseinrichtungen für Kinder vom 30.11.1993 heißt es: »In Tageseinrichtungen für Kinder kann die Belegung von Plätzen aufgrund einer vertraglichen Vereinbarung zwischen dem Träger und einem oder mehreren Betrieben für Kinder von Betriebsangehörigen vorbehalten werden mit der Maßgabe, daß das Kind unahängig von der Zugehörigkeit des Erziehungsberechtigten zum Betrieb den Platz behält, der ihm zugewiesen wurde.«

Leider gibt es viel zuwenig Kindergärten dieser Art, was daran liegt, daß der Betriebseigner maßgeblich in die Finanzierung der Einrichtung mit einbezogen ist. Der Betrieb muß nämlich je Platz einmalig als Investitionskostenbeitrag einen Betrag in Höhe von 50 Prozent der landesdurchschnittlich je Platz entstehenden Bau- und Einrichtungskosten einer entsprechenden Tageseinrichtung an den örtlichen Träger der öffentlichen Jugendhilfe zahlen. Zusätzlich erschwert wird die Einrichtung

Medizinische Einrichtungen der Uni-Kliniken zu Köln (T/H)
Betriebskindergarten
Robert-Koch-Str. 10
50931 Köln
✆ 4785301

Betriebskindergarten
Heilig-Geist-Krankenhaus
Graseggerstr. 105
50737 Köln
✆ 74910

von Betriebskindergärten durch die gesetzliche Verordnung, daß die Bau- und Einrichtungskosten des Betriebskindergartens nur dann bezuschußt werden, wenn die Einrichtungsgegenstände 10 Jahre und die Erstausstattung 30 Jahre zweckgebunden, also als Kindergarten, genutzt wird.
In Köln können sich nur 2 medizinische Einrichtungen einen Betriebskindergarten leisten.

Kein Betriebskindergarten? Gewußt wie!

Sozialwerk beim WDR e. V. (T)

Sozialwerk beim WDR e. V. (T)
Filzengraben 8-10
50676 Köln
✆ 244868

Die Kindertagesstätte des Sozialwerks beim WDR ist kein Betriebskindergarten. Trotzdem soll er an dieser Stelle Erwähnung finden, weil er stellvertretend für andere Betriebe zeigt, wie die Gründung eines Kindergartens für Kinder von Angehörigen eines Betriebs verlaufen kann, der nicht erklärtermaßen Betriebskindergarten ist und bei dem der Arbeitgeber nicht bereit ist, die Kosten zu übernehmen.
Mitte der 70er Jahre wurde der Verein »Sozialwerk beim WDR e. V.« von Mitarbeitern und Mitarbeiterinnen des Westdeutschen Rundfunks gegründet. Als viele Jahre später der Ruf nach einem Betriebskindergarten unter der Belegschaft laut wurde, stellte sich die Verwaltungsleitung quer und verwies auf den Verein. Der könne doch die freie Trägerschaft beantragen.
Seit dem 1.1.1991 gibt es nun die Kindertagesstätte, die der Auflage unterliegt, nicht überwiegend Kinder von WDR-Mitarbeitern aufzunehmen. Ein Großteil der 40 Plätze steht deshalb allen Interessierten offen, die sich allerdings auf eine lange Wartezeit einrichten müssen. Die Kostenbeiträge pro Platz richten sich nach dem allgemeinen Schlüssel (siehe S. 145).

Hokus Pokus Kinderservice GmbH

Hokus Pokus Kinderservice GmbH
Hamburger Str. 17
50668 Köln
✆ 1390570

Seit August 1994 besteht der »Hokus Pokus Kölner Kinderhaus e. V.« und die »Hokus Pokus Kinderservice GmbH«. Ziel von Hokus Pokus ist es, Versorgungsangebote für Kinder in ausreichender Zahl und von hoher

Qualität zu schaffen. Hierbei finden die Interessen von Kindern und Eltern sowie die Erfordernisse von Firmen, Betrieben und Unternehmen gleichermaßen Berücksichtigung. Mit seinen Vermittlungs-, Organisations- und Beratungsdiensten ist der Kinderservice das Bindeglied zwischen Betrieben, Eltern und Behörden in allen Fragen der Kinderbetreuung und -förderung, und das »Hokus Pokus Kinderhaus« zeigt, wie's geht: durch Anpassung der Öffnungszeiten an betriebliche Erfordernisse und durch die Entwicklung von Kindertagesstätten für Betriebe und Firmen.

Tageseinrichtungen für Randgruppen

Tageseinrichtungen für Spätaussiedler

Spätaussiedler sprechen oft nur noch gebrochen Deutsch, und ihre Kinder beherrschen die Muttersprache ihrer Vorfahren meist gar nicht mehr. Für das Gelingen der Integration in die neue Heimat ist es allerdings unbedingt erforderlich, der dort gesprochenen Sprache mächtig zu sein. Es liegt also auf der Hand, daß für diesen Personenkreis spezielle Angebote benötigt werden.

Rodenkirchen

Stadt Köln (T)
Kuckucksweg 8-10
50997 Köln
⌀ 02236/43066

Lindenthal

Stadt Köln (T)
Potsdamer Str. 1 a
50859 Köln
⌀ 02234/48259

Chorweiler

Stadt Köln (T)
Causemannstr. 29
50769 Köln
⌀ 7003548

Stadt Köln (T)
Moldaustr. 19-23
50765 Köln
⌀ 7003656

Porz	Kalk
Stadt Köln (T) Poller Damm 75 51105 Köln ℡ 838594 **Stadt Köln (T)** Luisenweg 1 51149 Köln ℡ 02203/16322 **Stadt Köln (T)** Theodor-Heuss-Str. 9 51149 Köln ℡ 02203/32744	**Stadt Köln (GG/H)** Ostmerheimer Str. 200, HS 200 51109 Köln ℡ 8279-878 **Mülheim** **Stadt Köln (T)** Grafenmühlenweg 163 51069 Köln ℡ 6803519 **Stadt Köln (T)** Moses-Heß-Str. 60 51061 Köln ℡ 667878

Der Arbeitskreis für das ausländische Kind

Arbeitskreis für das ausländische Kind e. V.
Antwerpener Str. 19-29
50672 Köln
℡ 514057

Der **Arbeitskreis für das ausländische Kind e. V.** betreibt 5 Kindertagesstätten im gesamten Kölner Stadtgebiet. Die einzelnen Einrichtungen werden professionell geführt, und je Gruppe sind ein Erzieher und eine zweite pädagogische Fachkraft eingesetzt. Außerdem leisten Schüler und Studenten von den Fachschulen und Fachhochschulen regelmäßig Praktika in den Einrichtungen ab. Zusätzliche sozialpädagogische Mitarbeiterinnen – überwiegend Ausländerinnen – machen Eltern- und Gruppenarbeit und bieten Einschulungshilfen. In den Gruppen sind zu 75 bis 80 Prozent ausländische Kinder. Der Arbeitskreis ist ein anerkannter Träger der freien Jugendhilfe und erhebt Beiträge nach der allgemeinen Satzung. (siehe S. 145)

TAGESEINRICHTUNGEN FÜR RANDGRUPPEN

Die Kindertagesstätten des Arbeitskreises für das ausländische Kind

Innenstadt

Jakobstr. 54 (T)
50678 Köln
∅ 326293

Nippes

Merheimer Str. 202-204 (K, T)
50733 Köln
∅ 736565

Ehrenfeld

Venloer Str. 425 (T)
50823 Köln
∅ 5461722

Mülheim

Keupstr. 116 (T)
51063 Köln
∅ 624555

Mühlenweg 216 (GG/H)
50827 Köln
∅ 583586

Tageseinrichtungen für italienische, spanische und Roma-Kinder

Die **Tageseinrichtung für italienische Kinder** wurde 1965 für Kinder von italienischen Gastarbeitern eingerichtet. Sie wurden von Montag bis Freitag in dem Heim tagsüber betreut und konnten dort auch übernachten. 1980 wurde die Übernachtungsmöglichkeit aufgehoben und die Einrichtung in einen auch deutschen Kindern offenstehenden Kindergarten umgewandelt. Heute betreuen 5 deutsche und italienische Erzieherinnen und 5 Helferinnen 80 Kinder, die im Alter von 3 bis 6 Jahren sind und 5 Gruppen bilden. 3 Kinder sind türkischer, 15 deutscher und die übrigen italienischer Nationalität. Der Kindergarten ist bilingual, d. h., es wird sowohl italienisch als auch deutsch gesprochen.
Eine ähnliche Einrichtung gibt es für spanische Kinder, deren Träger die Katholische Kirchengemeinde Groß St. Martin ist. Für Roma-Kinder stellt die Stadt eine Tageseinrichtung zur Verfügung.

Tageseinrichtung für italienische Kinder (T)
St. Elisabeth Jugendheim e. V.
Meister-Gerhard-Str. 10-14
50674 Köln
∅ 246881

Tageseinrichtung für spanische Kinder (T, GG/H)
Kath. Kirchengemeinde Groß St. Martin
An Groß St. Martin 1
50667 Köln
∅ 218475

Tageseinrichtung für Roma-Kinder (T)
Stadt Köln
Dellbrücker Mauspfad 129
51069 Köln
∅688169

Tageseinrichtungen für behinderte Kinder

Behinderte Kinder brauchen in mancher Hinsicht eine spezielle, auf ihre Behinderung ausgerichtete Betreuung. Für sie gibt es deshalb spezielle Tageseinrichtungen, aber es existieren auch Stätten für behinderte und nichtbehinderte Kinder, was sicher für beide Gruppen von Vorteil ist.

Innenstadt

Stadt Köln (T)
Integr. geführte Tageseinrichtung für behinderte und nichtbehinderte Kinder
Ubierring 43
50678 Köln
✆ 331504

Köln Kitas GmbH (T)
Integr. geführte Tageseinrichtung für behinderte und nichtbehinderte Kinder
Alter Mühlenweg 13
50679 Köln
✆ 810152

Rodenkirchen

Integrative Kindertagesstätte (T)
Integr. geführte Tageseinrichtung für behinderte und nichtbehinderte Kinder
Ulmenallee 51
50999 Köln
✆ 02236/65689

Lindenthal

Stadt Köln (T)
Integr. geführte Tageseinrichtung für behinderte und nichtbehinderte Kinder
Drachenfelsstr. 20
50939 Köln
✆ 462646

Mini-Club GmbH (K, GG/H)
Integr. geführte Tageseinrichtung für behinderte und nichtbehinderte Kinder
Geisbergstr. 139
50939 Köln
✆ 439146

Kindergarten der Rhein. Schule für Gehörlose (K)
Landschaftsverband Rheinland
Biggestr. 3-5
50931 Köln
✆ 402250

Orthopäd. Universitätsklinik (T)
Heilpädagogische Tageseinrichtung für körperbehinderte Kinder
Josef-Stelzmann-Str.
50931 Köln
✆ 478-4676

Ehrenfeld

Stadt Köln (T)
Integr. Tageseinrichtung für behinderte und nichtbehinderte Kinder
Teichstr. 50
50827 Köln
✆ 532998

Chorweiler

Heilpädagogische Tagesstätte (T, H)
Soz. Zentrum Lino-Club e. V.
Hartenfelsweg 12
50767 Köln
✆ 794525

Porz

Caritasverband für den Rhein.-Berg.-Kreis e. V. (T)
Integr. geführte Tageseinrichtung für behinderte und nichtbehinderte Kinder
Elisabethstr. 17
51147 Köln
✆ 02203/63862

6 KINDERGÄRTEN MIT BESONDERER PÄDAGOGISCHER AUSRICHTUNG

Kalk

Stadt Köln
Heilpädagogische Tageseinrichtung (T)
Rather Schulstr. 18
51107 Köln
✆ 861937

Mülheim

Stadt Köln (T)
Integr. geführte Taseseinrichtung für behinderte und nichtbehinderte Kinder
Genovevastr. 72 a
51063 Köln
✆ 614146

Sozialdienst der Kath. Männer e. V. (T)
Kalk-Mülheimer-Str. 278
51965 Köln
✆ 612359

Stadt Köln (K)
Dellbrücker Mauspfad 129
51069 Köln
✆ 688169

Kindergärten mit besonderer pädagogischer Ausrichtung

Waldorfkindergärten

Leitender Grundsatz der Früherziehung, wie sie in den Waldorfkindergärten geübt wird, ist der der Nachahmung. Die Umgebung des Kindes soll so eingerichtet werden, daß sie anregend wirkt, ohne das Kind zu etwas zu zwingen. Erzählungen und kleine darstellende Spiele sollen die sprachliche Ausdrucksfähigkeit fördern, einfache Tätigkeiten des häuslichen Lebens oder handwerkliche Arbeiten, die vor den Kindern ausgeführt werden, lehren das Erkennen von komplexen Zusammenhängen und Vorgängen. Besonderer Wert wird auf die musische Erziehung der Kinder und das freie Spiel gelegt: Es wird gesungen, musiziert, gemalt, mit Knetwachs modelliert, es gibt Reigenspiele und Eurythmie, eine Bewegungskunst, bei der Laute und Musik in Bewegung umgesetzt werden.

Die Elternbeiträge richten sich – von den allgemeinen Richtsätzen ausgehend – am Einkommen der Eltern aus, so daß kein Kind aus finanziellen Gründen vom Besuch des Waldorfkindergartens ausgeschlossen wird.

Innenstadt
Waldorfkindergarten
Vorgebirgswall 29
50677 Köln
✆ 371399

Esch
Weilerstr. 3
50765 Köln
✆ 5906509

Porz
Schubertstr. 10
51145 Köln
✆ 02203/33770

KINDERGÄRTEN MIT BESONDERER PÄDAGOGISCHER AUSRICHTUNG

Montessori-Kindergärten

Die Montessori-Kindergärten gehen auf das Werk der italienischen Ärztin und Pädagogin Maria Montessori (1870-1952) zurück. Als sie die Kinderabteilung an der psychiatrischen Universitätsklinik in Rom leitete, entwickelte sie didaktische Materialien, mit denen sie geistig behinderte Kinder erheblich fördern konnte. Ab 1907 wandte sie ihre Methode auch auf normalbegabte Kinder im vorschulpflichtigen Alter an. Ihre Methode zielt auf die Selbsttätigkeit des Kindes. In einer didaktisch vorbereiteten Umgebung gelangt das Kind zu Konzentration und Selbstentfaltung. Als Hilfe setzte Maria Montessori pädagogisches Spielzeug, Übungen und Spiele ein. Ihre Methode, die sie in mehreren Büchern darlegte, fand rasch weite Verbreitung (siehe auch S. 165, 170, 175). Auch in Köln gibt es einige Montessori-Kindergärten:

Innenstadt

Montessori-Kinderhaus (K)
Kath. Kirchengemeinde
St. Alban
Gilbachstr. 25 a
50672 Köln
∅ 521725

Montessori-Kinderhort (K)
Kath. Kirchengemeinde St. Maria im Kapitol
Kasinostr. 10
50676 Köln
∅ 237324

Ehrenfeld

Montessori-Kindergarten (K, T)
Stadt Köln
Rochusstr. 145
50827 Köln
∅ 534320

Montessori-Kinderhaus (K, H, GG/H)
Kath. Kirchengemeinde
St. Joh. v. d. Lat. Tore
Kurt-Weill-Weg 2
50829 Köln
∅ 501333

Rodenkirchen

Montessori-Kinderhaus (K)
Kath. Kirchengemeinde
St. Katharina
Godorfer Kirchweg 15
50997 Köln
∅ 02236/41677

Kalk

Montessori-Kinderhaus
Kath. Kirchengemeinde
Zum göttl. Erlöser (K)
Erlöserkirche 8
51107 Köln
∅ 862113

Mülheim

Kath. Kirchengemeinde St. Mariä Geburt (K, H, GG/H)
Ricarda-Huch-Str. 5
51061 Köln
∅ 641272

Au pair

Au pair zu arbeiten bedeutet, in einer fremden Familie zu wohnen und dort gegen freie Unterkunft und Verpflegung sowie ein Taschengeld bei der Betreuung der Kinder und im Haushalt zu helfen. Das Angebot richtet sich an junge Menschen, die ins Ausland möchten und Fremdsprachen erlernen wollen.

Die **Gesellschaft für internationale Jugendkontakte** vermittelt seit 1986 junge Deutsche in Gastfamilien in den USA. 1991 erarbeitete die GIJK das Programm »Au pair in Deutschland«, das sich an Familien in Deutschland richtet, die einen Au-pair-Jugendlichen aufnehmen möchten, sowie an junge Menschen aus dem gesamten Ausland, die von der GIJK als Au pair in deutsche Familien vermittelt werden möchten.

Gesellschaft für internationale Jugendkontakte (GIJK)
Au pair in Deutschland
Ubierstr. 92-94
53173 Bonn
✆ 0228/957300

Die Pflichten und Rechte der Au-pair-Jugendlichen

Das Au-pair-Mädchen oder der Au-pair-Junge übernimmt die Betreuung der in der Gastfamilie lebenden Kinder und hilft den Gasteltern bei anfallenden leichten Hausarbeiten. Außerdem ist der regelmäßige Besuch einer Sprachschule in der Freizeit ein wesentlicher Bestandteil des Au-pair-Aufenthaltes in Deutschland.

Die Pflichten und Rechte der Gastfamilie

Der Au-pair-Jugendliche sollte am Familienalltag, an den Mahlzeiten, den Ausflügen sowie, falls möglich, an Ferienreisen der Familie teilnehmen.

Der Au-pair-Jugendliche muß die Möglichkeit haben, an einem wöchentlich mindestens 4stündigen Sprachkurs teilzunehmen, und erhält die Fahrtkosten oder die Kosten für eine Monatskarte des Öffentlichen Personennahverkehrs von der Familie.

Dem Au-pair-Jugendlichen wird volle freie Verpflegung gewährt und ein eigenes Zimmer im Haus der Familie zur Verfügung gestellt.

Er oder sie arbeitet maximal 30 Stunden die Woche und hat mindestens eineinhalb möglichst zusammenhängende Tage frei.

Der Au-pair-Jugendliche erhält monatl ch ein Taschengeld von mindestens 380,- DM und ist durch eine von der Gastfamilie abgeschlossene Kranken- und Unfallversicherung versichert.

Kosten für einen 10monatigen Au-pair-Aufenthalt

Grundgebühr für die Aufnahme in das GIJK-Vermittlungsverfahren:	100,- DM
Vermittlungsgebühr	1580,- DM
Amtsärztliche Untersuchung	ca. 70,- DM
Gebühren für erforderliche Behördengänge	ca. 60,- DM
Kranken-, Unfall- und Haftpflichtversicherung	750,- DM
Taschengeld pro Monat 380,- DM	3800,- DM
Gesamtbetrag	6360,- DM
Monatlicher Betrag	636,- DM

Der Betrag von 636,- DM versteht sich zuzüglich der Kosten für Verpflegung, Unterkunft und einer Monatskarte des Öffentlichen Personennahverkehrs.

Schule

Schullandschaft in Köln 158

Der Ernst des Lebens beginnt – Schulpflicht und Einschulung 159
Kann-Kinder 159, *Test: Was sollten Schulanfänger können?* 160

Grundschulen 161
Grundschulen mit Ganztagsbetreung 161, Grundschulen mit besonderer pädagogischer Ausrichtung 162, Peter-Petersen-Schule 162, Die Waldorfschule – Geschichte, Aufgaben, Ziele 163, Montessori-Schulen 165, Celestin-Freinet-Schulen 165, Fremdsprachen in der Grundschule 166

Die Hauptschule – Verlierer unter den weiterführenden Schulen 166
Aufbau und Lernziele der Hauptschule 167, Aufnahmebedingung und Übergangsmöglichkeiten 168, Schulabschlüsse – Trend zur Höherqualifizierung 168, Abschlüsse an Hauptschulen 169, Besondere Bildungsangebote für ausländische Schüler und Schülerinnen 169, Hauptschulen mit besonderer pädagogischer Ausrichtung 170

Realschulen 170
Aufbau und Lerninhalte 170, Aufnahmebedingung und Übergangsmöglichkeiten 170, Abschlüsse an Realschulen 171, Aufbaurealschule 171, Bilinguale Realschule 171, Besondere Bildungsangebote für behinderte Kinder und Kinder mit Lese-Rechtschreibschwäche 172

Gymnasien 172
Aufbau und Lerninhalte 172, Aufnahmebedingung und Übergangsmöglichkeiten 173, Abschlüsse an Gymnasien 173, Bilinguale Gymnasien 173, Gymnasium für musikbegabte Kinder 174, Gymnasien mit besonderer pädagogischer Ausrichtung 175

Gesamtschule – die umstrittene Schulform 175
Aufbau und Lerninhalte 176, Aufnahmebedingung 177, Fremdsprachliche Gesamtschule 177

Wer hilft bei Schulproblemen? 177
Schulpsychologischer Dienst und Jugendberater 177, Zeugnistelefon 178, Selbsthilfe 178

Wer hilft bei den Hausaufgaben? 179
Hausaufgabenhilfe 179, Hausaufgabenhilfe und Bildungsberatung für ausländische Kinder 180

Schüler machen Zeitung 182
Junge Presse Köln 182, Beste Schülerzeitung Kölns 182

Schullandschaft in Köln

Vielfältiges Schulangebot

In Köln wie in der gesamten alten Bundesrepublik haben die geburtenstarken Jahrgänge der 60er Jahre und die nachfolgenden geburtenschwachen Jahrgänge die Jahrgangsstärken bei Schülern, Auszubildenden und Hochschülern beeinflußt. Daneben spielen aber auch Maßnahmen zur Umsetzung bildungspolitischer Ziele, z. B. die reformierte Oberstufe, und sich wandelnde Anforderungen seitens der Wirtschaft und des Arbeitsmarkts eine Rolle für das Schulwesen. Die letzten beiden Faktoren haben u. a. zu einem Zuwachs an höheren Bildungsabschlüssen und an Akademikern geführt.

Klagten die Schulen in den 70er und 80er Jahren noch über Lehrermangel und über Klassenstärken von bis zu 40 Kindern, ist das Schüler-Schulen-Verhältnis in Köln heute ausgewogen. 1993/94 besuchten 96 755 Schüler die 289 allgemeinbildenden Schulen in Köln, davon gingen 34 374 auf die 151 Grundschulen, 11 580 auf die 33 Hauptschulen, 5022 auf die 36 Sonderschulen, 11 333 Schüler auf die 24 Realschulen, 25 199 auf die 33 Gymnasien und 8804 auf die 7 Gesamtschulen im Kölner Stadtgebiet.

Das Kölner Schulangebot ist vielfältig und bietet Schülern und Eltern gute Auswahlmöglichkeiten. Im Grundschulbereich ist zumindest in jedem Stadtbezirk eine Grundschule mit Ganztagsbetreuung zu finden. Darüber hinaus gibt es mehrere Schulen mit besonderer pädagogischer Ausrichtung wie Montessori-, Peter-Petersen- und Celestin-Freinet-Schulen.

Im fremdsprachlichen Bereich herrscht auf den Grundschulen ein gewisser Mangel. Das ist vielleicht darauf zurückzuführen, daß das Schulamt Initiativen von Schulleitern und Lehrern, den Schülern Fremdsprachenunterricht ab Klasse 2 zu bieten, als Versuch seitens der Schule bewertet, sich einen Vorteil gegenüber anderen Schulen zu sichern. Jedenfalls fördert das Schulamt die in dieser Hinsicht bestehenden Anregungen nicht ausreichend.

SCHULPFLICHT UND EINSCHULUNG

Der Ernst des Lebens beginnt – Schulpflicht und Einschulung

Die Schulpflicht ist nach Landesrecht geregelt, in NRW beginnt sie mit Vollendung des 6. Lebensjahrs und dauert bis zur Vollendung des 18. Lebensjahrs. Die ersten 10 Jahre sind vollschulzeitpflichtig. Die Primarstufe, also die Grundschulzeit mit den ersten 4 Schuljahren, ist für alle 6- bis 10jährigen einheitlich. Sie werden als Eltern vom Schulverwaltungsamt dazu aufgefordert, Ihr Kind einzuschulen, sobald Ihr Sohn oder Ihre Tochter das 6. Lebensjahr vollendet hat, und zwar in der Ihrem Wohnort am nächsten gelegenen Schule. Im Herbst 1995 wurden alle Kinder schulpflichtig, die bis zum 30. Juni ihren 6. Geburtstag feierten.

12 Jahre Schulpflicht

Kann-Kinder

Wenn Sie der Meinung sind, daß ihr Kind schon mit 5 Jahren eingeschult werden kann, und es zwischen dem 1.7. und 31.12.1989 geboren ist, also kurz nach der Einschulung den 6. Geburtstag feiert, können Sie es als sogenanntes Kann-Kind zum Einschulungstest begleiten und prüfen lassen, ob es schulreif ist.

Unterforderung oder Überforderung?

Ob Ihr Kind schon mit 5 Jahren in die Schule kommen soll oder doch lieber nicht, das sollten Sie genau untersuchen. Denn ein früher Schulbeginn birgt Risiken. »Ein Schulanfänger, der als erste Erfahrung ein Gefühl der Überforderung erlebt, wird auch später das Lernen als Last empfinden«, weiß die Diplom-Pädagogin Ilse Forchler-Schall aus Frankfurt.

Ein Drittel aller frühzeitig eingeschulten Kinder hat innerhalb der ersten 4 Grundschuljahre Lernschwierigkeiten, wie Pädagogen in einer Langzeitstudie herausgefunden haben, wobei Jungen anteilsmäßig mehr Probleme haben als Mädchen.

Auf der anderen Seite tut man Kindern, die sich im Kindergarten oder zu Hause langweilen, ihren Alltag also als Unterforderung erleben, keinen Gefallen, wenn man sie länger als nötig zu Hause behält.

Test: Was sollten Schulanfänger können?

Wenn Sie glauben, Ihr Kind als Kann-Kind kurz vor seinem 6. Geburtstag einschulen lassen zu können, aber nicht ganz sicher sind, ob Sie Ihr Kind damit überfordern, hilft Ihnen vielleicht der folgende Test, Sicherheit zu gewinnen.

- Legen Sie ihrem Kind 5 verschiedene Gegenstände mit der Aufforderung vor, sich alle zu merken. Lenken Sie Ihr Kind danach spielerisch von der gestellten Aufgabe ab. Nach etwa 10 Minuten fragen Sie Ihr Kind, an welche Gegenstände es sich noch erinnern kann. Es sollte mindestens 3 bis 4 benennen können.

- Fordern Sie Ihr Kind auf, einen Menschen zu malen. Es sollten 5 verschiedene Körperteile, u. a. Kopf, Bauch, Arme, Beine, zu erkennen sein.

- Erteilen Sie Ihrem Kind kleine Aufträge, wie z. B. die Zeitung vom Küchentisch zu holen und auf dem Rückweg, die Badtür zu schließen. Es sollte die Aufträge in der von Ihnen genannten Reihenfolge erfüllen können und nichts vergessen.

- Malen Sie 5 Häuser auf ein Blatt Papier. 2 sollten völlig identisch, die übrigen 3 durch Kleinigkeiten (fehlender Schornstein, große Fenster, Flachdach) voneinander zu unterscheiden sein. Bitten Sie Ihr Kind auf die beiden Häuser zu zeigen, die identisch sind.

- Nennen Sie Ihrem Kind Wortketten mit 4 Begriffen. Z. B. Auto, Zug, Hose, Fahrrad. Oder: Vogel, Tisch, Hund, Katze. Ihr Kind sollte herausfinden können, welches Wort nicht zu den anderen paßt.

- Lassen Sie das Kind ein Bild beschreiben: Zeige mir, wo was ist! Kann es oben und unten, hinten und vorn benennen?

- Ihr Kind sollte eine gerade Linie entlanggehen und auf einem Bein stehen können.

GRUNDSCHULEN

Stadt Köln – Schulamt
Für die Anmeldung von Schulneulingen, die Beratung über Kann-Kinder und Nachversetzungskurse, für die persönliche Beratung und schriftliche Auskünfte zu allen Fragen der allgemeinen und berufsbezogenen Ausbildung und Weiterbildung ist das Schulamt zuständig.

Stadt Köln – Schulamt
Deutz-Kalker-Str. 18-26
50679 Köln
✆ 221-9279

Grundschulen

Grundschulen mit Ganztagsbetreuung

Für berufstätige Eltern, deren Kinder bisher einen Hort besucht haben und jetzt schulpflichtig werden, beginnt die leidige Betreuungsfrage oftmals erneut. Denn die Unterrichtszeit in der Grundschule hört mittags auf, und die Kinder sind danach unbeaufsichtigt. In Köln gibt es zumindest in jedem Stadtbezirk eine Grundschule, die Ganztagsbetreuung über Mittag bis in den Nachmittag hinein anbietet.

Innenstadt

Katholische Grundschule
Mainzer Str. 30-34
50678 Köln
✆ 313285

Rodenkirchen

Gemeinschaftsgrundschule
Bernkasteler Str. 9
50969 Köln
✆ 362037

Katholische Grundschule
Kettelerstr. 14
50997 Köln
✆ 02232-6521

Lindenthal

Katholische Grundschule
Berrenrather Str. 179
50937 Köln
✆ 221-9713

Gemeinschaftsgrundschule
Stenzelbergstr. 3-7
50939 Köln
✆ 221-9748

Gemeinschaftsgrundschule
Freiligrathstr. 60
50935 Köln
✆ 221-9768

Ehrenfeld

Gemeinschaftsgrundschule
Borsigstr. 13
50825 Köln
✆ 5488-391

Nippes

Gemeinschaftsgrundschule
Steinberger Str. 40
50733 Köln
✆ 7761-382

Chorweiler	Kalk
Gemeinschaftsgrundschule Balsaminenweg 52 50769 Köln ⌀ 7001841	**Gemeinschaftsgrundschule** Kapitelstr. 24-26 51103 Köln ⌀ 857677 **Katholische Grundschule** Heßhoffstr. 45 51107 Köln ⌀ 872113
Porz	
Gemeinschaftsgrundschule Hauptstr. 432 51143 Köln ⌀ 02203/41423	**Mülheim**
	Gemeinschaftsgrundschule Von-Bodelschwingh-Str. 24 51061 Köln ⌀ 645019

Grundschulen mit besonderer pädagogischer Ausrichtung

Neben den städtischen und konfessionellen Grundschulen gibt es Grundschulen mit besonderer pädagogischer Ausrichtung, wie Montessori-, Peter-Petersen-, Celestin-Freinet- und Waldorfschulen. Außerdem können Kinder, die wenigstens einen Elternteil mit französischer oder belgischer Nationalität haben, in Lindenthal auf die Grundschule Geilenkircher Straße gehen. Kinder, die katholisch getauft sind und die Aufnahmeprüfung bestehen, haben die Möglichkeit, die Grundschulzeit in der Domsingschule zu verbringen (siehe Kultur).

Peter-Petersen-Schulen

Peter-Petersen-Schule
Am Rosenmaar 3
51061 Köln
⌀ 601135

Gemeinschaftsgrundschule
Mülheimer Freiheit 99
51063 Köln
⌀6401658

Die Peter-Petersen-Schule Am Rosenmaar in Köln-Höhenhaus ist eine Grundschule mit Ganztagsbetreuung, die alle Kinder, Behinderte und Nichtbehinderte, besuchen können. Mit der Peter-Petersen-Pädagogik arbeitet auch die Rheinschule auf der Mülheimer Freiheit.
In der Peter-Petersen-Schule werden Kinder mehrerer Schuljahre in sogenannten Stammgruppen zusammengefaßt, wobei bis zum 4. Schuljahr keine Zeugnisse geschrieben werden. Die Peter-Petersen-Schule will bei den

GRUNDSCHULEN

Schülern Fertigkeiten, Fähigkeiten und Verhaltensweisen wecken, fördern und einüben, die ein soziales Miteinander und die sinnvolle Gestaltung des Privatbereichs als Ziel anstreben. Schlüsselbegriffe im Schulalltag sind Mitverantwortung, kritisches Verhalten, Toleranz, Flexibilität, andauernde Lernbereitschaft, Problembewußtsein, Ausdrucks- und Darstellungsfähigkeit, Teamfähigkeit, Durchsetzungsvermögen und Entwicklung von Spezialinteressen.

Die Waldorfschule – Geschichte, Aufgaben und Ziele

Philosophische Grundlage
Die Freien Waldorfschulen führen ihren Namen nach einer im September 1919 in Stuttgart eröffneten Schule. Emil Molt, der Inhaber der Waldorf-Astoria-Zigarettenfabrik, wollte mit dieser Schule den Kindern seiner Arbeiter eine bessere Lebenschance bieten, denn die soziale Frage schien ihm letztlich eine Bildungsfrage zu sein. Auf seine Bitte hin arbeitete Rudolf Steiner die pädagogischen Grundlagen für die neue Schule aus und übernahm auch ihre Leitung. Die Waldorfpädagogik basiert auf der Anthroposophie, der von Steiner begründeten Weltanschauungslehre, die von einer stufenweisen Entwicklung der Welt ausgeht. Auch der Mensch durchläuft in Kindheit und Jugend verschiedene Entwicklungsstufen, und es ist Aufgabe der Erziehung, die dem jeweiligen Alter gemäße geistige, seelische und körperliche Entwicklung zu fördern. Der Waldorflehrplan orientiert sich demnach an den Stufen kindlicher Entfaltung, wie sie Steiner beschrieben hat.
Die Waldorfschulen sind keine reinen Grundschulen, sondern decken die gesamte schulische Laufbahn von der Einschulung bis zum Abschluß ab.

Der Unterricht
In den ersten 8 Schuljahren, in denen die Schüler nach Steiners Verständnis noch kein eigenes Urteilsvermögen haben, tritt der Lehrer mit seiner richtungsweisenden Persönlichkeit als neue Autorität auf. Der Unterricht ist we-

sentlich bildhaft gestaltet, und die Lerninhalte werden künstlerisch so anschaulich gemacht, daß die Kinder sie erlebend erfassen. Ein solcher Unterricht soll alle im Kind ruhenden Anlagen nach der intellektuellen und künstlerischen Seite hin entwickeln und die kindliche Willensbildung fördern.

Die Kinder eines Jahrgangs bleiben durch die ganze Schulzeit hindurch ohne »Sitzenbleiben« bis zum Ende der 12. Klasse zusammen, wodurch das Sozialverhalten und die sozialen Bindungen gestärkt werden sollen. Es gibt erklärtermaßen keine Begabtenauslese, vielmehr helfen die Leistungsstärkeren den Leistungsschwächeren. So können die Waldorfschulen auch Spätentwickler fördern und »schlummernde Begabungen« wecken.

Im 14. Lebensjahr setzt, laut Steiner, das Streben nach eigener Lebensgestaltung und die Fähigkeit zur Urteilsbildung ein. Dementsprechend wird der Unterricht in der Oberstufe vom 9. bis 12. Schuljahr mehr wissenschaftlich ausgerichtet. Allerdings sollen sich die Lehrinhalte mit den Lebensproblemen junger Menschen verbinden. Von der 9. Klasse an treten Fachlehrer auf den Plan, die die Funktionen des Klassenlehrers als alleinige Bezugsperson der ersten 8 Schuljahre ergänzen.

Die Oberstufe bereitet auch auf die künftige Berufswahl vor, indem sie – differenziert nach Gruppen – die besonderen wissenschaftlichen oder handwerklich-künstlerischen Begabungen eines Kindes berücksichtigt und fördert.

Die Waldorfpädagogik ist von Anbeginn darauf ausgerichtet, allen Kindern, unabhängig von der sozialen Stellung ihrer Eltern, eine 12jährige Schulausbildung zu vermitteln. Da die Waldorfschulen staatlich anerkannte Ersatzschulen in freier Trägerschaft sind, kann ihren Schülern nach dem Ende der 10. Klasse der Hauptschulabschluß und nach dem Ende der 12. Klasse die Fachoberschulreife zuerkannt werden. Das 13. Schuljahr dient der Abiturvorbereitung. Das Abitur wird vom Lehrerkollegium der Waldorfschulen unter Anwesenheit von Staatsbeauftragten abgenommen.

Schulverein und Finanzierung
Rechtsträger der Freien Waldorfschule Köln ist der Waldorfschulverein Köln e. V. Er ist Mitglied im Bund der Freien

Waldorfschulen und als gemeinnützig anerkannt. Sein Vorstand, der die Schule nach außen vertritt, setzt sich aus Eltern und Lehrern zusammen.
Die Freie Waldorfschule Köln erhält staatliche Zuschüsse nach dem Ersatzschulfinanzgesetz NRW, die die Kosten der Schule jedoch bei weitem nicht abdecken. Der Schulträger muß deshalb beachtliche Eigenleistungen erbringen, die teilweise aus dem Freundeskreis der Schule kommen, der sich zur **Arbeitsgemeinschaft zur Förderung der Waldorfpädagogik in Köln e. V.** zusammengeschlossen hat, teilweise müssen sie von Eltern als Förderbeiträge erhoben werden. Die Elternbeiträge werden den wirtschaftlichen Verhältnissen der Eltern angepaßt, so daß kein Kind aus finanziellen Gründen vom Besuch der Schule ausgeschlossen wird.

Arbeitsgemeinschaft zur Förderung der Waldorfpädagogik Köln e.V.
Martinusstr. 28
50765 Köln
℡ 5905137

Freie Waldorfschule Köln
Martinusstr. 28
50765 Köln
℡ 5905137

Montessori-Schulen

Maria Montessori (siehe auch S. 154, 170, 175) ging davon aus, daß das Kind sich eigentlich aus sich selbst heraus entwickelt. Aufgabe der Erziehung sei es im wesentlichen, die jeweiligen Entwicklungs- und Bildungsbedürfnisse der Kinder zu erkennen und dann zu fördern. Wie schon in ihrer Kindergartenpädagogik spielen auch beim schulischen Lernen geeignete Lernmaterialien und vor allem die Förderung der Selbsttätigkeit eine wesentliche Rolle.

Montessori-Grundschule
Gilbachstr. 20
50672 Köln
℡ 221-9547

Montessori-Hauptschule
Rochusstr. 145
50827 Köln
℡ 534028

Celestin-Freinet-Schulen

Gemeinschaftsgrundschule
Celestin Freinet war ein französischer Pädagoge, der von 1896 bis 1966 gelebt und sich einen Namen als Erneuerer der französischen Volksschule gemacht hat. Er motivierte seine Schüler u. a. dadurch, daß er sie die Lese- und Schulbücher in einer Druckerei selbst drucken ließ. Heute faßt man unter der Celestin-Pädagogik alle Versuche zusammen, die das Lesenlernen durch Schreiben betreiben.
Besondere Verdienste um die Celestin-Methode hat sich

Gemeinschaftsgrundschule
Cäsarstr. 21
50968 Köln
℡ 387683

Gemeinschaftsgrundschule
Dellbrücker Hauptstr. 16-18
51069 Köln
✆ 681623

die **Gemeinschaftsgrundschule** in der Dellbrücker Hauptstraße erworben. Lehrer haben hier ein eigenes Computerprogramm entwickelt, mit dessen Hilfe die Schüler Lesen durch Schreiben lernen.

Fremdsprachen in der Grundschule

Gemeinschaftsgrundschule
Geilenkircher Str. 52
50933 Köln
✆ 4973249

Gemeinschaftsgrundschule
Die Gemeinschaftsgrundschule Geilenkircher Straße nimmt Schüler auf, die zumindest einen Elternteil mit französischer oder belgischer Nationalität haben, und unterrichtet zweisprachig. Abgesehen von dieser Schule gibt es in Köln zwar Grundschulen, die in der 2. oder spätestens 4. Klasse eine Fremdsprache lehren, aber keine ausgewiesene bilinguale Grundschule.

Die Hauptschule – Verlierer unter den weiterführenden Schulen

Stadt Köln – Zentralstelle für Bildungsberatung und Bildungswerbung
Deutz-Kalker-Str. 18-26
50679 Köln
✆ 221-9281/9282/9285

Nach den 4 Grundschuljahren besteht die Möglichkeit, zwischen verschiedenen Schulformen zu wählen, wobei sich der schon erwähnte Trend zu höheren Schulabschlüssen erkennen läßt. Die größten Rückgänge an Neuaufnahmen weisen die Hauptschulen auf. Während 1980 noch fast ein Drittel (31,6 Prozent) aller Kölner Grundschüler auf die Hauptschule wechselte, waren es 1993 nur noch 17,2 Prozent.
Alle anderen Schulen konnten durch den Trend zu höheren Bildungsabschlüssen die demographisch bedingten Schülerrückgänge auffangen. Auf das Gymnasium wechselten in Köln 1993 mit rund 3400 Übergängen ungefähr genausoviele Schülerinnen und Schüler wie 1980. Das sind 42,7 Prozent der Grundschulabgänger. Auch ein Viertel aller Kölner Ausländerkinder wechselt heute auf ein Gymnasium. 1980 waren es nur knapp 10 Prozent.
Realschulen und Gesamtschulen konnten ihre Anteile an den Übergängen nur unerheblich um knapp 3 bzw. 2 Prozentpunkte steigern, wobei die Realschule vor allem

HAUPTSCHULEN

für die ausländische Bevölkerung attraktiver geworden ist. Mehr als ein Viertel (26,6 Prozent) der ausländischen Grundschüler wechselte in Köln 1993 auf eine Realschule, während es 1980 erst ca. 15 Prozent waren.
Insgesamt ging die Schülerzahl an den weiterführenden Kölner Schulen durch die geburtenschwachen Jahrgänge von 1980 bis 1993 um ein Drittel zurück. Am stärksten davon betroffen war die Hauptschule, die im Schuljahr 1993/94 nicht einmal halb so viele Schüler unterrichtete wie noch 1980.
Wenn Sie nicht sicher sind, auf welche weiterführende Schule Sie Ihr Kind schicken sollen, so können Sie sich bei der **Zentralstelle für Bildungsberatung und Bildungswerbung** informieren.

Aufbau und Lernziele der Hauptschule

Die Hauptschule umfaßt die Klassen 5 bis 10. Die Klassen 5 und 6 bilden eine besondere pädagogische Einheit, Erprobungsstufe genannt. Anknüpfend an die Lernerfahrungen der Schüler aus der Grundschule, führen die Lehrer die Schüler in diesen 2 Jahren an die Unterrichtsmethoden und Lernangebote der Hauptschule heran. *Erprobungsstufe*

In der Erprobungsstufe beobachtet, fördert und erprobt die Schule die Kenntnisse, Fertigkeiten und Fähigkeiten der Kinder, um festzustellen, ob die Schüler auf der Hauptschule richtig aufgehoben sind. Innerhalb der Erprobungsstufe gehen die Schüler ohne Versetzung von der Klasse 5 in die Klasse 6 über.

Die Hauptschule unterrichtet in den Fächern Deutsch, Gesellschaftslehre (Geschichte, Erdkunde, Politik), Mathematik, Naturwissenschaften (Biologie, Chemie, Physik), Englisch, Arbeitslehre (Technik, Hauswirtschaft, Wirtschaftslehre), Musik, Kunst, Textilgestaltung, Religionslehre und Sport.

Ab Klasse 7 wird der Unterricht in den Fächern Englisch und Mathematik in Grund- und Erweiterungskursen erteilt. *Wahlpflichtunterricht*

Ebenfalls ab Klasse 7 gibt es neben dem Pflichtunterricht, an dem alle Schüler teilnehmen müssen, den Wahlpflichtunterricht. In den Klassen 7 und 8 umfaßt er 2 Wochenstunden und kann sich – im Rahmen der Möglichkeiten der einzelnen Schule – auf alle Fächer erstrecken. Jeder Schüler kann hier den Bereich wählen, der ihm persönlich am meisten liegt. Ab Klasse 9 haben im Wahlpflichtunterricht die Bereiche Technik, Wirtschaft und Naturwissenschaften Vorrang.

2 Unterrichtsschwerpunkte

Die Klasse 10 wird in 2 Formen angeboten. Typ A hat als Unterrichtsschwerpunkte die Naturwissenschaften und die Arbeitslehre. In diesen Lernbereichen erhalten die Schüler in besonderer Weise Gelegenheit, auch ihre praktischen Fähigkeiten zu entwickeln.
Typ B hat als Unterrichtsschwerpunkte die Fächer Deutsch, Englisch und Mathematik.

Aufnahmebedingung und Übergangsmöglichkeiten

Jeder Schüler, der die Klasse 4 der Grundschule erfolgreich durchlaufen hat, kann in die Hauptschule eintreten. Nach der 6. Klasse ist bei guten Leistungen ein Wechsel in eine andere Schule möglich. Wenn ein Wechsel beabsichtigt ist, sollten die Eltern möglichst frühzeitig mit dem Klassenlehrer ihres Kindes darüber sprechen.

Schulabschlüsse – Trend zur Höherqualifikation

Immer weniger Schüler verlassen die Schule ohne Abschluß

1993 verließen in Köln 7700 Schülerinnen und Schüler die allgemeinbildenden Schulen (ohne Sonderschulen), fast ein Drittel von ihnen besaß eine ausländische Staatsangehörigkeit. Obwohl der Abgangsjahrgang 1992/93 um mehr als 40 Prozent kleiner war als der von 1981/82, blieb der Anteil der Schülerinnen und Schüler, die einen Hauptschul-, Realschul- oder vergleichbaren Abschluß erreichten, mit 64 Prozent gleich. Von rund 28 auf rund 32 Prozent zugenommen hat der Anteil der Abgänger mit Fachhochschul- und Hochschulreife. Der Anteil derjenigen, die die Schule ohne Abschluß verließen, hat sich von 8 auf 4 Prozent halbiert.

Der allgemein festzustellende Trend zu höheren Schulabschlüssen liegt vor allem an den verbesserten Bildungschancen für ausländische Schülerinnen und Schüler. Während 1982 noch über 40 Prozent aller Kölner Ausländerkinder einen Hauptschulabschluß machten und ein Drittel ohne Abschluß die Schule verließ, erreichten 1993 schon 43 Prozent die Fachoberschulreife und ein Fünftel die Fachhochschulreife.

Abschlüsse an Hauptschulen

Die Hauptschule vermittelt je nach Prüfung folgende Abschlüsse:
- Hauptschulabschluß
- Sekundarabschluß I – Hauptschulabschluß nach der Klasse 10
- Sekundarabschluß I – Fachoberschulreife
- Fachoberschulreife mit Qualifikationsvermerk (Übergangsberechtigung für die gymnasiale Oberstufe)

Besondere Bildungsangebote für ausländische Schüler und Schülerinnen

Förderschule für spätausgesiedelte Kinder und Jugendliche

Für einen Teil der ausländischen Kinder wird muttersprachlicher Ergänzungsunterricht angeboten. Die Teilnahme ist freiwillig. Die Anmeldung erfolgt schriftlich über die jeweilige Schule. Die Hauptschule am Helene-Weber-Platz ist eine Förderschule für spätausgesiedelte Kinder und Jugendliche. (siehe auch »Regionale Arbeitsstelle zur Förderung ausländischer Kinder und Jugendlicher«, S. 180, 181)

Förderschule für spätausgesiedelte Kinder und Jugendliche
Hauptschule Sekundarstufe I
Helene-Weber-Platz 3
51109 Köln
✆ 892148

Hauptschulen mit besonderer pädagogischer Ausrichtung

2 Hauptschulen, eine für das linksrheinische und eine für das rechtsrheinische Stadtgebiet, arbeiten nach den Grundsätzen der Montessori-Pädagogik (siehe S. 154, 165, 175).

Ehrenfeld	Mülheim
Montessori-Hauptschule Rochusstr. 145 50827 Köln ⌀ 534028	**Montessori-Hauptschule** Ferdinandstr. 43 51063 Köln ⌀ 815016

Realschulen

Aufbau und Lerninhalte

Französisch oder Sozialwissenschaften

Die Realschule umfaßt die Klassen 5 bis 10. Wie in der Hauptschule dienen die Klassen 5 und 6 der Erprobung der Schüler und der Feststellung, ob sie die richtige Schulform gewählt haben. Die Unterrichtsfächer sind abgesehen von der Arbeitslehre, die hier nicht unterrichtet wird, mit den Fächern der Hauptschule identisch.
Ab der 7. Klasse können die Schüler im Rahmen des Wahlpflichtunterrichts zwischen Französisch (oder Niederländisch) und Sozialwissenschaften wählen.
Im Rahmen der Möglichkeiten an der einzelnen Schule können die Schüler Neigungsschwerpunkte setzen: Fremdsprachen, Naturwissenschaften, Sozialwissenschaften, Musik/Kunst, Sport und Technik. Je nach gewähltem Schwerpunkt umfaßt dieser Unterrichtsbereich 4 bis 8 Wochenstunden.

Aufnahmebedingung und Übergangsmöglichkeiten

Schüler, die von den Lehrern der Grundschule als »geeignet« oder »vielleicht geeignet« beurteilt werden, kön-

REALSCHULEN

nen ohne besonderes Aufnahmeverfahren die Realschule besuchen.
Schüler, die von der Grundschule ausdrücklich als »nicht geeignet« beurteilt werden, müssen vor Eintritt in die Realschule erfolgreich an einem Probeunterricht teilnehmen.
Nach der 6. Klasse ist ein Wechsel in eine andere Schulform möglich. Sprechen Sie möglichst frühzeitig mit dem Klassenlehrer Ihres Kindes, falls Sie und Ihr Kind einen Wechsel in Betracht ziehen.

Abschlüsse an Realschulen

Die Realschule schließt ab mit dem Sekundarabschluß I – Fachoberschulreife. Absolventen mit besonders guten Leistungen erhalten die Fachoberschulreife mit Qualifikationsvermerk, der sie zum Übergang in die gymnasiale Oberstufe berechtigt.

2 Abschlußmöglichkeiten

Aufbaurealschule

Nach Klasse 6 der Hauptschule oder nach Klasse 6 des Gymnasiums haben die Schüler die Möglichkeit zum Übergang auf die Aufbaurealschule. Hier können sie in 4 Jahren die Fachoberschulreife erwerben. Bei entsprechender Qualifikation ist der Wechsel in die gymnasiale Oberstufe möglich.

Bilinguale Realschule

Eichendorff-Schule
Die Realschule Dechenstraße (Eichendorff-Schule) führt neben den Regelklassen als Schulversuch zusätzlich bilinguale Klassen mit Englisch. Ab Klasse 7 wird in diesen Klassen auch das Fach Erdkunde und ab Klasse 8 zusätzlich das Fach Geschichte in Englisch unterrichtet. Ab der 7. Klasse wird als 2. Fremdsprache auch das Fach Türkisch angeboten.

Eichendorff-Schule
Dechenstr. 1
50825 Köln
✆ 955607-0

REALSCHULEN

Eichendorff-Schule
Dechenstr. 1
50825 Köln
℡ 955607-0

Ernst-Simons-Realschule
Alter Militärring 96
50933 Köln
℡ 4995944

Rheinische Schule für Körperbehinderte
Alter Militärring 96
50933 Köln
℡ 491020, 491028 u. 491029

Besondere Bildungsangebote für behinderte Kinder und Kinder mit Lese-Rechtschreibschwäche

Die Realschule Dechenstraße bildet in jedem Jahrgang eine Klasse, in der gezielt mit Schülern gearbeitet wird, die zwar leistungsstark sind, aber eine ausgeprägte Lese-Rechtschreibschwäche haben. Die Ernst-Simons-Schule bietet ergänzend zum regulären Unterricht Förderkurse für Legastheniker an.

Schüler, die so schwer körperbehindert sind, daß sie nicht am Unterricht an einer Realschule teilnehmen können, können bei der Rheinischen Landesschule für Körperbehinderte angemeldet werden.

Gymnasien

Aufbau und Lerninhalte

Das Gymnasium umfaßt in der Sekundarstufe I die Klassen 5 bis 10, in der Sekundarstufe II die Jahrgangsstufen 11 bis 13. Früher war das Gymnasium nach Typen gegliedert (z. B. neusprachlich, altsprachlich, mathematisch-naturwissenschaftlich usw.). Heute kann man an jedem Gymnasium Neigungsschwerpunkte wählen.

Auch das Gymnasium definiert die Klassen 5 und 6 als Erprobungsstufe, in der herausgefunden werden soll, ob der einzelne Schüler die für ihn richtige Schulform gewählt hat.

Sekundarstufe I   Der Unterricht in der Sekundarstufe I umfaßt die Fächer Deutsch, Gesellschaftslehre, Mathematik, Naturwissenschaften, 1. Fremdsprache (ab Klasse 5), 2. Fremdsprache (ab Klasse 7), Musik/Kunst/Textilgestaltung, Religionslehre und Sport.

In der Klasse 9 können die Schüler entweder das Angebot einer 3. Fremdsprache oder eine Schwerpunktsetzung im mathematisch-naturwissenschaftlich-technischen, im gesellschaftswissenschaftlichen und im künstlerischen Bereich wählen. Der Unterricht im Wahlpflichtbereich ist 3stündig, die dritten Fremdsprachen werden 4stündig gelehrt.

GYMNASIEN

In der Sekundarstufe II umfaßt der Unterricht neben einem für alle Schüler verbindlichen Pflichtbereich auch solche Teile, in denen Schüler in einem bestimmten Rahmen selbst darüber entscheiden können, welche Fächer ihr Stundenplan enthalten soll und welche Fächer sie zu ihren persönlichen Leistungsschwerpunkten ausbauen wollen. Der Unterricht wird in einem System von Grund- und Leistungskursen angeboten.

Sekundarstufe II

Aufnahmebedingung und Übergangsmöglichkeiten

Wer von seinem Grundschullehrer als »geeignet« oder »vielleicht geeignet« eingestuft wurde, das Gymnasium zu besuchen, kann ohne Aufnahmeverfahren in das Gymnasium eintreten. Wer als »nicht geeignet« beurteilt wurde, muß erfolgreich an einem Probeunterricht teilnehmen. Nach der 6. Klasse ist ein Wechsel in eine andere Schulform möglich, der so früh wie möglich mit dem Klassenlehrer besprochen werden sollte.

Abschlüsse an Gymnasien

Schüler an Gymnasien können entweder mit Abschluß der Sekundarstufe I (10. Klasse) die Fachoberschulreife erwerben oder mit dem Abitur die allgemeine Hochschulreife und Fachhochschulreife erlangen.

Bilinguale Gymnasien

Auf der Grundlage des deutsch-französischen Kulturabkommens führt das Gymnasium Vogelsanger Straße einen deutsch-französischen Bildungsgang mit der Sprachenfolge Französisch (ab Klasse 5), Englisch (ab Klasse 7). In den Klassen 5 und 6 wird mehr Französisch als sonst üblich unterrichtet und in Anpassung an die erworbenen Sprachkenntnisse werden die Sachfächer Erdkunde (ab Klasse 7) und Geschichte (ab Klasse 8) in deutscher und französischer Sprache unterrichtet.

Gymnasium Kreuzgasse
Vogelsanger Str. 1
50672 Köln
✆ 5484-381

Montessori-Gymnasium
Rochusstr. 145
50827 Köln
✆ 534026 u. 534027

GYMNASIEN

Hansa-Gymnasium
Hansaring 56
50670 Köln
℘ 221-5152

Lessing-Gymnasium
Heerstr. 7
51143 Köln
℘ 02203/81096

Das Montessori-Gymnasium führt einen deutsch-italienischen Bildungsgang mit der Sprachenfolge Italienisch (ab Klase 5), Englisch (ab Klasse 7). In den Klassen 5 und 6 wird viel Italienisch unterrichtet, und in Anpassung an die erworbenen Sprachkenntnisse werden die Sachfächer Geschichte (ab Klasse 7), Erdkunde und Politik (ab Klasse 8) in deutscher und in italienischer Sprache unterrichtet.

Das Gymnasium Heerstraße führt neben den Regelklassen einen einzigen deutsch-englischen Bildungsgang. In den Klassen 5 und 6 wird mehr Englisch als sonst üblich unterrichtet, und in Anpassung an die erworbenen Sprachkenntnisse werden die Fächer Erdkunde (ab Klasse 7), Politik (ab Klasse 8) und Geschichte (ab Klasse 9) in deutscher und englischer Sprache unterrichtet.

Am Gymnasium Hansaring wird für Kinder türkischer Nationalität als 3. Pflichtfremdsprache ab Klasse 9 Türkisch angeboten. Außerdem bietet die Schule für diesen Schülerkreis in den Klassen 5 und 6 muttersprachlichen Ergänzungsunterricht in Türkisch an.

Gymnasium für musikbegabte Kinder

Humboldt-Gymnasium
Kartäuserwall 40
50676 Köln
℘ 221-7911

Humboldt-Gymnasium

Am Gymnasium Kartäuserwall werden Kinder, die musisch begabt sind oder die eine Ballettausbildung anstreben, in Klassen des musikgymnasialen Zweiges zusammengefaßt. Diese werden – in Zusammenarbeit mit der Rheinischen Musikschule (siehe S. 267,268) – als Ganztagszweig geführt. Die Schüler und Schülerinnen erhalten über den für alle gültigen Gymnasialunterricht hinaus nachmittags musikpraktischen und -theoretischen oder Ballettunterricht am Institut für Bühnentanz. Aufnahmevoraussetzung ist das Bestehen eines Tests.

Beginnend mit der Jahrgangsstufe 12, wird für die Mitglieder des Leistungskurses Musik zusätzlich der Ausbildungsgang »Musiziergruppenleitung« angeboten.

GESAMTSCHULEN

Gymnasien mit besonderer pädagogischer Ausrichtung

Montessori-Gymnasium
Das Gymnasium Rochusstraße arbeitet nach den Grundsätzen der Montessori-Pädagogik (siehe S. 154, 165, 170). Vor einer Anmeldung bei dieser Schule ist die Teilnahme an einer Informationsveranstaltung erwünscht, die im Montessori-Zentrum, Rochusstraße stattfindet.

Montessori-Gymnasium
Rochusstr. 145
50827 Köln
✆ 534026 u. 534027

Gesamtschule – die umstrittene Schulform

Seit ihrem Entstehen in den 70er Jahren diskutieren Pädagogen, Kulturbeauftrage, Eltern und Schüler kontrovers über die Gesamtschule. Ihre Verfechter sehen in ihr die bestmögliche aller Schulformen, weil sie den Anspruch hat, die Schüler nach Leistungsvermögen und Neigungen individuell zu fördern und damit Chancengleichheit in Sachen Bildung zu schaffen. Ihre Gegner weigern sich, den guten Willen schon als Tat anzuerkennen, und kritisieren diesen Anspruch als zu theoretisch, weil er sich in der Praxis nicht realisieren läßt. Sie bemängeln, daß die Gesamtschüler keinen traditionellen Klassenverband mehr kennen, weil sie – eben aufgrund ihrer unterschiedlichen Fähigkeiten und Neigungen – in ein unüberschaubares Kurssystem gezwängt werden. Die Lehrer lernen die Schüler nur in unterschiedlich besetzten Kursen kennen, in denen sie sich eventuell jeweils anders verhalten. Ein pädagogischer Diskurs über Schüler oder über »schwierige« bzw. »gute« Klassen ist somit problematisch oder unmöglich.

Viel gerühmt und viel gescholten

Wir wollen den Disput an dieser Stelle nicht aufrollen, auch nicht fortsetzen oder uns gar für das eine oder andere Lager entscheiden. *Wichtig festzustellen ist*, daß die 7 Kölner Gesamtschulen seit den frühen 80er Jahren an Bedeutung in der Schullandschaft gewonnen haben. Die zunehmende Akzeptanz zeigt sich u. a. bei den Schulabgängern. Während 1982 erst jeder zehnte (10,2 Prozent) Schulabgänger in Köln von einer Gesamtschule kam, war es 1993 schon jeder sechste. Zunehmend vermittelt die Gesamtschule höherwertige Abschlüsse. Wurde 1984 die (Fach-)Hochschulreife noch nahezu exklusiv auf dem Gymnasium erworben, konnte die Gesamtschule 1993 ein Fünftel der knapp 2500 erreichten (Fach-)Hochschulreifen für sich verbuchen. Auch bei Hauptschulabschlüssen stieg der Anteil der Gesamtschulen von 12 auf 18 Prozent.

Aufbau und Lerninhalte

Kurse je nach Fähigkeit und Neigung

Die Gesamtschule vereint die Bildungsgänge der Hauptschule, der Realschule und des Gymnasiums. Gesamtschüler haben die Möglichkeit, aus dem Lernangebot der Schule ihren Bildungsgang zusammenzustellen und auf diesem Weg einen der üblichen Schulabschlüsse zu erwerben.

Die Gesamtschule umfaßt in der Sekundarstufe I die Klassenstufen 5 bis 10. Mit der Sekundarstufe II schließt sich wie beim Gymnasium die gymnasiale Oberstufe mit den Jahrgängen 11 bis 13 an. Die gymnasiale Oberstufe der Gesamtschule hat die gleichen Fächer, die gleiche Unterrichtsorganisation und die gleichen Abschlußmöglichkeiten wie die Oberstufe am Gymnasium.

Die Gesamtschulen in Köln werden als Ganztagsschulen geführt. Sie bieten den Schülern neben dem Pflichtunterricht zusätzlich die Möglichkeit, in der Schule unter fachkundiger Aufsicht in Übungsstunden den Lernstoff zu vertiefen und Hausaufgaben zu machen, in Förderkursen Lernausfälle in einzelnen Fächern auszugleichen oder allgemeine Lern- und Verständnisschwierigkeiten zu überwinden und in Arbeitsgemeinschaften besonderen Interessen nachzugehen, sich handwerklich, sportlich oder künstlerisch zu betätigen.

Innerhalb einer Klasse werden Gruppen gebildet, die sich mit unterschiedlichen Aufgaben beschäftigen; für langsam lernende Schüler gibt es aus dem durchgenommenen Stoff weniger Aufgaben, für die schnelleren mehr. Die im Lernen stärkeren Schüler lernen hierbei, den Schwächeren zu helfen. Werden die Lernrückstände allerdings zu groß, werden für die betreffenden Kinder besondere Fördergruppen eingerichtet.

Aufnahmebedingung

Die Gesamtschule kann von allen Schülern besucht werden, die die Klasse 4 der Grundschule erfolgreich durchlaufen haben.

Fremdsprachliche Gesamtschule

Europaschule Köln
Die Gesamtschule Raderthalgürtel entwickelt ab dem Schuljahr 1994/95 im Rahmen eines Schulversuchs des Landes Nordrhein-Westfalen das besondere Schulprofil Europaschule. Die Grundzüge dieses besonderen Bildungsangebotes liegen in der interkulturellen Erziehung für alle Schüler, einem zusätzlichen Sprachenangebot ab Klasse 6, vermehrten Auslandskontakten mit Partnerschulen und einem ausgeprägten Schulleben mit Orientierung an den Kulturen der Welt. Darüber hinaus führt die Schule eine multinationale Auffangklasse für ausländische Schüler ohne Deutschkenntnisse.

Europaschule Köln
– Ganztagsschule –
Raderthalgürtel 3
50968 Köln
✆ 380391

Wer hilft bei Schulproblemen?

Schulpsychologischer Dienst und Jugendberater

Im Großraum Köln gibt es schätzungsweise 38 000 Schulkinder, deren Verhalten auffällig ist. Sie machen durch Konzentrationsschwächen und Leistungsstörungen auf sich aufmerksam, sind aggressiv oder einfach nur zappelig und geben den Eltern damit Rätsel auf, die sie allein oftmals nicht lösen können.
Für Haupt- und Berufsschüler, aber auch für Jugendliche anderer Schulen gibt es an den Berufsbildenden Schulen 10 und 17 Jugendberater, die bei Schulproblemen helfen. Für alle Probleme, die Schüler haben, auch solche,

Berufsbildende Schule 17
J. Happle
Perlengraben / Waisenhausgasse
50676 Köln
✆ 221-4401

Berufsbildende Schule 10
E. Wurth
Hauptstr. 426
51143 Köln
✆ 02203/41424

WER HILFT BEI SCHULPROBLEMEN?

Stadt Köln – Schulpsychologischer Dienst
Deutz-Kalker-Str. 18-26
50679 Köln
℡ 221-9001 u. 221-9020
Schulkindergärten, Grund- und Sonderschulen
℡ 221-9010
Hauptschulen ℡ 221-9007
Realschulen, Gymnasien und Gesamtschulen
℡ 221-9003

Jugendberatung an Schulen
Perlengraben 101
50676 Köln
℡ 221-4401

Zeugnistelefon
℡ 221-9050

die nicht in unmittelbarem Zusammenhang mit Schule und Leistungsfragen stehen, bieten der Schulpsychologische Dienst der Stadt Köln sowie die Jugendberatung an Schulen ihre Dienste kostenfrei, unbürokratisch und streng vertraulich an.

Der Schulpsychologische Dienst ist eine von der Schule unabhängige Beratungsstelle. Schülerinnen, Schüler, Eltern, aber auch Lehrerinnen und Lehrer können sich an den Dienst wenden, wobei die einmalige Beratung auch in eine längerfristige Betreuung übergehen kann.

Zeugnistelefon

Vielleicht ist in diesem Schuljahr einfach alles schiefgelaufen, und es hagelt blaue Briefe und »Fünfen«. Die dramatisch gestiegene Zahl der Schulkinder, die sich angesichts schlechter Noten das Leben nehmen oder die Absicht hierzu erklären, hat die Institution »Zeugnistelefon« ins Leben gerufen.

Allen Schülern, die dem Leistungsdruck nicht mehr standhalten, die Zeugnisnöte haben, sich nicht trauen, ihr Sitzenbleiberzeugnis den Eltern zu zeigen, wissen wollen, ob sie eine Fünf in Mathe nicht doch noch irgendwie raushauen können, oder oder oder, sei an dieser Stelle dringend geraten, sich an die Berater des Zeugnistelefons zu wenden.

Selbsthilfe

Verein zur Förderung der Kinder und Jugendlichen mit Teilleistungsstörungen e. V.
Wendelinstr. 64
50933 Köln
Postfach 450246
50877 Köln
℡ 491400

Verein zur Förderung der Kinder und Jugendlichen mit Teilleistungsstörungen e. V.

Aber manchmal hilft auch die beste Beratung nichts, weil die Ursachen für die Auffälligkeiten des Kindes tiefer körperlicher oder seelischer Natur sind. Der »Verein zur Förderung der Kinder mit Minimaler Cerebraler Dysfunktion« (siehe auch S. 67) betreute 1995 80 Kinder und Jugendliche, die nach Aussage des dort beschäftigten Diplom-Psychologen André Knauff ihrer seelischen und kognitiven Entwicklung einfach nur hinterherhinken oder geringfügige motorische Störungen haben. Die profes-

sionellen Mitarbeiter des Vereins therapieren diese kleinen Defizite mit großer Wirkung.
Nach Meinung der Kölner Sozialdezernentin Ursula Chistiansen besteht bei der Förderung auffälliger Schulkinder noch ein beträchtliches Defizit in Köln, wofür u. a. die Warteliste des Vereins, auf der über 40 Kinder stehen, ein sicheres Indiz liefert.

Wer hilft bei den Hausaufgaben?
Hausaufgabenhilfen

Viele Kinder können die Aufgaben, die sie zu Hause für die Schule erledigen müssen, nicht allein bewältigen. Wenn Eltern keine Zeit haben, ihren Kindern bei den Hausaufgaben zu helfen, oder selbst damit überfordert sind, ist es sinnvoll, die von Eltern initiierten oder städtischen Hausaufgabenhilfen in Anspruch zu nehmen.

Hausaufgabenhilfe Meschenich
In der Hausaufgabenhilfe der AWO werden Kinder im Grundschulalter von mehreren pädagogischen Fachkräften betreut. Das pädagogische Ziel ist die regelmäßige Arbeit in einer festen Gruppe, in der die Kinder gemeinsam lernen und sich gegenseitig bei den Hausaufgaben helfen sollen. Regelmäßige Gespräche mit den Eltern und Lehrern sollen dabei helfen, den Kindern die ihnen gemäße Förderung zu gewähren.
Wenn die Hausaufgaben erledigt sind, können die Kinder spielen, und in den Ferien werden gesonderte Programme durchgeführt.

Hausaufgabenhilfe Meschenich
Pavillon Grundschule
Kettelerstr. 14
50997 Köln
✆ 02232/6521

Hausaufgabenhilfen bieten ferner an:

Internationaler Bund für Sozialarbeit
Deutz-Mülheimer-Str. 127-129
51063 Köln
✆ 814596

Verband Kath. Mädchenarbeit Köln
Weyerstr. 44
50676 Köln
✆ 246673

Arbeitskreis Rheinstein-straße Rheinsteinstr. 2 a 50968 Köln ℡ 372139	**Kalker Treff** Stadtteiltreff und Begegnungsstätte für Kinder, Jugendliche und Erwachsene Bertramstr. 57 51103 Köln ℡ 851282

Hausaufgabenhilfe und Bildungsberatung für ausländische Kinder

Kinder mit ausländischer Staatsangehörigkeit, die vielfach aufgrund von Sprach- und Verständigungsschwierigkeiten in der Schule nicht mitkommen, sind ganz besonders darauf angewiesen, von kompetenter Seite Hilfe zu erfahren. Dies gilt um so mehr, als ihre Eltern, meist der deutschen Sprache unkundiger als ihre Kinder, ihnen bei der Bewältigung von schulischen Aufgaben nicht helfen können.

Bei allen Fragen der schulischen und berufsbezogenen Aus- und Weiterbildung für ausländische Kinder, Jugendliche und Erwachsene stehen Ihnen die Beratungsangebote der Bildungsberatungstellen für Ausländer der Stadt Köln offen.

Konkrete Hilfe zur Bewältigung von schulischen Problemen und Hausaufgabenhilfe geben verschiedene kirchliche Einrichtungen und gemeinnützige Organisationen.

Regionale Arbeitsstelle zur Förderung ausländischer Kinder und Jugendlicher

RAA – Regionale Arbeitsstelle zur Förderung ausländischer Kinder und Jugendlicher
Deutz-Kalker-Str. 18-26
50679 Köln
℡ 221-9292

Entsprechend einem Ratsbeschluß vom 25.11.1993 hat die Stadt Köln zum Schuljahresbeginn 1994/95 eine »Regionale Arbeitsstelle zur Förderung ausländischer Kinder und Jugendlicher« (RAA) eingerichtet. Ihre Aufgabe ist es, schulische und außerschulische interkulturelle Arbeit im Schul- und Weiterbildungsbereich zu fördern sowie die Handlungs- und Entscheidungskompetenz zugewanderter Kinder, Jugendlicher und Erwachsener in Schule, Ausbildung, Beruf und Alltag zu stärken.

Wichtige Arbeitsschwerpunkte der RAA sind die Information und Beratung für neu eingereiste schulpflichtige Kinder, Jugendliche und deren Eltern über schulische Bildungswege, die Initiierung, Planung und Durchführung von Fördermaßnahmen für zugewanderte Schüler in enger Zusammenarbeit mit den in diesem Bereich tätigen Lehrern.

Städtische Bildungsberatung für Ausländer in den einzelnen Bezirken

Bezirksamt Innenstadt Brückenstr. 19 50667 Köln ✆ 221-5319	**Bezirksrathaus Ehrenfeld** Venloer Str. 419 50825 Köln ✆ 5488-420	**Bezirksrathaus Mülheim** Wiener Platz 4 51065 Köln ✆ 6702-307
Bezirksrathaus Kalk Kalker Hauptstr. 247-273 51103 Köln ✆ 8279-603	**Bezirksrathaus Nippes** Steinberger Str. 40 50733 Köln ✆ 221-9536	

Arbeitskreis für das ausländische Kind e. V.

Der »Arbeitskreis für das ausländische Kind e. V.« (siehe auch S. 150, 151) arbeitet seit 1973 schwerpunktmäßig zu folgenden Aufgaben: vorschulische Förderung, schulbegleitende Hilfen, Maßnahmen zur Förderung der beruflichen Entwicklung, Freizeitangebote, Elternarbeit – Frauengruppen – Mädchengruppen, Förderung von Initiativgruppen in der Ausländerarbeit, Erarbeitung von Stellungnahmen zu Gesetzesentwürfen.

Arbeitskreis für das ausländische Kind e. V.
Antwerpener Str. 19-29
50672 Köln
✆ 514055/56/57

Hausaufgabenhilfe von Kirchen und gemeinnützigen Organisationen

Deutscher Kinderschutzbund Mühlenweg 216 50823 Köln ✆ 583586 **Casa Italia** Meister-Gerhard-Str. 10-14 50674 Köln ✆ 216010 u. 246881	**Deutsch-Griechisches Kulturzentrum** Köln-Porz e. V. Mühlenstr. 40 51143 Köln ✆ 02203/55208 **Deutsch-Türkischer Verein** Osloer Str. 7 50765 Köln ✆ 707162 u. 707214	**Deutscher Kinderschutzbund** Kalker Treff Stadtteiltreff und Begegnungsstätte für Kinder, Jugendliche und Erwachsene Bertramstr. 57 51103 Köln ✆ 851282

Schüler machen Zeitung

Junge Presse Köln

**Junge Presse Köln
Arbeitsgemeinschaft**
*Poller Hauptstr. 65
51105 Köln
☏ 835852*

Die »Junge Presse Köln Arbeitsgemeinschaft« (JPK AG) ist die Dachorganisation Kölner Jugend- und Schülerzeitschriften, die nicht kommerziell ausgerichtet sind. Sie ist der älteste Schülerzeitungsverband der Bundesrepublik. Ihre Aufgabe ist es, die ihr angeschlossenen Mitgliedsredaktionen ideell und materiell zu unterstützen, wobei der Schwerpunkt auf einem umfangreichen Seminar- und Nachmittagsveranstaltungsprogramm liegt. In den Seminaren vermitteln Profis aus der Presseszene den Schülern und Jugendlichen das journalistische Handwerk und diskutieren mit den Gruppen journalistische Stilformen, erarbeiten die Grundlagen des Layouts oder führen in das Presserecht ein. Und zwar gratis!
Die Nachmittagsveranstaltungen werden dazu genutzt, Einblicke in die neuesten technischen Entwicklungen zu gewähren, z. B. werden die Studios des WDR, die Fertigungsstraße der Ford-Werke oder das Raumfahrtzentrum Köln-Wahn aufgesucht.

Beste Schülerzeitung Kölns

Seit 1958 schreibt die JPK AG jährlich den Wettbewerb »Silberne Feder« aus. Eine Jury aus mindestens 5 Profijournalisten bewertet die teilnehmenden Schülerzeitungen und prämiert die 3 besten, die neben Urkunden Geldpreise erhalten. Der Sieger des Wettbewerbs ist Träger der »Silbernen Feder« und damit beste Schülerzeitung Kölns.

Beratungsangebote für Kids

Kinder brauchen eine Lobby 184

Städtische Interessenvertretung für Kinder 184
Amt für Kinderinteressen 184, Kölner Kindertelefon 185, Notdienste/Krisentelefone 185, Köln-Ferien-Zeitung 186

Jung und fremd in Köln 186
Beratungseinrichtungen für junge Ausländer 187

Gewalt gegen Kinder 187
Sexueller Mißbrauch 187, Allgemeine soziale Beratung 188, Wer hilft mir? 189, *Literatur* 194

Drogenberatung 195
Suchtprävention 195, *Hier beugt man vor* 196, Hier wird drogenabhängigen Kindern und ihren Eltern geholfen 196, *Literatur* 198

Kinder brauchen eine Lobby

Kinder müssen ihre Probleme selbst darstellen können

Kinder haben Probleme, die Eltern oftmals nicht verstehen. Kinder und Jugendliche haben einen anderen Erfahrungshorizont als Erwachsene, sie erleben und bewerten die Umwelt anders, die persönlichen Gefühle und Ängste stehen stark im Vordergrund. Das hat zur Folge, daß junge Menschen vor bestimmten Problemen, die wir als Mutter oder Vater leicht in den Griff zu bekommen glauben, kapitulieren und sich von ihnen zutiefst ängstigen lassen. Dazu gehören z. B. schlechte Schulnoten. Andere Situationen wiederum, in denen wir als Eltern eine bedrohliche Gefahr erkennen, lassen Kinder kalt, und so laufen sie geradewegs in Schwierigkeiten hinein.

Wenn wir unsere Kinder ernst nehmen, werden wir ihnen bei ihren Sorgen und Nöten besser helfen können. Deshalb ist es wichtig, ihnen die Möglichkeit zu geben, sich selbst und ihrer Generation Gehör zu verschaffen. In Köln gibt es dazu ausreichend Gelegenheit, seitdem es das Amt für Kinderinteressen gibt.

Städtische Interessenvertretung für Kinder

Amt für Kinderinteressen

Stadt Köln
Amt für Kinderinteressen
Johannisstr. 66–80
50668 Köln
✆ 221-2930

Das Amt für Kinderinteressen, am 27.3.1990 eingerichtet, ist bundesweit das einzige seiner Art. Es gliedert sich in verschiedene Abteilungen mit unterschiedlichen Aufgabenfeldern, weil schnell deutlich geworden ist, wie vielfältig die Belange von Kindern und Jugendlichen in einer Stadt sind (siehe auch S. 318).

Die Abteilung Interessenvertretung/Planung befaßt sich mit allen möglichen Fragen des täglichen Lebens von Kindern und Jugendlichen. Bei allen Problemen, von unzulänglichen Verkehrssituationen über defekte Spielgeräte auf Spielplätzen bis hin zu konkreten Problemen im Wohnviertel, können sich Kinder, Jugendliche und ihre Eltern beim Amt für Kinderinteressen melden und werden in ihren Anliegen unterstützt.

STÄDTISCHE INTERESSENVERTRETUNG FÜR KINDER

Darüber hinaus werden von der Abteilung Projekte durchgeführt, die darauf abzielen, mehr Kinderfreundlichkeit in Köln zu erreichen. Hierzu gehören z. B. Maßnahmen, bei denen Kinder im Rahmen von Wohnumfeldverbesserungen an der Planung der Stadt beteiligt werden.

Kölner Kindertelefon

Das Amt für Kinderinteressen betreibt das **Kölner Kindertelefon Jule** (Junge Leitung), um einen möglichst guten Draht zu den Kölner Kids zu haben. Über die Leitung können Kinder ihre Interessen und Probleme selbst darstellen und finden in jedem Fall einen aufgeschlossenen Gesprächspartner. Jule ist kein Sorgentelefon im herkömmlichen Sinn, das sich um die individuellen Sorgen und Nöte von Kindern kümmert. Vielmehr ist Jule für alle Fragen zuständig, die die Kinder in der Stadt betreffen, egal ob es um Stadtgestaltung, Spielplätze, Schulwege, Gesundheitsfragen oder um Fragen der Freizeitgestaltung oder sonstiges geht.

Anrufzeit ist montags bis freitags von 8 bis 16 Uhr und freitags von 8 bis 12 Uhr. Außerhalb dieser Sprechzeiten ist ein Anrufbeantworter eingeschaltet, auf dem Nachrichten hinterlassen werden können. Jeder, der seinen Namen und die Rufnummer hinterläßt, wird zurückgerufen.

Kölner Kindertelefon Jule
✆ *221-4050*

Notdienste / Krisentelefone

Wer unter 18 Jahren ist und nicht weiter weiß, kann beim **Jugendhaus-Notdienst** anrufen.
Der Jugendhaus-Notdienst bietet stationäre Unterbringungshilfe sowie ambulante Beratung für Jugendliche, junge Erwachsene und Personen bzw. Institutionen, die ratsuchenden jungen Menschen in Krisensituationen helfen wollen. Das Angebot der Fachkräfte reicht vom einfachen Zuhören bis zur Entwicklung und Realisierung eines Jugendhilfeprogramms oder der Mithilfe bei bereits laufenden Maßnahmen. Der Jugendhaus-Notdienst ist rund um die Uhr erreichbar.

Jugendhaus-Notdienst
Konrad-Adenauer-Ufer 83
50668 Köln
✆ *221-4078*

STÄDTISCHE INTERESSENVERTRETUNG FÜR KINDER

Deutscher Kinderschutzbund
Die Nummer gegen Kummer
Das Kinder- und Jugendtelefon
☎ 11103

Seit die Telefonnummer 11103, die **Nummer gegen Kummer**, vom Deutschen Kinderschutzbund im Mai 1992 für Kinder und Jugendliche geschaltet wurde, haben viele Hundert Jungen und Mädchen angerufen und mit den Helferinnen über Drogen- oder Schulprobleme, Liebeskummer, Probleme im Elternhaus und andere Nöte gesprochen.

Jeweils von 15 bis 19 Uhr an den Werktagen können Kinder und Jugendliche über ihren Kummer am Sorgentelefon sprechen. Bei Problemen, die nicht am Telefon zu klären sind, wird weiterer Kontakt angeboten, oder man verweist die Anrufenden an die jeweils geeigneten Institutionen.

Die **Nummer gegen Kummer** ist zeittaktfrei, das bedeutet, ein Anruf auf dieser Leitung kostet nur eine Gebühreneinheit.

Köln-Ferien-Zeitung

»Köln-Ferien-Zeitung«
☎ 221-5570

Wer in den Sommerferien nicht in Urlaub fahren kann, dem fällt schon mal die Decke auf den Kopf. Damit die schönste Zeit im Jahr auch zu Hause nicht zum Supergau gerät, gibt es die *Köln-Ferien-Zeitung* vom Amt für Kinderinteressen. Sie gibt einen Gesamtüberblick über alle Ferienaktivitäten im Sommer.

Jung und fremd in Köln

Die 175 000 in Köln lebenden ausländischen Mitbürgerinnen und Mitbürger haben zu 43 Prozent die türkische Staatsangehörigkeit. Die zweitgrößte Gruppe bilden die Italiener mit 11 Prozent, 9 Prozent kommen aus dem ehemaligen Jugoslawien, und 4,5 Prozent sind Griechen. Der Anteil der Jugendlichen unter den Ausländern ist hoch. So leben beispielsweise 24 582 türkische Kinder und Jugendliche von 0 bis 18 Jahren in Köln im Vergleich zu 117 889 deutschen Kindern und Jugendlichen.

Die Stadtteile mit dem höchsten Ausländeranteil sind Nippes, Kalk und Mülheim.

Wenngleich sich Kinder und Jugendliche schneller und

leichter an die Gewohnheiten, an Sprache und Kultur in einem fremden Land gewöhnen, haben ausländische Kinder und Jugendliche dennoch vielfach besondere Probleme, von denen deutsche Gleichaltrige nichts ahnen. Um ihnen bei der Bewältigung des Alltags sowie persönlichen Krisen und Problemen zu helfen, gibt es in Köln verschiedene, wenn auch wenige, Beratungseinrichtungen für speziell diese Personengruppe (siehe auch S. 169, 180, 181).

Beratungseinrichtungen für junge Ausländer

In der **Beratungsstelle für junge Spätaussiedler** finden täglich Beratungstermine nach vorheriger Vereinbarung statt.
Die **Jugendhilfe** am Hansaring führt die Vormundschaften und Pflegschaften über minderjährige und unbegleitete Asylantinnen und Asylanten, berät und betreut ausländische Familien und Alleinerziehende.
Im **Jugend- und Kulturzentrum Sülz** ist montags von 14 bis 19 Uhr und freitags von 14 bis 17 Uhr ein Treffpunkt für arbeitslose Jugendliche eingerichtet, wo auch Beratungen bei besonderen Problemen durchgeführt werden.
Der **Kalker Treff** bietet für Kinder, Jugendliche und Erwachsene Integrationskurse für ausländische Frauen und Mädchen mit verschiedenen Werkstattangeboten wie Nähen, gesunde Ernährung, alternative Kosmetik usw. Dabei erwerben die Teilnehmerinnen Kenntnisse über das hiesige Sozial- und Bildungssystem und werden zu Sprachkursen motiviert.

Beratungsstelle für junge Spätaussiedler
Kalker Hauptstr. 127
51103 Köln
✆ 851179 . 853783

Jugendhilfe
Hansaring 20
50670 Köln
✆ 120421

Jugend- und Kulturzentrum Sülz
Sülzburgerstr. 112–118
50937 Köln
✆ 441060

Deutscher Kinderschutzbund Ortsverband Köln e. V.
Kalker Treff
Stadtteiltreff und Begegnungsstätte für Kinder, Jugendliche und Erwachsene
Bertramstr. 57
51103 Köln
✆ 851282

Gewalt gegen Kinder
Sexueller Mißbrauch

Gegenüber Kindern wird weitaus häufiger Gewalt ausgeübt, als man gemeinhin annimmt. Sie sind die Schwächeren, an ihnen können frustrierte oder überforderte

Sexueller Mißbrauch ist ein Gewaltdelikt

Eltern gefahrlos ihre Aggressionen auslassen. Die Bedrohung von Kindern reicht von psychischem Druck bis zu Kindesmißhandlungen und sexuellem Mißbrauch. Vor allem Mädchen – aber auch Jungen in nicht unerheblichem Maße – sind von sexueller Gewalt betroffen. Exakte Zahlen über das Ausmaß des Kindesmißbrauchs gibt es aufgrund der natürlicherweise hohen Dunkelziffer nicht. Frauenselbsthilfegruppen, Psychotherapeutinnen und Rechtsanwältinnen, die mit Betroffenen arbeiten, schätzen, daß in der Bundesrepublik jährlich 300 000 Kinder sexuell mißbraucht werden. Zur Anzeige kommen nur 20 000 Fälle, was aber auch daran liegt, daß die betroffenen Kinder, wenn überhaupt, die Untat aus Scham und Angst erst Jahre später offenbaren. Sie wagen es oft nicht, sich mitzuteilen oder um Hilfe zu bitten. Oder ihre Signale und Andeutungen werden nicht verstanden oder als abstruse Unterstellung zurückgewiesen.

Die meisten Opfer sind Mädchen; Schätzwerte gehen davon aus, daß jedes 3. Mädchen vor dem 16. Lebensjahr von sexuellem Mißbrauch betroffen ist. 80 bis 90 Prozent der Täter sind Männer, und nur rund 10 Prozent der Täter sind mit den Opfern nicht bekannt oder verwandt. D. h., der Tatort ist vielfach die Familie.

Um die tiefgreifenden körperlichen und seelischen Verletzungen zu überstehen, entwickeln mißbrauchte Mädchen und Jungen Verhaltensweisen und Persönlichkeitsmerkmale, die ihre Existenz zu zerstören drohen. Das gesamte Leben wird von der erlebten sexuellen Gewalt bestimmt, die oft zu Magersucht und Drogenabhängigkeit, in manchen Fällen auch zu lebenslangen psychischen Störungen oder Selbstmordgefährdung führt. Mädchen und Jungen, die Opfer von sexueller Gewalt geworden sind, brauchen sowohl akute, unkomplizierte und schnelle Hilfe als auch langfristig angelegte Beratungen und Therapien.

Allgemeine soziale Beratung

Erste Anlaufstelle für alle, die sich zum Thema sexuelle Gewalt beraten lassen möchten, ist der Allgemeine Soziale Dienst der Stadt Köln.

GEWALT GEGEN KINDER

Der Allgemeine Soziale Dienst der Stadt Köln berät oder vermittelt die im Einzelfall notwendige Hilfe für schwierige Lebenssituationen. Hierzu gehören materielle Not, Rechtsprobleme, Wohnungsprobleme, Vermittlung von Haushalts- und Pflegehilfen, und auch Kindesmißhandlung.
Die Mitarbeiter des Allgemeinen Sozialen Dienstes bieten selbst die Beratung an oder vermitteln an andere Beratungsstellen weiter.

Allgemeine Soziale Dienste (ASD) der Stadt Köln

ASD Innenstadt
Brückenstr. 19 (Dischhaus)
50667 Köln
✆ 221 5275, -5276, -5282

ASD Köln Ehrenfeld
Venloer Str. 419-421
50825 Köln
✆ 54881

ASD Köln Porz
Friedrich-Ebert-Ufer 64-70
51143 Köln
✆ 02203/410

ASD Köln Rodenkirchen
Hauptstr. 85
50996 Köln
✆ 3591-275, -276

ASD Köln Nippes
Neusser Str. 159
50733 Köln
✆ 77611

ASD Köln Kalk
Kalker Hauptstr. 247-273
51103 Köln
✆ 82790

ASD Köln Lindenthal
Stolbergerstr. 2
50933 Köln
✆ 54841

ASD Köln Chorweiler
Pariser Platz 1
50765 Köln
✆ 2210

ASD Köln Mülheim
Wiener Platz 4
51065 Köln
✆ 67021

Wer hilft mir?

Kinderschutzbund

Im Rahmen präventiver Kinderschutzarbeit gilt es, stark belasteten Familien unterschiedliche Hilfen anzubieten, die das Risiko einer Kindesmißhandlung oder -vernachlässigung mindern. Die Auswahl spezifischer Angebote an vorbeugenden Hilfsmaßnahmen macht es notwendig, das Blickfeld der professionellen Helfer zu erweitern und auf den Stadtteil als das Gemeinwesen zu richten, in dem die hauptsächlichen Lebenstätigkeiten von Kindern und Eltern stattfinden – Wohnen, Spielen, Arbeiten, soziale Beziehungen, Freizeitgestaltung. Gerade um benachteiligten Familien Hilfen anbieten zu können,

Kinderschutzbund
Ortsverband Köln e. V.
Spichernstr. 55
5672 Köln
✆ 520086

Kalker Laden
Kalker Hauptstr. 214
51103 Köln

geht der Kinderschutzbund mit seinem Kalker Stadtteiltreff vor Ort.
Bei dem Verdacht auf Kindesmißhandlung, aber natürlich auch bei allen anderen Problemen, können Sie sich an die Kontakt- und Beratungsstelle Kalker Laden wenden, oder direkt an den Kölner Ortsverband.

Kinderwohngruppe des Deutschen Kinderschutzbundes

Kinderwohngruppe des Deutschen Kinderschutzbundes
Ortsverband Köln e. V.
Leyendeckerstr. 11
50825 Köln
✆ 5461236

In Köln-Ehrenfeld besteht seit Februar 1992 die Kinderwohngruppe des Kinderschutzbundes. Hier finden Kinder, die in ihren Familien schweren Gefährdungen ausgesetzt sind, für bestimmte Zeit Schutz und Wohnraum, wobei die Aufnahme auch vorbeugend erfolgen kann. Dies kann dann der Fall sein, wenn sich eine Eskalation der Probleme abzeichnet. Das Haus wurde eigens auf die Bedürfnisse der Kinder ausgerichtet und ausgestattet und bietet Platz für 10 Kinder.
Jungen und Mädchen bis 14 Jahre werden aufgenommen bei akuter Kindesmißhandlung, -vernachlässigung und sexueller Gewalt, sowohl wenn diese Gefährdungen drohen, als auch wenn die Entwicklung des Kindes durch die Lebenssituation beeinträchtigt wird oder wenn die Kinder durch die Eltern nicht ausreichend geschützt werden.
Der Aufenthalt in der Wohngruppe ist nicht als langfristige Lösung gedacht. Die maximale Verweildauer eines Kindes soll in der Regel nicht länger als ein halbes Jahr betragen.
Begleitend zum Aufenthalt ihrer Kinder in der Wohngruppe wird den Eltern eine therapeutische Beratung angeboten, damit sie die Probleme während der Abwesenheit des Kindes lösen können.
Damit die Kinder ihre gewohnten sozialen Kontakte aufrechterhalten können, besteht ein Fahrdienst, der die Kinder in die Schule oder den Kindergarten bringt.

Mädchenhaus Köln e.V.

Mädchenhaus Köln e.V.
Ubierring 47
50678 Köln
✆ 329227

Nachdem der Verein zur Weiterbildung von Frauen (heute FrauenSicht e.V.) 1987 eine bundesweite Tagung zum Thema »Sexueller Mißbrauch von Mädchen und Frauen« durchgeführt hatte, schlossen sich in Köln Frauen zusammen, um ein Konzept für die parteiische Arbeit mit Mädchen

GEWALT GEGEN KINDER

und Frauen zu entwickeln. Dieser Zusammenschluß wurde Mädchenhausinitiative genannt.
Bis heute ist das dringendste Problem die Erhaltung der Beratungsstelle, die eng an die finanzielle Absicherung geknüpft ist, die wiederum hauptsächlich über Spenden gewährleistet wird. Das Beratungsangebot richtet sich an Mädchen und junge Frauen im Alter von 12 bis 21 Jahren, die sich in akuten Krisensituationen befinden. Bezugspersonen wie Angehörige, Freundinnen und Leute, die beruflich mit den Mädchen und jungen Frauen zu tun haben, können die Beratung ebenfalls in Anspruch nehmen.
Die sexuelle Gewalt hat sich als Schwerpunkt bei Beratungsfragen herauskristallisiert. Neben Informationen zu den Themen sexueller Mißbrauch, sexuelle Gewalt, Prävention und Intervention wird Mädchen und jungen Frauen Krisenberatung bei allen persönlichen Schwierigkeiten angeboten; es wird therapeutisch beraten, Hilfe und Unterstützung bei Gerichtsverfahren geleistet, bei sozialen Problemen und Schwierigkeiten mit Schule und Ausbildungsstätte beraten und geholfen.
Für soziale Fachkräfte werden Beratung, Supervision und Fortbildungen angeboten.
In den letzten Jahren wenden sich, so die Erfahrungen im »Mädchenhaus«, primär Mütter an die Kölner Beratungsstellen, wenn sie vermuten, daß ihr Ehemann oder Partner ihr Kind oder ihre Kinder mißbraucht. Mütter, die Beratung suchen, werden vom »Mädchenhaus e. V.« allerdings an andere Beraterinnen und Therapeutinnen verwiesen, damit gewährleistet bleibt, daß Mädchen und Jungen auf der einen Seite und Mütter auf der anderen, – parteiisch – in unterschiedlichen Institutionen betreut werden.

Zartbitter e. V.
»Zartbitter e. V«, die Kontakt- und Informationsstelle gegen sexuellen Mißbrauch an Mädchen und Jungen, ist im Jahr 1987 entstanden und hat sich mittlerweile zu einer professionellen Beratungsstelle entwickelt. Die Angebote richten sich an Kinder, Jugendliche, junge Erwachsene und deren Vertrauenspersonen. »Zartbitter« hat trotz großer Professionalität das Image einer Selbsthilfegruppe, was vielen Ratsuchenden die Kontaktauf-

Zartbitter e. V.
Stadtwaldgürtel 89
50935 Köln
✆ 405780

nahme erleichtert, die vor traditionellen Beratungsstellen zurückscheuen.

Sexueller Mißbrauch beginnt in der Regel nicht mit einer Vergewaltigung, sondern durch »leise Übergriffe«, indem Täter und Täterinnen versuchen, die Wahrnehmung der Opfer zu verwirren, sie in eine Geheimhaltungsallianz zu verstricken, um dann systematisch das Ausmaß der Übergriffe zu steigern. Durch gezielte Präventions- und Interventionsarbeit kann es in vielen Fällen gelingen, den sexuellen Mißbrauch in den Anfängen zu stoppen. Mädchen und Jungen können darin bestärkt werden, ihren eigenen Gefühlen und ihrer eigenen Wahrnehmung zu trauen, sich zu wehren und sich eventuell Dritten anzuvertrauen.

Eltern und Pädagogen können dazu angeleitet werden, die ihnen anvertrauten Mädchen und Jungen zu sexueller Selbstbestimmung zu erziehen, er und sie erhalten die notwendige Unterstützung und Information, um sexuellen Mißbrauch an Mädchen und Jungen zu erkennen und den Schutz der Opfer gewährleisten zu können. Diese Vermittlung des notwendigen Fachwissens an Eltern und Pädagogen geschieht im Rahmen von Elternabenden und Informationsveranstaltungen.

Darüber hinaus finden in der Interventionsarbeit bei »Zartbitter« Gespräche statt, in denen erste Verdachte von sexuellem Mißbrauch abgeklärt werden, eine Diagnostik erstellt wird und bei der Aufdeckung sexueller Gewalt beraten wird. Zudem führt »Zartbitter« entsprechend den Interessen des Kindes Gespräche mit dem Täter durch. Ziel dieser Intervention ist es, daß der Täter die Verantwortung für die Tat übernimmt, und somit dem Kind die Verarbeitung der Erlebnisse erleichtert wird.

Im Rahmen von Einzeltherapie bietet »Zartbitter« kindlichen Opfern sexueller Gewalt Hilfe bei der Aufarbeitung der traumatischen Erlebnisse an.

Ein weiterer Arbeitsschwerpunkt ist die Hilfe für Opfer aus kinderpornographischen Produktionen. In zunehmendem Maße wurden in den letzten Jahren Fälle der Kinderpornoproduktion bekannt. Nach Aussagen der Strafverfolgungsbehörden kommt dem Raum Köln dabei eine besondere Bedeutung als Hauptumschlagplatz für Kinderpornographie zu.

GEWALT GEGEN KINDER

Mäc-up

Mädchen und junge Frauen, die sich in extremen Lebenssituationen befinden, z. B. keinen festen Wohnsitz haben, Drogen nehmen, sich prostituieren, Opfer sexuellen Mißbrauchs sind, keine Arbeit oder keinen Ausbildungsplatz haben etc., können sich im »Mäc-up« treffen. Sie können sich waschen, ausruhen, sich aufwärmen, lesen oder einfach unterhalten.

Das »Mäc-up« wird vor allem von jungen Mädchen und Frauen besucht, die schlechte Erfahrungen mit sozialen Einrichtungen gemacht haben und deshalb Institutionen gegenüber besonders mißtrauisch sind. Wer ins »Mäc-up« kommt, dessen Träger der Sozialdienst Katholischer Frauen ist, tut es freiwillig und bleibt anonym. Durch die Straßensozialarbeit werden auch Mädchen erreicht, die nicht ins Café kommen.

Mäc-up
Breslauer Platz 2 a
Eingang Toreinfahrt Johannisstraße
50668 Köln
✆ 133557

Notruf von »Frauen gegen Gewalt«

Das Notrufbüro ist nur an 2 Tagen in der Woche besetzt, in der Zwischenzeit steht ein Anrufbeantworter zur Verfügung, der per Fernabruf täglich abgehört wird.

Die Frauen des Vereins »Frauen gegen Gewalt« helfen Frauen und Mädchen telefonisch anonym und persönlich sowohl in akuter Notlage als auch bei der Aufarbeitung einer länger zurückliegenden Gewalterfahrung. Nach Absprache begleiten die Mitarbeiterinnen auch zur Polizei, zum Gericht und zur ärztlichen Untersuchung. Außerdem können Adressen von Selbsthilfegruppen für vergewaltigte Frauen vermittelt werden.

Notruf für vergewaltigte Frauen
Frauen gegen Gewalt e.V.
Glasstr. 80
50823 Köln
✆ 562035
Mo 18–20 Uhr
Fr 17–19 Uhr

Donner und Doria

Die Präventions- und Clearingstelle »Donner und Doria« ist eine Anlaufstelle für Mädchen und junge Frauen. Hier erhalten Betroffene Hilfen und Unterstützung bei akuten Fragen und Problemen. Die Beratung ist anonym und kostenlos. Die Beraterinnen sind Ansprechpartnerinnen auch für Angehörige (jedoch nicht für Täter) und begleiten auch zum Gericht und zur Polizei.

Die Beratungsstelle bietet Informationen und Fortbildungen zum Thema sexuelle Gewalt, Fallbesprechung und Fallbegleitung an.

Donner und Doria
Präventions- und Clearingstelle bei sexueller Gewalt
Sozialdienst Katholischer Frauen
Kaiser-Wilhelm-Ring 22
60672 Köln
✆ 120421
Bürozeiten:
Mo–Do 8.30 –13 Uhr,
14 –17 Uhr, Fr. 8.30–13 Uhr
Telef. u. offene Beratung
✆ 132505
Mo 14–17 Uhr, Do 9–12 Uhr

GEWALT GEGEN KINDER

Weitere Beratungs- und Hilfsangebote in Köln

**Telefonseelsorge Köln
(Tag und Nacht)**
Ev. Telefonseelsorge
∅ 11101
Kath. Telefonseelsorge
∅ 11102

**Autonomes Frauenhaus
Köln**
Zufluchtsstätte für körperlich und seelisch mißhandelte Frauen
∅ 515502
Adresse ist geschützt

**Zweites Autonomes
Frauenhaus**
∅ 740.6464

Notruf für vergewaltigte Frauen
∅ 562035
Mo 18–20 Uhr
Fr. 17–19 Uhr

Kontakt- und Informationsstelle bei Kindesmißhandlung:
Familienberatung
Lisa Cerny
Waisenhausgasse 53
∅ 221-4379
Sprechstunden:
Mo, Di, Do, Fr.: 8–10 Uhr
Termine n. Vereinbarung

**Kinderschutz-Zentrum
Köln**
Spichernstr. 55
50672 Köln
∅ 520086 und 11103
Sprechzeiten: Mo–Fr.:
9–13 Uhr und 15–19 Uhr
Sa, So und an Feiertagen:
17–19 Uhr
Ein Krisenbereitschaftsdienst ist rund um die Uhr, auch an Wochenenden, erreichbar:
11103

**Frauen gegen Gewalt
e.V.**
Glasstr. 80
50823 Köln
∅ 562035

**Jugendberatungsstelle
der Stadt Köln**
Waisenhausgasse 53
50676 Köln
∅ 221-4923
Sprechzeiten: Mo–Fr
8.30–12.30 Uhr
Mo–Do 14–16 Uhr
Die Beratungen sind anonym und kostenlos

**Kinderschutz-Zentrum
im Kinderschutzbund**
Ortsverband Köln e. V.
Spichernstr. 55
∅ 11103 oder 5104000
Sprechzeiten:
Mo–Fr 9–13 Uhr
Hilfen für Kinder und Eltern

Literatur

Gegen sexuellen Mißbrauch an Mädchen und Jungen
Ein Ratgeber für Mütter und Väter
Arbeitsgemeinschaft Kinder- und Jugendschutz
Landsstelle NRW
Hohenzollernring 85–87
50672 Köln
∅ 951538-0

Donna Vita
Postfach 5, Post Husby
24973 Ruhnmark
Hier erhältlich: Ein ständig aktualisiertes Verzeichnis (12,– DM) von Anlaufstellen bei sexuellem Mißbrauch

Drogenberatung

Alkohol kann nicht nur für Erwachsene, sondern auch für Kinder und Jugendliche zum Problem werden. Daß Alkoholabhängigkeit schon bei Kindern existiert, dringt aber nur langsam ins Bewußtsein der Öffentlichkeit. Medien und Werbung vermitteln, daß Bier, Wein und Sekt gute Laune und Verständigung mit anderen Menschen bringen, die Gefahren, die Trinkfreudigkeit mit sich bringt, werden dabei ausgeblendet.

Jeder 4. junge Mensch im Alter von 12 Jahren trinkt ein- oder mehrmals wöchentlich Alkohol. Kein Wunder also, daß die Zahl der jugendlichen Alkoholiker ständig steigt und daß das **Gesundheitsamt der Stadt Köln** mit geschulten Fachkräften darauf reagiert.

Gesundheitsamt der Stadt Köln
Suchtprävention und Beratung
Neumarkt 15–21, Zimmer B41 u. B47
50667 Köln
✆ 221-2949/4197

Suchtprävention

Als Eltern können Sie viel tun, um einen Beitrag zur Suchtvorbeugung zu leisten. Das wichtigste ist ein Lebensumfeld, in dem Kinder eine stabile Persönlichkeit entfalten können. Dann sind sie eher in der Lage, aller Versuchung, die ja von allen Seiten an sie herangetragen wird, zu widerstehen, Drogen zu nehmen. Kinder von Eltern, die keinen Alkohol konsumieren, lehnen Alkohol häufiger ab. Je häufiger die Eltern Alkohol trinken, desto mehr verfügen auch Kinder über Alkoholerfahrungen. Und je früher Kinder Alkohol trinken, desto gefährdeter sind sie, abhängig zu werden.

Der Jugendschutz weist auf jugendgefährdende Einflüsse in der Gesellschaft hin. Eltern und Erzieher werden vom **Jugendamt** in ihrer Sorgepflicht unterstützt, u. a. wenn es um Drogen- und Suchtprävention geht.

Jugendamt der Stadt Köln
Jugendschutz
Ute Saher
✆ 221-5425

8 DROGENBERATUNG

Hier beugt man vor

Es gibt zudem eine Reihe von Institutionen, bei denen Informationen zur Suchtprävention erhältlich sind.

Elternkreis drogengefährdeter und -abhängiger Jugendlicher e.V.
Ortsgruppe Köln
Offener Gesprächskreis, Informationen über 02203/65118, 02204/65082

Sozialdienst Katholischer Männer e.V.
Beratungs- und Behandlungsstelle
Mauritiussteinweg 66–68
50676 Köln
Tel. 2074200

Drogenhilfe Köln e.V.
Fachstelle für Suchtprävention
Innungstr. 5
50354 Hürth
Tel. 02233/35031
Victoriastr. 12
50668 Köln
Ø 9127970
Sprechzeiten:
Mo und Fr 9–13 Uhr
Mi 13–20 Uhr
Di und Do nach Vereinbarung

Evangelische Kirchengemeinde Gartenstadt-Nord
Suchtprävention
Altonaer Str. 55
50737 Köln
Tel. 741643

Hier wird drogenabhängigen Kindern und ihren Familien geholfen

Sucht ist eine Krankheit, die in jeder Familie auftreten kann, und niemand ist hundertprozentig vor ihr sicher, unabhängig von Alter, Ausbildung, Beruf und gesellschaftlichem Ansehen. Es hat also nichts mit persönlichem Versagen zu tun, wenn man für sich und sein Kind Hilfe in Anspruch nimmt.

In Köln gibt es neben dem Gesundheitsamt zwei große Einrichtungen, an die man sich wenden kann, wenn man Beratung braucht, die »Drogenhilfe Köln e. V.« und den »Sozialdienst Katholischer Männer e. V.« und darüber hinaus existieren zahlreiche Einrichtungen der Kirchen und freien Wohlfahrtsverbände.

Wenden Sie sich an die Fachleute unter folgenden Anschriften, und erbitten Sie Unterstützung bei Ihren Problemen.

DROGENBERATUNG

Drogenhilfe Köln e. V.

Die Beratung bei der Drogenhilfe Köln erfolgt nach persönlicher oder telefonischer Absprache. In der »Drogenhilfe Köln« findet die Information von Betroffenen und Angehörigen in Gruppen und Einzelgesprächen statt. Hier werden Betroffene ambulant betreut, Therapien vorbereitet und vermittelt, es wird psychologische Diagnostik durchgeführt und es wird in rechtlichen Fragen beraten. Außerdem findet Nachsorge und Spritzentausch statt.

Drogenhilfe Köln e. V.
Victoriastr. 12
50668 Köln
⌀ 9127970

Blaues Kreuz
Beratungsstelle für Alkohol- und Medikamentenabhängige
Piusstr. 101
50823 Köln
⌀ 527979
Sprechzeiten:
Di 16–19 Uhr; Do 9–12 Uhr
u. n. Vereinbaung

Amt für Diakonie des evangelischen Stadtkirchenverbands Köln
Brandenburger Str. 23
50668 Köln
⌀ 16038-0
Sprechzeiten:
Di 8.30–12.30 Uhr
Do 15–18.30 Uhr
u. n. Vereinbarung

Telefon-Notruf für Suchtgefährdete
anonym »rund um die Uhr«
⌀ 315555

Sozialdienst Katholischer Männer e. V.
Beratungs- und Behandlungsstelle
Mauritiussteinweg 66–68
50676 Köln
⌀ 2074200
Spechzeiten:
Mo–Do 8.30–16.30 Uhr
Fr. 8.30–15.30 Uhr
u. n. Vereinbarung

Suchtnotruf Köln e. V.
⌀ 19700

Stadt Köln
Mobiler Medizinischer Dienst für Drogenabhängige
Neumarkt 15–21
50667 Köln
Tel. 221-4791, 221-4020
Sprechstunden in den Kontaktcafés und am Gesundheitsamt nach Vereinbarung

Literatur

Was tun gegen Sucht: 7 Vorschläge für Eltern und Erzieher
Hrsg.: Behindertenhilfe Aktion Sorgenkind e. V.
Vorsorge-Initiative
Lersnerstr. 40
60322 Frankfurt

Kinder und Alkohol, Tips für Mütter und Väter
Hrsg.: Arbeitsgemeinschaft Kinder- und Jugendschutz
Landesstelle NRW e. V.
Hohenzollernring 85–87
50672 Köln
⌀ 951538-0

9

Kids go Sports

Sport im Umbruch   200

Sportlichen Aktivitäten öffnen sich viele Bahnen   201
Vereine – Der Stadtsportbund   201, Das Deutsche Sportabzeichen   203, Volkshochschulen   204, Offene Sportangebote   205, Sport in der Schule   207, Sportangebote freier und kirchlicher Träger   207, Private Anbieter   208

Das Angebot für Kinder und Jugendliche von A–Z   209
American Football   210, Badminton/Squash   211, Ballett   212, Baseball   213, Basketball   214, Behindertensport   214, Bobfahren   215, Boule   215, Boxen   216, Eishockey/Eislaufen   217, Eltern-Kind-Turnen   217, Fußball   217, Gokart   219, Handball   220, Jazz-Dance   221, Kanu   222, Karate   222, Leichtathletik   222, Mountainbiking   224, Radsport   224, Reiten   225, Rollschuhfahren   226, Rudern   227, Schach   227, Schwimmen   228, Segeln und Surfen   234, Selbstverteidigung   235, Skateboardfahren   239, Skifahren   240, Tanzen   240, Tauchen   240, Tennis   241, Tischtennis   243, Turnen   243, Trampolinspringen   244, Wasserski   244, *Anschriften für weitere Sportarten*   245

Sport im Umbruch

Spaß und Fitneß statt Jagd nach Rekorden

Die Motive, Sport zu treiben, sind in den letzten Dekaden unseres Jahrhunderts vielfältiger geworden. Spaß, Fitneß, Gesundheit, Kommunikation und Erlebnisqualität lauten die Stichworte, die die traditionellen leistungs- und wettbewerbsbezogenen Zielrichtungen beim Sporttreiben mehr und mehr ablösen. Der Boom der Fitneßstudios ist ein Ausdruck dieser gewandelten Sportbedürfnisse, die sich nicht nur in der Herausbildung neuer Sportarten (Joggen, Aerobic, Surfen, Skateboardfahren usw.) niederschlagen, sondern auch zu neuen Angebotsstrukturen führen. Insgesamt spielen individualisierte und informelle Formen der Sportausübung, wie z. B. Lauftreffs, Sportspiele in Parks und Grünanlagen, und Sport in kommerziellen Einrichtungen wie Fitneßstudios, Karateschulen oder Tanzschulen eine bedeutende Rolle.

Das Vereinsleben ist längst nicht mehr *die* Möglichkeit, Sport zu treiben, sondern eine Möglichkeit unter anderen.

7 von 10 Kölnern treiben regelmäßig oder zumindest gelegentlich Sport, wobei die beliebtesten ausgeübten Sportarten bei den 14- bis 30jährigen Radfahren und Schwimmen sind, dicht gefolgt von Gymnastik, Joggen, Badminton und Squash. Immerhin rund 18 Prozent dieser Altersgruppe betreiben Fitneßtraining in entsprechenden Studios. Reiten, Segeln, Windsurfen und Golf sind weitgehend exklusive Sportarten geblieben und werden nur von 2 bis 4 Prozent der gesamten Bevölkerung ausgeübt.

Die 14- bis 30jährigen Kölner und Kölnerinnen stellen fast durchweg die größte Gruppe bei den Sporttreibenden. Bei den Sportarten Badminton/Squash, den Bewegungs- und Ballspielen, bei Fußball, Basketball und Joggen liegt ihr Anteil jeweils um mehr als 15 Prozentpunkte über dem Bevölkerungsdurchschnitt.

SPORTLICHE AKTIVITÄTEN

Sportlichen Aktivitäten öffnen sich viele Bahnen

Was bietet Köln in Sachen Kinder- und Jugendsport? Wer informiert über Sport? Wer berät in Sportfragen? Welche Sportarten kann mein Kind wo und wann ausüben? Wo ist Leistungs-, wo Breitensport zu betreiben? Was kostet eine American-Football-Ausrüstung? Diese und andere Fragen will das Kapitel »Sport in Köln« beantworten bzw. Tips geben, wo entsprechende Informationen zu bekommen sind.

Kinder und Jugendliche drängen in Sportvereine

Vereine – Der Stadtsportbund

Der Stadtsportbund Köln e. V. ist der Dachverband des Kölner Sports. Er vertritt mehr als 830 Sportvereine mit über 190 000 Mitgliedern, von denen 70 000 Kinder und Jugendliche sind, die das Angebot von 70 Sportarten nutzen. Die Stadt Köln allein unterhält 288 Turn- und Gymnastikhallen sowie weitere 36 Sporthallen.

Kinder und Jugendliche drängen in Sportvereine

Erklärtes Ziel des Stadtsportbundes ist es, »allen Kölnern und Kölnerinnen in der Nähe ihres Wohnorts ein Sportangebot im Verein zu bieten, das ihren finanziellen und zeitlichen Möglichkeiten, ihrem gesundheitlichen Befinden und ihrem Könnenstand entspricht«. Daß dieses Ziel nicht überall erreicht ist, belegen die Zahlen der in den einzelnen Stadtbezirken angesiedelten Vereine, die ein krasses Mißverhältnis beschreiben. So stehen die 99 Sportvereine in Mülheim bei 143 002 Einwohnern im Jahr 1993 ganzen 39 Vereinen für 96 585 Einwohner in Ehrenfeld gegenüber.

Flankierend hilft hier die kommunale Sportförderung, die mit ihrem Sportkursprogramm – z. B. den städtischen Schwimmkursen – die Arbeit der Vereine und Verbände, der Volkshochschulen und Bildungswerke unterstützt.

Trotz des beschriebenen gewandelten Sportverständnisses und der veränderten Sportbedürfnisse ist die Sportausübung in Sportvereinen nach wie vor von großer Bedeutung, vor allem für die Kinder und Jugendlichen. Die Mitgliederentwicklung zwischen 1988 und 1993 verzeichnet bei den noch nicht schulpflichtigen Kindern einen Zuwachs um 64 Prozent und bei den 7- bis 13jährigen um 18 Prozent. Bei den 15- bis 21jährigen dagegen wurden im genannten Zeitraum Mitgliederverluste verzeichnet. Im Vergleich zur Gesamtbevölkerung ist diese Altersgruppe aber immer noch überrepräsentiert. Die Adressen von Vereinen und den städtischen Kursen sind zu erfragen beim Sport- und Bäderamt der Stadt Köln und den Stadtbezirkssportverbänden sowie bei der Sportjugend Köln. Hier erhalten Sie auch Auskunft zu allen Fragen, die die einzelnen Disziplinen betreffen.

Innenstadt

Sportjugend Köln e. V.
Deutz-Kalker-Str. 52
50679 Köln
Ø 817778

Sport- und Bäderamt der Stadt Köln
Bezirk 1
Brückenstr. 19
50667 Köln
Ø 221-5328

Stadtbezirkssportverband (SBSV) 1
Franz Georg Reintinger
Winckelmannstr. 34
50825 Köln
Ø 5503446

Rodenkirchen

Sport- und Bäderamt der Stadt Köln
Bezirk 2
Hauptstr. 85
50996 Köln
Ø 3591-318

SBSV 2
Ferdinand Scheuß
Schneewittchenweg 11
50997 Köln
Ø 02203/224443

Lindenthal

Sport- und Bäderamt der Stadt Köln
Bezirk 3
Stolberger Str. 2
50933 Köln
Ø 5484-318

SBSV 3
Hermann Josef Brüne
Berrenrather Str. 173
50937 Köln
Ø 449333

Ehrenfeld

Sport- und Bäderamt der Stadt Köln
Bezirk 4
Venloer Str. 419
50823 Köln
Ø 5488-318

SBSV 4
Postfach 300750
50777 Köln
Ø 527823

SPORTLICHE AKTIVITÄTEN

Nippes

Sport- und Bäderamt der Stadt Köln
Bezirk 5
Neusser Str. 284-286
50733 Köln
∅ 7761-318

SBSV 5
Josef Kurpires
Werkstattstr. 20
50733 Köln
∅ 7392509

Chorweiler

Sport- und Bäderamt der Stadt Köln
Bezirk 6
Pariser Platz 1
50765 Köln
∅ 221-1319

SBSV 6
Hugo Erberich
Sauerbruchstr. 21
50767 Köln
∅ 5904285

Porz

Sport- und Bäderamt der Stadt Köln
Bezirk 7
Friedrich-Ebert-Ufer 64
51143 Köln
∅ 41-329

SBSV 7
Siegfried Schroer
Goethestr. 7
51149 Köln
∅ 02203/55944

Kalk

Sport- und Bäderamt der Stadt Köln
Bezirk 8
Kalker Hauptstr. 247–273
51103 Köln
∅ 8279-328

SBSV 8
Alfred Barth
Attendorner Str. 39
51109 Köln
∅ 895154

Mülheim

Sport- und Bäderamt der Stadt Köln
Bezirk 9
Wiener Platz 4
51065 Köln
∅ 6702-318

SBSV 9
Manfred Steßgen
Bergisch-Gladbacher Str. 447
51067 Köln
∅ 632919

Das Deutsche Sportabzeichen

Das Deutsche Sportabzeichen fordert gute Leistungen in 5facher Hinsicht. Es werden Prüfungen in Disziplinen abgelegt, die die Herz- und Lungenkraft, die Spannkraft, Körperbeherrschung, Schnelligkeit und Ausdauer testen.

Sportabzeichenstelle des Stadtsportbundes Köln
Deutz-Kalker-Str. 52
50679 Köln
∅ 813688

Die Sportarten, in denen die Leistungen nachgewiesen werden müssen, sind Wahldisziplinen, nur Schwimmen ist für alle verbindlich. Hinzu kommen Leichtathletik, Radfahren oder Turnen, Kanufahren und Rudern.
Zur Vorbereitung auf das Deutsche Sportabzeichen können die Angebote der Vereine oder des Bildungswerks genutzt werden. Über Trainings- und Abnahmemöglichkeiten des Sportabzeichens im Radfahren und in der Leichtathletik informiert die Sportabzeichenstelle des Stadtsportbundes Köln.
Die Abnahme des Sportabzeichens im Schwimmen ist in allen städtischen Bädern nach Absprache mit den Schwimmmeistern möglich. Außerdem wird jeden Donnerstag ab 19.30 Uhr bis 21.15 Uhr im Hallenbad Chorweiler für das Sportabzeichen trainiert.
Wenn alle erforderlichen Bedingungen erfüllt sind und die Leistungen auf einer Prüfkarte eingetragen und bestätigt wurden, wird eine Urkunde verliehen. Für die Urkunden ist auch die Sportabzeichenstelle des Stadtsportbundes zuständig.

Volkshochschulen

Angebot nicht ganzjährig

Neben den im Stadtsportbund organisierten Vereinen bieten die Volkshochschulen Sportkurse an, die im Programmbereich Gesundheitsvorsorge zusammengefaßt sind. Das Volkshochschuljahr besteht aus 2 Semestern, die jeweils ca. 15 Wochen dauern. In der Regel finden die Veranstaltungen nur innerhalb dieser Abschnitte statt, so daß in der VHS kein ganzjähriges Sportangebot genutzt werden kann. Die Kurse bestehen durchschnittlich aus wöchentlich 2 oder 4 Unterrichtsstunden zu je 45 Minuten. Da das Zustandekommen der Kurse von der Anzahl der Interessenten abhängig ist, verändert sich das Programm von Halbjahr zu Halbjahr und ist am besten bei der Zentrale oder der Zweigstelle in Ihrem Stadtbezirk zu erfragen.

SPORTLICHE AKTIVITÄTEN

Volkshochschule, Zentrale
Studienhaus am Neumarkt
Josef-Haubrich-Hof 2
50676 Köln
⌀ 2213601

VHS-Zweigstelle Rodenkirchen
Sommershof
Hauptstr. 71
50996 Köln
⌀ 3591397

VHS-Zweigstelle Ehrenfeld
Rothehausstr. 1a
50823 Köln
⌀ 5488416

VHS-Zweigstelle Nippes
Simon-Meister-Str. 46–50
50733 Köln
⌀ 7391702

VHS-Zweigstelle Chorweiler
Pariser Platz 1
50765 Köln
⌀ 2211386

VHS-Zweigstelle Porz
Friedrich-Ebert-Ufer 64–70
51143 Köln
⌀ 02203/41373

VHS-Zweigstelle Kalk
Kalker Hauptstr. 247–273
51103 Köln
⌀ 8279830 und 8279829

VHS-Zweigstelle Mülheim
Genovevastr. 72
51063 Köln
⌀ 6719321

Offene Sportangebote

Offene Sportangebote heißen Veranstaltungen, zu denen keine Anmeldung erforderlich ist, die spontan und regel- oder unregelmäßig besucht werden können. Außer den kommerziellen Anbietern offerieren in Köln nur wenige Veranstalter offene Sportangebote für Kinder und Jugendliche. In erster Linie sind hier die Bürger- und Jugendzentren der Bezirke zu nennen. Außerdem die städtischen Hallen- und Freibäder, in denen offene Schwimm- und Trimmangebote bestehen (Adressen siehe S. 229, 230), und einige Angebote des Bildungswerks des Landessportbundes (siehe S. 298). Auch hier gilt: Konkrete Programme und Kursangebote bei den Einrichtungen selbst erfragen!

Spontane Aktivitäten – gewußt wo!

SPORTLICHE AKTIVITÄTEN

Innenstadt

Bürgerhaus Stollwerck
Dreikönigenstr. 23
50678 Köln
∅ 318053

Quäker – Nachbarschaftsheim
Kreuzerstr. 5–9
50672 Köln
∅ 951540-0

Haus »Jugendeinrichtung«
Elsaßstr. 43
50677 Köln
∅ 326531

Haus »Jugendeinrichtung«
Gießenerstr. 30
50679 Köln
∅ 810891

Bildungswerk des Landessportbundes e. V.
Schaevenstr. 1 b
50676 Köln
∅ 2401234

Rodenkirchen

Jugendeinrichtung Weiß
Georgstr. 2
50999 Köln
∅ 02236/66450

Jugendzentrum Zollstock
Höninger Weg 381
50969 Köln
∅ 363316

Jugendeinrichtung Meschenich
Brühler Landstr. 428
50997 Köln
∅ 02236/68506

Jugendeinrichtung Raderberg
50968 Köln
∅ 380127

Lindenthal

Jugendzentrum
Rhöndorfer Str. 6
50939 Köln
∅ 443740

Jugendzentrum Treibhaus der Ev. Kirchengemeinde Lindenthal
Herbert-Lewin-Str. 6
50931 Köln
∅ 407208

»Offene Tür«
Vitalisstr. 293
50933 Köln
∅ 494321

Ehrenfeld

Haus »Offene Tür« St. Bartholomäus
Helmholtzplatz 11
50825 Köln
∅ 545659

Bürgerzentrum Ehrenfeld e. V.
Venloer Str. 429
50825 Köln
∅ 542111

Nippes

Haus »Offene Tür«
Werkstattstr. 7
50733 Köln
∅ 733699

Haus Jugendeinrichtung
Boltensternstr. 126
50735 Köln
∅ 7761266

Geschwister-Scholl-Haus
Wirtsgasse 14
50739 Köln
∅ 5992213

Chorweiler

Haus »Jugendeinrichtung Bauspielplatz«
Netzeweg 4
50765 Köln

»Jugendzentrum Krebelshof«
Altestr. 1
50769 Köln
∅ 783964

Haus »Offene Tür Magnet«
Lebensbaumweg 41
50767 Köln
∅ 799991

Mülheim

August-Bebel-Haus
Krahnenstr. 1
51063 Köln
∅ 613812

Jugendzentrum Höhenhaus
Johannesweg 5 c
51061 Köln
∅ 634783

Jugendzentrum
Paulinenhofstr. 32
51061 Köln
∅ 666837

Kölner Jugendpark
Sachsenbergstr.
51063 Köln
∅ 811198

SPORTLICHE AKTIVITÄTEN

Porz	Kalk	
Jugendzentrum Glashüttenstr. 20 51143 Köln ⌀ 02203/41426 und 41427	**Kinder- und Jugendhaus Neubrück** Stresemannstr. 30 51109 Köln ⌀ 8901341 oder 891736	**Bürgerzentrum Vingst** Heßhofstr. 43 51107 Köln ⌀ 877021 **Haus »Offene Tür«** Ruppiner Str. 1a 51107 Köln ⌀ 891928
Haus Jugendeinrichtung Friedensstr. 29 51147 Köln ⌀ 02203/21008	**Jugendzentrum** Odenwaldstr. 98–100 51105 Köln ⌀ 832418	**Bürgerhaus Kalk** Kalk-Mülheimer-Str. 58 51103 Köln ⌀ 852051/52

Sport in der Schule

4000 Schülerinnen und Schüler üben und trainieren regelmäßig in 270 freiwilligen Schülersportgemeinschaften eine Sportart ihrer Wahl. Über das Angebot informieren die Sportlehrer und die Elternpflegschaft der jeweiligen Schule. In jedem Schuljahr nehmen Kölner Schülerinnen und Schüler der weiterführenden Schulen an den Mannschaftswettbewerben im Rahmen des Landessportfestes der Schulen teil, die für 17 Sportarten ausgeschrieben werden; besonders erfolgreiche Mannschaften vertreten als Landessieger Nordrhein-Westfalen beim Bundesfinale »Jugend trainiert für Olympia« in Berlin.
Und die Grundschulen organisieren ihre Stadtmeisterschaften.

Sportangebote freier und kirchlicher Träger

Die Weiterbildungseinrichtungen in freier und kirchlicher Trägerschaft bieten meist unter der Rubrik »Gesundheit, Fit + fun« oder »Entspannung und Bewegung« Sportkurse für alle Altersgruppen an, vielfach kann auch ein spezielles Eltern-Kind-Kursprogramm genutzt werden, so beispielsweise bei der Evangelischen und den Katho-

Änne-Schulte-Familienbildungswerk der Arbeiterwohlfahrt
Rubensstr. 7–13
50676 Köln
∅ 20407-21

Bildungswerk der Arbeiterwohlfahrt Köln
Rubensstr. 7–13
50676 Köln
∅ 2040728

Öko-Bildungswerk
Herwarthstr. 22
50672 Köln
∅ 527387

DRK-Familienbildungswerk Köln
Elsa-Brandström-Str. 2–5
50668 Köln
∅ 5487-321

Elternbildungswerk Köln-Neubrück e. V.
An St. Adelheid 5 e
51109 Köln
∅ 895633

Evangelische Familienbildungsstätte
Kartäuserwall 24 b
50678 Köln
∅ 314838

Kum & Luk Bildungswerk
Hansaring 66
50670 Köln
∅ 1390551

Kath. Familienbildungsstätte Vogelsang
Rotkehlchenweg 49
50829 Köln
∅ 582302

Kath. Familienbildungsstätte »An der Kalker Kapelle«
Kapellenstr. 7
51103 Köln
∅ 8701908

Kath. Familienbildungsstätte An St. Urban
An St. Urban 2
51063 Köln
∅ 813284

Kath. Familienbildungsstätte Weißenburgstraße
Weißenburgstr. 14
50670 Köln
∅ 734794

Kath. Familienbildungsstätte »An St. Katharinen«
Arnold-von Siegen-Str. 7
50678 Köln
∅ 931840-0

Progressiver Eltern- und Erzieherverband NW e. V.
Stadtverband Köln
Zugweg 22
50677 Köln
∅ 321665 oder 323474

lischen Bildungsstätten. Die Kursgebühren liegen je nach Angebot zwischen 10,– und 100,– DM. Grundsätzlich ist das Angebot der freien und kirchlichen Träger auf die Gesundheitsvorsorge ausgerichtet und enthält – abgesehen von Tanzkursen und Fun-Gymnastik mit Musik – vor allem Kurse in Yoga, Wasser- und Wirbelsäulengymnastik. Die konkreten Halbjahreskursprogramme sind bei den Einrichtungen selbst erhältlich.

Private Anbieter

Private Anbieter: Vielfältigeres Programm, aber oft teurer

Wie bereits eingangs erwähnt, ist die Bedeutung der privaten Anbieter von Sportkursen enorm gestiegen. Die Atomisierung und Individualisierung der Gesellschaft, wie es die Soziologen nennen, hat dazu geführt, daß eine

Vielfalt von neuen Disziplinen entstanden ist. Vereine können mit ihren Programmen naturgemäß nicht so schnell auf die veränderten Marktbedingungen reagieren wie private Anbieter, so daß sie gerade in den neuen Sportarten (Skateboardfahren, Free-Climbing, Surfen) leicht ins Hintertreffen geraten.

Eine Übersicht über die privaten Anbieter von Sportkursen finden Sie in den »Gelben Seiten« der Deutschen Bundespost Telekom unter den Stichworten »Sportschulen«, »Sportstätten«, »Ballettschulen«, »Tanzschulen«, »Tauchsportschulen«, »Tennisschulen« und »Schulen privat«.

Anders als beim Vereinssport, der in der Regel recht preiswert zu haben ist, muß bei privaten Anbietern das Preis-Leistungs-Verhältnis genau geprüft werden. Informieren Sie sich darüber, welche Ausbildung die Kursleiter haben, ob – bei Gerätesport – geprüfte Geräte im Gebrauch sind und wie die Gruppenstärke ist. Ganz besondere Vorsicht ist bei den Verträgen angesagt! Unterschreiben Sie nicht leichtgläubig irgendwelche Verträge, ohne sich über den Inhalt im klaren zu sein, denn ansonsten könnte es ein böses Erwachen geben. Bisweilen werden nämlich Jahresbeiträge erhoben, die z. B. im Krankheitsfall nicht zurückerstattet werden.

Das Angebot für Kinder und Jugendliche von A–Z

Im Rahmen des *Elternhandbuchs* ist es natürlich nicht möglich, sämtliche Sportarten vorzustellen, die die über 800 Kölner Vereine und die ungezählten privaten Schulen anbieten. Vielmehr greifen wir im folgenden einzelne Sportarten heraus und zeigen Möglichkeiten auf, wo, wie und zu welchem Preis sie zu betreiben sind. Sollten Sie mit Ihrer Familie oder sollte Ihr Kind Interesse an einer Sportart haben, die wir nicht berücksichtigen konnten, so informieren Sie den Stadtsportbund und die Stadtbezirkssportverbände in Köln (siehe S. 202, 203) sowie die Sportverbände der einzelnen Disziplinen.

Ein komplettes Adressenverzeichnis der Kölner Vereine,

»Kölner Sportvereine«
K. I. Medien Gesellschaft
Aachener Str. 60–62
50674 Köln
✆ 523081

»Sport in Köln«
Hrsg. v. Sport- und Bäderamt
u. Kölnsport Verlags- und
Werbeagentur GmbH,
Postfach 102255, 50462 Köln

nach Stadtbezirken und Sportarten sortiert, bietet die Sonderausgabe *Kölner Sportvereine*, die in der K. I. Medien Gesellschaft erscheint. Sie führt allerdings nur die Anschriften und Telefonnummern auf und enthält keine weiteren Informationen über das konkrete Sportangebot.

Einen ersten Überblick gibt auch die Informationsbroschüre *Sport in Köln*, herausgegeben vom Sport- und Bäderamt, die allerdings nicht besonders aktuell ist und deshalb z. T. veraltete Adressen enthält.

American Football

Cologne Crocodiles

Cologne Crocodiles
Girlitzweg 30
50829 Köln
✆ 4973662

Die Cologne Crocodiles sind der einzige Verein in NRW, der im American Football Jugendarbeit leistet. Kinder, besser gesagt: Jungen ab 10 Jahren, können den harten Sport hier betreiben, wenn sie ein ärztliches Attest beibringen, das sie für tauglich erklärt, American Football zu spielen. Die Dresdner Bank hält die Jugendarbeit des Vereins sogar für vorbildlich und zeichnete ihn 1994 mit dem »Grünen Band für Talentförderung« aus. Die Mitgliedschaft kostet bei den »Krokodilen« für Jugendliche bis 18 Jahre 15,– DM im Monat. Richtig teuer wird der Spaß also erst bei der Anschaffung der Ausrüstung. Von den Schuhen über den Knie-, Hüft- und Steißschutz sowie die Spielhose und die Schulterpads bis zum Helm mit Gitter kostet eine Footballer-Montur um die 600,– DM. Für die Rookies (Kinder zwischen 10 und 14 Jahren) hält der Verein 6 gebrauchte Ausrüstungen zum Verleihen parat. »Kindern sollte nicht gleich eine komplette Ausrüstung gekauft werden«, findet die Zeugwartin. »Erst wenn sie ein halbes Jahr dabeibleiben, kann man davon ausgehen, daß sie dauerhaft Spaß an dem Sport haben, und dann kann auch eine eigene Ausrüstung her.«

Insgesamt zählt der Verein 350 Mitglieder unter 25 Jahren, davon spielen 38 bei den Rookies und ca. 70 in den Jugendmannschaften (15 bis 18 Jahre).

Mädchen dürfen American Football bei den »Crocodiles« erst spielen, wenn sie mindestens 16 Jahre alt sind. Vorher (ab 7 Jahre) können sie den Jungs vom Spielfeldrand aus

Die »Cologne Crocodiles« spielen seit 1980 in der Bundesliga und waren bereits 5mal (1982, 1990, 1991, 1993, 1994) Deutscher Vizemeister.

DAS ANGEBOT FÜR KINDER UND JUGENDLICHE VON A–Z

in den Cheerleader-Mannschaften zujubeln. Aber auch hierfür muß zweimal wöchentlich ein hartes Training absolviert werden. Es gibt 3 Cheerleader-Mannschaften. 25 Mädels ab 16 Jahre trainieren bei den Goldflash, 12 im Alter zwischen 12 und 16 in der 2. Mannschaft und 10 Mädchen zwischen 7 und 12 bei den Peewees.

Badminton / Squash

Im alten Ägypten als Spiel mit der Hand »erfunden«, in England als »Fives« und in Frankreich als »Tenez« gespielt, ist das klassische Tennisspiel der Wegbereiter für Squash und Badminton gewesen. Mitte des 19. Jahrhunderts schlugen sich englische Internatsschüler nämlich vor dem eigentlichen Tennisturnier mit einem Softball ein und kreierten so die Sportart Squash. Die Geburtsstunde fürs Badminton schlug um 1870, als der Herzog von Beaufort in der Ortschaft Badminton die Federball spielenden Offiziere bei Regen in den Saal bat. Der Badminton Stadtverband gibt Auskunft darüber, wo und zu welchen Preisen Sie Badminton und Squash spielen können.

Das Bildungswerk des Stadtsportbundes Köln bietet Badminton-Wochenenden für Familien mit Kindern ab 10 Jahre an. Vermittelt werden die Grundregeln und die Spieltechnik. Die Kursgebühr beträgt rund 70,– DM.

Das Angebot an Tennis-, Squash- und Badmintonhallen in Köln ist – der Nachfrage entsprechend – groß. Ca. 40 Hallen geben über das ganze Stadtgebiet verteilt Gelegenheit zum Spiel, wobei die Preise für die Badminton- und Squash-Courts bei 14,– bis 40,– DM pro Stunde liegen.

Badminton Stadtverband Köln 1957
Markus Zorn
✆ *623703*

Bildungswerk des Stadtsportbundes Köln
Schaevenstr. 1 b
50676 Köln
✆ *2401234*

Badmintoncenter Kautz
Rhöndorfer Str. 13
50939 Köln
℘ 441169

City-Sport
Rhöndorfer Str. 10
50939 Köln
℘ 411092

Go West Badminton
Ottostr. 14
50859 Köln
℘ 02234/74041-2

Matchpoint
Im Gewerbegebiet Pesch 12 a
50767 Köln
℘ 5907493

Squash- und Badminton Arena
Bergisch-Gladbacher-Str. 1117
51069 Köln
℘ 685900

Squash Park
Neusser Str. 718 a
50737 Köln
℘ 7408866

Sportoase Berzdorf
Im kleinen Mölchen 36–40
50389 Wesseling
℘ 02232/43018

Ballett

Ballettakademie / Institut für Bühnentanz
Stadion Müngersdorf
50933 Köln
℘ 4983-298

Als Ausbildungsstätte für junge, tanzinteressierte Schülerinnen und Schüler bereitet die Ballettakademie Köln Kinder ab 10 Jahren auf eine tänzerische Theaterlaufbahn vor. Das Kinderballett legt den Schwerpunkt auf rhythmisches Spiel, Improvisation und Kreativität.
Ballettunterricht, angefangen von Stunden für die Kleinsten bis zu Kursen für Jugendliche, erteilen insbesondere die Ballett- und Jazzdance-Studios wie beispielsweise die Doris-Gallert-Krahforst-Schule, das Tanzatelier Gabriele Hilla, das Lindig Ballett von der Folkwang-Absolventin Olivia Lindig, Rita Hoppmann, die Tanz-Bühne Köln und das Tanzstudio M. In den Schulen wird neben der klassischen Ballettfrüherziehung Ballettunterricht auf unterschiedlichen Niveaus gelehrt, teilweise erfolgt eine Ausbildung zum professionellen Tänzer.

DAS ANGEBOT FÜR KINDER UND JUGENDLICHE VON A–Z

Ballettstudios

Doris-Gallert-Krahforst-Schule
Grabenstr. 23
53919 Weilerswist
⌀ 02254/6779

Tanzatelier Gabriele Hilla
Feldblumenweg 26
50858 Köln
⌀ 482811

Lindig-Ballett
Palmstr. 20
50672 Köln
⌀ 253746

Rita Hoppmann
Schule für Ballett, Tanz und Gymnastik
Brücker Mauspfad 568
51109 Köln
⌀ 841122 u. 861232

Tanz-Bühne Köln
Moltkestr. 79
50674 Köln
⌀ 516711

Tanzstudio M
Mainzer Str. 24
50678 Köln
⌀ 315731

Baseball

In Köln gibt es 6 Baseballvereine. Führend in der Jugendarbeit sind die »Cologne Cardinals«, die 3 Jungen- und 1 Mädchenteam haben. Die Mädchen spielen eine Variante des Baseballs, die Softball heißt. Der Ball ist größer und wird weicher geschlagen, aber weil das Spielfeld kleiner ist, ist das Spiel insgesamt schneller. Die Jungen spielen die sogenannte T-Ball-Variante, wobei der Ball aus ruhender Position von einem Ständer abgeschlagen wird. Die Mitgliedschaft kostet in den Kölner Vereinen durchschnittlich 60,– bis 100,– DM und ist für Kinder ab 10 Jahre möglich.

Die »Cologne Cardinals« spielen seit 1983 in der Bundesliga und sind seit 1990 Deutscher Meister.

Cologne Cardinals
Dino Ilis
Genterstr. 17
50672 Köln
⌀ 529149

Black Panthers
Gisela Bodden
Schaffhausenstr. 6
50769 Köln
⌀ 7008881

Cologne Bullets
Sascha Wand
Bourtscheidtstr. 23
50354 Hürth
⌀ 02233/67885

Cologne Dodgers
Thomas Krauß
Brauweilerstr. 19
50859 Köln
⌀ 02234/49122

Hürth Rangers
René Meller
Am Hang 3
50354 Köln
⌀ 02233/44986

Ranging Abbots Brauweiler
Klaus Ten Eicken
Eichendorffstr. 21
50823 Köln
⌀ 5503738

Basketball

Westdeutscher Basketball Verband
Kreis Köln
Tournisauel 9
53797 Lohmar (Agger)
℡ 02206/3884

Basketball boomt. Nicht zuletzt die Streetball-Mode, aus Amerika importiert, beschert den Vereinen regen Zulauf, vor allem von seiten der Jugendlichen. Einige Vereine in Köln können den Run kaum mehr bewältigen und haben bereits Aufnahmestopps verhängt. Nach wie vor besonders aktiv in der Kinder- und Jugendarbeit sind der DJK Köln-Nord, der BSC Köln-Süd, der TUS Rondorf und MTV Köln.

Die Mitgliedschaft in den Vereinen ist ab 7 Jahren möglich und kostet 8.– bis 12.– DM. Für die ganz Jungen werden Minimeisterschaften ausgetragen.

Kölner Vereine

DJK Köln-Nord
Karl-Heinz Pünder
Hanenstr. 58
50737 Köln
℡ 5992156

TuS Rondorf
Markus Kunzelmann
Zuckerberg 30
50997 Köln
℡ 02233/280383

BSC Köln-Süd
Erhard Schmielewski
Schulze-Delitzschstr. 76
50968 Köln
℡ 385843

MTV Köln
Frank Grohs
Kurt-Edelhagen-Str. 30
51107 Köln
℡ 862929

Behindertensport

Die Sporthochschule Köln und der Deutsche Verband für Gesundheitssport haben vorbildliche Arbeit in Sachen Rehabilitation und Prävention geleistet. Köln bietet behinderten Kindern vielfältige Sportmöglichkeiten, vom Turnen über Reiten und Boule bis zum Segeln. Über die gesamte Palette des Angebots informiert das Sport- und Bäderamt der Stadt Köln, der Verein für Gesundheitssport- und Sporttherapie Köln e. V., der Stadtsportbund und das Institut für Prävention und Nachsorge.

DAS ANGEBOT FÜR KINDER UND JUGENDLICHE VON A–Z

Stadt Köln – Sport- und Bäderamt
Aachener Straße, Stadion
50933 Köln
✆ 498-3220

Verein für Gesundheitssport- und Sporttherapie Köln e. V.
Wiener Weg 1 a
50858 Köln
✆ 4844512

Stadtsportbund Köln e.. V.
Schaevenstr. 1 b
50676 Köln
✆ 2401214

Institut für Prävention und Nachsorge
Bahnstr. 40
50858 Köln
✆ 02234/480064

Segeln für Behinderte
c/o H. J. Adam
Grüner Weg 12
50859 Köln
✆ 02234/75565

Bobfahren

Die Mitgliedschaft in den 2 Kölner Skibobclubs steht Kindern ab 6 Jahren für einen Monatsbeitrag von 3,– DM offen. Montags finden im Winter kostenlose Skibob-Schnupperkurse statt, die auf Mitgliederzuwachs zielen. Aber: »Die Betätigung von Kindern und Jugendlichen sowie deren Eltern im Skibobsport ist nicht so, wie wir uns das wünschen«, berichtet Dieter Wallmichrath vom Skibobverband. »Wir könnten durchaus mehr Zulauf gebrauchen.«

Boule

Boule ist nicht dazu angetan, den Bewegungshunger von Kindern zu stillen, vielmehr erfordert es Konzentration und Augenmaß von den Spielern. Trotzdem kann es groß und klein Spaß machen, gemeinsam in einem der vielen Kölner Parks die Bocciakugeln zu werfen.
Das Bildungswerk des Stadtsportbundes bietet Eltern mit Kindern ab 10 Jahre Kurse an, die in die Regeln und unterschiedlichen Spielformen, Wurftechniken und das Umsetzen in Wurfrunden einführen. Die Kursgebühr liegt für Eltern mit Kindern bei 45,– DM.

Westdeutscher Skibob-Verband e. V.
Dieter Wallmichrath
Hugo-Efferoth-Str. 17
50968 Köln
✆ 342303 u. 02236/96222-27

Skibob Sport-Club Köln 1977 e. V.
Sudermannplatz 3
50670 Köln
✆ 729829

1. Skibobclub Köln 65 e. V.
Senger Weg 44
51107 Köln
✆ 862578

Bildungswerk des Stadtsportbundes Köln e. V.
Schaevenstr. 1 b
50676 Köln
✆ 2401234

CP-Sportverein Köln
Thorsten Nitz
✆ 02236/68466

Weil das Boulespiel ein gehöriges Maß an Koordinationsvermögen voraussetzt, ist die Sportart geeignet, körperliche Behinderungen zu therapieren. Der CP-Sportverein bietet Boccia z. B. für junge Menschen mit Minimaler cerebraler Dysfunktion (MCD) an.

Boxen

Faustkämpfer Köln-Kalk
1951 e. V.
Alfred Sauer
Kalker Hauptstr. 145-149
51103 Köln
✆ 854330

Faustkämpfer Köln-Kalk 1951 e. V.
Über Nachwuchssorgen können die Kölner Boxklubs jedenfalls nicht klagen. Weit über 100 Mitglieder unter 16 Jahren zählt beispielsweise der Kalker Faustkämpfer-Verein, der aber auch besonders gute Kinder- und Jugendarbeit macht. In den vergangenen 20 Jahren hat der Faustkämpfer Köln-Kalk 1951 e. V. ca. 12mal den Pokal erhalten, der jährlich vom Boxverband Mittelrhein an den Verein geht, der für die Jugend das Beste tut. Jungs ab 10 Jahre können im Kalker Verein ein reichhaltiges Trainingsprogramm absolvieren, das sie je nach Willen und Ausdauer früher oder später zum Wettkampfboxer macht. Die Kids bis 14 Jahre zahlen 3,– DM und bis 16 Jahre 4,– DM Monatsbeitrag. Dafür erhalten sie neben dem qualifizierten Boxunterricht Boxhandschuhe, die 150.– bis 250.– DM kosten, Kopfschutz und Kleidung. Lediglich den Mundschutz und Bandagen müssen sie sich selbst kaufen.

Außer dem Kalker Boxverein können Kinder auch in Erftstadt, beim Sport-Club Colonia 06 e. V., und beim Box-Club West Köln e. V. boxen.

Sport-Club Colonia 06 e. V.	**Box-Club West Köln e. V.**
Franz Zimmermann	*H. Pfaffenholz*
Bertolt-Brecht-Str. 2	*Reischplatz 5*
50374 Erftstadt	*50679 Köln*
✆ 221-4138 u. 02235/42612	*✆ 814538*

DAS ANGEBOT FÜR KINDER UND JUGENDLICHE VON A–Z

Eishockey / Eislaufen

Kölner Eis-Club e. V.
Die legendären »Haie« vom Kölner Eishockey-Club spielen seit 1973 in der Bundesliga und waren schon 6mal Deutscher Meister: 1977, 1979, 1984, 1986, 1988 und 1994. Aber, wer so flink auf den Kufen heizen will, wie die Haie, muß sicherlich viel üben. Gute und preisgünstige Gelegenheit dazu bietet der Kölner Eis-Club, der ein breites Kursangebot selbst für ganz kleine Eisprinzessinnen hat. Das Eis- und Schwimmstadion an der Lentstraße hat eine Eishalle mit 7204 Plätzen, eine Eislauffläche, ein Schwimmbecken, eine Sauna, ein Solarium und eine Gaststätte. Die beiden Eislaufflächen (Größe je 30 x 60 Meter) stehen von September bis März für den öffentlichen Eislauf zur Verfügung und zwar täglich von 10.30 bis 17.00 Uhr. Dienstags, mittwochs und donnerstags auch von 20.00 bis 22.00 Uhr, und mittwochs, samstags und sonntags findet von 20.00 bis 22.00 Uhr Disko statt.

Kölner Eis-Club e. V.
Lentstr. 30
50668 Köln
✆ 735686

Eis- und Schwimmstadion
Lentstr. 30
50668 Köln
✆ 726026
Eintritt: 6,– DM/Erwachsene
4,– DM/Kinder bis 14 Jahre
Schlittschuhverleih ab Größe 25:
7,– DM/Erwachsene
5,– DM/Kinder bis 14 Jahre

Eltern-Kind-Turnen

Im gemeinsamen Spiel sollen beim Eltern-Kind-Turnen Sinnes- und Körpererfahrungen vermittelt werden. Voraussetzung ist meist, daß die Kinder sicher laufen können, wobei es auch Säuglingsgymnastik gibt. Kurse für Kinder von 2 bis 4 und 4 bis 6 Jahren bietet das Bildungswerk des Stadtsportbundes an.
Ein breitgefächertes Angebot an Eltern-Kind-Kursen findet sich bei den Katholischen Familienbildungsstätten (siehe S. 38) sowie der Evangelischen Familienbildungsstätte (siehe S. 39).

Bildungswerk des
Stadtsportbundes Köln e. V.
Schaevenstr. 1 b
50676 Köln
✆ 2401234

Fußball

Der 1. FC Köln spielt seit seiner Gründung im Jahre 1963 in der Bundesliga und war 3mal Deutscher Meister: 1962, 1964 und 1978. Bei den »Geißböcken« Mitglied zu werden ist deshalb schon für die ganz kleinen Knirpse der Hit und auch möglich.

Fußball-Verband
Mittelrhein e. V.
Kreis Köln
Kleingedankstr. 7
50677 Köln
Tel.: 931805-0 (ISDN)

Insgesamt gibt es in Köln über 150 Vereine, die Fußballmannschaften haben.

Fußballspielen gehört immer noch zu dem, was Jungs am liebsten machen und wobei Mädchen nichts zu suchen haben. Mädchen können in den Kölner Fußballvereinen, deren Adressen sämtlich über den Verband zu erhalten sind, deshalb in der Regel auch keinen Fußball spielen, von einigen, genauer gesagt: 12, Ausnahmen abgesehen.

Die Vereine sind über das ganze Stadtgebiet verteilt, und in jedem Stadtbezirk können zumindest die Jungs aus dem Angebot mehrerer Vereine wählen. Innenstadt-Girls finden in ihrer näheren Umgebung leider keinen Verein, in dem sie unter Anleitung bolzen können, dafür gibt es aber in jedem anderen Stadtteil mindestens 1 Frauenfußballverein. Wir listen pro Stadtteil und Geschlecht je 1 Club auf. Die übrigen Adressen sind – wie gesagt – beim Stadtsportbund oder der Sportjugend zu bekommen.

Fußball für Jungs

Innenstadt

Allianz SV Köln e. V.
Bernd Bohnen
Weberstr. 16
53113 Bonn
✆ 57312443 u.
0228/224403

Lindenthal

1. FC Köln 01/07 e. V.
Postfach 420251
50896 Köln
✆ 434431

Ehrenfeld

SSV Vogelsang 1946
H. Oelgarte
Max-Fremery-Str. 20
50827 Köln
✆ 583768

Nippes

DJK Grün-Weiss-Nippes
Regina Schier
Baudriplatz 12
50733 Köln
✆ 739613

Chorweiler

SV Auweiler-Esch 50 e. V.
Günther Klutz
Am Braunsacker 84
50765 Köln
✆ 5905599

Rodenkirchen

SC Fortuna Köln e. V.
Am Vorgebirgstor 1–3
50969 Köln
✆ 362046

DAS ANGEBOT FÜR KINDER UND JUGENDLICHE VON A–Z

Porz
Sportfreunde 1963 Porz-Eil
Heinz Klinkhammer
Waldstr. 4 a
51145 Köln
✆ 871571

Kalk
SV DJK Gremberg-Humboldt
Konrad Bliemel
✆ 834929

Mülheim
MTV Mülheim 1850
Herler Rin 176
51067 Köln
✆ 633824

Fußball für Mädchen

Rodenkirchen
Raderthal Kickers Köln 1991 e. V.
Angela Kluczynski
Großhurdener Berg 11 a
51491 Overath
✆ 02206/80242

Ehrenfeld
SSV Vogelsang
H. Oelgarte
Max Fremery Str. 20
50827 Köln
✆ 583768

Chorweiler:
SC Köln-Weiler-Volkhoven 1948 e. V.
Heinz Osten
✆ 791688

Lindenthal
1. Frauensportverein Köln e. V.
Gereonshof 36
50670 Köln
✆ 1390264

Nippes
DJK Löwe e. V. 1950
Irmgard Schwab
Leidener Str. 4
50735 Köln
✆ 765459

Porz
Rasensportverein Urbach 1912 e. V.
Brucknerstr.
51145 Köln
✆ 02203/25583

Gokart

Gokartbahn Schumacher
Auf der Gokartbahn Schumacher dürfen Kinder ab 7 Jahre oder ab 80 Zentimeter Körpergröße in der Mittagszeit fahren. Die Strecke ist grundsätzlich dienstags bis freitags von 14.00 bis 19.00 Uhr und samstags und sonntags von 10.00 bis 14.00 Uhr geöffnet.

Gokartbahn Schumacher
Kartbahn Steinheide/Europa Motodrom
50170 Kerpen-Mannheim
✆ 02275/5172

GMV Gokart Motorsport
Die Bahn vom GMV Gokart Motorsport liegt in landschaftlich schöner Lage im Feriengebiet Reichshof direkt an der A 4 Köln – Olpe unterhalb der höchsten Erhebung, der Silberkuhle, und direkt oberhalb der Ortschaft

GMV Gokart Motorsport
Verleih- und Vertriebs-GmbH
Walberfeldstr. 1
51545 Waldbröl
✆ 02291/2496

Hahn. Der Gokart-Ring ist für Kinder ab 12 Jahre an jedem Wochenende und an Feiertagen von 10 bis 19 Uhr geöffnet. Die Teerrundstrecke ist 840 Meter lang, hat über 10 Kurven, Steigungs- und Gefälabschnitte. 6 Minuten in den 30 bis 40 Stundenkilometer schnellen Karts kosten 10,– DM. Mitzubringen sind Regenkleidung, feste Schuhe und feste Kleidung.

Nürburgring GmbH

Nürburgring GmbH
53520 Nürburg
✆ 02691/302153

Die Kartbahn liegt direkt am Nürburgring und ist bei Großveranstaltungen auf dem Nürburgring belegt. Deshalb empfiehlt es sich immer, vor dem Besuch anzurufen. Da die Bahn von 1 333 Metern Länge und 8 Metern Breite im Freien liegt, ist die Benutzung vom Wetter abhängig. Grundsätzlich sind Fahrten mit eigenem Rennkart und Fahrten mit einem Leihkart möglich. Letztere fahren bis zu 60 Stundenkilometer schnell und kosten 20,– DM für 10 Minuten, 50,– DM für 30 Minuten und 95,– DM für 1 Stunde. Die Kartbahn ist von 9.00 bis 19.00 Uhr geöffnet.

Handball

Handball-Verband
Mittelrhein
Egon Kirchroth
Peter-von-Fliestedenstr. 41
50933 Köln
✆ 494768

Im Kölner Handballverband sind 15 Vereine organisiert. Alle Vereine außer dem Postsportverein und dem HSV Bocklemünd, die zwar Jugendbetreuer, aber keine jugendlichen Mitglieder haben, bieten Kinder- und Jugendsport an.
Besonders aktiv in der Jugendarbeit ist die Handballabteilung vom 1. FC Köln, vom TUS Ehrenfeld, vom VFL 99 Nippes, von der HSG Allianz/Polizei und der HC Cologne Kangaroos. Grundsätzlich ist die Mitgliedschaft in einem der Kölner Handballvereine ab 6 Jahren (Minihandball) möglich. Die Beiträge liegen zwischen 6,– und 10,– DM monatlich. Obwohl Handball ausschließlich von Vereinen angeboten wird, also nicht zusätzlich von kommerziellen Schulen, klagt der Vorsitzende des Kölner Handballverbandes über Nachwuchssorgen: »Das Sportangebot in Köln ist so groß, da spielt Handball nur eine kleine Nebenrolle.«

DAS ANGEBOT FÜR KINDER UND JUGENDLICHE VON A–Z

TUS Ehrenfeld
Sascha Markus Inhopfer
Am langen Stein 14
50827 Köln
✆ 531187

HSG Allianz/Polizei
Dietmar Bretz
Meisenweg 61 a
50829 Köln
✆ 584509

1. FC Köln
Hans-Dieter Hütten
Brühler Str. 9
50968 Köln
✆ 372819

HC Cologne Kangaroos
Thomas Haubner
Akazienweg 14
50999 Köln
✆ 62518

VFL 99
Gunnar Hucklenbroich
Schlenderhamerstr. 26
50735 Köln
✆ 7125130

Jazz-Dance

Der moderne Tanz ist in Köln mit Jochen Ulrichs Tanzforum auf dem Vormarsch. Seit 1995 in eine GmbH umgewandelt, kämpft das Ensemble zwar verzweifelt um Zuschüsse, setzt mit Choreographien wie *Notebook* aber wichtige Akzente in der Tanzszene.
Wer lernen will, sich zu heißen und schnellen Tempi ansehnlich zu bewegen, kann in Köln ein vielfältiges Angebot nutzen.

Tanzstudio Art of Dance
Breite Str. 159
50667 Köln
✆ 2576070

Cologne Dance Center
Venloer Str. 41
50672 Köln
✆ 528810

Moving Arts Institute
Gottesweg 169
50939 Köln
✆ 446363

Step In
Kölner Steptanzschule am
Ebertplatz
Sudermannstr. 1
50670 Köln
✆ 726141

Tanz Ab!
Hahnenstr. 37
50667 Köln
✆ 217158

Kanu

Deutscher Kanu-Verband NW, Bezirk 4
Ursulastr. 3
51149 Köln
℡ 02203/12537

Im Bildungswerk des Stadtsportbundes kann jeder, der schwimmen kann, die Grundtechniken des Kanufahrens erlernen. Geübt werden Einsteigen, Bootsbeherrschung, Gleichgewichtsübungen, verschiedene Paddelschläge vor- und rückwärts. Die Teilnahme kostet pro Veranstaltungstermin 10,– DM. Die Kanuschule ist eine Weiterbildungseinrichtung des Bildungswerkes Landessportbund NW e. V. und des **Kanu-Verbandes NRW e. V.** Unter dem Motto »Sport lernen« bietet die Kanuschule ein Jahresprogramm mit Lehrgängen auf heimischen Seen und Wanderflüssen, auf den Wildwassern der Alpen während der Ferien oder anderen Gewässern im europäischen Ausland an. An den Kursen kann jeder teilnehmen, eine Vereinsmitgliedschaft ist nicht notwendig.

Karate

Interessengemeinschaft Karate
Overbeckstr. 14
50226 Frechen
℡ 02234/63988

Bushido Sportcenter
Hohenstaufenring 30–32
50674 Köln
℡ 241976

1. Karate AG Kölner Schulen e. V.
Jugendwartin:
Petra Domscheit
℡ 5105770

In den 17 Kölner Karatevereinen können Kinder ab 6 Jahre Karate und Selbstverteidigung lernen. Die Mitgliedschaft kostet 15,– bis 30,– DM monatlich. Außerdem gibt es im Kölner Stadtgebiet zahlreiche Karateschulen, wobei das **Sportcenter Bushido** in der Innenstadt besonders gute Jugendarbeit leistet. In den privaten Schulen und Clubs kosten die Kurse allerdings fast das dreifache, die Preise liegen also bei 45,– bis 80,– DM monatlich.
Das große Interesse am Karatesport hat zur Gründung der **1. Karate AG Kölner Schulen e. V.** geführt. Die Anfängerkurse für Kinder von 10 bis 15 Jahren finden in der Turnhalle am Gymnasium Kreuzgasse und der Turnhalle der Berufsschule Zugweg statt.

Leichtathletik

Leichtathletik Verband Nordrhein e. V., Kreis Köln
Nesselrhodeweg 6
50354 Hürth
℡ 02233/77506

Laufen, Springen, Werfen – so hieß die Leichtathletik noch zu Grundschulzeiten aller heute 30jährigen. So antiquiert die Bezeichnung anmutet, sie trifft doch des Pudels Kern, nämlich die Vielseitigkeit des Sports. Kinder, die weit- und hochspringen, kurze, mittlere und lange

DAS ANGEBOT FÜR KINDER UND JUGENDLICHE VON A–Z

Strecken laufen, Kugeln stoßen, Speere werfen und Diskusse schleudern, werden ihr Koordinationsvermögen erhöhen und Kraft und Ausdauer gewinnen. Obwohl der Sport überwiegend das Einzelkämpfertum fördert, kann z. B. beim Staffellauf der Teamgeist geschult werden.

In jedem Stadtbezirk gibt es mehr als genug Vereine, die Leichtathletik für Kinder und Jugendliche anbieten, wobei der international erfolgreiche ASV sicher an erster Stelle zu nennen ist. In der folgenden Anschriftenliste wird aus jedem Bereich jeweils nur ein Verein benannt, weitere Informationen erteilt der **Leichtathletik Verband**.

Innenstadt

Zollsportverein Köln von 1952
Harry Brandt
Kratzweg 27
51109 Köln
∅ 386015-16 u. 692868

Rodenkirchen

TV Sürth 05 e. V.
Ferdinand Scheuß
Schneewittchenweg 11
50997 Köln
∅ 02233/22443

Kalk

TuS Köln rrh. 1874
∅ 495413

Ehrenfeld

SC Germania Ossendorf
Rochusstr. 199 b
50827 Köln
∅ 591521

Lindenthal

ASV Köln e. V.
Olympiaweg 3
50933 Köln
Andreas Nels
∅ 4972017

Nippes

TFG Nippes 1878 e. V.
Klaus Ernst
∅ 738683

Chorweiler

SV Fühlingen-Chorweiler
Gudrun Friedrich
Neusser Landstr. 140
50769 Köln
∅ 706543

Porz

TV Rheingold Zündorf 1914 e. V.
Herr Heyermann
∅ 02203/81089

Mülheim

TuS Holweide
Stephan Glaubitt
An der Ölmühle 46
51069 Köln
∅ 683995

Mountainbiking

rad-so-aktiv
Mountain-Bike-Touren
Am Hang 2
77883 Ottenhöfen-Furschenbach
℡ 07842/8184

GSV Porz
Frank Schnuetgen
℡ 02203/28499

Im Zeitalter bedrohlicher Umweltveränderungen, die u. a. hoher Mobilität und unzähligen Individualreisen zuzuschreiben sind, gewinnt das Rad als Fortbewegungsmittel an Bedeutung. Die Radbranche boomte Anfang der 90er wie nie zuvor, nie wurden mehr Neuräder verkauft, doch langsam ist der Markt gesättigt. In den Städten sieht man allenthalben 1000,- DM teure Moutain-Touren-Citybikes, und die verschiedenen Radbezeichnungen lassen darauf schließen, daß auch im Radsport das Spezialistentum auf dem Vormarsch ist.
Wer in seiner Freizeit gern Mountainbike fährt und das mit dem Hinweis begründet, umweltverträgliche Sportarten zu bevorzugen, sei daran erinnert, daß das Mountainbiken nur dann sinnvoll für die Natur ist, wenn die davor vorgesehenen Wege und Strecken benutzt werden. Wann immer Waldwege verlassen werden, droht Bodenerosion, Zerstörung von Pflanzen und deren Wurzeln, ganz zu schweigen von den Eingriffen in den natürlichen Lebensraum der Tiere.
Wer ausgefallene Touren mit dem Mountainbike liebt, ist am besten bei **rad-so-aktiv** aufgehoben. Der Veranstalter bietet Radfahrten im Elsaß, in Kanada aber auch in der näheren Umgebung an. Wer es gern ein bißchen bodenständiger hätte und sich z. B. nach der Schule gern aufs Rad schwingt, findet im »GSV Porz« gleichgesinnte Mountainbiker.

Radsport

Bund Deutscher Radfahrer
Bezirk Köln
Rheinbergstr. 74
51143 Köln
℡ 02203/87272
Radwanderfahren:
Martin Etzweiler ℡ 131273
und
Erich Fischer ℡ 878217
Radtourenfahren:
Peter Zimmer ℡ 552735
und
Erich Fischer ℡ 878217

Bund Deutscher Radfahrer
Mit 84 Vereinen ist der vor mehr als 100 Jahren gegründete Bund Deutscher Radfahrer der größte Interessenvertreter der Radfahrer. Und da Radfahren längst nicht mehr nur Radfahren heißt, bieten die im BDR organisierten Vereine alles an von Radwanderungen über Cross- und Mountainbiking bis Kunstradsport.
Trotzdem klagt auch der BDR über mangelnden Zulauf von jugendlichen Mitgliedern. Herbert Boddenberg, der Bezirksjugendleiter des Verbandes, formuliert es so: »Alle

DAS ANGEBOT FÜR KINDER UND JUGENDLICHE VON A–Z

Vereine würden sehr gern umfangreichen Jugendsport anbieten, aber es fehlt leider am Nachwuchs, weil der Einstieg relativ teuer ist. Dennoch versuchen einige Vereine, Schulen mit Material zu unterstützen, und bieten dazu noch sehr gutes Training an.« Besonders zu erwähnen sind in diesem Zusammenhang die RV Liga Köln Kalk, der SG EC Bayer Köln Worringen, die RV Komet Delia, Le Loup Köln-Rath, die RSG Heinrich Böll Gesamtschule, der Verein Cölner Straßenfahrer und der RRC Günter Longerich. Für die Mitgliedschaft, die monatlich 3,– bis 6,– DM kostet, gibt es de facto nach unten hin keine Altersbegrenzung, wobei sie aber erst ab 8 Jahren sinnvoll ist.

Herbert Boddenberg wünscht sich für seinen Sport in Köln »bessere Unterstützung von seiten der öffentlichen Hand, damit die Veranstaltungen im Radsport nicht weiter erschwert werden, denn der Radsport hat in Köln eine lange Tradition, und es wäre schön, wenn die nicht abreißt«.

Umfassende Informationen über die Veranstaltungen sind dem »Breitensportkalender« zu entnehmen, der vom BDR herausgegeben wird und auf 200 Seiten Hinweise und Termine für Radsportfreaks gibt sowie Kontaktpersonen für weitere Fragen nennt. Die Adressen und Kontaktpersonen der genannten Vereine sind natürlich auch beim BDR zu erfragen.

Reiten

Voltigieren, Springen, Ausreiten, Pfedemähnen kämmen und Ställe ausmisten! Diese Aktivitäten gehören immer noch zum weitverbreitesten Jungmädchentraum: dem Reiten. Eigentlich gibt es keinen Grund, dem Nachwuchs diesen Wunsch zu verwehren, zumal auch die Jahresbeiträge mittlerweile erschwinglich geworden sind – in den Kölner Vereinen haben sie sich zwischen 80,– und 180,– DM eingependelt. Bevor Sie Ihre Jungs oder Mädels allerdings fürs Reiten fest buchen lassen, sollten Sie ihnen eine Schnupperstunde gönnen, damit die Ausrüstung nicht umsonst gekauft wird.

Reitverein Tropenhof e. V.
Statthalterhofweg 70
50858 Köln
∅ 488292

Reitverein Gut Stöckheim e.V
50829 Köln
∅ 5001593

JugendReiterGruppe Köln e. V.
Zeisbuschweg 61
51069 Köln
∅ 601357 u. 605072

Kölner Reit- und Fahrverein
Aachener Str. 800
50933 Köln
∅ 491432

Kreisverband der Reit- und Fahrvereine Köln
Leuchterstr. 179
51069 Köln
∅ 608398

Kölner Pferdesportverein Köln-Nord e. V.
Further Str. 1
50769 Köln
∅ 783809

Reitsportverein Rodenkirchen
Gut Schillingsrott
Römerstr. 85
50968 Köln
∅ 352767

Rollschuhfahren

Rollschuhfahren können Kinder überall da, wo nicht allzuviel Autoverkehr herrscht. Also in ruhigen Nebenstraßen, Tempo-30-Zonen und stillgelegten Straßen. Kinder kennen ihre Umgebung meist selbst gut genug und machen schnell die besten Pisten aus. Hier einige Tips: Rollschuhfahren ist u. a. möglich:
- Im Jugendpark: rechtsrheinisch unter der Zoobrücke
- Am Aachener Weiher: Hier ist ein Teil der Dürener Straße für den Autoverkehr gesperrt.
- Im Stadtwald: Am Wochenende ist die Kitschburger Straße für den Autoverkehr gesperrt.
- Am Rheinufer in Rodenkirchen: Sonn-, sommer- und feiertags tobt hier allerdings der touristische Naherholungswahnsinn mit Fußgängern, Hunden und Radfahrern. Da ist kein Durchkommen!

DAS ANGEBOT FÜR KINDER UND JUGENDLICHE VON A–Z

Rudern

Rudern setzt eine körperliche Kraft und Ausdauer voraus, die in der Regel erst ab 12 Jahren gegeben ist. Insgesamt ist Köln, als Rhein-Metropole, natürlich das ideale Pflaster für alle Wassersportfreunde. Vor allem in Rodenkirchen und Porz, wo der Rhein am schönsten ist, finden sich zahlreiche Ruder- und Kanuvereine. Aber auch in einigen Vereinen der Innenstadt, in Ehrenfeld, Porz und Mülheim gibt es die Möglichkeit zu rudern.

Innenstadt

Schüler Ruderverein FW Gymnasium Köln e. V.
Manfred Homola
Severinstr. 241
50676 Köln

Rodenkirchen

Kölner Ruderverein von 1877 e. V.
Barbarastr. 45
50996 Köln
✆ 392986

Kölner Rudergesellschaft 1891 e. V.
Uferstr. 16
50996 Köln
✆ 393854

Porz

Club für Wassersport e. V. 1926
In der Rosenau 10a
51143 Köln
✆ 02203/82935

Ehrenfeld

Post-Sport-Verein Köln e. V.
Postfach 600649
50686 Köln
✆ 7390677

Mülheim

Mülheimer Wassersport e. V.
Krahnenstr. 15
51063 Köln
✆ 6401177

Schach

Kölner Schachverband von 1852 (KSV)
Sage und schreibe 38 Vereine tummeln sich im Kölner Schachverband von 1852, aber nur 5 bieten den Denksport auch für Kinder und Jugendliche an. Sinnvollerweise sollten Kinder erst ab 6 Jahren Mitglied in einem der Vereine werden, um eine Überforderung auszuschließen. In den Vereinen können Kinder und Jugendliche Diplome des Deutschen Schachbundes ablegen.
Wünschenswert für den Schachsport, so formuliert es Axel Dohms vom Schachverband, wäre die Gründung eines Fördervereins, um die Breitenwirkung des Sports

Kölner Schachverband von 1852 (KSV)
Am Schildchen 28
53859 Niederkassel
✆ 02208/71102

zu unterstützen. Zwar gibt es in einigen Kölner Schulen Schach-AGs, doch leider zu wenige. Eine ABM-Kraft, so Dohms, könnte die Situation verbessern helfen und die Zusammenarbeit mit den Schulen forcieren. Außerdem könnte mit mehr Personal auch die Mädchenarbeit vorangetrieben werden, die traditionell ein stiefmütterliches Dasein fristet.
Die Adressen und Mitgliedsbeiträge der Vereine sind beim Kölner Schachverband zu erfragen.

Schwimmen

Ortsverband Kölner Schwimmvereine e. V.
Gero'steiner Str. 4
50997 Köln
℡ (2236/66114

Ortsverband Kölner Schwimmvereine e. V.
Im Ortsverband Kölner Schwimmvereine e. V. sind derzeit 20 Vereine zusammengeschlossen, die Jugendarbeit leisten. Besonders gute Arbeit bieten hier der SC Blau-Weiß Poseidon, der DJK-STG Köln Nord, der DUC, der EC Bayer Worringen, der Ehrenfelder Damenschwimmverein, der ESV Olympia Köln, die Freie Wassersportvereinigung, die Kölner Tauchsportgemeinschaft, der MTV Köln, der Polizei-Sportverein, der Postsportverein, der SC Neptun Porz, der 1. SV Köln, die Tauchsportgemeinschaft Porz, der TuS 1874 Köln und der TV Rodenkirchen an, deren komplette Anschriften und Telefonnummern beim Ortsverband zu erfragen sind.
Gundsätzlich kann die Mitgliedschaft ab dem Säuglingsalter erworben werden, weil fast alle Vereine auch Angebote für die ganz Kleinen im Programm haben. So können Sie sich z. B. für folgende Kurse anmelden: Eltern-Kind-Schwimmen, Babyschwimmen, Kleinkinderschwimmen, Anfängerschwimmen, Lernschwimmkurse, Wassergewöhnung, Kinderschwimmkurse, Wasserball, Wasserspringen, Kinderspringen, Synchronschwimmen, Behindertenschwimmen.
Die Mitgliedschaft kostet durchschnittlich 7,- DM pro Monat.

Das Sport- und Bäderamt
Das Sport- und Bäderamt der Stadt Köln betreibt als einer der größten kommunalen Bäderbetriebe in der Bundesrepublik zur Zeit 16 Bäder (9 Hallenbäder, 3 Kombi-

DAS ANGEBOT FÜR KINDER UND JUGENDLICHE VON A–Z

bäder, 4 Freibäder), die all denen, die sich gern im Wasser tummeln, viel bieten:
- Wassergymnastik
- Warmbadetage
- Aquajogging
- Sprunganlagen
- Frühschwimmen
- Gegenstromschwimmen
- Wassertreten und -güsse nach Kneipp
- Sauna
- Babyschwimmen (2 bis 12 Monate) und Eltern-Kind-Schwimmen
- Riesenrutsche und Spielnachmittage
- Disko-Nächte
- Kindergeburtstag im Schwimmbad: Im Hallenbad Bikkendorf und im Hallenbad Nippes, jeweils Samstag nach vorheriger Anmeldung.

Da das Angebot und die Zeiten in den einzelnen Bädern wechseln, werden sie hier nicht aufgeführt. Wo und wann welches Angebot genutzt werden kann, ist aber in den einzelnen Bädern oder beim Sport- und Bäderamt und dem Bildungswerk des Stadtsportbundes (siehe S. 201, 202) zu erfahren.

Die Kölner Bäder

Hallenbäder

Agrippabad
Kämmergasse 1
50676 Köln
∅ 221-3307
Haltestelle Neumarkt:
Stadtbahnlinie 1, 2, 7, 9, 14;
Buslinie 136, 146, 963, 976, 977, 985
Haltestelle Poststr.: Stadtbahnlinie 3, 4, 9, 12, 16, 18

Hallenbad Chorweiler
Liller Straße
50765 Köln
∅ 221-1426

Haltestelle Chorweiler: Stadtbahnlinie 18; S-Bahn-Linie 11, Buslinie 120, 121, 125, 126

Hallenbad Nippes
Friedrich-Karl-Str. 64
50737 Köln
∅ 744070
Haltestelle Neußer Str./Gürtel:
Stadtbahnlinien 6, 9, 10, 13
Haltestelle Niehler Kirchweg: 134

Hallenbad Weiden
Ostlandstr. 39
50858 Köln
∅ 02234/409668

Haltestelle Weiden (Einkaufszentrum): Buslilnien 141, 963
Haltestelle Ostlandstr.:
Buslinie 145

Hallenbad Bickendorf
Venloer Str. 569
50827 Köln
∅ 585756
Haltestelle Äußere Kanalstr.:
Stadtbahnlinien 3, 4;
Buslinien 137, 139, 141

Genovevabad
Bergisch Gladbacher-Str. 67
51065 Köln
∅ 613291

Haltestelle Wiener Platz: Stadtbahnlinie 4, 13, 15, 16; Buslinie 152, 153, 159; RVK: 250, 260; Wupper-Sieg: 434

Hallenbad Rodenkirchen
Mainstraße
50996 Köln
Ø 392680
Haltestelle Siegstr.: Stadtbahnlinie 16; Buslinie: 131, 135

Hallenbad Wahn
Albert-Schweitzer-Str.
51147 Köln
Ø 02203-61811
Ab Köln mit S-Bahnlinie 12 bis Porz-Wahn, in Wahn: Haltestelle Sankt-Ägidius-Str.: Buslinie 160; Haltestelle Nachtigallenstr.: Buslinie 162

Neptunbad
Neptunplatz 1
50823 Köln
Ø 5488364 / 516194

Kombibäder

Kombibad Höhenberg
Schwarzburger Str. 4
51103 Köln
Ø 874940
Haltestelle Fuldaer Str.: Stadtbahnlinie 1; Buslinie 153

Kombibad Zollstock
Raderthalgürtel 8
50968 Köln
Ø 381835
Haltestelle Zollstockgürtel: Stadtbahnlinie 12
Haltestelle Brühler Str. / Gürtel: Buslinie 130, 133

Kombibad Zündorf in der Groov
Trankgasse 10
51143 Köln
Ø 02203-81322
Haltestelle Zündorf: Stadtbahnlinien 2, 7; Buslinie 164; RSVG 501 oder: ab »Weißer Bogen« mit der Fähre »Krokodil« (Anlegestelle Am Treidelweg) zur Groov übersetzen. Auch mit dem Fahrrad möglich

Freibäder

Freibad Fühlingen
Fühlinger See
Stallagsbergweg
50767 Köln
Ø 7087843

Freibad Esch
Escher See
Am Baggerfeld
50767 Köln
Ø 5906363

Freibad Vingst
Vingster Ring
51107 Köln
Ø 871822

Freibad Stadion
Aachener Str.
50933 Köln
Ø 4983-259

Thermalbad

Deutz-Kalker-Bad
Deutz-Kalker-Str. 54
50679 Köln
Ø 221-9112
Haltestelle Deutz-Kalker-Bad: Stadtbahnlinie 1, 9; Buslinie 153

Sonstige Schwimmbäder

Eis- und Schwimmstadion
Lentstr. 30
50668 Köln
Ø 726026

Waldbad Dünnwald
Peter-Baum-Weg
51069 Köln
Ø 603315

Deutsche Lebens-Rettungs-Gesellschaft (DLRG)
Alfred-Schütte-Allee 165
51105 Köln
Ø 836166

Die Schwimmabzeichen
Seit dem 1.1.1978 gibt es mit der »Deutschen Prüfungsordnung Schwimmen – Retten – Tauchen« eine von allen schwimmsportbetreibenden Verbänden getragene Richt-

DAS ANGEBOT FÜR KINDER UND JUGENDLICHE VON A–Z

linie für die Ausbildung zum Schwimmen oder Rettungsschwimmen.
Hierzu werden z. B. angeboten:

Das Frühschwimmerzeugnis bzw. Seepferdchen
- Fußsprung vom Beckenrand
- 25 Meter Schwimmen
- Heraufholen eines Gegenstandes mit den Händen aus schultertiefem Wasser.

Der Deutsche Jugendschwimmpaß
Bronze:
- Sprung vom Beckenrand und 200 Meter Schwimmen in höchstens 8 Minuten
- Herausholen eines Gegenstandes aus ca. 2 Meter tiefem Wasser
- Sprung aus 1 Meter Höhe
- Kenntnis von Baderegeln.

Silber:
- Startsprung und 400 Meter Schwimmen in höchstens 16 Minuten (300 Meter in Bauch- und 100 Meter in Rückenlage)
- 2mal Heraufholen eines Gegenstandes aus 2 Meter tiefem Wasser
- 10 Meter Streckentauchen
- Sprung aus 3 Meter Höhe
- Kenntnis von Baderegeln und Selbstrettung.

Gold:
- 600 Meter Schwimmen in höchstens 24 Minuten
- 50 Meter Brustschwimmen in höchstens 70 Sekunden
- 25 Meter Kraulschwimmen
- 50 Meter Rückenschwimmen
- 15 Meter Streckentauchen
- Tieftauchen (3 Tauchringe aus ca. 2 Meter tiefem Wasser in 3 Minuten)
- Sprung aus 3 Meter Höhe
- 50 Meter Transportschwimmen (Schieben und Ziehen)
- Kenntnis von Baderegeln (Selbst- und einfache Fremdrettung).

Junior Retter (ab 9 Jahre):
- 100 Meter Schwimmen ohne Unterbrechung (je 25 Meter Kraul-, Rückenkraul, Brust- und Rückenschwimmen mit Grätschschwung)
- 25 Meter Schleppen (Achselgriff)
- Kombinierte Übung in leichter Kleidung zur Selbstrettung
- Kombinierte Übung zur Fremdrettung
- Kenntnisse über Maßnahmen der Selbstrettung und Fremdrettung sowie Erste Hilfe.

Der Deutsche Rettungsschwimmpaß:
Bronze (ab 12 Jahre):
- 200 Meter Schwimmen in höchstens 10 Minuten (je 100 Meter in Bauch- und Rückenlage)
- 100 Meter Schwimmen in Kleidung in höchstens 4 Minuten
- 3 verschiedene Sprünge aus 1 Meter Höhe
- 15 Meter Streckentauchen
- Tieftauchen (2mal aus 2 bis 3 Meter tiefem Wasser einen 5-Kilo-Tauchring heraufholen)
- 50 Meter Transportschwimmen (Schieben und Ziehen)
- Kenntnis über »Befreiungsgriffe«
- 50 Meter Schleppen (Kopf- oder Achselgriff, Fesselschleppgriff nach Flaig)
- Kombinierte Übung
- Anlandbringen
- Nachweis verschiedener Kenntnisse.

Silber (ab 15 Jahre):
- 400 Meter Schwimmen in höchstens 15 Minuten (verschiedene Schwimmstile)
- 300 Meter Schwimmen in Kleidung in höchstens 12 Minuten
- Sprung aus 3 Meter Höhe
- 25 Meter Streckentauchen
- Tieftauchen (3mal aus 3 bis 5 Meter tiefem Wasser einen 5-Kilo-Tauchring heraufholen)
- 50 Meter Schleppen in Kleidung in höchstens 4 Minuten
- Kenntnis über »Befreiungsgriffe«
- Kenntnis über die Wiederbelebung

DAS ANGEBOT FÜR KINDER UND JUGENDLICHE VON A–Z

- Kombinierte Übung
- Nachweis verschiedener Kenntnisse.

Gold (ab 16 Jahre):
- 300 Meter Flossenschwimmen in höchstens 6 Minuten (50 Meter davon Schleppen eines bekleideten Partners)
- 300 Meter Schwimmen in Kleidung in höchstens 9 Minuten
- 100 Meter Schwimmen in höchstens 1:40 Minuten
- 30 Meter Streckentauchen (dabei Aufsammeln von wenigstens 8 Tellern)
- Tieftauchen in Kleidung (3mal in 3 Minuten jeweils zwei 5-Kilo-Tauchringe heraufholen)
- 50 Meter Transportschwimmen in Kleidung in höchstens 1:30 Minuten
- Kenntnis über »Befreiungsgriffe«
- Kombinierte Übung in Kleidung
- Handhabung des Rettungsballs und Rettungsgurtes
- Handhabung gebräuchlicher Wiederbelebungsgeräte
- Nachweis verschiedener Kenntnisse
- Erfolgreiche Teilnahme an einem Erste-Hilfe-Kursus.

Über alle möglichen Qualifikationen für Kinder und Jugendliche informiert die Deutsche Lebensrettungsgesellschaft (DLRG).

Schwimmlernkarte
Mit der Schwimmlernkarte erhalten Kinder, Jugendliche und Erwachsene Anfänger-Schwimmunterricht während der öffentlichen Badezeiten. Die Gebühr für 10 Unterrichtsstunden beträgt für Kinder und Jugendliche 30,– DM für Erwachsene 39,– DM. Darüber hinaus bietet das Sport- und Bäderamt natürlich mehrmals im Jahr Schwimmlernkurse für Kinder an. In den Sommerferien gibt es Intensivkurse. Über die Termine informiert das Sport- und Bäderamt.

Segeln und Surfen

Segeln

Deutscher Segler-Verband
Geschäftsstelle
Gründgensstr. 18
22309 Hamburg
✆ 040/6306051

Wasserratten aufgepaßt. Segeln können nicht nur die Großen, sondern auch schon Kinder ab 4 Jahren. In einer eigenen Bootsklasse, genannt »Opti« (von Optimist), kann früh üben, wer ein Meister werden will. Daneben hat der Deutsche Segler-Verband bestimmte Segeljollen zur Jugendklasse deklariert, die besonders für Kinder und Jugendliche geeignet sind und mit denen Jugendliche auch an Regatten teilnehmen können. Diese Klassen heißen Pirat, 420er, Europe und Laser.

Das 420er, ein kleines Kunststoff-Zweimannboot, eignet sich besonders gut für Jugendliche, denn das Idealgewicht der Crewmitglieder liegt zwischen 45 und 65 Kilogramm. Wer einem der Kölner Segelclubs beitreten will, braucht die richtige Kleidung, denn in unseren Breiten kann es auf den Jollen empfindlich kalt werden. Grundsätzlich sollte man Trockenanzug, Faserpelz, Neoprenanzug, spezielle Segelschuhe oder Turnschuhe besitzen.

Infos über eine Segelausbildung und Segelmöglichkeiten in der Nähe des Wohnorts gibt der Deutsche Segler-Verband.

Klar zur Halse! – Seglervereine in Köln

Rodenkirchen	Lindenthal	Chorweiler
Kölner Yacht-Club e. V. Clubhaus-Fährhaus Steinstr. 1 50996 Köln ✆ 392575	**Seglergilde im St.-Nikolaus-Ferienwerk Köln e. V.** Langgasse 9 50858 Köln	**Segel-Sportverein Fühlingen** Sperberweg 20 a 50997 Köln ✆ 02233/280145

Mülheim	Nippes	Porz
Köln-Mülheimer-Segelsport Yacht Club 1985 e. V. M. Piefer Auf der Jüchen 17 51069 Köln ✆ 684378	**Verein für Abenteuer- und Natursportarten** Frank Schneider Mauenheimer Str. 18 50733 Köln ✆ 7605695	**Club für Wassersport Porz e. V. 1926** Markus Schülas Im Feldgarten 8 53757 St. Augustin ✆ 02241/334813

DAS ANGEBOT FÜR KINDER UND JUGENDLICHE VON A–Z

Surfen

Bildungswerk des Stadtsportbundes Köln e. V.

Das »Bildungswerk des Stadtsportbundes Köln e. V.« bietet Schnupper- und Grundkurse im Windsurfen an, an denen auch Eltern mit ihren Kindern ab 10 Jahren teilnehmen können. Einzige Voraussetzung ist, daß die Teilnehmer gut schwimmen können und keine Angst haben, mit dem Kopf unter Wasser zu tauchen. Die Kurse kosten zwischen 160,– und 210,– DM.

Bildungswerk des Stadtsportbundes Köln e. V.
Schaevenstr. 1 b
50676 Köln
✆ *2401234*

Holiday Windsurfing

Kölns ältestes Fachgeschäft für Windsurfing-Bedarf namens »Holiday Windsurfing« bietet kompetenten Unterricht auf den Kölner Seen. Wer an den Bächen vorbeifährt, dessen Blick wird durch die pinkfarbenen Segel vor der Tür magisch auf den Laden gelenkt.

Holiday Windsurfing
Rothgerberbach 2
50676 Köln
✆ *247985*

Wave Tours

Wer's ein bißchen exotischer haben und sein Können beispielsweise an der französischen Atlantikküste demonstrieren will, fährt mit der Schule des Deutschen Wellenreit-Verbands in ein Camp im Süden. Auch wenn die Wellen dort höher schlagen, sind die professionellen Trainer speziell auf Anfängerunterricht eingestellt.

Wave Tours
Martin Storck
Beckstr. 54
64287 Darmstadt
✆ *06151/55727*

Selbstverteidigung

Frauen und Mädchen erleben in vielfältigen Formen Gewalt: Gewalt auf der Straße, physische und psychische Gewalt in der Familie, in der Schule, im Freundeskreis … Allen Formen ist gemeinsam, daß Frauen und Mädchen Gewalt oft hilflos gegenüberstehen. Sie haben es nicht gelernt, sich zu wehren und dabei ihre Körperkraft einzusetzen, schließlich gilt es als unweiblich, sich zu raufen und zu prügeln.
Um sich der eigenen Kraft bewußt zu werden und mehr Vertrauen in die eigene Stärke zu gewinnen, statt bedrohlichen Situationen wehrlos ausgeliefert zu sein, besuchen immer mehr Mädchen Selbstverteidigungs- und Selbstbehauptungskurse. Das Angebot in Köln ist groß.

»Frau Schmitzz«

»Frau Schmitzz«
Postfach 301343
50783 Köln
Fax: 7391606

»Frau Schmitzz« ist eine Arbeitsgemeinschaft Kölner Trainerinnen für feministische Selbstverteidigung und Selbstbehauptung/WenDo. Feministische Selbstverteidigung/WenDo wird seit über 20 Jahren von Frauen entwickelt und an Frauen und Mädchen weitergegeben.

»Frau Schmitzz« beschäftigt sich mit den verschiedenen Formen von Angriffen und Übergriffen, wie sie alltäglich auftreten können. So vielfältig wie die Angriffsvarianten, so vielfältig sind auch die hier erlernbaren Verteidigungsmöglichkeiten. Von verbalen Attacken über den Versuch, Hilfe zu holen, oder einfach wegzulaufen bis zur körperlichen Abwehr lernen Mädchen Reaktionsweisen auf die unterschiedlichen Angriffssituationen.

Die Trainerinnen haben ihre Unterrichtserfahrungen in intensiver Zusammenarbeit mit anderen Trainerinnen für WenDo/Feministische Selbstverteidigung gesammelt. Die 8 Trainerinnen arbeiten seit 6 Jahren als feste Trainerinnengruppe zusammen und richten ihr Angebot an alle Mädchen und Frauen, wobei Sportlichkeit und Fitneß keine Voraussetzung zur Teilnahme an den Kursen bilden.

Kölner Amazonen e.V.

Kölner Amazonen e.V.
Lülsdorfer Str. 215
51143 Köln
✆ 02203/80114 u.
0228/454729

Der Verein Kölner Amazonen bietet Kurse für Mädchen, weibliche Jugendliche und Frauen an. In ihren Kursen gehen die Amazonen auf verschiedene Formen sexueller Gewalt ein. Im Kurs entwickeln Mädchen und Frauen zu ihrem Schutz ein großes Verhaltensrepertoire, um angemessen und individuell auf unterschiedliche Gewaltsituationen reagieren zu können. Sie lernen, die Vorboten einer solchen Gewaltanwendung rechtzeitig zu erkennen, um sie schon im Vorfeld zu verhindern.

Bei der Selbstverteidigung werden einfache und effektive Techniken vermittelt, bei der Selbstbehauptung werden entsprechende Techniken und kreative, erfolgreiche Lösungsstrategien erarbeitet.

Die Trainerinnen sind alle kampfsporterfahren (die meisten tragen den schwarzen Gürtel) und blicken auf eine mehrjährige Erfahrung in der Durchführung von Selbstbehauptungs- und Selbstverteidigungskursen zurück.

DAS ANGEBOT FÜR KINDER UND JUGENDLICHE VON A–Z

Verena Kraus

Die Einzeltrainerin Verena Kraus bietet feministische Selbstbehauptung und Selbstverteidigung u. a. für Mädchen von 8 bis 16 Jahren an. Mit Rollenspielen, Wahrnehmungsübungen, mentalem Training, Beobachtungsgabe und Aufmerksamkeit werden Verhaltensstrategien geübt und das eigene Rollenverhalten bewußt betrachtet. Selbstverteidigungstechniken und Körperspiel unterstützen den Selbstverteidigungsprozeß. Mit Musik und Bewegungen aus dem Ausdruckstanz werden neue Körperformen geübt, Starre und Steifheit werden tänzerisch gelockert.

Verena Kraus
Feyerweg 6
53894 Mechernich/Weyer
✆ 02484/2553

»Laute Luisen«

Die »Lauten Luisen« arbeiten mit Trägern der offenen Jugendarbeit und der Erwachsenenbildung zusammen. Auf Antrag werden Kurse in Eigeninitiative organisiert. Das zugrundeliegende Konzept zur Selbstbehauptung und Selbstverteidigung basiert auf WenDo, dem »Weg der Frauen«. Das ganzheitliche Konzept umfaßt Wahrnehmungsübungen, Gespräche, Rollenspiele und leicht erlernbare Selbstverteidigungstechniken. Ziel ist die Stärkung des psychischen und physischen Selbstvertrauens der Mädchen und Frauen. Dabei wendet sich das Angebot u. a. an Mädchen ab 6 Jahren und junge Frauen ab 16 Jahren.

»Laute Luisen«
Petra Berg
Samlandweg 1a
42799 Leichlingen
✆ 02175/880167

Schule für asiatische Kampfkunst e.V.

Seit 10 Jahren gehören von Trainerinnen geleitete Frauen- und Mädchenkurse zum festen Bestandteil des Vereinsangebotes der Schule für asiatische Kampfkunst e.V. In den Kursen werden einfache und wirkungsvolle Verteidigungstechniken erlernt, die die Selbstsicherheit und das Auftreten stärken, indem an Verteidigungssituationen herangeführt und gezeigt wird, daß es Möglichkeiten zur Selbstverteidigung gibt. Das Training basiert auf der asiatischen Kampfkunst Shaolin-Si (Kung Fu) und Dju-Su (chinesische Selbstverteidigung). Wegen der vielen kurzen und schnellen Schlagtechniken wird Kung Fu auch das »chinesische Boxen« genannt. Durch seinen Variantenreichtum bietet es vielfältige Möglichkeiten zur ausgleichenden und ganzheitlichen Bewegungsmedita-

Schule für asiatische
Kampfkunst e.V.
Vogelsanger Str. 162
50823 Köln
Chorweiler Nord:
Jugendeinrichtung Netzestr. 4
✆ 221-1387

tion, von der ästhetischen Körperschulung bis hin zu realistischen Kampftechniken.

Dju-Su arbeitet ähnlich wie Jiu-Jitsu und andere traditionelle Selbstverteidigungsmethoden mit einer Vielzahl von Befreiungstechniken, Griffen, Hebeln und Würfen, mit dem Abwehren, mit Ausweichmanövern und der Fallschule, verbunden mit Schock- und Kontertechniken.

Entscheidend sind Technik, Schnelligkeit und Power, daher sind die Voraussetzungen für die Teilnehmerinnen Lust auf körperliche Fitneß und die Bereitschaft, über einen längeren Zeitraum zu üben. Der Einstieg in die Kurse für Anfängerinnen ist jederzeit möglich.

Schwertlilie

Schwertlilie
c/o Marion Koczy
Hermann-Löns-Str. 7
51469 Bergisch Gladbach
✆ 02202/55441

»Schwertlilie« Marion Koczy ist Einzeltrainerin und trainiert seit 1984 WenDo und feministische Selbstverteidigung. Seit 1989 unterrichtet sie in Deutschland, Schweden und den USA. »Die beste Verteidigung sind das Wort und die Beine«, lautet das Motto von Marion Koczy. Wenn ein Mädchen sich aber für den körperlichen Kampf entscheidet oder entscheiden muß, dann sollte sie ihre ganze Kraft und Überzeugung einsetzen, um der Situation so unbeschadet wie möglich zu entkommen. Ein Grundkurs dauert mindestens 10 bis 12 Zeitstunden an einem Wochenende, oder besteht aus einer Reihe von Kursstunden.

Weitere Selbstverteidigungsangebote

Im folgenden werden Vereine und Initiativen genannt, die Selbstverteidigungs- und Selbstbehauptungskurse im Programm haben. Aktuelle Infos über Kursbeginn, Ort und Dauer erhalten Sie unter der angegebenen Telefonnummer.

**Weidener
Sportsfreunde e. V.**
Freiburger Str. 28
50859 Köln
✆ 02234/75694

**1. Kölner Karate Club
Bushido 1961 e.V.**
Breninger Str. 10
50969 Köln
✆ 5770252 u. 3606252

DAS ANGEBOT FÜR KINDER UND JUGENDLICHE VON A–Z

AOK Rheinland
Frau Bruna
✆ 1618595

Initiative zur Förderung des Freizeit- und Breitensports e.V.
Carl-Diem-Weg 6
50933 Köln
✆ 4982254

Verein für Budo Köln e.V.
Heidemannstr. 72
50825 Köln
✆ 553572

Bildungswerk des Landssportbundes im Stadtsportbund Köln e. V.
Schaevenstr. 1 b
50676 Köln
✆ 2401234

MTV Köln 1850 e. V.
Herler Ring 176
51067 Köln
✆ 638324

Bildungswerk der AWO Köln
Rubensstr. 7–13
50676 Köln
✆ 2040728

Institut Medifit
Emil-Hoffmann-Str. 7 a
50996 Köln
✆ 02236/69475

Kum & Luk e. V. / KIK-Bildungswerk
Hansaring 66
50670 Köln
✆ 1390551

Skateboardfahren

North-Brigade Köln e. V.
Für Vereinsmitglieder (200,– DM Aufnahmegebühr) ist die Benutzung der Bahn North-Brigade kostenfrei, alle anderen müssen 4,– DM Eintritt zahlen. Dafür können sie stundenlang auf der 3 Quadratmeter großen Außenfläche skaten und üben, u. a. für den »Köllefornia Cup«. Montags und Freitags ist die Bahn von 15.00 bis 19.00 Uhr geöffnet, am Wochenende von 11.00 bis 19.00 Uhr und in den Ferien täglich ab 11 Uhr.

North-Brigade Köln e. V.
Dieter J. Ortsiefer
Bezirkssportanlage
Weidenpesch
Scheibenstr. 13 a
50737 Köln
✆ 741592

Skaten in Köln

Skaterhockey
Uwe Zöllig
Schillingstr. 24
50670 Köln
✆ 736373

GSC Porz
Ralph Bulan
✆ 863742

Nationale Skateboard-Union
Egon Linen
✆ 635272

Skifahren

Westdeutscher Skiverband
Goldammerweg 157
50829 Köln
✆ 583939

Bildungswerk des Stadtsportbundes Köln e. V.
Schaevenstr. 1 b
50676 Köln
✆ 2401234

Kölner Club
Moltkestr. 129
50674 Köln
✆ 513036

Das »Bildungswerk des Stadtsportbundes Köln e. V.« veranstaltet regelmäßig Skilehrgänge für die ganze Familie, u. a. im Oberengadin. Auskunft erteilt das Bildungswerk des Stadtsportbundes.
Viele Vereine bieten Ski- und Konditionsgymnastik an und stimmen so auf den Winterspaß ein. Im Kölner Club können Erwachsene mit Kindern ab 5 Jahren Skifahren lernen.
Der **Westdeutsche Skiverband**, Bezirk Eifel, gibt Auskunft zu allen Fragen des Skisports.

Tanzen

Bildungswerk des Stadtsportbundes Köln e. V.
Schaevenstr. 1 b
50676 Köln
✆ 24012374

Bildungswerk des Stadtsportbundes Köln e. V.
Kindgemäße, ganzheitliche Tanz- und Bewegungserziehung für Kinder von 2 bis 4 Jahren bietet das Bildungswerk des Stadtsportbundes.

Tauchen

DLRG Bezirk Köln e. V.
Alfred-Schütte-Allee 165
51105 Köln
✆ 836166

DLRG Bezirk Köln e. V.
Nach den Regeln der Tauchsportverbände dürfen Jugendliche frühestens ab dem 12. Lebensjahr an Kursen für Geräte-Tauchen teilnehmen. Aber auch wenn Ihr Kind schon 13 oder 14 Jahre alt ist, muß mit dem jeweiligen Tauchlehrer abgesprochen werden, ob er das Kind in seinem Tauchkurs aufnimmt. Letztendlich kommt es darauf an, daß das Kind ein genügendes Maß an Disziplin und Verantwortungsbewußtsein aufbringt, um mit der Tauchausrüstung richtig umzugehen, den Druckausgleich in tieferem Wasser zu beherrschen und in kritischen Situationen richtig zu reagieren. Aufgrund der unterschiedlichen Reaktionsweisen von Kindern und Jugendlichen sollte man Kinder nur in die Obhut von Tauchlehrern geben, die Erfahrung mit Kindern und Jugendlichenkursen haben. Außerdem ist ein ärztlicher Check unerläßlich, bei dem der Kreislauf, die Nasennebenhöhlen und das Trommelfell untersucht werden.

DAS ANGEBOT FÜR KINDER UND JUGENDLICHE VON A–Z

Tauchabzeichen für Kinder und Jugendliche werden in Bronze, Gold und Silber ausgegeben und durch das sogenannte Tauchabzeichen Elementar vorbereitet. Informationen gibt der DLRG.

Tennis

Kölner Tennis-Kreis TV Mittelrhein

Im Kölner Tennis-Kreis TV Mittelrhein sind 57 Kölner Vereine organisiert, die Jugendarbeit machen. Mehrere Mannschaften bei den Knaben / Mädchen (bis 14 Jahre) und Junioren / Juniorinnen (15 bis 18 Jahre) spielen sowohl in der Oberliga, der höchsten Spielklasse, als auch in der 1. und 2. Verbandsliga. In der Oberliga spielen die Junioren (15 bis 18 Jahre) u.a. vom TC Rot-Weiß Porz, TC GW Pesch, KTHC Stadion Rot-Weiß, Kölner Tennis Club 71, TC Lese Grün Weiß 1927 und vom Marienburger SC.

Für die Aufnahme gibt es keine Altersbegrenzung nach unten, aber in der Regel starten die ersten spielerischen Versuche mit dem Ball nicht vor dem 5. Lebensjahr. Alle in der Jugendarbeit aktiven Vereine bieten Einzel- sowie Gruppentraining an und nehmen an Turnieren und Mannschaftsspielen teil. Die Mitgliedschaft in einem der Kölner Vereine kostet unterschiedlich viel. Die Preise sind am sinnvollsten bei den Vereinen direkt zu erfragen. Eine komplette Liste der in Köln ansässigen Vereine hält der Tennisverband Mittelrhein bereit. Darüber hinaus gibt es die Möglichkeit, Tennis in kommerziellen Tennisschulen zu spielen (siehe Gelbe Seiten), nachfolgend werden einige genannt. Die Mitgliedschaft in einem Verein ist aber in der Regel preiswerter als das Spielen in kommerziellen Schulen oder Hallen.

Kölner Tennis-Kreis TV Mittelrhein
Merianstr. 2–6
50769 Köln
✆ 705868

Tennis für Kids und Teens im Verein

TC Rot-Weiß Porz
Schützenstr. 77
51147 Köln
✆ 491459

TC GW Pesch
Waffenschmidtstr. 10
50767 Köln
✆ 5902946

KTHC Stadion Rot-Weiß
Olympiaweg
50933 Köln
✆ 491915

Kölner Tennis Club 71
Merianstr. 2–4
50769 Köln
✆ 7088326

TC Lese Grün-Weiß 1927
Friedrich-Schmidt-Str. 99
50933 Köln
✆ 491459

Marienburger SC
Schillingsrotter Str. 99
50996 Köln
✆ 353942

Tennishallen in Köln

Tennishalle Bell
Wilhelm-Mauser-Str. 57
50827 Köln
✆ 583800

Kawi-Tennisanlagen
Am Autokino Porz
51145 Köln
✆ 02203/31991

Tennishalle KTC
Rennbahnstr. 56
50769 Köln
✆ 743958

Tennishalle Löring
Am Vorgebirgstor 1–3
50969 Köln
✆ 365134

Tennishalle Nord
Neusser Landstr. 42
50769 Köln
✆ 7087751

Tennishalle Pesch
Waffenschmidtstr. 10
50767 Köln
✆ 5903308

Tennishalle Rath
Am Sportplatz
51107 Köln
✆ 862321

Tennisanlage Schmitte
Großrotterweg 1
50997 Köln
✆ 02233/92100-0

Tennishalle Wahn
Heidestr. 38
51147 Köln
✆ 02203/62270

Tennishalle West 1
Rath Mengenicher Weg 3
50859 Köln
✆ 501290

Tennishalle West 2
Donatusstr. 147
50259 Pulheim
✆ 02234/83234

Tennispark Königsdorf
Greinstraße
50226 Frechen
✆ 02234/63597

TCW Tennis Weiden
Ignystraße
50858 Köln
✆ 02234/79299

Tennis Treff Lövenich
Ottostr. 7
50859 Köln
✆ 02234/74043

DAS ANGEBOT FÜR KINDER UND JUGENDLICHE VON A–Z

Tischtennis

Westdeutscher Tischtennis-Verband e. V.
Tischtennis ist im Verein am schönsten, zumal es keine privaten oder kommerziellen Tischtennisschulen oder -clubs gibt. Im Westdeutschen Tischtennis-Verband e. V., Bezirk Köln, sind 120 Vereine organisiert, die fast alle Jugendarbeit leisten. Sinnvoll ist eine Mitgliedschaft ab 7 oder 8 Jahren, die monatlich zwischen 5,– und 8,– DM kostet.

Westdeutscher Tischtennis-Verband e. V., Bezirk Köln
Oberstr. 101
51149 Köln
✆ 02203/16493

Turnen

Dem **Kölner Turngau** sind 135 Vereine angeschlossen, die alle Kinder- und Jugendsport anbieten, wobei sich die Leistungen in der Regel auf den normalen Übungsbetrieb beschränken. Teilweise bieten die Vereine auch spezielles Kinderturnen, Eltern-Kind-Turnen und Kindertanz an. Die Mitgliedschaft kostet ca. 6,– DM monatlich. Der »Turngau« gibt Auskunft über Turnangebote in Vereinen in Ihrer Nähe. Über die Kinderturnabzeichen erhalten Sie Informationen und Unterlagen beim **Rheinischen Turnerbund**.
Insgesamt gibt es in Köln 61 Vereine und in jedem Stadtteil findet sich mehr als einer, der Kinderturnen anbietet.

Turngau Köln e. V.
Deutz-Kalker-Str. 52
50679 Köln
✆ 813783

Rheinischer Turnerbund
Jugendsekretariat
Postfach 200745
51437 Bergisch Gladbach
✆ 02202/2003-0

Kinder turnen in Köln

Innenstadt	Ehrenfeld	Chorweiler
Kölner Turnerschaft von 1843 e. V. Gert Wingert Vogelsanger Str. 1 50627 Köln ✆ 515261	**TuS Köln-Ehrenfeld 1865 e. V.** Brigitte Schneider-Schwarz Arnimstr. 101 50825 Köln ✆ 555591	**Kölner Sport-Verein 59/65 e. V.** Meike Kretzer Balsaminenweg 50 50769 Köln ✆ 704200

Rodenkirchen	Nippes	Kalk
TV Rodenkirchen 1898 e. V. Augustastr. 1 50996 Köln ✆ 352380	TFG Nippes 1878 e. V. Marianne Seggedi ✆ 748552	Turnerschaft Rath-Heumar 03 e. V. Rösrather Str. 715 51105 Köln ✆ 862954 u. 863058
Lindenthal	**Porz** DJK Frankonia Porz e. V.	**Mülheim**
SV Weiden 1914/75 e. V. Birgit Woocker Ludwig-Jan-Str. 15 50858 Köln ✆ 02234/497670	1961 Herbert Reufsteck Charlottenstr. 22 51149 Köln ✆ 02203/15759	TGM Köln 1879 e. V. Sporthalle Berg. Ring 40 51063 Köln ✆ 612477

Trampolinspringen

Das Bildungswerk des Stadtsportbundes veranstaltet für Eltern mit Kindern ab 3 Jahre Kurse im Trampolinspringen. Die Teilnehmer erhalten eine Einführung in die Haltungs- und Sprungtechnik sowie in diverse Spielformen. Die Kursgebühr beträgt ca. 30,– DM.

Wasserski

Wasserski Schule Langenfeld
Baumberger Str. 88
40764 Langenfeld
✆ 02173/62038

Das Bildungswerk des Stadtsportbundes veranstaltet Wasserskifahrten auf den Kölner Seen. Die Kursgebühr für einen Tag (meistens Samstag) beträgt 50,– DM. Die Teilnehmer müssen sicher schwimmen können.
Wer den Wasserskisport lernen will, kann sich in der Saison (19. 3.–29. 10.) in der **Wasserski Schule Langenfeld** anmelden. Dort zahlt man für 2 Stunden ca. 52,– DM, ermäßigt 36,– DM. Die Leihgebühr für Neoprenanzüge, ohne die man sich hierzulande nicht aufs Wasser wagen sollte, beträgt 7,– DM.

DAS ANGEBOT FÜR KINDER UND JUGENDLICHE VON A–Z

Anschriften für weitere Sportarten

Abgesehen von den dargestellten Sportarten, gibt es natürlich eine Reihe weiterer Disziplinen, die Kinder und Jugendliche allein oder mit ihren Eltern erlernen und ausüben können. Der Stadtsportbund (siehe. S. 201, 202) und die Sportjugend (siehe S. 206) können Ihnen zu allen Sportarten kompetent Auskunft geben oder die Verbandsadresse nennen, wo man Ihnen dann bestimmt weiterhelfen wird. Für einige Disziplinen finden Sie die Anlaufstellen, wie nachfolgend genannt.

Fechten
Kölner Fechtclub e. V. 1921
Richard-Zanders-Str. 53
51469 Bergisch Gladbach

Goshin-Jitsu
Goshin-Jitsu Verband NW
Ludwig-Quidde-Platz 10
51109 Köln
∅ 02208/2253

Hockey
Westdeutscher Hockey-Verband im LSB NW e. V.
Friedrich-Alfred-Str. 25
47055 Duisburg
∅ 0203/7381381

Judo
Nordrhein-Westfälischer Judo-Verband
Fachverband für Budotechniken e. V., Kreis Köln
An der Langenfohr 17
41359 Dormagen

Kunstradfahren
Radfahrverein »Diamant« Lind
Horst Gottschalk
∅ 02203/62891

Einradschule Tscha-Tscha
Gutenbergstr. 68
50823 Köln
∅ 524853
ab 5 Jahre, Crashkurs für Anfänger, 5 Unterrichtsstunden: 100,– DM

Rugby
ASV Köln, Abt. Rugby
Markus Gerigk
Volkhovener Weg 163
50767 Köln
∅ 794790

Triathlon
Triathlon-Verband NW
Postfach 100229
51402 Bergisch Gladbach
∅ 02204/83737

Volleyball
Westdeutscher Volleyball-Verband e. V.
Kreisvolleyballverband der Stadt Köln
In der Bahnenbitze 232
51143 Köln

Kultur

Die Kulturszene für die Kleinen 248
Wer berät in kulturellen Angelegenheiten? 248, Kultur für Kinder in den Familienbildungsstätten und Bürgerzentren 249

Literatur 250
Wichtige Adressen rund ums Buch 251, *Workshop mit Pfiff* 253, *Auswahllisten der Institutionen* 254, Bibliotheken 255, *Die Zentralbibliothek und die Stadtteilbibliotheken* 255, *Autobücherei* 257, Kinderbuchladen in Köln 262, Interview mit Carola Schauhoff-Ring 262, Buchhandlungen mit Kinderbuchabteilungen 263, Kinderliteraturzeitschriften 264, Kinder- und Jugendzeitschriften 266

Musik 267
Die Rheinische Musikschule 267, Musikkurse von privaten und freien Trägern 268, Klavierlehrer gesucht? 270, Kinder singen 271

Kunst 272
Kunstunterricht 272, Der städtische Museumsdienst 273, Museen, die Kindern Spaß machen 273

Theater 275
Kindertheater 275, Figurentheater, Puppenspiele und Mitmachtheater 278, Zirkus und Pantomime 280, Theaterpädagogisches Zentrum 281

Film 282
Der Jugendfilmclub 282, Kinderkino 282

Rundfunk & Fernsehen 283

Kinder im Kölner Karneval 283
Kinderkarneval traditionell 284, Kinderkarneval alternativ 286

Die Kulturszene für die Kleinen

Was das Kölner Kultur-Programm für Kinder zu bieten hat, ist monatlich nachzulesen in der »Stadt-Revue« unter der Rubrik »Pänz Eck«

Wie entsteht eigentlich ein Theaterstück? Was macht die Faszination von Zirkus aus? Wie kommen Filme, Fotos, Videos zustande? Wie schreibt man so, daß es andere interessant und spannend finden? Die kulturpädagogischen Programme für Kinder und Jugendliche der Stadt Köln geben Antworten auf diese und andere Fragen, wobei die Szene durch die Aktivitäten der vielen freien Gruppen erst richtig interessant wird.

Im Bereich des Kinder- und Jugendtheaters nimmt Köln innerhalb Deutschlands eine exponierte Stellung ein, da sich in der Rheinmetropole viele hervorragende Gruppen zusammengefunden haben. Das bekannteste Beispiel ist sicherlich das Theaterensemble »Ömmes & Oimel« der »Comedia Colonia«.

Insgesamt ist das kulturelle Angebot, das Kinder mit oder ohne ihre Eltern in Köln nutzen können, so groß, daß hier nur ein Ausschnitt beleuchtet werden kann, der aber repräsentativ ist und fast alle Bereiche berücksichtigt.

Das Jugendamt der Stadt Köln setzt für die verschiedenen kulturellen Bereiche Referenten ein, die einerseits die städtischen Gelder für die freien und privaten Gruppen verteilen und andererseits sowohl die Gruppen als auch die Bürger beraten.

Wer berät in kulturellen Angelegenheiten?

Jugendamt der Stadt Köln
Reinhilde Biefang
✆ 221-2990

Referent für bildende Kunst, Literatur, Film und Fotografie
✆ 221-3829

Referent für Theater, Tanz, Zirkus
✆ 221-3655

Referent für Musik
✆ 221-2912

Referent für Rock/Pop-Musik
✆ 221-4662

Referent für Stadtteilkultur
✆ 221-2911

Stadtteilkulturbüro Ehrenfeld
✆ 518947

Stadtteilkulturbüro Chorweiler
✆ 221-1390

Stadtteilkulturbüro Mülheim
✆ 6719-327

Kultur für Kinder in den Familienbildungsstätten und Bürgerzentren

In Köln gibt es 5 Katholische Familienbildungsstätten, eine evangelische und 13 Bürgerhäuser. Sie alle haben Kurse und Veranstaltungen für Kinder im kulturellen Bereich im Programm, die teilweise auf das gemeinsame Erleben mit den Eltern ausgerichtet sind. Da die Programme regelmäßig neu zusammengestellt werden, wendet man sich am besten direkt an die Mitarbeiter unter den angegebenen Adressen und Telefonnummern, um die aktuellen Veranstaltungen und Kurse zu erfahren.

Katholisches Familienbildungswerk e. V. Köln
Gilbachstr. 21
59672 Köln
⌀ 5790940

Familienbildungsstätte Weißenburgstraße
Weißenburgstr. 14
50670 Köln
⌀ 734794

Familienbildungsstätte »An St. Katharinen«
Arnold-von-Siegen-Str. 7
50678 Köln
⌀ 931840-0

Familienbildungsstätte Vogelsang
Rotkehlchenweg 49
50829 Köln
⌀ 582302

Familienbildungsstätte »An St. Urban«
An St. Urban 2
51063 Köln
⌀ 813284

Familienbildungsstätte An der Kalker Kapelle
Kapellenstr. 7
51103 Köln
⌀ 8701908

Evangelische Eltern- u. Familienbildungsstätte
Kartäuserwall 24 b
50678 Köln
⌀ 314838

Bürgerzentrum Alte Feuerwache
Melchiorstr. 3
50670 Köln
⌀ 7391073

Bürgerzentrum Nippes
Steinbergstr. 40
50733 Köln
⌀ 221-9526

Bürgerhaus Stollwerck
Dreikönigenstr. 23
50678 Köln
⌀ 318053

Bürgerzentrum Ehrenfeld
Venloer Str. 429
50825 Köln
⌀ 542111

Bürgerschaftshaus Bocklemünd/Mengenich
Görlinger Zentrum 15
50829 Köln
⌀ 501017

Bürgerhaus Kalk Kalk-Mülheimer-Str. 58 51103 Köln ⌀ 852051/52	**Bürgerzentrum Vingst** Heßhofstr. 43 51107 Köln ⌀ 877021
Bürgerzentrum Engelshof Oberstr. 96 51149 Köln ⌀ 02203/15216	**Bürgerzentrum Chorweiler** Pariser Platz 1 50765 Köln ⌀ 221-1330
Bürgerzentrum Rheinsteinstraße Rheinsteinstr. 4 50968 Köln ⌀ 372139	**Quäker Nachbarschaftsheim** Kreutzerstr. 5 50672 Köln ⌀ 951540-0
Bürger- und Vereinszentrum Rath-Heumar Rösrather Str. 603 51107 Köln ⌀ 865588	**Bürgerzentrum Deutz** Tempelstr. 41 50679 Köln ⌀ 221-3383

Literatur

Wie kommt das Buch zum Kind?

»Schock deine Eltern, lies ein Buch!« Mit diesem ebenso eingängigen wie originellen Slogan werben die Verlage für das Kinder- und Jugendbuch. Daß dabei die Zielgruppe direkt angesprochen wird, ist ganz besonders erwähnenswert, läuft der Verkauf des Kinder- und Jugendbuchs doch für gewöhnlich über die Eltern der lesenden Kundschaft noch am besten. Die zahlreichen Kinder- und Jugendliteraturzeitschriften, die zwar über, aber nicht für Kinder zum Thema Literatur Beiträge bringen, legen ein beredtes Zeugnis davon ab. Neben den zahlreichen Kinder- und Jugendliteraturzeitschriften für Eltern und Pädagogen steht nur eine Kinderliteraturzeitschrift für Kinder zur Verfügung.

Kinder, die lesen, tun das nur selten aus eigenem Antrieb. In hohem Maße darauf angewiesen, von den Eltern, den Lehrern oder anderen Erwachsenen an die Bücher herangeführt zu werden, regt sich die Lust am Lesen bei Kindern um so schneller und dauerhafter, wenn das familiäre oder schulische Umfeld günstige Bedingungen dafür schafft.

LITERATUR

Vor diesem Hintergrund ist es ganz besonders schockierend, daß der Rotstift in der Haushaltsdebatte der Stadt Köln verschärft im kulturellen Bereich angesetzt wurde und beispielsweise Stadtteilbibliotheken geschlossen wurden. Kindern und Jugendlichen, denen die Möglichkeit genommen wird, in der unmittelbaren Umgebung ihres Wohnorts in Büchern zu blättern, sie anzufassen und mit nach Hause zu nehmen, werden wohl oder übel auf das Medium Buch verzichten.

Wichtige Adressen rund ums Buch

Arbeitskreis Jugendliteratur e. V.
Der Arbeitskreis für Jugendliteratur ist 1955 in München von Autoren, Bibliothekaren, Lehrern, Verlegern und Politikern gegründet worden. Zu seinen Aufgaben und Tätigkeiten gehört die inhaltliche und organisatorische Betreuung der Verleihung des Deutschen Jugendliteraturpreises, die Veranstaltung von Workshops, Tagungen und Seminaren sowie die Veröffentlichung von zahlreichen Publikationen, u.a. *JuLit – Informationen des Arbeitskreises für Jugendliteratur*, *Das Kinderbuch* (eine Auswahl von Kinderbüchern aus aller Welt), *Blaubuch* (Adressen und Register für die deutschsprachige Kinder- und Jugendliteratur), *Das Bilderbuch* (eine Auswahl von Bilderbüchern aus aller Welt).

Arbeitskreis für Jugendliteratur e. V.
Schlörstr. 10
80634 München
℡ 089/1684052

Stiftung Lesen
»Schon in frühester Kindheit wird der Grundstein für das spätere Leseverhalten gelegt«, formuliert Stiftung Lesen in ihrem 3. Tätigkeitsbericht. Deshalb betrachtet die Stiftung es als eine besonders wichtige Aufgabe, Leseförderung gezielt für Kinder und Jugendliche zu konzipieren. In diesem Zusammenhang werden z. B. Seminare und Vorträge veranstaltet sowie Lese- und Erzählcafés unterhalten.

Stiftung Lesen
Fischtorplatz 23
55116 Mainz
℡ 06131/288900

Verein zur Förderung des Lesens e. V.
Der Verein wurde 1981 gegründet, um Initiativen zur Förderung des Lesens in Deutschland zu unterstützen. Er betreut keine eigenen Leseförderungsprojekte, son-

Verein zur Förderung des Lesens e. V.
Fischtorplatz 23
55116 Mainz
℡ 06131/288900

dern fördert finanziell und logistisch Maßnahmen, die der Pflege und Erhaltung einer zeitgemäßeren Lese- und Sprachkultur dienen.

Landesarbeitsgemeinschaft Jugend und Literatur NRW e. V.

Landesarbeitsgemeinschaft Jugend und Literatur NRW e. V.
Von-Werth-Str. 159
50259 Pulheim-Brauweiler
℡ 02234/84286

Die Landesarbeitsgemeinschaft Jugend und Literatur NRW e. V. wurde 1978 mit dem Ziel gegründet, auf Landesebene die kulturpädagogische Arbeit mit dem Kinder- und Jugendbuch in der außerschulischen Jugendbildung und Jugendarbeit anzuregen und zu fördern. Allen, die sich mit der Erziehung und Ausbildung junger Menschen befassen, sollen praxisbezogene Hilfestellungen und Ratschläge gegeben werden, und es soll dazu angeregt werden, in der Erziehung mit dem Bilder-, Kinder- und Jugendbuch zu arbeiten.

Tätigkeitsbereiche und Arbeitsschwerpunkte des Vereins sind die Durchführung von Schreibwerkstätten, Lese-Freizeiten, Buchausstellungen sowie die Herausgabe des Bücherverzeichnisses *Was soll ich lesen?* Dieses Nachschlagewerk umfaßt 12 Bände mit 2400 Buchbesprechungen. Ein aktuelles Veranstaltungsprogramm kann über obige Adresse bezogen werden.

Arbeitskreis »Leseförderung in Köln«

Der Arbeitskreis »Leseförderung in Köln« wurde von der Stiftung City Treff, der Kulturstiftung der Stadtsparkasse Köln, gegründet. Er hat es sich zur Aufgabe gemacht, die unterschiedlichen Möglichkeiten der schulischen und außerschulischen Leseförderung in Köln zu erarbeiten, neue Projekte zu realisieren und deren Finanzierung zu sichern.

Weitere Einrichtungen in Köln und im Bundesgebiet geben gern Auskunft über ihr Tun:

Deutsches Jugendschriftenwerk e. V.
Fischtorplatz 23
55116 Mainz
℡ 06131/288900

Deutsche Akademie für Kinder- und Jugendliteratur e. V.
Hauptstr. 42
97332 Volkach
℡ 09381/4355

LITERATUR

Institut für Jugendbuchforschung der Johann Wolfgang-Goethe-Universität
Myliusstr. 30
60323 Frankfurt/Main
✆ 069/7981

Arbeitskreis Jugendliteratur und Medien
VJA in der GEW
Heinz Dörr
Bahnhofstr. 43
88662 Überlingen
✆ 07551/5228

Internationale Jugendbibliothek
Schloß Blutenburg
81247 München
✆ 089/891211-0

Arbeitsstelle für Leseforschung u. Kinder- u. Jugendmedien A Le Ki
Universität Köln
Richard-Wagner-Str. 39
50674 Köln
✆ 470-4069/63
Verfügt über Primärliteratur ab 1989

Workshop mit Pfiff

Der Jugendbuchautor Harry Böseke (*Ab in den Orientexpreß*) lädt zu Workshops für schreibende Kinder und mit schreibenden Kindern ein. Er besucht auf Wunsch auch Schulklassen und fördert, was mancher Lehrer nicht vermag: den Spaß am Umgang mit Sprache und Literatur. In seinem »Geschichtenzirkus« kommt er ohne Requisiten aus. Er gruppiert die Kinder auf einem Stuhlkreis um einen Tisch herum, und schon geht's los. In phantasiereichen Spielen läßt er die Kinder »Handstandsätze« bilden, also Sätze, die man auch von hinten nach vorne lesen kann, animiert zum Erfinden von »Rundumgeschichten« und gibt bereitwillig Auskunft über sein Leben als Schriftsteller.
Anfragen für Workshops sind zu richten an:
Harry Böseke
✆ + Fax: 02264/1567

Auswahllisten der Institutionen

Die Auswahllisten der Institutionen, die sich mit Literatur für Kinder und Jugendliche beschäftigen, sind in der Regel gegen einen geringen Unkostenbeitrag direkt bei den Einrichtungen zu bestellen.

Deutscher Jugendliteraturpreis
Hrsg. vom Arbeitskreis für Jugendliteratur e. V.

Bilderbücher, Spiele, Elternbücher von 3 bis 8
Hrsg. vom Deutschen Jugendschriftenwerk e. V.
Fischtorplatz 23
55116 Mainz

Das Buch der Jugend
Hrsg. vom Arbeitskreis für Jugendliteratur e. V.

BÜCHER – Der Besprechungsdienst des DJW
Hrsg. vom Deutschen Jugendschriftenwerk e. V.

Damit uns nicht Hören und Sehen vergeht – Lesen ist Familiensache
Hrsg. von der Stiftung Lesen e. V.

Das Bilderbuch
Hrsg. vom Arbeitskreis für Jugendliteratur e. V.

Das Kinderbuch
Hrsg. vom Arbeitskreis für Jugendliteratur e. V.

Liebe – Sexualität – Partnerschaft
Bücher für junge Leute
Arbeitskreis für Jugendliteratur e. V.
Forum Lesen
Informationsdienst der Stiftung Lesen

Bibliotheken

Der Bestand an Kinder- und Jugendbüchern in der Zentralbibliothek und den Stadtteilbibliotheken umfaßt neben Büchern auch Kindervideos und -kassetten und die Zentralbibliothek leiht auch Kinder-CDs sowie Bücher und Comics in anderen Sprachen (Lateinisch, Englisch, Französisch, Spanisch und Türkisch) aus.
In der Zentralbibliothek ist die Titelbreite bei Kinder- und Jugendbüchern am größten. In der eigens eingerichteten Kinder- und Jugendbücherei am Josef-Haubrich-Hof sind 27 000 Titel (alle Medien zusammengenommen) zu finden. In den Stadtteilbibliotheken machen die Kinder- und Jugendbuchbestände durchschnittlich ein Viertel des Gesamtbestandes aus, das sind je nach Größe der Zweigstelle zwischen 5500 und 18 000 Medien. Die speziellen Schülerhilfen und sonstigen Nachschlagewerke, die im allgemeinen Sachbuchbestand zu finden sind, zählen nicht dazu.
Im Mai 1995 ist die Stadtbibliothek Bocklemünd zu einer Stadtteilbibliothek mit dem Schwerpunkt Kinder- und Jugendbücher umstrukturiert worden.
Über das Medienangebot hinaus werden in allen Bibliotheken Kinderveranstaltungen wie Kindertheater, Lesungen mit Kinderbuchautoren, Lesewettbewerbe und ähnliches angeboten. Die Veranstaltungen werden durch Aushänge oder Ankündigungen in der Tagespresse bekannt gemacht. Klassenführungen geben Lehrern und Schülern einen Überblick über das Angebot und Hinweise für die Benutzung einer Bibliothek.

Die Zentralbibliothek und die Stadtteilbibliotheken

Innenstadt

Wichterichstr. 1
50937 Köln
∅ 221-9728
Öffnungszeiten:
Mo bis Mi: 13.00–19.00 Uhr
Do: 10.00–19.00 Uhr
Fr: 10.00–16.30 Uhr

Stadtbibliothek am Ebertplatz
Hansaring 82
50670 Köln
∅ 221-9527
Öffnungszeiten:
Mo–Mi: 13.00–19.00 Uhr
Do: 10.00–19.00 Uhr
Fr: 10.00–16.30 Uhr

Zentralbibliothek
Josef-Haubrich-Hof 1
Kinderbücherei
Tel: 221-3828
Öffnungszeiten:
Di. u. Do: 11.30–20.00 Uhr
Mi. u. Fr: 9.00–18.00 Uhr
Sa. 10.00–15.00 Uhr

Severinstr. 15
50678 Köln
∅ 327282
Öffnungszeiten:
Mo–Mi:13.00–19.00 Uhr
Do: 10.00–19.00 Uhr
Fr:: 10.00–16.30 Uhr

Nippes

Blücherstr. 10
∅ 7761-306
Öffnungszeiten:
Mo–Mi: 13.00–19.00 Uhr
Do: 10.00–19.00 Uhr
Fr: 10.00–16.30 Uhr

Kapuzinerstr. 3
50737 Köln
∅ 742038
Öffnungszeiten:
Mo, Di, Do:
14.00–19.00 Uhr
Fr: 10.00–16.30 Uhr

Rodenkirchen

Schillingsrotter Str. 38 a
50996 Köln
∅ 3591-370
Öffnungszeiten:
Mo., Di., Do:
14.00–19.00 Uhr
Fr: 10.00–16.30 Uhr

Bernkastler Str. 7
50969 Köln
∅ 361544
Öffnungszeiten:
Mo–Mi: 13.00–19.00 Uhr
Do: 10.00–19.00 Uhr
Fr: 10.00–16.30 Uhr

Lindenthal

Aachenerstr. 485
50933 Köln
∅ 4000559

Öffnungszeiten:
Mo–Mi: 13.00–19.00 Uhr
Do: 10.00–19.00 Uhr
Fr: 10.00–16.30 Uhr

Ehrenfeld

Görlinger-Zentrum 13
50829 Köln
∅ 503276
Öffnungszeiten:
Mo–Mi: 13.00–19.00 Uhr
Do: 10.00–19.00 Uhr
Fr: 10.00–16.30 Uhr

Venloer Str. 419
Bezirksrathaus
50825 Köln
∅ 5488-353
Öffnungszeiten:
Mo–Mi: 13.00–19.00 Uhr
Do:10.00–19.00 Uhr
Fr: 10.00–16.30 Uhr

Chorweiler

Pariser Platz 1
50765 Köln
∅ 221-1401
Öffnungszeiten:
Mo–Mi: 13.00–19.00 Uhr
Do: 10.00–19.00 Uhr
Fr: 10.00–16.30 Uhr

Kalk

Kalker Hauptstr. 247
Bezirksrathaus
51103 Köln
∅ 8279-701
Öffnungszeiten:
Mo–Mi: 13.00–19.00 Uhr
Do: 10.00–19.00 Uhr
Fr: 10.00–16.30 Uhr

An. St. Adelheid 2
51109 Köln
∅ 891303
Öffnungszeiten:
Mo–Mi: 13.00–19.00 Uhr
Do: 10.00–19.00 Uhr
Fr: 10.00–16.30 Uhr

Porz

Friedrich-Ebert-Ufer 64
Bezirksrathaus
51143 Köln
∅ 02203/41-381
Öffnungszeiten:
Mo: 14.00–18.30 Uhr
Di–Do: 10.00–13.00 Uhr
14.00–18.30 Uhr
Fr: 10.00–16.30 Uhr

Mülheim

Im Riephagen 1
51069 Köln
∅ 6801031
Öffnungszeiten:
Mo, Di, Do:
14.00–19.00 Uhr
Fr: 10.00–16.30 Uhr

Buchheimer Str. 61
51063 Köln
∅ 6702-449
Öffnungszeiten:
Mo bis Mi:
13.00–19.00 Uhr
Do: 10.00–19.00 Uhr
Fr: 10.00–16.30 Uhr

AUTOBÜCHEREI

Zum Schluß sei noch auf zwei besondere Einrichtungen in Sachen Buch hingewiesen:

Autobücherei

Die Autobücherei ist bei Kindern und Jugendlichen besonders beliebt, weil sie – zumindest bis Juni 1994 – wöchentlich die Haltestellen im gesamten Stadtgebiet anfuhr.

Seit Juli 1994 sind von den ursprünglich 6 Bussen nur noch 4 im Einsatz, so daß die Haltepunkte in größeren Intervallen angefahren werden. Trotzdem wurden von den 245 000 Medien (Bücher, Zeitschriften und Kassetten) 110 000 Medien von Kindern und Jugendlichen ausgeliehen, die den Großteil der aktiven Leserschaft ausmachen. Weil die Busse die Außenbezirke der Stadt Köln anfahren und daher insbesondere solche Gruppen erreichen, die nicht oder noch nicht mobil sind, ist deren Erhalt für die Leseförderung von Kindern und Jugendlichen absolut notwendig.

Autobücherei
Girlitzweg 30, Tor 3
50829 Köln
✆ 492359

Autobücherei

Haltepunkte und Ausleihzeiten

Depot der Autobücherei
Girlitzweg 30, Tor 3
50829 Köln (Vogelsang)
✆ 49 23 59
Fax: 49 23 67

Tour A wird in jeder geraden Woche gefahren, Tour B entsprechend in den ungeraden Wochen. An Feiertagen gibt es keine Ausleihmöglichkeiten.

Auweiler Escher Straße am Spielplatz	montags		13.30 – 14.30 Uhr
Bayenthal Mathias-Kirchplatz	freitags		13.30 – 14.30 Uhr
Bickendorf Erlenweg/ Akazienweg	(alle 14 Tage) donnerstags		Tour A 17.30 – 19.00 Uhr

AUTOBÜCHEREI

Bickendorf Wolffsohnstr.	(alle 14 Tage) donnerstags	Tour B 17.30 – 19.00 Uhr
Bilderstöckchen Alzeyerstr.	(alle 14 Tage) montags	Tour A 14.15 – 15.45 Uhr
Bilderstöckchen Ravensburgerstr.	(alle 14 Tage) montags	Tour B 14.15 – 15.45 Uhr
Blumenberg Usedomstr./ Weserpromenade	donnerstags	14.45 – 15.45 Uhr
Brück Schützenplatz/ Am Gräfenhof	montags	14.45 – 15.45 Uhr
Buchforst Pyrmonter Straße/ Waldecker Straße	(alle 14 Tage) donnerstags	Tour A 13.30 – 14.30 Uhr
Buchheim Stegwiese	(alle 14 Tage) donnerstags	Tour B 13.30 – 14.30 Uhr
Dellbrück Wiesenstr., vor dem Spielplatz	montags	13.30 – 14.30 Uhr
Deutz Arnoldstraße/ Helenenwallstraße	dienstags	17.00 – 19.00 Uhr
Deutz Allemannenstr./ Ecke Suevenstr.	freitags	13.00 – 14.00 Uhr
Dünnwald Amselstraße	(alle 14 Tage) freitags	Tour A 15.45 – 16.45 Uhr
Dünnwald Leimbachweg	(alle 14 Tage) freitags	Tour B 15.45 – 16.45 Uhr
Eil-Finkenberg Brüsseler Str.	freitags	17.00 – 18.00 Uhr
Ensen-Westhoven Gilgaustraße/ Am Marktplatz	donnerstags	18.00 – 19.00 Uhr
Esch Martinusstraße/ Amselweg	montags	14.45 – 15.45 Uhr
Flittard Edelhofstraße/ Everger Straße Bushaltestelle	(alle 14 Tage) donnerstags	Tour A 17.30 – 19.00 Uhr
Flittard Peter-Grieß-Str., v. d. Schule	(alle 14 Tage) donnerstags	Tour B 17.30 – 19.00 Uhr
Godorf Buchfinkenstraße vor der Realschule	montags	15.00 – 16.00 Uhr
Gremberg Esserstraße/ Ecke Gremberger Straße	mittwochs	17.15 – 19.00 Uhr
Gremberghoven Gotenstr., Ecke Frankenstraße	donnerstags	15.00 – 16.00 Uhr
Heimersdorf Haselnußweg/ Forststraße	montags	17.15 – 19.00 Uhr
Höhenberg Fuldaer Straße, U-Bahn-Trasse	mittwochs	16.00 – 17.00 Uhr
Höhenhaus Honschaftsstraße	mittwochs	17.00 – 19.00 Uhr

AUTOBÜCHEREI

Höhenhaus von Ketteler Str.	freitags	13.15 – 14.15 Uhr
Höhenhaus Thuleweg	(alle 14 Tage) freitags	Tour A 14.30 – 15.30 Uhr
Höhenhaus Wupperplatz	(alle 14 Tage) freitags	Tour B 14.30 – 15.30 Uhr
Holweide Buschfeldstraße, vor der Schule	freitags	17.00 – 18.00 Uhr
Immendorf Stormstraße	montags	16.15 – 17.15 Uhr
Junkersdorf Vorarlberger Weg	mittwochs	16.00 – 17.00 Uhr
Langel Heinrich-Kleist-Straße/ Sandbergstraße	dienstags	13.30 – 14.30 Uhr
Libur Dorfplatz	dienstags	14.45 – 15.45 Uhr
Lind Straße »Im Bruch«	dienstags	17.30 – 19.00 Uhr
Lind Guntherstr.	(alle 14 Tage) dienstags	Tour B 16.15 – 17.15 Uhr
Lindenthal Frechener Straße vor Nr. 1–3	dienstags	15.00 – 16.00 Uhr
Lindweiler Ransbacher Weg/ Nähe »Haus Baden«	donnerstags	13.30 – 14.30 Uhr
Lövenich Rurseeallee, am Spielplatz	(alle 14 Tage) dienstags	Tour A 16.30 – 17.30 Uhr
Lövenich Dukatenweg	(alle 14 Tage) dienstags	Tour B 16.30 – 17.30 Uhr
Lövenich Dr.-Johannes-Honnef-Straße Platzfläche	dienstags	17.45 – 19.00 Uhr
Longerich Altonaerstr.	(alle 14 Tage) montags	Tour A 17.45 – 19.00 Uhr
Longerich August-Haas-Str.	(alle 14 Tage) montags	Tour B 17.45 – 19.00 Uhr
Merheim Ostmerheimer Straße, vor Nr. 384–386	(alle 14 Tage) montags	Tour A 16.00 – 17.00 Uhr
Merheim Bocholterstr.	(alle 14 Tage) montags	Tour B 16.00 – 17.00 Uhr
Meschenich Auf dem Kölnberg, KVB-Haltestelle	montags	17.30 – 19.00 Uhr
Neu-Ehrenfeld Hardersleberstr.	freitags	13.30 – 14.30 Uhr
Neu-Vogelsang Goldammerweg	(alle 14 Tage) mittwochs	Tour A 14.45 – 15.45 Uhr

AUTOBÜCHEREI

Niehl Waldfriedstraße/ Schlenderhaner Straße	dienstags	17.00 – 19.00 Uhr
Nippes Böblinger Straße/ Ludwigsburger Straße	montags	13.00 – 14.00 Uhr
Ossendorf Karl-Robert-Kreiten-Straße	(alle 14 Tage) mittwochs	Tour A 13.30 – 14.30 Uhr
Ossendorf Wilhelm-Schreiber-Str.	(alle 14 Tage) mittwochs	Tour B 13.30 – 14.30 Uhr
Ostheim Rösrather Straße/ Hardtgenbuscher Kirchweg	(alle 14 Tage) mittwochs	Tour A 14.45 – 15.45 Uhr
Ostheim Frankfurter Str. Nähe Buchheimerweg	(alle 14 Tage) mittwochs	Tour B 14.45 – 15.45 Uhr
Pesch Kapellenweg	(alle 14 Tage) montags	Tour A 16.00 – 17.00 Uhr
Pesch Montessoristr. vor dem Schulzentrum	(alle 14 Tage) montags	Tour B 16.00 – 17.00 Uhr
Poll Am Altenberger Kreuz	montags	17.30 – 19.00 Uhr
Raderthal Markusstraße 46	dienstags	13.30 – 14.30 Uhr
Rath Stachelsweg	(alle 14 Tage) mittwochs	Tour A 13.30 – 14.30 Uhr
Rath Eilerstr.	(alle 14 Tage) mittwochs	Tour B 13.30 – 14.30 Uhr
Riehl Riehler Heimstätten Boltensternstr. 16	freitags	15.00 – 16.30 Uhr
Riehl Riehler Gürtel/ Stammheimer Straße	freitags	16.45 – 18.00 Uhr
Rondorf Adlerstraße/ Rodenkirchener Straße	freitags	15.00 – 16.00 Uhr
Stammheim Moses-Heß-Straße Grundstück Stüssgen-Markt	(alle 14 Tage) donnerstags	Tour A 16.15 – 17.15 Uhr
Stammheim Ricarda-Huch-Str., v. d. Schule	(alle 14 Tage) donnerstags	Tour B 16.15 – 17.15 Uhr
Stegerwaldsiedlung A.-Stegerwaldstr.	donnerstags	14.45 – 15.45 Uhr
Sülz Simmerer Straße Nähe Hermeskeiler Platz	mittwochs	17.00 – 19.00 Uhr
Sürth Hammerschmidtstraße Michaelweg	montags	13.30 – 14.30 Uhr

AUTOBÜCHEREI

Thenhoven-Roggendorf Sinnersdorfer Straße/ Walter-Dodde-Weg	donnerstags	16.00 – 17.00 Uhr
Urbach Am Schwanebitzer Hof/ Fauststraße, Marktplatz	freitags	15.45 – 16.45 Uhr
Vingst Kuthstr.	(alle 14 Tage) donnerstags	Tour A 13.30 – 14.30 Uhr
Vingst Sigrid-Undset-Str.	(alle 14 Tage) donnerstags	Tour B 13.30 – 14.30 Uhr
Vogelsang Vogelsanger Markt	(alle 14 Tage) mittwochs	Tour B 14.45 – 15.45 Uhr
Wahn Auf dem Acker	freitags	14.30 – 15.30 Uhr
Wahnheide Neue Heide, Kirche	(alle 14 Tage) dienstags	Tour A 16.15 – 17.15
Weiden Benfleetstraße	(alle 14 Tage) donnerstags	Tour A 13.30 – 14.30 Uhr
Weiden Stormstr.	(alle 14 Tage) donnerstags	Tour B 13.30 – 14.30 Uhr
Weiden Freiburgerstr.	mittwochs	17.15 – 19.00 Uhr
Weidenpesch Ginsterpfad zw. Wilh. u. Stettinerstr.	montags	16.15 – 17.15 Uhr
Widdersdorf Zum Dammfelde Nähe Buchenweg	donnerstags	15.00 – 17.00 Uhr
Worringen Bitterstraße/ Hackenbroicher Straße	(alle 14 Tage) donnerstags	Tour A 17.30 – 19.00 Uhr
Worringen Pannenackerweg	(alle 14 Tage) donnerstags	Tour B 17.30 – 19.00 Uhr
Zollstock Bemkasteler Str. Schulhof Grundschule	freitags	16.30 – 18.00 Uhr
Zündorf Schmittgasse/ Hinter dem Heckelsberg	(alle 14 Tage) donnerstags	Tour A 16.30 – 17.30 Uhr
Zündorf Houdainerstr., a. d. Grundschule	(alle 14 Tage) donnerstags	Tour B 16.30 – 17.30 Uhr

LITERATUR

Evangelische Bibliothek

*Evangelische Bibliothek
Köln (EBK)*
Kartäusergasse 9
50678 Köln
✆ 3382-111
Öffnungszeiten: Mo–Do
14–17 Uhr
Di, Mi, Fr 9–12 Uhr und
14–16 Uhr

Als Spezialbibliothek für theologische Literatur bietet die Evangelische Bibliothek Köln auch Werke aus Philosophie, Psychologie, Natur- und Sozialwissenschaften. Außerdem gibt es eine umfangreiche Sondersammlung zur Rheinischen Geschichte sowie eine Spezialsammlung mit Medien zur Religionspädagogik. Insgesamt umfaßt der Bestand 59 500 Bücher.

Kinderbuchladen in Köln

Gebr. Grimm Kinderbuchladen mit Spielzeug
Posthofen / Schauhoff Ring
GmbH
Mauritiussteinweg 110
50676 Köln

In Köln gibt es sage und schreibe einen einzigen Kinderbuchladen. Und selbst der klagt über Umsatzschwierigkeiten. Seit über 20 Jahren in Köln ansässig, ist der gut sortierte Kinderbuchladen »Gebrüder Grimm« auf den Vertrieb von Spielzeug angewiesen, um seine Existenz zu sichern.

Interview mit Carola Schauhoff-Ring

Frau Schauhoff-Ring, halten Sie es für wünschenswert, daß sich gute Kinderliteraturzeitschriften am Markt etablieren?
Ja, natürlich. Es besteht ein großer Informationsbedarf bezüglich Kinderliteratur. Allerdings muß man einschränkend hinzufügen: bei den Eltern. Mit Zeitschriften oder Literaturbeilagen in den großen deutschen Zeitungen erreicht man die jungen Leser und Leserinnen selbst nicht. Man ist in dieser Branche angewiesen auf die Eltern oder Lehrer, die die Kinder an ihnen interessant erscheinende Bücher heranführen. Werden bestimmte Titel in Zeitungen oder Zeitschriften besprochen, spüren wir das sofort. Dann besteht eine vermehrte Nachfrage nach diesen Büchern.

Warum erreichen Sie die Kinder und Jugendlichen nicht direkt?
Das ist eine gute Frage, die wir uns schon seit lan-

gem stellen. Wir betreiben den Laden jetzt seit 1986, insgesamt ist die Buchhandlung »Gebrüder Grimm« seit 20 Jahren in Köln ansässig. In dieser langen Zeit haben wir schon vieles versucht, könnten als Kinderbuchhandlung allein aber nicht bestehen. Deshalb führen wir zusätzlich Spielwaren.

Um die jungen Kunden zu erreichen, schreiben wir an Schulen, geben jährlich einen Katalog über Kinderliteratur heraus, den wir auf dem Kölner Bücherherbst vorstellen, und wir organisieren Lesungen. Dennoch betreten kaum Kinder unser Geschäft. Selbst Autorinnen wie Christiane Nöstlinger haben keinen Zulauf. Dabei gilt das mangelnde Interesse an Literatur vor allem für Kinder ab 11 Jahren. In diesem Alter greifen die Verlockungen von Fernsehen und Computer.

Können Sie Aussagen über die Umsatzentwicklung im Kinderbuchbereich treffen?
Zum allgemeinen Erstaunen verzeichnen wir dieses Jahr erstmals wieder ein Umsatzplus von ca. 5 bis 6 Prozent. Wahrscheinlich hängt das paradoxerweise mit der Rezession zusammen. Wenn das Geld knapper wird, liegt der Rückzug aufs Private und Häusliche nah, wo wieder mehr gelesen wird. Wir haben bei uns ja den direkten Vergleich zwischen dem Verkauf von Spielwaren und Büchern, und wie gesagt: 1994 haben die Bücher aufgeholt.

Buchhandlungen mit Kinderbuchabteilungen

Folgende Buchhandlungen in Köln haben gutsortierte Kinderbuchabteilungen, die kindgerecht mit niedrigen Stellflächen oder Sitzkissen und ähnlichem ausgestattet sind und zum Schmökern einladen.

Akademische Buchhandlung Zülpicher Str. 16 50674 Köln Ø 211206	**Buchhandlung Köhl** Hauptstr. 81-83 50996 Köln Ø 394405	**Köselsche Buchhandlung** Roncalliplatz 2 50667 Köln Ø 2577663
Bunt Buchhandlung Ehrenstr. 86 50672 Köln Ø 253218	**Das Kölner Buchhaus Gonski** Neumarkt 18 a 50677 Köln Ø 20909-0	**Mayersche Buchhandlung** Neumarkt 1 b 50667 Köln Ø 9257400
Bücherstube am Dom Zeppelinstr. 2 50667 Köln Ø 925731-0	**Der andere Buchladen** Zülpicher Str. 197 50937 Köln Ø 416325	**Severin Buchhandlung** Severinstr. 50 50678 Köln Ø 324432
Bücher Hänsel Buchheimer Str. 45-47 51063 Köln Ø 612355	**Frauenbuchladen Rhianon** Moltkestr. 66 50674 Köln Ø 523120	**Sülzer Bücherkiste** Sülzburgstr. 27 50937 Köln Ø 442712

Kinderliteraturzeitschriften

Obwohl in der Bundesrepublik pro Jahr 4 500 bis 4 800 Kinderbuchtitel erscheinen, die sich an Kinder zwischen 3 und 12 Jahren wenden, gibt es nur 3 Kinderliteraturzeitschriften in Deutschland.

Der bunte Hund

Der bunte Hund ist das Magazin für Kinder in den besten Jahren. Herausgeber und Chefredakteur Hans-Joachim Gelberg weigert sich gleich im Untertitel, die Kindheit in einen zeitlichen Rahmen zu zwingen und eröffnet jede Ausgabe mit den Worten: »Der bunte Hund richtet sich an Kinder aller Altersgruppen.« Von Anspruch und Aufmachung her liegt die Zeitschrift weit über dem Durchschnitt der Kinderzeitschriften im allgemeinen »und ist«, wie Hans-Joachim Gelberg stolz berichtet »bereits seit über zehn Jahren, genauer gesagt, seit 1981, vom Markt nicht mehr wegzudenken«.

Vielleicht liegt der ungewöhnliche Erfolg am außergewöhnlichen Konzept der Zeitschrift. Vorrangig soll bei den Kindern die Leselust, der Spaß an der Auseinander-

Der bunte Hund
Hrsg.: Hans-Joachim Gold-
berg, Weinheim
Auflg.: 10 000
Erscheinungsweise:
3mal jährlich
Preis: 9,80 DM
Bezug: Abonnement

setzung mit fiktionalen Texten geweckt werden. Die Leser und Leserinnen werden sensibel und einfühlsam dazu aufgefordert, selbst zu schreiben. Sie können ihre Geschichten, Berichte oder Gedichte einsenden und vielleicht veröffentlicht sehen. Die Liste der freien Mitarbeiter, die Texte und Bilder für den *Bunten Hund* liefern, liest sich wie das Who is Who der Kinderliteratur. Namen wie Peter Härtling, Christine Nöstlinger oder Papan garantieren kindgerechte, nicht kitschig verniedlichende Texte und anspruchsvolle Illustrationen.

HITS für KIDS

»HITS für KIDS versteht sich als Familienmagazin«, schreibt Herausgeber Hans J. Jansen. Als Reader, kleines Nachschlagewerk für Kinder, Jugendliche, Eltern und Vermittler. Aber »wir stellen uns bewußt nicht auf eine kindertümelnde Ebene«. Wohl wahr, denn die Texte und Buchbesprechungen sind durchweg für Erwachsene formuliert. Allerdings machen die anspruchsvollen Illustrationen und das Layout auch Kinder neugierig auf Bücher.

HITS für KIDS
Hrsg.: Hans J. Jansen, Gustavburg
Auflage: 250 000
Erscheinungsweise: 3mal jährlich
Preis: kostenfrei
Bezug: Buchhandel

Look at the Book

»Das neue Buchmagazin für junge Leser und ihre Eltern« wird von der Agentur »Buchwerbung der Neun« herausgegeben. So wie die *HITS* liegt es 3mal jährlich kostenlos im Buchhandel aus. Von den 32 Seiten der Werbeschrift

Look at the Book
Hrsg.: Buchwerbung der Neun, München
Aufl.: 150 000
Erscheinungsweise: 3mal jährlich
Preis: kostenlos
Bezug: Buchhandel

Silke Schilly, Kinderbuchhändlerin, zur Bedeutung von Kinderliteraturzeitschriften

Man erreicht Kinder nicht mehr über das geschriebene Wort allein. Deshalb haben auch Kinderliteraturzeitschriften kaum Aussicht auf Erfolg. Scheinbar ist der Buchstabe für Kinder zu eindimensional und deshalb langweilig. Die größten Leseerfolge erzielte bei uns der Autor Knister. Er nämlich liest nicht nur, sondern erzählt, singt und spielt Gitarre. So schlägt er regelmäßig bis zu 150 Kinder in seinen Bann. Das kann kein anderer.

> Das beste Medium, um Kinder an Literatur heranzuführen, ist nicht die Kinderliteraturzeitschrift, sondern das Fernsehen. Wir hatten einmal Bernhard Lassahn, den Autor von *Käpt'n Blaubär*, zu einer Lesung eingeladen. Die Kinder kamen in Scharen, aber riefen enttäuscht: »Das ist ja gar nicht der richtige Käpt'n Blaubär aus dem Fernsehen.« Was sie vermißten, war die Stimme von Wolfgang Völz, dem Sprecher der Figur.

werden 5 redaktionell, teilweise von Kindern selbst, gestaltet. Die übrigen 29 sind von den Verlagen kindgerecht und ansprechend getextet und illustriert.

Kinder- und Jugendzeitschriften

Kinderinformationsdienst

Kinderinformationsdienst
kid-Verlag
Samansstr. 4
53227 Bonn
☎ 0228/443195

Der Kinderinformationsdienst will, laut Selbstaussage, Kindern die unpolemische Orientierung und Auseinandersetzung mit sonst selbst unter Erwachsenen gern tabuisierten Themen bieten. Neben Sachberichten zu Themen wie Gewalt gegen Kinder, Zukunftsängste von Kindern, sind Veranstaltungshinweise und Projektankündigungen wesentliche Bestandteile von *Kid*. Leider ist die Zeitschrift weder kindgerecht gestaltet, noch sind die Beiträge anschaulich und verständlich geschrieben. *Kid* setzt sich mit Kindern auseinander, aber für Erwachsene.

Samsolidam

Samsolidam
Aktionsgemeinschaft
Solidarische Welt e. V.
Hedemannstr. 14
10969 Berlin
☎ 030/2510265

Samsolidam ist eine Zeitschrift für Kinder von 9 bis 12 Jahren und wird von der Aktionsgemeinschaft Solidarische Welt e. V. in Berlin herausgegeben. Die Zeitschrift berichtet, wie Kinder in anderen Ländern ihren Alltag erleben und was ihr Alltag mit dem Leben in der Bundesrepublik zu tun hat. *Samsolidam* bietet eine gute Mischung aus Information und Unterhaltung und soll Kinder dazu anregen, sich mit dem Nord-Süd-Gefälle kritisch auseinanderzusetzen. Jede Ausgabe hat einen Themenschwerpunkt (z. B. Regenwald, Kinderarbeit, Streit, Indianer, Wasser,

Müll etc.) und bietet neben Berichten, Geschichten und Interviews auch eine Spielseite, einen Krimi, Buchtips und einen Aktionsvorschlag. *Samsolidam* erscheint viermal jährlich und kostet 4,50 DM oder 16,– DM im Jahresabonnement.

Treff
Das Schülermagazin TREFF will die Freude am Lesen wecken und Möglichkeiten aufzeigen, wie sich Freizeit sinn- und lustvoll gestalten läßt. Jeden Monat gibt es in *Treff* Reportagen, Wissenswertes aus Natur und Technik, aus der Tierwelt und aus der Geschichte.

TREFF – das Schülermagazin
Velber Verlag GmbH
Im Brande 21
30926 Seelze
✆ *0511/400030*

Musik
Die Rheinische Musikschule

Kernbereich der Musikschule ist die instrumentale und vokale Ausbildung, die sowohl im Einzelunterricht als auch im gemeinsamen Musizieren angeboten wird. Die Schule fördert Musikinteresse und -verständnis, vermittelt eine instrumentale und vokale Ausbildung, bildet Nachwuchs für das Laienmusizieren heran, bietet differenzierte Möglichkeiten des gemeinsamen Musizierens, betreibt Begabtenfindung und -förderung und bereitet im Rahmen einer studienvorbereitenden Ausbildung auf ein Studium vor. Die Ausbildung umfaßt u. a. Musikalische Früherziehung, Spielkreise, Bands, Orchester, Unterricht an Instrumenten, Gesang, Komposition und Rythmik.

Rheinische Musikschule
der Stadt Köln
Vogelsanger Str. 28
50823 Köln
✆ *527031*

Die Außenstellen der Rheinischen Musikschule

Innenstadt

Humboldt-Gymnasium
Kartäuserwall 40
50676 Köln
℡ 221-7913

Lotharstr. 16–18
50937 Köln
℡ 221-9724

Rodenkirchen

Sürther Str. 55
50996 Köln
℡ 351612

Lindenthal

Schulstelle Weiden
Bildungszentrum
Ostlandstr. 39
50858 Köln
℡ 02234/409621

Ehrenfeld

Vogelsanger Str. 28
50823 Köln
℡ 527031

Nippes

Meerfelder Str. 52
50737 Köln
℡ 5995878

Porz

Carl-Stamitz-Musikschule
Josefstr. 57
50678 Köln
℡ 02203/41422

Mülheim

Genovevastr. 72
51063 Köln
℡ 626232

Helene-Weber-Platz 1
51109 Köln
℡ 6801165

Institut für Bühnentanz
Rheinische Musikschule
Vogelsanger Str. 28
50823 Köln
℡ 527031

Musikkurse von privaten und freien Trägern

Neben der städtischen Einrichtung bieten auch private und freie Träger Musikunterricht an.

Offene Jazz Haus Schule

Musik und Bewegung, aber auch darstellendes Spiel und bildende Kunst sind die von der Offenen Jazz Haus Schule in ihrer pädagogischen Arbeit praktizierten Ausdrucksformen. Dabei nimmt die Popularmusik eine besondere Stellung ein, weil Rock, Pop, Jazz und Folklore als lebendiger und bedeutender Bestandteil der Kultur gerade für Jugendliche eine wichtige Funktion haben.

Die Offene Jazz Haus Schule – 1980 von der Initiative Kölner Jazz Haus e. V. gegründet – bietet mit fast 100 pädagogischen Mitarbeitern und durchschnittlich 1200 Teilnehmern das größte Freizeit- und Bildungsangebot im Bereich der Popularmusik in Köln.

Angeboten wird Musikalische Früherziehung für Kinder ab 4 Jahren, für Jugendliche Instrumentalunterricht, solo oder in Gruppen, und das Spielen in Bands. Alle Angebote finden sowohl zentral in der Eigelstein-Torburg als auch in den Zweigstellen der Stadtteile Dellbrück, Holweider, Kalk, Klettenberg, Mülheim, Porz, Rodenkirchen, Rondorf, Vingst und Worringen statt. Außerdem werden regelmäßig Kinderkonzerte in der Reihe »Musik für Pänz« veranstaltet.

Offene Jazz Haus Schule
Initiative Kölner Jazz Haus e. V.
Eigelstein-Torburg
50668 Köln
✆ 138572

Jugendkunstschule

Die Jugendkunstschule wurde 1983 von Kunstpädagogen, Künstlern, Lehrern und Eltern gegründet. In den Sparten Bildende Kunst (Malen, Zeichnen, Aktzeichnen …), Darstellende Kunst (Theater, Performance usw.), Musik (musikalische Früherziehung, Gitarre, Klavier, Saxophon) und Technische Medien (Foto, Computer) werden Kurse und Workshops für Kinder und Jugendliche im Alter von 3 bis 27 Jahren angeboten. Es soll die Möglichkeit gegeben werden, fernab von schulischen Leistungsnormen Kreativität zu entfalten und künstlerische sowie handwerkliche Techniken kennenzulernen. Die Kinder und Jugendlichen arbeiten in festen, altersübergreifenden Gruppen von etwa 6 bis 12 Personen zusammen, die Veranstaltungen finden vorwiegend in den eigenen Räumen der Jugendkunstschule am Hansaring bzw. in der Hamburger Straße statt, aber auch in der Zweigstelle Bachemer Straße 69.

Mit besonderen Projektarbeiten reagiert die Jugendkunstschule auf den erhöhten Jugendhilfebedarf in einigen Stadtteilen. Die Projekte orientieren sich zum einen an der Bedürfnislage der Kinder und Jugendlichen, zum ande-

Jugendkunstschule Köln e.V.
KUM & LUK
Hansaring 66
50670 Köln
✆ 132441

ren sollten die Ergebnisse aber auch für eine breitere Öffentlichkeit von Interesse sein. »Treppenhausgestaltungen« oder auch »Plakatwandgestaltungen zum Thema Gewalt« sind Beispiele hierfür.
In Kooperation mit anderen Kinder-, Jugend-, und Kultureinrichtungen, Schulen, Bürgerzentren und Horten führt die Jugendkunstschule gern künstlerische Projekte durch, die an sie herangetragen werden.

Vocal Academy

Vocal Academy
Severinstr. 25
50678 Köln
✆ 323362

Die Vocal Academy wurde 1994 von Doris Hoffmann und Michael Scheerer gegründet. Die Einrichtung arbeitet in kleinen, aber eigenen Räumen und bietet Gesangskurse für alle, die Spaß am Singen haben. Im Programm sind Musikalische Früherziehung ab 5 Jahre und Singen für Mutter, Vater, Kind. Die Kurse sind fortlaufend, sie bauen aufeinander auf und kosten 140,- DM. Eine besondere Art der musikalischen Früherziehung ist die Veranstaltung »Musik, Spiel, Bewegung«. Die Kinder kommen hier mit den Elementen Rhythmus, Klang, Melodie, Harmonie und verschiedenen einfachen Instrumenten in Berührung. Der Kurs kostet 60,- DM monatlich. Einmal jährlich findet ein Schulfest statt, bei dem sich die Schüler und Schülerinnen live erproben können und das Erarbeitete präsentieren.

Klavierlehrer gesucht?

Hochschule für Musik Köln
Dagobertstr. 38
50668 Köln
✆ 9128180

In der Universitätsstadt Köln bietet es sich an, geeignete Lehrkräfte für alle möglichen Bereiche in den Hochschulen zu suchen. Die Studenten sind in der Regel meist engagiert bei der Sache und zudem recht preiswert.
In der Musikhochschule Dagobertstraße sind am Schwarzen Brett zahlreiche Angebote zu finden, wobei es natürlich ebensogut möglich ist, selbst einen Aushang zu machen.
Außerdem finden sich viele Angebote von arbeitslosen oder nicht ausgelasteten Musikerziehern und -lehrern in den Kölner Stadtzeitungen *Stadtrevue*, *Kölner Illustrierte* und *Prinz*.
Zu guter Letzt kann auch in den Gelben Seiten der Tele-

MUSIK

kom geblättert werden, und zwar unter den Stichworten »Musikunterricht«, »Klavierunterricht«, »Gesangsunterricht« etc.

Kinder singen

Zum Musizieren braucht es ja nicht immer ein Instrument, die eigene Stimme tut es auch.

Kölner Domsingschule
Das Aushängeschild Kölner Kindergesangskunst ist die Kölner Domsingschule. Als private Grundschule in der Trägerschaft des Erzbistums Köln hat sie den Auftrag, den Nachwuchs für die Musik am Hohen Dom zu Köln zu fördern. Die pädagogische Zielsetzung liegt im Konzept »einer Erziehung mit musisch-religiösen Schwerpunkten, in der Rhythmisierung des Schulalltags durch Arbeit und Muße im Rahmen der Ganztagsbetreuung, in der breitgefächerten musikalischen Ausbildung der Schülerinnen und Schüler und in der Erfüllung der Grundschulrichtlinien des Landes Nordrhein-Westfalen mit einem individuellen Schulkonzept«.
Zugangsvoraussetzungen für die Aufnahme eines Kindes in der Domsingschule sind, daß das Kind katholisch getauft ist und den allgemeinen und musikalischen Eignungstest besteht. Die Eltern müssen einen monatlichen Kostenbeitrag zahlen.
Weitere Kinderchöre in Köln sind der Kölner Kinderchor, der Ehrenfelder Kinderchor und die Singschule Weiden.

Kölner Domsingschule
Erzbischöfliche Grundschule
für Jungen und Mädchen
Clarenbachstr. 5
50931 Köln
✆ 408949

Kölner Kinderchor
Antwerpener Str. 19–29
50672 Köln
✆ 02238/13636

Singschule Köln Weiden
Aachener Str. 1208
50858 Köln
✆ 02234/75464

Ehrenfelder Kinderchor
Försterstr. 31
50825 Köln
✆ 551104

271

Kunst

Kunstunterricht

»Kunst ist schön, macht aber viel Arbeit«, wußte schon der Münchener Komiker Karl Valentin. Kindern von 3 bis 18 Jahren zu dieser Arbeit zu motivieren betrachten in Köln neben den Familienbildungsstätten und Bürgerhäusern (siehe S. 249, 250) zahlreiche und gute private Schulen als ihre Aufgabe. Allen voran die Jugendkunstschule, die schon im Kapitel »Musik« vorgestellt wurde, und die Rodenkirchener Jugendkunstschule.

Jugendkunstschule
Rodenkirchen e. V.
Hauptstr. 71
50996 Köln
✆ 354552

Jugendkunstschule Rodenkirchen e. V.

Die Jugendkunstschule Rodenkirchen vermittelt Kindern und Jugendlichen von 4 bis 16 Jahren Kenntnisse und Fertigkeiten in den Bereichen Malen, Zeichnen, Fotografieren und Bildhauerei. Die Teilnehmer werden zu selbständigem, aktivem Arbeiten angeregt. Die Kursgebühren betragen durchschnittlich 5,– DM pro Stunde.
In der Veranstaltungsreihe Köln-Kunst werden aktuelle Ausstellungen besucht.

Kath. Kirchengemeinde
St. Joseph
Kölner Jugendwerkzentrum
Geisselstr. 1
50823 Köln
✆ 514341

Kölner Jugendwerkzentrum

Im Angebot des Jugendwerkzentrums sind Malen, Zeichnen, Druckgrafik, Bühnenbild, Requisitenbau, Dekorationen, Holzgestaltung, Schreinern, Metallgestaltung und vieles mehr.

Weitere Angebote können in den folgenden Einrichtungen genutzt werden:

Tanz Bühne Köln
Moltkestr. 79
50674 Köln
✆ 516711

Alte Feuerwache
Melchiorstr. 3
50670 Köln
✆ 7391073

Kreativwerkstatt Bürgerhaus Köln
Kalk-Mülheimer-Str. 58
51103 Köln
✆ 852051/52

KUNST

Der städtische Museumsdienst

Die Museen der Stadt Köln begreifen es als ihre Aufgabe, neben den traditionellen Aufgaben des Sammelns, Bewahrens, Erforschens und Ausstellens ein möglichst breites Publikum zu informieren und pädagogisch zu betreuen. Der Museumsdienst Köln ist dabei als zentrales Institut mit der Bildungs- und Öffentlichkeitsarbeit für die 8 städtischen Museen und die Josef-Haubrich-Kunsthalle betraut und erbringt zahlreiche Leistungen für Kinder, Jugendliche und Erwachsene, für Einzel- und Gruppenbesucher sowie für Schulen.

Wissenschaftler und Museumspädagogen verschiedener Fachrichtungen, Geschichtslehrer und freie Mitarbeiter wirken im Team zusammen. Das Angebot umfaßt folgende Leistungen:
- Führungen für Gruppen aller Art und Größe in den Museen und Sonderausstellungen
- Unterricht in Museen und Sonderausstellungen für Schulklassen
- Schüler-Werkstätten
- Öffentliche Führungen für Kinder
- Kindergeburtstag
- Angebote für behinderte Menschen
- Praktische Kurse in verschiedenen künstlerischen Techniken in allen Museen und in ausgewählten Sonderausstellungen für Kinder, Jugendliche und Erwachsene
- Unterrichtsmaterialien zu den Museumsbeständen sowie zu Sonderausstellungen

Die Anmeldung zu allen Veranstaltungen sollte möglichst 10 Tage vor dem Termin per Telefon, Bestellformular oder Postkarte erfolgen.

Museumsdienst Köln
Richartzstr. 2
50667 Köln
✆ 2214198

Information und Buchung:
Mo–Do: 8.00–13.00 Uhr
Fr: 8.00–12.00 Uhr
Praktische Kurse:
Gisela Ortropp: 221-407
Gruppenführungen für Kinder, Jugendliche, Erwachsene, Unterrichtsgespräche: Klaus Linz, Vera Scharrenbroich:
221-3468 u. 221-4198

Museen, die Kindern Spaß machen

Römisch-Germanisches Museum

Das Römisch-Germanische Museum ist das Haus, das traditionell für die größte Begeisterung bei Kindern sorgt. Die urgeschichtlichen Funde aus dem Rheingebiet und aus ganz Europa vermitteln den Kindern ein anschauliches und nachvollziehbares Bild vom Leben unserer Ur-

Römisch-Germanisches Museum
Roncalliplatz 4
50667 Köln
✆ 221-4438, 221-4590 u. 221-2304
Öffnungszeiten:
Di–Fr: 10–16 Uhr
Sa, So: 11–16 Uhr

ahnen. Weiter im Bestand sind römische Grab- und Weihesteine, Mosaiken, Wandmalereien und Produkte des Kunsthandwerks sowie antiker Schmuck besonders aus Südrußland.

Rautenstrauch-Joest-Museum für Völkerkunde

Rautenstrauch-Joest-Museum für Völkerkunde
Ubierring 45
50678 Köln
✆ 33694
Öffnungszeiten:
Di–Fr: 10–16 Uhr
Sa, So: 11–16 Uhr

Das Rautenstrauch-Joest-Museum zeigt in seinen wechselnden Schauen erlesene Kunst aus dem mittel- und südamerikanischen Raum sowie der Indianerkulturen vom amerikanischen Doppelkontinent und alter Hochkulturen Südostasiens, aus der Südsee, Alt-Ägypten, Afrika sowie Indonesien.

Kölnisches Stadtmuseum

Kölnisches Stadtmuseum
Zeughausstr. 1–3
50667 Köln
✆ 221-2352
Öffnungszeiten:
Di–Fr: 10–16 Uhr
Sa, So: 11–16 Uhr

Das Gebäude des Kölnischen Stadtmuseums, das alte Zeughaus, ist auf ca. 1600 datiert und beherbergt Sachgüter und Kunstwerke, die die Geschichte Kölns illustrieren: Zeugnisse des Bürgerlebens, der Stadtkultur, der Stadtentwicklung und der Wirtschaft vom 10. bis 20. Jahrhundert.

Praetorium

Praetorium
Eingang: Kleine Budengasse
50667 Köln
✆ 221-2394
Öffnungszeiten:
Di–Fr: 10–16 Uhr
Sa, So: 11–16 Uhr

Durch das Praetorium, einen Römischen Statthalterpalast, gelangt man in den römischen Abwasserkanal unter Köln. Daneben sind römische Göttersteine und Objekte römischen Kunstgewerbes zu bestaunen.

Imhoff-Stollwerk-Museum für Geschichte und Gegenwart der Schokolade

Imhoff-Stollwerk-Museum für Geschichte und Gegenwart der Schokolade
Rheinauhafen
50678 Köln
✆ 931888-11

Museen müssen nicht immer langweilig sein. Im Museum für die Geschichte und Gegenwart der Schokolade wird Kindern von der Herstellung des süßen Stoffes ihrer Begierden über Schokolade-Probierstationen bis hin zu den originellsten und schönsten Formen, in die Schokolade je gegossen wurde, einiges geboten.

Kölner Karnevalmuseum e. V.

Kölner Karnevalmuseum e. V.
Antwerpener Str. 55
50672 Köln
✆ 57400-0 und -29
Öffnungszeiten:
tägl. 10–16 Uhr

Rund 6000 Exponate aus dem Kölner Karneval – von Orden, Liederbüchern und Notenblättern über Kostüme bis zu Rosenmontagszug-Entwürfen aus der Geschichte des Karnevals – lockten von 1985 bis 1995 rund 50 000 Besucher an. Vor allem Schulklassen, die übrigens freien Eintritt haben, interessieren sich für den Bestand des Hauses, das voll närrischer Zahlensymbolik steckt. So sind in der Antwerpener Str. 55 ganze 99 Treppenstufen zu erklimmen, bevor man in den 11 Räumen des Museums 33 Vitrinen und 555 Bildträger mit 1111 Motiven studieren kann. Kein Wunder, daß Museumsleiter Gerhard Wilczek über Platzmangel klagt. Denn obwohl das Festkomitee jährlich 50 000.– DM in das Museum investiert, fehlt es schon an Raum, die Orden der jüngsten Sessionen auszustellen.

Theater

Kindertheater

Das Kindertheater hat sich als Nebenprodukt der Studentenrevolte zu einer eigenständigen Kunstform entwickelt und prägt als solches die freie Theaterszene in Köln entscheidend mit. Seit Mitte der 80er Jahre hat die Stadt Köln vermehrt freie Theatergruppen von guter Qualität angezogen, von denen sich 7 im Jahr 1995 zum zweitenmal in der »Comedia Colonia« präsentierten. »Spielarten« heißt das mehrtägige vom Kölner Kulturamt und dem Kultusministerium von Nordrhein-Westfalen veranstaltete Festival, auf dem sich Eltern und Kinder über die Highlights des bestehenden Angebots informieren, einzelne Stücke anschauen und mit anderen Theaterinteressierten austauschen können.

Dabei zeigt sich alljährlich, daß die Kinder- und Jugendtheaterszene in Köln sehr lebendig und vielfältig ist. Das Angebot der freien Theatergruppen reicht von anspruchsvollen Schauspielproduktionen über Workshops und Erlebnistage bis hin zu Schauspiel-Unterrichtsreihen. Die »Comedia Colonia« nimmt dabei eine besondere Stellung ein, weil von hier ehemals die Kinder- und Jugendtheaterarbeit ausging. Heute steht der Name des Theaters allerdings mehr und mehr für Kabarett.

Arkadas Theater

Arkadas Theater
Hohenzollernring 32
50672 Köln
✆ 254965

Das Arkadas-Theater wurde 1986 mit der Zielsetzung gegründet, die kulturelle Identität der türkischen Immigranten und Immigrantinnen zu erhalten und zum Verständnis der verschiedenen, in Deutschland lebenden Nationalitäten beizutragen. Inhaltlicher Schwerpunkt der Theaterstücke sind die Themen Verständigung, Toleranz und multikulturelles Zusammenleben. Die Stücke werden in türkischer und deutscher Spache in wechselnden Spielstätten, wie Schulen, Bürgerhäusern, Jugendzentren und städtischen / freien Bühnen aufgeführt. Jugendlichen, die Interesse an Musik und Theater haben, werden Workshops und Kurse angeboten.

Caracho Bewegungstheater

Caracho Bewegungstheater
Am Portzenacker 28
51069 Köln
✆ 601038

Neben den Theaterstücken für Kinder gehören die Kinder-Mitmach-Aktionen des Caracho-Bewegungstheaters zu den Highlights des Ensembles. Das Team versucht, Kinder mit Spaß zu unterhalten, ihr kreatives Potential zu wecken und ihnen einen sinnvollen, lustigen Nachmittag zu bieten. Die Kinder werden dabei über einen bestimmten Zeitraum (Fest, Veranstaltung) betreut und mit Spielen und Aktionen unterhalten.

D. a. S. Theater

D.a. S. Theater
Esser Str. 44
51105 Köln
✆ 8370854

Seit 1989 setzt sich das D.a.s. Theater in seinen Produktionen mit Themen auseinander, die Jugendliche betreffen, z. B. Heimat, Gewalt, Fremdenfeindlichkeit, Liebe, Sexualität und Freundschaft. »D.a.S.« steht dabei für »Die andere Sicht«. Bei der Erarbeitung der Stücke werden Jugendliche und Experten mit einbezogen, nach den Aufführungen finden regelmäßig Diskussionen statt.

Freies Werkstatt-Theater

Freies Werkstatt-Theater
Köln e. V.
Zugweg 10
50677 Köln
✆ 327817

Das Freie Werkstatt-Theater Köln macht seit 1977 Profitheater mit Eigenproduktionen zu historischen und aktuellen Themen und Inszenierungen nach Literaturvorlagen, veranstaltet Theaterprojekte, Kurse, Workshops und Erlebnistage mit Kindern, Jugendlichen und Erwachsenen.

THEATER

Horizont-Theater

Bei den Proben zu neuen Kinderschauspielstücken nehmen im Horizont-Theater Kinder des Viertels und Schüler der nahegelegenen Grundschule teil. Die Kinder haben die Möglichkeit, ihre Ideen und Kritiken einzubringen, »was sie meist recht hemmungslos nutzen«. Außerdem finden im Thürmchenswall regelmäßg Workshops und Mitspielaktionen statt. Für Jugendliche wird in jeder Spielzeit ein Jugendstück angeboten, aber auch Schauspielseminare.

Horizont-Theater
Thürmchenswall 25
50668 Köln
℡ *131604*

Kölner Künstlertheater

Als Konsequenz aus knapper werdenden städtischen Zuschüssen, haben sich die zwei Kölner Theatergruppen »Tacheles« und »Die Reisende Bande« zum Kölner Künstlertheater zusammengeschlossen, nutzen Büro und Werkstatt gemeinsam und organisieren Werbeaktionen für die Gruppen. Seit dem 27.10.1993 hat die Gruppe ein eigenes Theater in der Kulturhalle am Maar, Maarweg 137 in Köln-Braunsfeld und spielt dort unter dem Namen Kölner Künstlertheater. Beide Gruppen führen aber auch unabhängig voneinander in unterschiedlichen Kölner Spielstätten Stücke auf.

Kölner Künstlertheater
Theklastr. 26
50737 Köln
℡ *7407966*

Spielball-Theater

Das Spielball-Theater wurde 1985 von Peter Körner gegründet und ist Mitglied im Arbeitskreis Kinder- und Jugendtheater. Statt hübscher Märchen mit aufwendigen Kostümen werden hier Geschichten von Kindern für Kinder erzählt, die alle in rechtsrheinischen Kinder- und Jugendeinrichtungen angesiedelt sind, denn das Spielball-Theater versteht sich als Projekt-Theater ohne festes Haus. Das besondere Profil des Spielball-Theaters ergibt sich aus der Verwendung einzelner Elemente der Commedia dell'arte. Angeboten werden auch Theaterkurse.

Spielball-Theater
Alte Wipperfürther Str. 59
51065 Köln
℡ *694176*

Weitere Theater

Die weiteren freien Theater informieren Sie gern über ihr aktuelles Programm und Kursangebot in der Kinder- und Jugendtheaterarbeit. Im »atelier theater« zeigt Mehmet Fistik, der berühmte Kölner Pantomime, seine Kunst, und in der Comedia Colonia, einer für die Kölner Kinder- und

Jugendtheaterszene zentralen Bühne, ist das Kinder- und Jugendtheater »Ömmes & Oimel« zu Hause.

atelier theater Roonstr. 78 50674 Köln ℘ 242485	**Studiobühne** Universitätsstr. 16 50923 Köln ℘ 4704515 u. 4705150
Comedia Colonia Theater GmbH Löwengasse 7–9 50676 Köln ℘ 247670	**Theaterdilldopp** Luxemburger Str. 70 50674 Köln ℘ 419898
Kölsch-Thiater Köln-Neubrück e. V. Helene-Weber-Platz 51109 Köln ℘ 892460	

Figurentheater, Puppenspiele und Mitmachtheater

Hännesche Thiater

Kölsch Hännesche Thiater zick 1802
Am Eisenmarkt 2
50667 Köln
℘ 2581201

Die Puppenspiele haben in Köln mit dem Hänneschen-Theater eine lange Tradition. Kölsche Themen aus alter und neuer Zeit werden lebendig dargestellt im Spiel der Stockpuppen Hännesche, Bärbelche, Bestevaa, Bestemaa, Speimanes und anderen. Die Vorstellungen sind so beliebt, daß die Aufführungen stets sehr schnell ausverkauft sind und Wartelisten bestehen.

Puppentheater Lapislazuli

Puppentheater Lapislazuli
Puppenpavillon Bensberg
Heide Hamann
Am Pangenfeld/Schulhof
51429 Bergisch Gladbach
℘ 02204/54636

»Die Welt ein wenig heiler und bunter zu gestalten sehen wir als eine Hauptaufgabe des Puppentheaters an«, formuliert Heide Hamann die Zielvorstellung ihres Puppentheaters. Die Sozialpädagogin arbeitete lange Jahre mit dem »darmstätter puppenspiel« zusammen und wirkte an der Erarbeitung von mehr als 40 Fernsehfilmen für das Kinderprogramm von ARD und ZDF mit. Seit 1988 ist der Puppenpavillon in Bensberg festes Theater des Puppentheaters Lapislazuli, in dem regelmäßig Aufführungen, Kurse, Lehrer- und Erzieherfortbildungen stattfinden.

Meckis Puppentheater

1991 ist Meckis Puppentheater aus dem 1980 gegründeten Amateurtheater »Meckis Puppenparadies« hervorgegangen.
Auf dem Programm des engagierten Theatermachers stehen Spiel- und Bastelaktionen, bei denen sich Kinder mit selbstgefertigten Masken am Schauspiel beteiligen. In Workshops für Kinder, Jugendliche oder Familien mit Kindern werden Figuren aus Pappe, Draht, farbigen Folien und transparenten Stoffen hergestellt und im Spiel mit Licht und Schatten, Formen und Farben erprobt. In Mitspieltheaterstücken schlüpfen Kinder spontan in verschiedene Rollen.

Meckis Puppentheater
Mecki Claus
Pletschmühlenweg 100
50259 Pulheim
☏ 02238/54872

Figurentheater Helios

Das Heliostheater existiert seit 1988 in Köln und besteht aus der Regisseurin, 3 Schauspielern, 2 Tänzern und einem Musiker. Unter der künstlerischen Leitung von Barbara Kölling verfolgt das Ensemble die Verbindung unterschiedlicher Darstellungs- und Ausdrucksformen: Schauspiel, Figurentheater, Tanz und Musik ergänzen sich zu einer komplexen Theatersprache. Dabei stehen nicht die Worte, sondern die visuellen und akustischen Elemente im Vordergrund. Zentrales Thema ist die Frage nach der Verständigung.

Figurentheater Helios
Mainzer Str. 71
50678 Köln
☏ 341876

Weitere Theater

Andere Theater, die teilweise mit lebensgroßen Stockpuppen und farbenprächtigen Bühnendekorationen in Seidenmalerei Kinder in ihren Bann schlagen, sind:

Faszenario e. V.
Auf der Jüchen 36
51069 Köln
☏ 6803893

Fan-Fan mobiles Theater
Leyendeckerstr. 1–9
50825 Köln
☏ 5461215

Theaterkollektiv Blickwechsel
Rathenauplatz 16
50674 Köln
☏ 210069

Figurentheater Köln
Andreas Blaschke
Am Flutgraben 40
51067 Köln
☏ 697094

THEATER

> **Figurentheater Cassiopeia**
> Claudia Hann
> Kasseler Str. 24
> 51065 Köln
> ⌀ 618183
> Udo Mierke
> Piccoloministr. 394
> 51067 Köln
> ⌀ 631936
> Dagmar Burke
> Angerweg 2
> 51580 Reichshof
> ⌀ 02261/58697
>
> **Figurentheater Die Handlinge**
> Ulrich Lück
> Franz-Hennes-Str. 26
> 50226 Frechen
> ⌀ 02234/22623
>
> **Figurentheater Kaleidoskopia**
> Kasseler Str. 24
> 51065 Köln
> ⌀ 618183
>
> **Exkurs-Theater**
> Waldgürtel 5
> 51427 Bergisch Gladbach
> ⌀ 02204/68865
>
> **Figurentheater Mimikry**
> Petra Wolfram
> Glasstr. 85 a
> 51143 Köln
> ⌀ 528564
>
> **Die Reisende Bande**
> Christiane Remmert u. Georg zum Kly
> Theklastr. 26
> 50737 Köln
> ⌀ 7408208
> v. Stammstr. 8
> 50823 Köln
>
> **Figurentheater Sack un' Pack**
> Dieter Baum
> Auf der Jüchen 36
> 51069 Köln
> ⌀ 6803893

Zirkus und Pantomime

Wenn Sie mit Ihrem Kind einen Zirkus oder eine Pantomimen-Vorstellung besuchen möchten, finden Sie in Köln ebenfalls ein vielfältiges Angebot.

Linoluckynelli

Kinder- und Jugendcircus Linoluckynelli
Soziales Zentrum Lino-Club e. V
Unnauer Weg 132
50767 Köln
⌀ 798858

Neben dem Züricher Zirkus Robinson und dem Amsterdamer Kinderzirkus Elleboog gehört Linoluckynelli zu den renommiertesten Kinder- und Jugendzirkussen Europas. Die Akteure des Zirkus, Kinder und Jugendliche zwischen 6 und 17 Jahren, leben in ihren Familien und werden von 3 Mitarbeitern des Sozialen Zentrums Lino-Club e. V. trainiert. Außerdem erhalten sie durch Profiartisten stundenweise ein Spezialtraining in verschiedenen Artistikbereichen. Das Training findet nachmittags nach Schule und Hausaufgaben in der Trainingshalle des Zirkus statt.

Weitere Angebote

Die nachfolgend aufgeführten Zirkusse und Pantomimentheater schicken auf Anfrage gern die aktuellen Programme zu und informieren über ihr Kursangebot:

Zirkus Wibbelstetz
Genterstr. 23
50672 Köln
✆ 521718

Panto-Mimen-Schule Köln
Maastrichter Str. 49
50672 Köln
✆ 854681

MUKUTATHE
Alte Feuerwache
Melchiorstr. 3
50670 Köln
✆ 7391073

Pantomimenschule Köln
Mehmet Fistik
Roonstr. 78
50674 Köln
✆ 2403161

Kölner Ballettschule
Vera Borchem
Vor St. Martin 8–10
50667 Köln
✆ 02236/64191

Jugendkunstschule e. V.
Hansaring 66
50676 Köln
✆ 132441

Theaterpädagogisches Zentrum

Die Arbeit des Theaterpädagogischen Zentrums erstreckt sich vom Ausbildungs- über den Kinder- und Jugendbereich bis hin zu Verbandsarbeit und dem kontinuierlichen fachlichen Austausch mit Theaterschaffenden und entsprechenden Institutionen.
In Theaterprojekten mit Kindern und Jugendlichen sowie projektbezogenen Theaterfortbildungen für erwachsene Multiplikatoren werden unterschiedliche Themen aufgegriffen, an deren Ende die Teilnehmer ein selbst entwickeltes und gestaltetes Ergebnis vorführen. Die Programme richten sich an Kinder und Jugendliche sowie an altersgemischte Gruppen, z. B. Familien.

Theaterpädagogisches Zentrum Köln e. V.
Genterstr. 23
50672 Köln
✆ 521718

Film

Jugendamt der Stadt Köln
Jugendmedienschutz/
Medienpädagogik
Wolfgang Fehr
☎ 221-6531

Was können Jugendliche im Kino eigentlich noch anschauen? Sind Horror und Gewalt soweit verbreitet, daß ein gemeinsamer Kinobesuch von Eltern und Kindern nicht mehr zu verantworten ist? Über diese Fragen informiert die Abteilung Jugendmedienschutz und Medienpädagogik des **Jugendamts Köln**, die auch Alternativen zum kommerziellen Kino aufzeigt. So können Kinder und Jugendliche z. B. Filme in den Filmclubs und Jugendzentren sehen. Oder wie wäre es mal mit einer eigenen Produktion, mit Computerworkshops, Videofilmkursen und Filmwettbewerben?

Der Jugendfilmclub

Jugendfilmclub Köln e. V.
Medieninformationszentrum
Hansaring 82
50670 Köln
☎ 120093

Seit seiner Gründung im Jahre 1975 widmet sich der JFC der Medienarbeit mit Kindern und Jugendlichen. Er initiiert, organisiert und realisiert Medien- und medienpädagogische Arbeit für und mit Kinder und Jugendlichen in den Bereichen Video, Film und Radio, wobei technische Beratung und inhaltliche Hilfestellung die wichtigsten Bausteine sind.

Das Seminarprogramm ist so gestaltet, daß sich die Interessierten ihre Kurse je nach Vorkenntnissen selbst zusammenstellen können.

Zielgruppe der Kurse, Seminare und Workshops sind sowohl Mitarbeiter und Mitarbeiterinnen von Einrichtungen der Jugendarbeit und Lehrer und Lehrerinnen als auch Kinder und Jugendliche.

Kinderkino

Das aktuelle Kinoprogramm der Programmkinos und kommerziellen Kinos steht jeweils donnerstags im *Kölner Stadt-Anzeiger*, in »Tips und Terminen«, der Freitagsbeilage des *Kölner Stadt-Anzeigers*, und in den Veranstaltungshinweisen der Stadtzeitungen *Kölner Illustrierte*, *Stadtrevue* und *Prinz*.

Regelmäßiges Kinderkino bieten die Programmkinos Metropolis und Odeon, das Kinderkino in der Alten Feuerwache und das Kinderkino im Bürgerhaus Kalk.

Metropolis
Ebertplatz 19
50668 Köln
℡ 7391245

Odeon
Severinstr. 81
50678 Köln
℡ 313110

**Kinderkino
c/o Bürgerzentrum
Alte Feuerwache**
Melchiorstr. 3
50670 Köln
℡ 7391073

Bürgerhaus Kalk
Kalk-Mülheimer Str. 58
51103 Köln
℡ 852051/52

Rundfunk & Fernsehen

Westdeutscher Rundfunk Köln

»Köln macht Druck und strahlt aus.« So wirbt die Stadt Köln von den beweglichen Werbetafeln herunter, stolz darauf, sich langsam, aber sicher neben Hamburg und München zu einer Medienstadt in Deutschland zu entwickeln. Ansässig sind in Köln WDR, RTL, Deutsche Welle, Deutschlandradio, VOX, VIVA und Radio Köln. Alle Radio- und Fernsehsender machen auch Programme für Kinder und Jugendliche und der WDR lädt Kinder zu Führungen durch die Sendanstalt ein und bietet praxisnahe Veranstaltungen an. In der Filmvorführung »Wie die Maus gemacht wird« können Kinder beispielsweise einen Blick hinter die Kulissen der Fernseharbeit werfen und in den Mitmachsendungen des »Offenen Radios« eigene Sendungen produzieren.
Informationen zu allen Veranstaltungen gibt die Abteilung Öffentlichkeitsarbeit des Westdeutschen Rundfunks.

Westdeutscher Rundfunk Köln
Öffentlichkeitsarbeit
Appellhofplatz 1
50667 Köln
℡ 220-1

Kinder im Kölner Karneval

Der Kölner Kinderkarneval hat Nachwuchssorgen. Deshalb hat das Jugendparlament des Festkomitees Kölner Karneval nach anderthalbjähriger Diskussion am 1.7.1995 erstmals mit der Veranstaltung »Sommer jeck sin?« einen närrischen Drahtseilakt vollführt. »Mitten im Sommer wollen die Jecken bei Kindern und Jugendlichen für den Fastelovend werben, ohne echten Fastelovend zu feiern«, brachte der *Kölner Stadt-Anzeiger* das Unternehmen auf den Punkt. Mit Soul-Rock-Acts, Pop und kölscher Folklore sowie karnevalistischen Nummern und Interviews mit den Kölner Kinderdreigestirnen will man den Karneval den Jugendlichen näherbringen. Das Festival hat die Karnevalsszene nach guter alter Manier erst einmal in Wallung gebracht, weil Karneval im Sommer der Kölsche Sündenfall schlechthin ist.

Die Düsseldorfer Jecken, die größten Rivalen der Kölner, haben sich den Beinamen »Schönwetter-Karnevalisten« zugezogen, als sie den Rosenmontagszug wegen eines Unwetters ausfallen ließen und im Sommer nachholten. Ob »Darbietungen dieser Art dazu geeignet sind, Karnevals-Muffel umzukrempeln« wird demnach in der Lokalpresse zu Recht gefragt. Und der Tip der Redakteurin Marie-Anne Schlolaut lautet deshalb: »Wer die Jugend für den Sitzungskarneval begeistern will, soll die Feste während der Session so gestalten, daß die jungen Leute sie besuchen.«

Kinderkarneval traditionell

Festkomitee Kölner Karneval
Antwerpener Str. 55
50672 Köln
✆ *57400-0 u. -29*

Festkomitee Kölner Karneval
Wie werde ich Tanzoffizier/Tanzmariechen in einer Garde, wie kann ich an den Schul- und Veedelszöch am Karnevalssonntag teilnehmen, wie organisiere und gestalte ich eine Kindersitzung? Das sind Fragen, die das Festkomitee Kölner Karneval beantworten kann und sollte.

Das Festkomitee verschickt Adressenlisten der Kölner Karnevalsvereine. Im nachfolgenden sind diejenigen aufgeführt, die im Kinder- und Jugendkarneval aktiv sind, also z. B. Sitzungen für die ganz Kleinen und Mittelgroßen veranstalten:

KINDER IM KÖLNER KARNEVAL

Rote Funken von 1823
Geschäftsstelle
Sachsenring 42
50677 Köln
✆ 798792
(Kindersitzung im Kristallsaal der Messe)

Bürgergesellschaft Köln von 1863
Unter Goldschied 9
50677 Köln
✆ 2062262
(Kinderkostümfest im Senatshotel, 1994 ausgezeichnet mit dem Nachwuchsförderpreis des Festkomitees Kölner Karneval)

Großer Kölner KG von 1882
Dr. Wolfgang Fries
Frankenstr. 13
50858 Köln
✆ 486922
(Familiensitzung mit Kindern im Gürzenich)

Große Dünnwalder KG
Peter Hallerbach
Mittelstr. 29
50672 Köln
✆ 256844
(Kinderkarnevalsfest Schützenhalle Dünnwald, 1993 ausgezeichnet mit dem Nachwuchsförderpreis)

KG Isenburger
Vera Esser
Bergisch-Gladbacher-Str. 554
51067 Köln
✆ 634138
(Kinderkarnevalsfeier im Anno-Saal Holweide)

Rocholomäus
Lutz Begemann
Georg-Reiter-Str. 43
50827 Köln
✆ 502646
(Familienkostümsitzung mit Kindern, Gut Frohnhof, und Kindermesse auf kölsch mit Kinderdreigestirn, St. Rochus)

Müllemer Junge
Jakob Alburg
Philippstr. 6
50823 Köln
✆ 514101
(Kinderkostümball in der Wolkenburg)

Kölle bliev Kölle
Wilfried Pfeifer
Dürerstr. 72
50226 Frechen
✆ 02234/62356
(Kindermaskenball im Kinderheim Sülz)

BarbarAnniter
Heribert Franke
Tondernstr. 26
50825 Köln
✆ 551204
(Kinderkostümfest im Pfarrsaal St. Anna)

KG Drügge Pitter
Theo Faßbender
Mendelssohnstr. 6
50827 Köln
✆ 586325
(Kindersitzung im kulturellen Centrum Chorweiler)

KG Alt Lindenthal
Franz Josef Kreuz
Landgrafenstr. 39
50931 Köln
✆ 4061294
(Kinderkostümsitzung im Queenshotel)

Römer-Garde Weiden
Hans-Georg Mirgel
Lessingstr. 31
50858 Köln
✆ 02234/79588
(Schul- und Jugendsitzung im Zelt Emil-Schreiterer - Platz in Weiden)

Große Junkersdorfer KG
Hans-Josef Krahe
An der Alten Post 38
50859 Köln
✆ 02234/75093
(Kinderkostümfest in der Ildefons-Herwegen-Schule Junkersdorf)

Förderverein des Brücker Karnevals-Zuges
Gerd Flugmacher
Wiehler Str. 36
51109 Köln
✆ 848018
(Kinderkarnevalsfeier im Festzelt Brücker Markt)

Kinderkarneval alternativ

Verein zur Förderung der Kulturarbeit mit Kindern e. V.

Verein zur Förderung der Kulturarbeit mit Kindern e. V.
Kinder-Stunk-Sitzung
Brücker Mauspfad 503
51109 Köln
✆ 840498

In der Session 1994 standen erstmals 60 Kinderstunker von 3 bis 17 Jahren auf der Bühne des E-Werks und brachten frech und pfiffig zu Gehör, was Kids bewegt. Dem Beispiel der Großen Stunker folgend, sprengt der Humor hier programmgemäß die Grenzen des Geschmacks des traditionellen Karnevals, ist weder brav noch bieder, sondern schrill und echt. Die Inhalte sind bestimmt von kindlichen Alltagserfahrungen und kindlicher Phantasie und kommen ganz ohne erhobenen Zeigefinger aus. Und genau da liegt der Unterschied zum klassischen Karneval und der Casus cnactus des Erfolgs. Der Traditionskarneval nämlich hält die Kids mit seinen Kindersitzungen nur gähnend bei der Stange und verfällt auf manche Posse, um sie zu begeistern (s.S. 283 ff.). Solchermaßen geartete Werbung für die eigene Sache haben die Kinder-Stunker nicht nötig, denn ihre Lacher entstehen an der Basis und das garantiert den Erfolg!

Im Herbst jeden Jahres verreisen die 4 Erwachsenen vom KMK mit 20 bis 25 Kindern, die den festen Stamm des Ensembles ausmachen, und erarbeiten gemeinsam mit ihnen Themen, Reden, Gags und Sketche. »Natürlich helfen wir da mit«, betont Dorothee Schmitz, ehemalige Stunk-Sitzerin und Initiatorin des alternativen Kinderkarnevals. »Ein 6jähriger kann eben keine Rede schreiben.« Aber die Ideen und Impulse stammen allesamt von den Jungkarnevalisten selbst und sie schaffen es spielend, gezielte Lacher bei den 6- bis 12jährigen Zuschauern zu plazieren.

Neben den »festen Mitarbeitern« der Kinderstunksitzung wirken bis zu 40 Kinder aus befreundeten Schulen und Kinderkulturprojekten mit, u. a. geistig behinderte Kinder. Weitere Informationen zu den Mitmachkonditionen, Eintrittspreisen und Terminen sind unter der Telefonnummer 840498 zu erhalten.

Reise und Verkehr

Zuschüsse zum Familienurlaub 288
Förderungsmöglichkeiten 288, Wer erhält Zuschüsse? 289, Wer vermittelt geförderte Familienferien? 290

Kindgerechter Familienurlaub 291
Empfehlenswerte Reiseziele 291, Die Angebote gemeinnütziger Organisationen 292, Private Anbieter 293, Urlaub mit behinderten Kindern 295, Urlaub auf dem Bauernhof 296, Familienhotels 296, *Das gehört in die Reiseapotheke* 297

Feriensportangebote 298

Zelten 299
Zeltlager 299, *Campingplätze in Köln* 300, Anders Zelten 300

Jugendherbergen in Köln 301

Ferien ohne Eltern 302
Reisen in die Partnerstädte 302, Stadtranderholung 302, Freizeiten mit der Evangelischen Kirche 302, Kinderhotel – einmalig in Deutschland 303, Reisen für Kinder und Jugendliche 303

Reisen mit dem Auto 305

Reisen mit dem Zug 306
Tarife der Deutschen Bundesbahn für Eltern und Kinder 306, Extras für die Reise mit Kindern 307, Alleinreisende Kinder 309

Reisen mit dem Flugzeug 309
Checkliste: Serviceleistungen für Kinder 309, Tarife 310

Kinder in Bus und U-Bahn 311
Tarife für Kinder 311, Tarife für Schüler, Studenten und Auszubildende 312, Tarife für Jugendliche 312, Die Familie als Minigruppe 312

Kinder auf Rädern 312
Die Forderungen des ADFC 313, *Radfahren mit Kindern* 314, Radfahrausbildung 315

Zuschüsse zum Familienurlaub

Förderungsmöglichkeiten

»Familien-Ferien«
hrsg. v. ADAC mit Förderung des Bundesministeriums für Familie, Senioren, Frauen und Jugend

Bundesministerium für Familie, Senioren, Frauen und Jugend
Postfach 120 609
53048 Bonn
✆ 0228/3060

ADAC
Luxemburger Str. 169
50937 Köln
✆ 472747
(Siehe auch S. 291)

In den frühen 60er Jahren sind zahlreiche freie Wohlfahrtsverbände und karitative Organisationen an Länder und Kommunen mit der Bitte herangetreten, Zuschüsse für Familienferien zu gewähren. Mit Erfolg, denn die Töpfe waren in den fetten Jahren ja randvoll. 13 bis 15 Millionen Mark standen den Kommunen zur Verfügung, die über die freien Wohlfahrtsverbände unbürokratisch an die Familien verteilt werden konnten.

Da reichte die fristgerechte Mitteilung eines Vaters von 3 Kindern, einer alleinerziehenden Mutter oder einer Familie mit geringem Einkommen, daß sie gern mindestens 14 und höchstens 21 Tage lang z. B. an den Gardasee fahren würde, und schon konnte die Reise losgehen. Nach der Rückkehr mußte die Familie lediglich eine Bescheinigung darüber vorlegen, daß sie tatsächlich den angegebenen Zeitraum am Urlaubsort verbracht hatte, und schon erhielt sie bei z. B. 3 Kindern einen Zuschuß von 630,– DM.

Diese Zeiten sind vorbei. Seit die Stadt Köln Ende 1993 sämtliche Mittel gestrichen hat, gucken Paare mit Kindern, die die freie Zeit in Erholungsgebieten ihrer Wahl verbringen möchten, in die Röhre. Aktuell und auf absehbare Zeit fördert nur noch das Land die schönste Zeit im Jahr. Möglich sind dabei für Familien, die die vom Land vorgeschriebenen Einkommensgrenzen nicht überschreiten, ausschließlich Reisen zu anerkannten Familienferienstätten. Die Adressen der anerkannten Familienerholungsstätten sind in dem Urlaubsführer »Familien-Ferien« zu finden, der vom Allgemeinen Deutschen Automobilclub e. V. mit Förderung des Bundesministeriums für Familie, Senioren, Frauen und Jugend herausgegeben wird. Er ist über das Ministerium oder den ADAC zu beziehen.

ZUSCHÜSSE ZUM FAMILIENURLAUB

11

Wer erhält Zuschüsse?

1. Allgemeine Voraussetzungen für die Gewährung von Zuschüssen:

Gefördert werden gemeinsame Familienerholungsaufenthalte, insbesondere von kinderreichen jungen Familien und Familien mit behinderten Kindern, die entweder an Familienerholungsmaßnahmen teilnehmen, deren Träger seinen Sitz in NRW hat, oder die ihren Erholungsurlaub in einer Familienferienstätte verbringen wollen, deren Träger seinen Sitz in NRW hat. Die Familien müssen ihren Wohnsitz oder ständigen Aufenthalt in NRW haben.

2. Einkommensgrenzen

Das jährliche Einkommen (ohne Berücksichtigung von Kindergeld und Erziehungsgeld) darf für eine Familie mit einem Kind rund 48 000,- DM nicht übersteigen. Hinzu kommen 5000,- DM für jedes weitere Kind. Außerdem wird ein Mietkostenanteil berücksichtigt. Die Sätze werden jährlich am Jahresbeginn neu festgesetzt.

3.Urlaubsdauer

Die Urlaubsdauer beträgt mindestens 14 Tage und höchstens 21 Tage.

4. Zuschüsse

Pro Tag und Teilnehmer erhalten Familien mit 1 und 2 Kindern 12,- DM, mit 3 und 4 Kindern 14,- DM, mit 5 und mehr Kindern 18,- DM. Erhöhte Zuschüsse gibt es für Familien, die Sozialhilfe oder Arbeitslosenhilfe erhalten, die die Einkommensgrenze erheblich unterschreiten, für alleinerziehende Elternteile und für behinderte Kinder.

5. Zuständige Stellen und Antragsverfahren

Vermittelt und veranstaltet werden die Reisen für Familien von den freien Wohlfahrtsverbänden, u. a. vom Deutschen Roten Kreuz und dem Deutschen Familienverband.

Wer vermittelt geförderte Familienferien?

Deutsches Rotes Kreuz

Deutsches Rotes Kreuz
Kreisverband Köln e. V.
Oskar-Jäger-Str. 101-103
50825 Köln
✆ 5487-0

Das Deutsche Rote Kreuz bietet Ferien für die ganze Familie an der Nordsee, in England, Schweden und Malta, Segeltouren am Ijsselmeer und Kanuwandern in Schweden an. Obwohl auch das Deutsche Rote Kreuz weniger Zuschüsse von Stadt und Land erhält, wird versucht, der individuellen Lebenssituation der Familien Rechnung zu tragen und die noch verbleibenden Zuschüsse sinnvoll einzusetzen. Bei verschiedenen Ferienzielen werden Plätze für behinderte Teilnehmer vorbehalten.

Deutscher Familienverband

Deutscher Familienverband
Kreisverband Köln e. V.
Christophstr. 41
50670 Köln
✆ 120019

Der Deutsche Familienverband vermittelt Urlaubsquartiere für Familien. Wenn die Einkommen der Antragsteller die vom Land vorgegebenen Einkommensgrenzen nicht überschreiten, werden die Kosten der Urlaubsquartiere aus Landesmitteln bezuschußt. Das Angebot richtet sich vor allem, aber nicht nur an Alleinerziehende. Interessierte Mütter und Väter mit Kindern buchen bei der DFV-Kreisgeschäftsstelle aus dem Angebot des DFV-Familienwerks. Es handelt sich hierbei nicht allein um Pensionen und Ferienhäuser in Bayern und Österreich, sondern auch um Ferienquartiere an der deutschen Nord- und Ostseeküste sowie in Dänemark, Norwegen und den Niederlanden.

Caritasverband für die Stadt Köln e. V

Caritasverband für die
Stadt Köln e. V
Große Telegraphenstr. 35
50676 Köln
✆ 2019-0

Besonders bedürftige Familien haben noch die Möglichkeit, über den Caritasverband eine Urlaubsreise bezuschussen zu lassen, die dieser in Zusammenarbeit mit den jeweiligen Gemeinden fördert. Wenden Sie sich also direkt an Ihre Gemeinde, um zu erfahren, ob es finanziell geförderte Fahrten für Familien mit Kindern gibt, denn der Caritasverband wird erst aktiv, wenn die Gemeinde die Reise anmeldet.

Kolping-Familienwerk e. V.

Kolping-Familienwerk e. V.
Kolpingplatz 5–11
50667 Köln
✆ 20701-0

Das Kolping Familienwerk e. V. vermittelt kostengünstige Ferienaufenthalte für alle Familien, die gern zusammen mit Familien aus anderen Ländern Urlaub machen möch-

KINDGERECHTER FAMILIENURLAUB

ten. Das Kolping-Familienwerk nimmt den Belegungsaustausch vor, deshalb wenden Sie sich in allen Angelegenheiten direkt an das Kolpingwerk.

Familienerholungswerk der Diözese Rottenburg-Stuttgart e. V.
In Zusammenarbeit mit dem Deutsch-Französischen Jugendwerk und französischen Partnerorganisationen bietet das Familienerholungswerk der Diözese Rottenburg – Stuttgart seit mehr als 30 Jahren ein Austauschprogramm für Familienurlaub an. Interessierte Familien erhalten ein Angebot für den Deutsch-Französischen Familienaustausch gegen Vorabeinsendung der Portokosten von 3,– DM. Die Anmeldung für die Sommerferien muß bis spätestens Mitte Februar erfolgen.
Außerdem ist es möglich, mit dem Paritätischen Wohlfahrtsverband und dem Katholischen Familienerholungsdienst zu verreisen.

Familienerholungswerk der Diözese Rottenburg-Stuttgart e. V.
Heusteigstr. 86 a
70180 Stuttgart
✆ 0711/645510

Paritätischer Wohlfahrtsverband
Herwarthstr. 12
50672 Köln
✆ 951542-0

Kath. Familienerholungsdienst e. V.
Lindenstr. 14
50674 Köln
✆ 242343

Ferienhilfswerk der Arbeiterwohlfahrt
Die AWO bietet für Kinder und Jugendliche sowohl Stadtranderholung als auch außerörtliche Erholung im In- und Ausland an. Die Ferien für Kinder und Jugendliche werden von pädagogisch geschulten Helfern begleitet. Bei der Stadtranderholung ermöglicht die AWO in jedem Jahr rund 250 bis 350 Kindern, die in den Schulferien nicht verreisen können, 2wöchige Tagesfreizeiten am Stadtrand von Köln und in der Umgebung, wo die Kinder spielen, schwimmen und wandern können.

Ferienhilfswerk der Arbeiterwohlfahrt
Kreisverband Köln e. V.
Rubensstr. 7
50676 Köln
✆ 2040726

Kindgerechter Familienurlaub

Empfehlenswerte Reiseziele

Gerade mit den ganz Kleinen ist das Reisen so eine Sache. Doch wer möchte schon auf seinen wohlverdienten Ferienaufenthalt verzichten? Aber wohin soll die Reise gehen? Auf einer griechischen Insel ist es im Juli zu heiß, der Flug nach China ist zu weit, und schon wieder an die Ostsee ... Damit die Wahl nicht zur Qual wird, gibt der **ADAC** in Zusammenarbeit mit dem Bundesministerium

ADAC
Alteburger Str. 375
Frankfurter Str. 72
Luxemburger Str. 169
Neusser Str. 63
Information tägl. 7.00 bis 22.00 Uhr
✆ 472747

Bundesministerium für Familie und Senioren
Postfach 120609
53048 Bonn
✆ 0228/3060

für Familie, Senioren, Frauen und Jugend alljährlich den Katalog *Familien-Ferien* heraus und informiert darin ausführlich über besonders empfehlenswerte Familienorte. 1994 stellte der Katalog über 280 familiengerechte Ferienorte vor. Der Katalog ist auch für Nichtmitglieder in allen Kölner ADAC-Geschäftsstellen kostenlos erhältlich oder über die Bundeszentrale für gesundheitliche Aufklärung und das Bundesministerium für Familie und Senioren zu beziehen.

»Eltern«, Heft 8/91

Die Zeitschrift **Eltern** listet in ihrer Ausgabe vom August 1991 25 Ferienorte in Deutschland auf, die besonders familienfreundlich sind.

Die Angebote gemeinnütziger Organisationen

Haben Sie sich für ein Urlaubsziel entschieden, können Sie Ihren Urlaub sowohl bei gemeinnützigen Organisationen als auch bei privaten Anbietern buchen. Im folgenden werden einige gemeinnützige Veranstalter von Ferienreisen vorgestellt.

Familien-Ferien-Werk e. V.

Familien-Ferien-Werk e. V.
Schaevenstr. 1
50674 Köln
✆ 218888

Das Familien-Ferien-Werk bietet seit über 40 Jahren Familien mit Kindern Ferien an und ist der Wegbereiter der katholischen Familienerholung in der Bundesrepublik. In den eigenen Familienferienstätten werden Eltern und Kinder separat untergebracht, schlafen also getrennt, wobei die Kinder in altersentsprechenden Gruppen werktags bis zu 19 Stunden täglich betreut werden. Alleinerziehenden Müttern wird Gelegenheit zu Ruhe und Erholung gegeben, Elternpaare haben Zeit füreinander. Besonderes Interesse findet das Angebot bei Familien mit Kleinstkindern und bei Großfamilien. Es können bei fast allen Reisen Landesmittel von den Teilnehmern beantragt werden.

Katholisches Ferienwerk Köln e. V.
Postfach 420386
50897 Köln
Weißhausstr. 21 a
50939 Köln
✆ 942006-0

Katholisches Ferienwerk Köln e. V.

Das Katholische Ferienwerk Köln e. V. führt seit 1956 Kinder- und Jugenderholungsmaßnahmen durch. Ziel und Aufgabe des Vereins ist die Förderung und Schaffung von Möglichkeiten der Sozial- und Jugendhilfe in religiöser, sozialer und pädagogischer Hinsicht. 1994 bot das Katholische Ferienwerk 116 Freizeiten in 19 verschiedenen Ländern an, für die es etwa 300 Reiseleiterinnen und Reiseleiter einsetzte.

Naturfreundejugend Rheinland
Die Naturfreundejugend gehört zum Touristenverein »Die Naturfreunde«, realisiert als eigenständiger Teil die Kinder- und Jugendprogramme aber selbst. Die Möglichkeiten einer Betätigung reichen von Sport über Fotografie, Theater und Musik bis hin zu Umweltschutz, Friedensarbeit und Antifaschismus-Gruppen. Darüber hinaus organisieren die Naturfreunde Kinder- und Jugendfreizeiten.

Naturfreundejugend Rheinland
Honschaftstr. 330
51061 Köln
✆ 637912

Private Anbieter

Schöne Ferien – Reisen GmbH
»Schöne Ferien – Reisen« ist seit 1987 das Reisebüro der Ökobildungswerke Köln. Es bietet Kulturreisen, sportliche Ferien und Eltern-Kind-Ferien an. Mit dem Programm soll ein umwelt- und sozialverträglicher Tourismus unterstützt werden, was im konkreten durch das Verreisen in kleinen Gruppen realisiert wird, die die Forderungen des Naturschutzes berücksichtigen. Das Thema »Sport und Umwelt« nimmt dabei einen ganz besonderen Stellenwert ein.
Die Reiseziele sind so ausgewählt, daß immer ein sinnvolles Verhältnis zwischen Entfernung und Aufenthaltsdauer besteht, und sie werden, sofern möglich, mit umweltverträglichen Verkehrsmitteln, z. B. der Bahn, erreicht. Die Unterkünfte sind immer gut für Gruppen geeignet und landschaftlich schön gelegen, die Verpflegung ist, wenn möglich, vollwertig und vegetarisch. Die Reiseleiter sind in der Regel zwischen 28 und 38 Jahren alt.
Für Familien bestehen folgende Angebote: Kanufahren für groß und klein, Eltern-Kind-Kanutour in Belgien, Familienurlaub auf einem Biohof in Italien und Familienferien in Frankreich.

Schöne Ferien – Reisen GmbH
Herwarthstr. 22
50672 Köln
✆ 526422

Vamos Eltern-Kind-Reisen GmbH

Vamos Eltern-Kind-Reisen GmbH
Flüggestr. 26
30161 Hannover
✆ 0511/3481917

Unter dem Motto »viel Zeit füreinander« bietet der hannoverische Reiseveranstalter Vamos Urlaubsprogramme für Alleinerziehende und Familien mit Kindern an. Dabei werden die unterschiedlichen Bedürfnisse von Eltern und Kindern bei den vielfältigen Angeboten (Tanz, Sport, Malen etc.) berücksichtigt. Die Reiseziele, oft kleine Familienhotels, alte Klöster oder Mühlen, liegen immer abseits des Massentourismus in den schönsten europäischen Naturlandschaften. Ein 3wöchiger Urlaub in einem Seehotel in Masuren kostet inklusive Fahrt, Verpflegung und Kinderbetreuung für einen Erwachsenen 1695,– DM, für Kinder zwischen 795,– DM und 1495,– DM.
Der Katalog mit 30 Eltern-Kind-Reisen zwischen Masuren und Sardinien kann für 3,– DM in Briefmarken bei Vamos angefordert werden.

Freies Ferien-Werk e. V.

Freies Ferien-Werk e. V.
Westenfelder Str. 29
44866 Bochum
✆ 02327/85795/6

Unter der Überschrift »Menschen« wirbt das Freie Ferien-Werk seit 1984 für die Familienreisen. Eltern mit Kindern werden Urlaube in touristisch attraktiven Gegenden geboten, daneben gibt es Skiprogramme, Klassenfahrten und Workshops zu Musik, Theater, Fotografie, Sport, Tanz, Malen …

Familien-Reisebüro

Familien-Reisebüro
Neckerstr. 1
40219 Düsseldorf
✆ (D2) 01722688157

Das Münchener Ehepaar Dick-Bergmann vom Familien-Reisebüro testet alle Anlagen, die es in seinem Katalog anbietet, im Hinblick auf Familienfreundlichkeit selbst. So garantieren die beiden kindgerechte und familienfreundliche Unterkünfte in Ferienwohnungen, Hotels und Bungalows in Österreich, Italien, der Türkei, Portugal und den Kanarischen Inseln. Kinder und Babys können an allen Urlaubsorten stundenweise von Babysittern betreut werden. Die Preise liegen zwischen 300,– und 2000,– DM pro Woche.

KINDGERECHTER FAMILIENURLAUB

> **Weitere Reisebüros, die auf Familienurlaube spezialisiert sind:**
>
> **Windbeutel-Reisen**
> An der Ronne 90
> 50859 Köln
> ✆ 02234/79379
>
> **Rückenwind Reisen**
> Hauptstr. 2
> 26209 Kirchhatten
> ✆ 04482/8405
>
> **Kinder Ski-Reisen**
> Kölner Club
> Moltkestr. 129
> 50674 Köln
> ✆ 513036
>
> **Ruf-Reisen**
> Reiseagentur »Kanova«
> Lenbachstr. 35
> 45147 Essen
> ✆ 0201/702346
>
> **Bambino-Tours GmbH**
> Postfach 1131
> 35089 Cölbe
> ✆ 06421/82043

Urlaub mit behinderten Kindern

Ein Urlaub mit behinderten Kindern stellt besondere Anforderungen sowohl an die Reiseroute als auch an die Transportmittel und die Unterbringung. Verschiedene Institutionen informieren Eltern behinderter Kinder gern über Wissenswertes zum Thema. Die **Landesarbeitsgemeinschaft der Clubs Behinderter und ihrer Freunde** nennt z. B. Adressen von Behindertenverbänden am Urlaubsort, verfügt über Listen rollstuhlgerechter Unterkünfte und Campingplätze, sowie von Bus- und Schiffsreisenveranstaltern, die auf die Bedürfnisse von Behinderten eingestellt sind, und vieles mehr.

Hinweise auf die Eignung von Beherbergungsbetrieben für Behinderte enthält auch die Broschüre *Urlaub auf dem Bauernhof* vom DLG-Verlag, die *Deutsche Behindertenzeitschrift* und das Buch *Handicapped Reisen*.

Der Reiseveranstalter TUI gibt jährlich einen Spezialkatalog heraus, in dem Urlaubsinformationen für Behinderte und ihre Begleiter zu finden sind. Der Katalog ist in jedem TUI-Reisebüro erhältlich.

Landesarbeitsgemeinschaft der Clubs Behinderter und ihrer Freunde Rheinland-Pfalz e. V.
Eupener Str. 5
55131 Mainz
✆ 06131/231101

»Urlaub auf dem Bauernhof«
DLG-Verlag
Eschborner Landstr. 122
60489 Frankfurt/Main
✆ 069/247880
Preis: 14,– DM

»Deutsche Behindertenzeitschrift«
REHA-Verlag
Roonstr. 30
53175 Bonn
✆ 0228/352328

»Handicapped-Reisen«
Verlag FMG
Fremdenverkehrsmarketing GmbH
Postfach 1547
53005 Bonn
✆ 0228/616133
Preis: 34,– DM

TUI-Spezialkatalog

Urlaub auf dem Bauernhof

Gesamt-Katalog aller Urlaubsbauernhöfe mit dem DLG-Gütezeichen

Gesamt-Katalog aller Urlaubsbauernhöfe mit dem DLG-Gütezeichen
DLG-Verlags-GmbH
Eschborner Landstr. 122
60489 Frankfurt/Main
✆ 069/24788-451

Wie war das noch? Von 100 Kindern malen 20 die Kuh lila? Auch wenn man solchen Berichten nicht unbedingt Glauben schenken möchte, ist doch sicher, daß Kinder in der Großstadt den Bezug zur Natur zunehmend verlieren. Kein Wunder also, daß der Urlaub auf dem Bauernhof bei Eltern und Kindern immer beliebter wird. Die Eltern verfolgen dabei nicht selten ein pädagogisches Interesse, die Kinder können endlich einmal Pferde, Schafe und Schweine aus nächster Nähe betrachten.

Die Deutsche Landwirtschafts-Gesellschaft (DLG) prüft seit über 20 Jahren die Qualität von Ferienhöfen und hat dazu Richtlinien entwickelt, die speziell auf die Bedürfnisse der Bauernhofurlauber zugeschnitten sind. Fast 20 Kriterien entscheiden darüber, ob ein Bauernhof das DLG-Gütezeichen erhält und in den DLG-Katalog aufgenommen wird.

»Ferien auf dem Lande«
LandschriftenVerlag
Heerstr. 73
5311 Bonn
✆ 0228/631284

»Ferien auf dem Lande«

Das Handbuch *Ferien auf dem Lande* aus dem Landschriften Verlag führt ca. 3000 Adressen von Bauernhöfen auf.

Familienhotels

Familotels Informationsdienst
Wittelsbacherstr. 22
10707 Berlin
✆ 030/8618365

Hotelführer für junge Eltern mit Baby & Kleinkind
Büttner Medien-Gesellschaft mbH
Westendstr. 73
60325 Frankfurt / Main
✆ 069/756190-0
Preis: 19,80 DM

Wer schon mal mit Kindern, womöglich ganz kleinen, in einem Hotel war, weiß, welche Nöte Eltern von kleinen Schreihälsen hier manchmal erleiden. Genervte Blicke vom Zimmernachbarn am Frühstücksbuffet, weil er, wachgehalten vom hysterischen Gebrüll Ihres Jüngsten, kein Auge zugetan hat. Oder verständnisloses Kopfschütteln eines älteren Ehepaars angesichts der nicht ganz jugendfreien Schimpftiraden, mit denen sie Ihr 8jähriger belegt.

Wer solchen Situationen von vornherein aus dem Weg gehen will, kann beim **Familotels Informationsdienst** kostenlos zahlreiche Angebote von familienfreundlichen Urlaubsveranstaltern, Hotels und Pensionen erhalten oder den *Hotelführer für junge Eltern mit Baby & Kleinkind* kaufen. In beiden Listen sind Hotels aufgeführt, die den Aufenthalt von Kindern in ihrem Haus nicht als Belästi-

KINDGERECHTER FAMILIENURLAUB

gung und Strafe empfinden, sondern ein Klima des herzlichen Willkommens verbreiten.

> **Das gehört in die Reiseapotheke**
>
> *Nichts ist schlimmer, als wenn die Kinder im Urlaub krank werden. Deshalb ist es gerade in einem fremden Land, dessen Sprache man vielleicht gar nicht oder nicht richtig beherrscht, wichtig, für die kleinen Wehwehchen das richtige Mittel schnell zur Hand zu haben.*
> *Anhand der folgenden Checkliste können Sie die wichtigsten Medikamente vor Reiseantritt Punkt für Punkt abhaken:*
> - *Mittel gegen Reiseübelkeit, z. B. Reisekaugummi (wenn Kinder alt genug sind, Kaugummi zu kauen) oder Zäpfchen*
> - *Fieberzäpfchen in altersgerechter Dosierung*
> - *Fieberthermometer*
> - *Mittel gegen Husten, für Kleinkinder sind vor allem pflanzliche Arzneimittel, z. B. Auszüge aus Thymian, Eibisch oder Efeu geeignet*
> - *Mittel gegen Schnupfen: milde Einreibe- und Inhalationspräparate, für Kleinkinder frei von Kampfer und Menthol*
> - *Mittel gegen Durchfall und Erbrechen*
> - *Glucose-Elektrolyt-Präparate, die den Verlust von Wasser und Salzen ausgleichen*
> - *Mittel gegen Blähungen »Entschäumer«-Tropfen, außerdem Anis-Kümmel-Fencheltee oder sogenannte Windsalben zum Einmassieren*
> - *Salbe/Creme gegen Windeldermatitis, z. B. mit Zinkoxid oder Kamille*
> - *Wund- und Heilsalbe*
> - *Pflaster, Verbandsmaterial, mildes, nicht brennendes Desinfektionsmittel*
> - *Kühlendes Gel gegen Juckreiz und Insektenstiche*

> – *Sonnenschutzmittel speziell für Kinder mit hohem Lichtschutzfaktor (10 bis 20) und sogenannten Mikropigmenten. Jeder Sonnenbrand, auch schon eine leichte Rötung, gefährdet das Kind. Säuglinge bis zu einem Jahr sollten überhaupt nicht direkt der Sonnenstrahlung ausgesetzt werden, Kleinkinder müssen ausreichend geschützt sein und dürfen nicht während der Mittagsstunden (zwischen 11 und 15 Uhr) in die Sonne.*

Feriensportangebote

Kinder wollen sich bewegen und brauchen ein Programm, mit dem der ganze Tag ausgefüllt wird. Was liegt also näher, als den Urlaub ganz auf Sporttreiben umzustellen?

Bildungswerk des Stadtsportbundes

Bildungswerk des Stadtsportbundes Köln
Schaevenstr. 1b
50676 Köln
✆ 2401234

»Im Urlaub gemeinsam aktiv« lautet das Motto der Familiensportangebote im Bildungswerk des Landessportbundes NRW. Dabei soll vor allem die natürliche Umwelt des Reiseziels für die aktive Urlaubsgestaltung neu entdeckt und genutzt werden und ein ausgewogenes Verhältnis zwischen Sport, Spiel und Freizeit herrschen. Im Angebot sind z. B. Tennis am Gardasee, Kanusport in Wesel oder Segeln auf dem Ijsselmeer. Preise und Termine sind beim Bildungswerk zu erfragen.

Außerdem bietet das Bildungswerk des Stadtsportbundes für alle Daheimgebliebenen in allen Ferien Ballsportkurse, Rückschlagspielkurse (Tennis, Badminton, Tischtennis) und »Spiel-Sport-Spaß-Kurse« (Leichtathletik, Ballspiele, Schwimmen und Geländeläufe) an, die allerdings nur für Kinder und Jugendliche gedacht sind. Ziel aller Kurse ist es, das allgemeine Bewegungsverhalten zu trainieren und in die Technik und Regeln einzelner Disziplinen einzuführen.

Fahr-Away-Reisen

Der Spezialist für Kinder und Jugendreisen (siehe auch S. 304) bietet in der Wintersaison vom 23.12. bis 5.3. Schneeferien in Dolni Morava an. Kinder unter 2 Jahre reisen gratis mit, Kinder bis 6 Jahre für die Hälfte und Kinder bis 19 Jahre für 25 Prozent des Normaltarifs.

Fahr-Away-Reisen
Wittkuller Str. 184
42719 Solingen
✆ 0212/319144

Evangelischer Reisedienst

Der Evangelische Reisedienst ist ein gemeinnütziger, unabhängiger Verein, der seit über 20 Jahren Reisen für Kinder, Jugendliche und Familien organisiert. Teilnehmern unter 18 Jahren aus kinderreichen und einkommensschwachen Familien kann auf Antrag ein Zuschuß gewährt werden, der unbedingt 6 Wochen vor Ferienbeginn beantragt werden muß.
Im Vordergrund des Programms stehen Surfen, Segeln, Tauchen, Tennis und Kanufahren. Die Reiseziele sind über ganz Europa verstreut, einige befinden sich auch in den Vereinigten Arabischen Emiraten, in Namibia und in den USA.

Ev. Reisedienst e. V.
Schützenbühlstr. 81
70435 Stuttgart
✆ 0711/8264466

Schwubs – Ski- und Erlebnisreisen

Die Veranstalter bieten ein umfangreiches Leistungspaket: Skikurse für Eltern und Kinder, Vollpension, Busfahrt und ein abwechslungsreiches Freizeitangebot sind im Reisepreis enthalten. Die ausgewählten Häuser sind auf die Bedürfnisse von Eltern-Kind-Gruppen zugeschnitten, liegen abseits verkehrsreicher Straßen und bieten Kindern ein großes Maß an Freiraum zum Toben und Spielen. Skikurse werden für Kinder ab 6 Jahre angeboten, die jüngeren werden tagsüber auf Wunsch betreut.

Schwubs – Ski- und Erlebnisreisen
Bohlweg 1
31823 Springe
✆ 05041/8899

Zelten

Zelten ist preisgünstiger als die Unterkunft in einem Hotel oder einer Ferienwohnung. Es ermöglicht daher einkommensschwächeren oder kinderreichen Familien und Jugendlichen entweder überhaupt in Urlaub zu fahren oder entferntere, exklusivere Ziele aufzusuchen.
Ferien und Freizeiten im Zeltlager bieten viele Gemeinden

der Stadt regelmäßig an. Informieren Sie sich bei Ihrer Gemeinde.

Christlicher Verein Junger Menschen Köln e. V.
Der Christliche Verein Junger Menschen Köln e. V. bietet z. B. regelmäßig Zeltlager am Metzweiler Weiher im Schwäbischen Allgäu an.

Christlicher Verein Junger Menschen Köln e. V.
Hansaring 135
50670 Köln
✆ 738344

Krebelshof
Auf dem Krebelshof können Leute ab 14 Jahren preiswert zelten und ein volles Pogramm genießen: Bistro, Biergarten, Tischtennis, Billard, Frühstücksbuffet. Der Krebelshof liegt mitten im Grünen und ist sehr gut mit öffentlichen Verkehrsmitteln zu erreichen. Für Vereine, Verbände und Jugendgruppen der freien Jugendhilfe stellt das Jugendamt in den Sommerferien Großzelte zur Verfügung.

Krebelshof e. V.
Alte Str.
50769 Köln
✆ 783964

Campingplätze in Köln

Bootshaus Berger
Uferstr. 53 a
50996 Köln
✆ 392421
(März bis Oktober)
Direkt am Rhein gelegen, vielfach von Holländern besucht, daneben Minigolfplatz

Städtischer Familienzeltplatz
Weidenweg
51105 Köln
✆ 831966
(Mai bis September)

Campingplatz Waldbad
Peter-Baum-Weg 6
51069 Köln
✆ 603315
(ganzjährig geöffnet)

Anders Zelten

Ganz bequem ...

Ein Campingurlaub mit der ganzen Familie bedeutet für die Eltern oftmals Streß. Vom Packen über die Autofahrt, eventuell mit Caravan oder Wohnwagen, bis hin zum Aufbau am Reiseziel will alles gut geplant und durchdacht sein. Wer den Aufwand so gering wie möglich halten will, kann das Angebot nutzen, seinen Urlaub in fix und fertig aufgestellten und eingerichteten Zelten und Caravans zu verbringen. Man braucht keine eigene Ausrüstung, sondern mietet von zu Hause aus ein Bungalowzelt oder ein Mobilheim, das komplett eingerichtet ist mit Herd, Kühlschrank, Betten, Tischen und Stühlen. Selbst die wichtigen Kleinigkeiten, Kochtöpfe, Besteck und Korkenzieher fehlen nicht.

In Deutschland bieten die Firmen **Eurocamp** und **Eurosites** solche Campingurlaube an.

Beide Veranstalter stellen auf Anfrage auch komplette Babyausrüstungen zur Verfügung. Gegen einen Aufpreis können Laufställe, Hochstühle, Babybetten und Badewannen gemietet werden. Für größere Kinder gibt es ein Juniorzelt zum Spielen und zum Übernachten. Außerdem bieten beide Veranstalter auch Kinderbetreuung und Babysitterservice an. Allerdings nicht auf allen Plätzen. Also: Vorher informieren.

Eurocamp
Kempener Allee 9
47803 Krefeld
✆ 02151/750094

Eurosites GmbH
Bachstr. 21
32257 Bünde
✆ 05223/185555

... oder wild romantisch

»Reisemobil Traumcamps«

Der Führer *Reisemobil Traumcamps, Band 1 – Südwesteuropa* verrät, wo es abseits von offiziellen Campingplätzen einsame, romantische Standplätze für Caravans gibt, die aber legalerweise genutzt werden können.

»Reisemobil Traumcamps«
Büttner Medien GmbH
Westendstr. 73
60325 Frankfurt/M
39,– DM

Jugendherbergen in Köln

Wer einen Jugendherbergsausweis besitzt, darf in Jugendherbergen übernachten. Also bietet die Jugendherberge nicht nur für Jugendliche, sondern auch für deren Eltern preiswerte Übernachtungsmöglichkeiten. In den Kölner Jugendherbergen kostet eine Übernachtung durchschnittlich 30,– DM einschließlich Frühstück und Bettwäsche. Der Jugendherbergsausweis ist bei den Herbergen selbst zu bekommen und kostet für Junioren (bis 27 Jahre) 21,– DM und für Senioren oder ganze Familien 34,– DM. Er ist ein Jahr lang gültig.

Jugendherberge
Siegesstr. 5 a
50679 Köln
✆ 814711

Jugendgästehaus
Köln-Riehl
An der Schanz 14
50735 Köln
✆ 767081

Ferien ohne Eltern

Reisen in die Partnerstädte

Jugendamt der Stadt Köln
Bernd Seifert
Schaevenstr. 1 b
50676 Köln
✆ 221-4079

Köln hat 21 Partnerstädte in der ganzen Welt. Unter ihnen finden sich klangvolle Namen wie Kioto, Barcelona und Peking. Das Jugendamt plant, organisiert und führt in Absprache mit den Verantwortlichen aus den Partnerstädten internationale Begegnungen für Jugendliche im Alter von 16 bis 23 Jahren durch. In Gruppen zu ca. 10 Teilnehmern reisen die Jugendlichen meist in den Schulferien zu ihren Gastgebern.

Stadtranderholung

Jugendamt der Stadt Köln
Adele Vöcking
✆ 221-5419

Die Arbeiterwohlfahrt, das Amt für Diakonie, der Caritasverband und der Paritätische Wohlfahrtsverband veranstalten regelmäßig in den Sommerferien Stadtranderholungen.
Aktuelle Informationen erteilen Adele Vöcking vom Jugendamt der Stadt Köln oder die Verbände selbst.

Freizeiten mit der Evangelischen Kirche

Freizeitenkalender
zu beziehen über
Evangelischer
Stadtkirchenverband Köln
Presse & Information
Susanne Maroldt
Kartäusergasse 9–11
50678 Köln
✆ 3382-117

In den Schulferien bieten viele Gemeinden im Bereich des Evangelischen Stadtkirchenverbandes Köln Ferienfreizeiten für Kinder und Jugendliche an. Die Veranstaltungen sind zunächst natürlich für Angehörige der jeweiligen Kirchengemeinde gedacht, stehen bei ausreichend freien Plätzen aber in der Regel auch Kindern und Jugendlichen aus anderen Kirchengemeinden offen.
Das Presse- und Informationsamt stellt regelmäßig einen Freizeitenkalender zusammen, der relativ vollständig und aktuell ist. Auf Anfrage schickt das Presse- und Informationsamt den Kalender vor den Schulferien zu.

Außerdem informieren die Jugendreferate der Kirchenkreise über die Ferienprogramme ihrer Gemeinden.

FERIEN OHNE ELTERN

Jugendreferat
Rechtsrheinisch
Kartäusergasse 9–11
50678 Köln
℡ 3382-284

Jugendreferat Nord
Myliusstr. 27
50823 Köln
℡ 528041

Jugendreferat Mitte
Kartäusergasse 9–11
50678 Köln
℡ 3382-288

Jugendreferat Süd
Kantweg 1 a
52388 Nörvenich-Ramelsheim
℡ 02237/2484

Kinderhotel – einmalig in Deutschland

Kinderhotel Kinderkiste

Bisher einmalig in Deutschland ist das Hotel für 1- bis 12jährige. Für ein paar Stunden oder rund um die Uhr werden die Kinder von geschultem Fachpersonal betreut. Auf Wunsch werden die Kinder auch zur Schule gebracht und von dort wieder abgeholt. Der Tagesaufenthalt ohne Übernachtung kostet 100,– DM, mit Übernachtung 150,– DM, die Wochenendpauschale beträgt 800,– DM, wobei Geschwister 25 Prozent Rabatt bekommen.

Kinderhotel Kinderkiste
Pfarrer-Wichert-Str. 60
53639 Königswinter
℡ 02244/6851

Reisen für Kinder und Jugendliche

Jugendreisen Club 7

Club 7 Jugendreisen organisiert seit mehr als 15 Jahren Reisen für junge Leute und Gruppenreisen für Schulen, Vereine, Bildungswerke etc. In Zusammenarbeit mit einem Partner in Köln (Spectral Reisen e. V.) werden die Kinder- und Jugendreisen sowie Gruppenreisen durchgeführt. Die Programme sind auf unterschiedliche Altersgruppen zwischen 9 und 27 Jahren zugeschnitten, die teilweise in clubeigenen Häusern und Hotels untergebracht sind. Alle Anlagen weisen einen gehobenen Standard auf und sind zum größten Teil mit einem umfangreichen Sportkomplex ausgestattet. Das Konzept erinnert an die Philosophie eingeführter Clubs wie Club med und Club Robinson, denn »die Zentren sollen in den Sommermo-

Jugendreisen Club 7
Luxemburger Str. 124–136
50939 Köln
℡ 421446

naten vor Leben, Freude, Ausgelassenheit und Aktivität sprudeln«.

Jugendamt Hilden

Jugendamtreisen Hilden e. V.
Heiligenstr. 13
40721 Hilden
✆ 02103/72534

Das Jugendamt Hilden bietet seit 1989 Ferienfahrten für junge Menschen aus Hilden und Umgebung an. Zuschußberechtigte Personen können bei ihrem Jugend- bzw. Sozialamt einen Zuschuß beantragen, denn die Organisation ist gemeinnützig und anerkannter Träger der freien Jugendhilfe. Das Angebot umfaßt Ferien in Reit- und Sportcamps, Sprachreisen und Urlaube in Italien, Spanien, Griechenland, England, Marokko und den USA.

Fahr-Away-Reisen

Fahr-Away-Reisen
Wittkuller Str. 184
42719 Solingen
✆ 0212/319144

Fahr-Away-Reisen (siehe auch S. 299) veranstaltet Reisen für Menschen von 14, 16 und 18 Jahren aufwärts, die gern in einer Gruppe verreisen. Jede Altersgruppe wird von geeigneten Jugendreiseleitern und Animateuren betreut. Im Programm sind Jugendcamps, Ferien im Zelt sowie in Hotels und Pensionen in Österreich, Griechenland, Frankreich und Spanien. Die Angebote können auch von ganzen Schulklassen als Klassenfahrten genutzt werden.

Tip:
Wer selbst einmal eine Kinder- oder Jugendgruppe in den Sommerferien als Helfer begleiten möchte, kann an einem Grundkurs für ehrenamtliche Jugendgruppenleiter/-innen und solche, die es werden wollen, der Stadt Köln teilnehmen. Einmal im Jahr und zwar vor Ostern führt die Abteilung Jugendförderung des Jugendamtes den Kurs durch. Er dauert eine Woche und findet in einer Bildungs- und Freizeitstätte der Stadt Köln statt. Ca. 30 Jugendliche ab 16 Jahren beschäftigen sich dort mit Themen wie Gruppenleiten, Gruppenstruktur, Kommunikation, Gesprächsführung, Organisation, Kreativität und Aufsichtspflicht.

> Informationen erhalten Sie beim Jugendamt der Stadt Köln, wo man sich auch zu den Kursen anmelden kann.
>
> Jugendamt der Stadt Köln
> Abteilung Jugendförderung
> Claudia Hühn
> ∅ 221-5481

Reisen mit dem Auto

»Kinder bis zum vollendeten 12. Lebensjahr, die kleiner als 1 Meter 50 sind, dürfen in Kraftfahrzeugen auf Sitzen, für die Sicherheitsgurte vorgeschrieben sind, nur mitgenommen werden, wenn Rückhalteeinrichtungen für Kinder benutzt werden, die amtlich genehmigt und für das Kind geeignet sind.« So schreibt es das Gesetz seit dem 1.4.1993 vor und wer dieser Regelung zuwiderhandelt, dem droht ein Bußgeld.

Generell werden 4 Gruppen bei den »Rückhalteeinrichtungen« unterschieden:
- Babyschalen, Babywannen oder Kinderwagenaufsätze, sie eignen sich für Kinder bis 10 Kilogramm
- Kinder-Autositze für Kinder zwischen 9 und 18 Kilogramm
- Kinder-Autositze für Kinder zwischen 3 und 6 Jahren mit einem Körpergewicht zwischen 15 und 25 Kilogramm
- Sitzschalen oder Polster für Schulkinder bis 12 Jahre und 22 bis 36 Kilogramm Körpergewicht

Alle Sitze müssen der europäischen Prüfnorm ECE R 44 genügen, um auf dem deutschen Markt zugelassen zu werden. Doch Vorsicht! Immer wieder werden auch Sitze angeboten, die keine Plakette tragen.
Das Öko-Test-Sonderheft *Kleinkinder* (14/1994) gibt gute Tips für Kauf und Montage von Kindersitzen.

»Kleinkinder«
Öko-Test-Sonderheft (14/1994)

»Kinderfreundlicher Autobahnservice«

»Kinderfreundlicher Autobahnservice«
GfN – Gesellschaft für Nebenbetriebe der Bundesautobahnen mbH
Andreas-Hermes-Str. 7-9
53175 Bonn
✆ 0228/9220

Das GfN-Faltblatt »Kinderfreundlicher Autobahnservice« zeigt auf einer Übersichtskarte, welche Raststätten, Tankstellen und Motels kinderfreundliche Einrichtungen haben. Geboten werden an den Raststätten deutscher Autobahnen:
- 248 Babywickelräume
- 115 Kinderspielplätze
- 31 Kinderspielecken
- Kinderstühlchen in den Raststätten
- Babybetten in den Motels.

Reisen mit dem Zug

Zentrale Reiseauskunft am Hauptbahnhof Köln:
täglich von 6–23 Uhr
✆ 19419

Kinder wollen selten stillsitzen, und ein Baby wird schnell quengelig, wenn sich niemand mit ihm beschäftigt. Die Bahn ist für kleine und große Kinder und auch für deren Eltern sicherlich das angenehmste Verkehrsmittel, denn die Kleinen müssen nicht angeschnallt auf ihrem Platz sitzen wie im Auto, sondern haben im Gang und in den Abteilen Auslauf. Wenn die Abteile nicht zu voll sind, können sie auch Spielzeug auspacken und mit den Eltern spielen.

Tarife der Deutschen Bundesbahn für Eltern und Kinder

Bahncard

Kinder zwischen 4 und 11 Jahren fahren für die Hälfte des normalen Fahrpreises.
Mit einer Bahncard reduzieren sich für Kinder dieser Altersgruppe die Tarife sogar auf ein Viertel des Normaltarifs. Für Familien kostet die Bahncard 110,- DM, wenn ein Elternteil und mindestens ein Kind unter 18 Jahren gemeinsam unterwegs sind. Familien mit 3 und mehr Kindern, für die Kindergeld bezogen wird, bekommen einen kostenlosen Familienpaß, mit dem es ein Jahr lang DB-Tickets zum halben Preis gibt.
Die Bahncard für Familienmitglieder, die unabhängig voneinander reisen möchten, kostet für Kinder und Jugend-

liche bis 17 Jahre 50,- DM, für Erwachsene 220,- DM und für Ehepartner 110,- DM.

Wer gemeinsam reist, kann auch ohne Bahncard Geld sparen. Nutzt man das Mitfahrangebot der Bahn, fahren Erwachsene zum normalen Tarif und bis zu viereinhalb Begleiter für die Hälfte, Kinder zwischen 4 und 11 Jahren, sie gelten als »halbe Personen«, sogar für ein Viertel des Normaltarifs.

Mitfahrangebot

Auf weiten Strecken lohnen sich die Pauschalangebote Spar- und ICE-Super-Sparpreis. Hier fahren erwachsene Mitreisende für die Hälfte und Kinder für ein Viertel des Ticketpreises. Der Sparpreis kostet 190,- DM. Für 220,- DM reist man mit dem ICE-Super-Sparpreis. Alle Preise gelten für die 2. Klasse, wobei Fahrten in IC- und EC-Zügen zuschlagsfrei sind.

Sparpreis

Für Familien mit Kindern ist auf jeden Fall eine Platzreservierung empfehlenswert. Auch für Kinder unter 4 Jahren, die keine Fahrkarte brauchen, kann ein Platz reserviert werden. Die Platzreservierung kostet 3,- DM, wenn gleichzeitig ein Fahrschein gekauft wird. Ohne Ticketkauf kostet sie 9,- DM, und wer Plätze umbucht, zahlt 3,- DM. Für Gruppen bis zu 5 Personen wird der Reservierungspreis nur einmal fällig.

Platzreservierung

Extras für die Reise mit Kindern

Das Kleinkind-Abteil

In allen Fernverkehrszügen, einschließlich des ICE, haben Erwachsene mit kleinen Kindern die Möglichkeit, Plätze in einem dafür vorgesehenen Abteil zu buchen, dem Kleinkind-Abteil. Das kostet nicht mehr als die normale Platzreservierung. Hier sind z. B. Mütter ungestört, die ihr Baby stillen. Geschwister unter 12 Jahren können auch mit ins Kleinkind-Abteil, das sich jeweils im ersten 2.-Klasse-Wagen nach dem Zugrestaurant in IC/EC und IR-Zügen bzw. nach dem ICE-Bord-Treff befindet. So ist die Küche schnell erreichbar, wenn das Fläschchen gewärmt werden muß.

Kindgerechte Ausstattung und Toilettenraum mit Wickeltisch

Im Servicewagen des ICE gibt es zum Windelwechseln einen geräumigen Toilettenraum mit Wickeltisch.

In den InterRegios sind Abteile mit erhöhten Kindersitzen am Fenster eingerichtet, von denen aus die Kleinen einen guten Ausblick haben. Ideal zum Spielen und Malen sind gegenüberliegende 4er-Sitzplätze mit einem Mitteltisch dazwischen, die es in allen IC/EC, IR- und ICE-Zügen gibt. Um den Platz zu bekommen, ist frühzeitiges Reservieren allerdings unbedingt erforderlich.

Das Gepäck

Kurier-Gepäck-Service
0180/3320520

Koffer schleppen, Baby auf den Arm nehmen, Kinderwagen schieben! Das überfordert selbst den geduldigsten und stärksten Papa. Unbeschwerter wird die Bahnreise mit vorausgeschicktem Reisegepäck samt Kinderwagen. Der Kurier-Gepäck-Service bringt Koffer und Kinderwagen von Haus zu Haus. Unter der im ganzen Bundesgebiet einheitlichen Rufnummer 0180/3320520 kann der Kurier montags bis samstags von 8 bis 18 Uhr bestellt werden. Am nächsten Tag – auch von montags bis samstags – wird das Gepäck an der gewünschten Zieladresse zugestellt. Der Spaß ist allerdings nicht ganz preiswert. Es werden 2 Gepäckarten voneinander unterschieden: Normalgepäck, wie Koffer, Taschen, Rucksäcke, kostet 28,- DM pro Stück und Sondergepäck, wie Kinderwagen, Fahrräder oder Skiausrüstungen, kostet pro Gepäckstück 46,- DM. Den Kurier-Gepäck-Service gibt es nur in Verbindung mir gültigen Bahntickets für dieselbe Strecke, die das Gepäck nehmen soll.

Gepäckträger-Service

Reisende, die Koffer und Taschen mit in den Zug nehmen, bekommen beim Tragen Unterstützung vom Gepäckträger-Service, den es in Köln gibt. Der Träger wird telefonisch vorbestellt und erwartet Sie am Bahnsteig. In Köln laufen an einigen Bahnsteigen parallel zu den Aufgängen Gepäckförderbänder.

Zusammenklappbare Kinderwagen dürfen mit ins 2.-Klasse-Abteil, andere können auf den Plätzen für Rollstuhlfahrer abgestellt werden, die sich allerdings nur in den behindertengerecht ausgebauten Großraumwagen von IC/EC und ICE befinden.

Alleinreisende Kinder

Die Deutsche Bahn AG stellt kein Personal ab, das ausdrücklich für die Betreuung von alleinreisenden Kindern zuständig ist. Deshalb sollten Kinder, die allein auf eine Bahnreise geschickt werden, selbständig in Bus und Straßenbahn fahren können und ihren Schulweg allein bewältigen.

Aber auch dann gilt: Möglichst umsteigefreie Zugverbindungen auswählen und unbedingt einen Platz reservieren; Anschrift und Rufnummer von Heimat- und Zieladresse einstecken, z. B. in einen Brustbeutel, und genügend Proviant und Spielsachen mitgeben.

Am besten ist es, das Kind bis zum Zug zu bringen, den Zugbegleiter darüber zu informieren, daß das Kind allein reist, und sicherzustellen, daß das Kind am Zielbahnhof abgeholt wird.

Reisen mit dem Flugzeug

Die wenigsten Flughäfen sind kindgerecht ausgestattet. Sie verfügen also in der Regel weder über Wickelräume noch Spielecken oder gar Betreuungsangebote für die oft langen Wartezeiten. Eine rühmliche Ausnahme bietet der Flughafen Düsseldorf, denn dort hat die LTU ein »Kinderland« eingerichtet, das allen Kindern kostenlos offensteht. Die Serviceleistungen der einzelnen Fluggesellschaften sind naturgemäß sehr unterschiedlich. Informieren Sie sich gründlich vor dem Buchen, damit die Reise möglichst angenehm verläuft.

Checkliste: Serviceleistungen für Kinder

Die Serviceleistungen für Eltern und Kinder sind von Fluggesellschaft zu Fluggesellschaft sehr unterschiedlich. Gerade bei langen Flugstrecken sollten Sie sich bei der Gesellschaft erkundigen, was Sie und Ihre Kinder an Bord erwartet.

> Dürfen Sie mit einem Säugling in der ersten Reihe ihrer Sitzklasse Platz nehmen, damit sie genügend Raum für das Bordgepäck an Ihren Füßen haben oder die Tragetasche mit Baby dort abstellen können?
>
> Werden Tragetaschen für Säuglinge oder Sitze für Kinder ausgegeben?
>
> Wärmt die Crew Babynahrung auf?
>
> Gibt es spezielle Kindermenus?
>
> Gibt es Spielzeug oder alternative Betreuungs- und Unterhaltungsangebote an Bord?
>
> Wie werden eventuell alleinreisende Kinder betreut?

Tarife

Die in der IATA Resolution 201 festgeschriebenen Tarife gelten für alle Fluglinien:
- Kinder unter 2 Jahren haben keinen Anspruch auf einen Sitzplatz. Sie zahlen 10 Prozent des Normaltarifs. Reisen sie ohne Begleitung eines Erwachsenen, wird der volle Tarif berechnet. Bestehen Sie allerdings auf einem Sitzplatz für Ihr Kind, zahlen Sie 50 Prozent des Flugpreises.
- Für Kinder zwischen 2 und 7 Jahren muß die Hälfte des normalen Flugpreises gezahlt werden, wenn sie in Begleitung eines Erwachsenen fliegen; wenn sie alleine reisen, ist der volle Flugpreis fällig.
- Für Kinder zwischen 7 und 11 Jahren zahlt man, ob alleinreisend oder in Begleitung, 50 Prozent des normalen Flugpreises.
- Sämtliche Flugunterbrechungsgebühren, Wochenendzuschläge und Stornogebühren werden zum selben Prozentsatz berechnet wie der Normaltarif.

KINDER IN BUS UND U-BAHN

- Kinder unter 2 Jahren haben keinen Anspruch auf Freigepäck, Kinder, für die mindestens die Hälfte des normalen Tarifs bezahlt wurde, dürfen genausoviel Gepäck mitnehmen wie Erwachsene.

Kinder in Bus und U-Bahn

Seit 1988 sind im Verkehrsverbund Rhein-Sieg die Verkehrsunternehmen der Region Rhein-Sieg zusammengeschlossen, zu denen in Köln die Kölner Verkehrsbetriebe (KVB) gehören.

Die Vorteile des Verkehrsverbundes liegen in den nunmehr einheitlichen Tarifen, den einheitlichen Fahrausweisen und den aufeinander abgestimmten Fahrplänen für 2,9 Millionen Menschen, die 300 Linien benutzen und an über 5500 Haltestellen in 142 Tarifzonen ein- und aussteigen. Mit ein und demselben Fahrausweis kann man also alle Verkehrsmittel (Busse, Stadt- und Straßenbahnen, U-Bahnen und S-Bahnen) im VRS benutzen, der in Tarifzonen und Teilzonen eingeteilt ist.

Die Preisstufe für eine Fahrt mit Bus oder Bahn richtet sich nach der Leistung, die in Anspruch genommen wird, und ist an den Kassenautomaten im alphabetisch geordneten Fahrtzielverzeichnis abzulesen.

KVB – Kölner Verkehrs-Betriebe
Scheidtweilerstr. 38
50933 Köln
✆ 547-0
Auskunft: 547-3333
Fahrgastcenter:
Ehrenfeldgürtel: 547-3380
Neumarkt: 547-4646
Kalk: 547-2420
Mülheim: 547-2349
Nippes: 728493
Rodenkirchen: 351028
Brühl: 02232/203-4420
Porz: 02203/591719
Wesseling: 02236/43862

Tarife für Kinder

Für Kinder gelten besondere Tarife: Alle Kinder unter 4 Jahren fahren kostenlos, und Kinder zwischen 4 und 11 Jahren fahren zum Kindertarif, wenn sie allein unterwegs sind. Sind sie in Begleitung eines Erwachsenen, der einen gültigen Fahrausweis hat, können sie kostenlos auf seinem Schein mitfahren. Das gilt allerdings nicht bei Fahrausweisen des Ausbildungsverkehrs, beim Junior-Ticket und bei der Minigruppenkarte.

Tarife für Schüler, Studenten und Auszubildende

Mit den Wochen- und Monatskarten fahren Azubis, Schüler und Studenten 25 Prozent billiger. Für die Beantragung werden ein Lichtbild und ab 15 Jahren eine Bescheinigung der Schule bzw. Ausbildungsstätte benötigt.

Tarife für Jugendliche

Jugendliche bis 21 Jahre und Schüler und Azubis, die älter als 21 Jahre sind, können in Köln mit dem Junior-Ticket fahren. Es kostet 18,- DM und erlaubt das Fahren quer durch das ganze VRS-Gebiet, und zwar montags bis freitags ab 14 Uhr und an Wochenenden und Feiertagen den ganzen Tag. Während der Schulferien gilt das Juniorticket schon morgens ab 9 Uhr.

DB – Deutsche Bahn
Regionalbereich Rheinland
Konrad-Adenauer-Ufer 3-5
50668 Köln
℡ 141-1
Auskunft: 19419

RVK – Regionalverkehr Köln
Theodor-Heuss-Ring 38-40
50668 Köln
℡ 1637-0
Auskunft: 124412

Die Familie als Minigruppe

Mit dem Sparticket für Minigruppen können bis zu 5 Personen ohne jede Altersbegrenzung montags bis freitags ab 9 Uhr und am Wochenende und an Feiertagen ohne zeitliche Einschränkung fahren. Kinder unter 4 Jahren fahren auch hier kostenlos.
Bei allen Fragen rund um Bus und Bahn geben die Deutsche Bahn, die KVB und der RVK Auskunft.

Kinder auf Rädern

Radfahrer leben gefährlich

»Ich lasse meine 7jährige Tochter in Köln nicht auf dem Fahrrad fahren«, empört sich Axel Täger, der Pressesprecher des Allgemeinen Deutschen Fahrradclubs (ADFC) in Köln und teilt damit die Meinung vieler Kölner Eltern. Zu viele Unfallgefahren birgt die Verkehrsregelung für Radfahrer in der Rheinmetropole, obwohl sie 1993 zur »Fahrradfreundlichen Stadt« erklärt wurde. Die Auszeichnung hat Köln vom Verkehrsministerium NRW erhalten, weil der grundsätzliche Wille erkennbar war, die Verkehrsbedingungen für Radfahrer in Köln entscheidend zu verbessern. So gibt es mittlerweile 686 Kilometer Radfahrwege in Köln. »Bisher ist darüber hinaus aber noch nicht viel geschehen«, resümiert Axel Täger. »Und was getan wurde, war falsch.«

Allgemeiner Deutscher Fahrrad-Club
Der ADFC hat ein eigenes Verkehrssicherheitssystem für Radfahrer entwickelt. Bei Verkehrssicherheitsveranstaltungen der Städte und Gemeinden, auf eigenen Verkehrssicherheitsveranstaltungen, Seminaren und Bildungsangeboten zu allen Themen des Radverkehrs können Informationen zu allen Belangen rund ums Radfahren eingeholt werden. Gegen eine Schutzgebühr von 0,50 DM sind Broschüren zu den Themen »Kinderfahrräder«, »Fahrradanhänger«, »Fahrrad-Kindersitze«, »Der sichere Weg« erhältlich.

Allgemeiner Deutscher Fahrrad-Club
Kreisverband Köln und Umgebung e. V.
Im Sionstal 8
Postfach 270364
50509 Köln
✆ 325814

Die Forderungen des ADFC

Um die Situation grundsätzlich zu verbessern, hat der ADFC einen Maßnahmekatalog entwickelt und dem Stadtrat vorgelegt. Die folgenden Punkte harren noch der Umsetzung.

Radfahrwege auf den Straßen
Grundsätzlich ist der ADFC gegen Radfahrwege auf den Bürgersteigen, weil diese die Unfallgefahr besonders an Kreuzungen erheblich erhöhen. Im Bewußtsein der Autofahrer, so die Clubauffassung, existieren die Radfahrer nicht als Verkehrsteilnehmer, weil sie auf dem Bürgersteig fahren. An Kreuzungen tauchen sie dann für die Autofahrer unvermittelt und plötzlich auf, was häufig zu Unfällen führt. Deshalb müssen die Radwege auf die Straße.

Öffnung von Einbahnstraßen für Radfahrer
Einbahnstraßen stellen für den Radverkehr in Köln eins der größten Hindernisse dar. Hielten sich alle Radfahrer an die vorgeschriebene Fahrtrichtung, müßten vielfach Umwege in Kauf genommen werden (z. B. im Kunibertsviertel, in Mülheim Nord). Daher fahren bis zu 40 Prozent

der Radfahrer, das haben Untersuchungen ergeben, verbotswidrig in Einbahnstraßen hinein. Deshalb soll zunehmend der Radverkehr auf Einbahnstraßen entgegen der Einbahnrichtung zugelassen werden. Die Vorteile der Öffnung von Einbahnstraßen liegen auf der Hand: Radfahren wird durch die Verlagerung des Radverkehrs von gefährlichen Hauptverkehrsstraßen auf Einbahnstraßen sicherer, attraktiver und komfortabler. Gegen die Öffnung von Einbahnstraßen gibt es dagegen keine Argumente. Auf der Ehrenstraße beispielsweise ist bis dato noch kein Unfall gemeldet.

Radfahrwege auf mindestens 2 Meter verbreitern und zweispurig gestalten

Gerade breite Straßen sind in Köln für Radfahrer geteilt. Der Ring beispielsweise ist jeweils nur auf einer Seite befahrbar. Das führt zu abenteuerlichen Kreuzungsmanövern von Radlern, die auf die andere Ringseite wechseln und nicht bis zur nächsten Ampel fahren wollen. Vorbild für den ADFC ist hier Dänemark, wo Fahrradwege zweispurig und nicht geteilt sind.

Radfahren mit Kindern

Der ADFC empfiehlt:
- Beim Radeln mit Kindern bereits bei der Routenwahl darauf achten, verkehrsreiche Straßen ohne Radweg zu meiden.
- Kinder nicht durch zu lange Strecken überfordern.
- Bei der Mitnahme von Kindern auf dem Fahrrad der Eltern auf einen geeigneten Kindersitz achten. Dabei immer fabrikationsbedingte Gewichtsgrenzen berücksichtigen.
- Nur Kindersitze mit Befestigung am Rahmen und in Fahrtrichtung auswählen.
- Bei der Mitnahme von Kindern im Fahrradanhänger nur dafür konstruierte Anhänger verwenden.

- Altersgrenzen beachten: Kinder dürfen nur bis zum Alter von 6 Jahren auf dem eigenen Rad mitgenommen werden.
- Bei Kinderrädern auf Stützräder verzichten – sie vermitteln ein falsches Sicherheitsgefühl und verlangsamen den Lernprozeß.
- Für Kinder die Anschaffung eines guten Schutzhelms überlegen.
- Besondere Vorsicht beim Überqueren von Straßen: nach Möglichkeit ampelgesicherte Überwege, Zebrastreifen, Über- oder Unterführungen benutzen. Kinder unter 8 Jahren müssen beim Überqueren der Fahrbahn das Rad schieben.
- Bei 2 Erwachsenen mit Kindern sollten die Erwachsenen Anfang und Ende der Gruppe bilden; fährt ein Erwachsener mit einem Kind, sollte er hinter dem Kind bleiben.
- Wenn kein Radweg vorhanden ist, müssen Kinder bis zu 8 Jahren laut Straßenverkehrsordnung den Gehweg benutzen. Fahren Kinder zusammen mit Erwachsenen, können sie auch die Fahrbahn benutzen.

Radfahrausbildung

Eine Radfahrausbildung erhalten Kinder in der Regel in der Grundschule in der 3. und 4. Klasse. Den Abschluß bildet die Radfahrprüfung. Auskunft hierzu erteilt der ADFC.
Die Jugendverkehrsschulen bieten im Rahmen der schulischen Verkehrserziehung die Möglichkeit, Verhaltensweisen zu üben, die die Schüler und Schülerinnen befähigen, sich als Fußgänger und Radfahrer im Verkehr sicher zu bewegen und verkehrsgerecht zu verhalten. Die im Unterricht simulierten Verkehrssituationen ergänzen die Erfahrungen und Beobachtungen in der Verkehrswirklichkeit.

Spiel und Freizeit

Spielplätze 318
Was tut die Stadt? 318, Spielplatzpaten 319, Bauspielplätze 319,
Zur Geschichte des Bauspielplatzes 320

Spielpädagogische Programme der Stadt 321
Rollende Spielplätze »juppi« 321, Spielcontainer 321, Sonder- und Ferienspielaktionen 321

Feste feiern leicht gemacht 322
Spielgeräteverleih 322, Kölner Spielewerkstatt 323

Spielzeug 323
Literatur 323, Spielzeug-Kennzeichnungen 324, *Bedeutung der Spielzeug-Kennzeichnungen* 324, Computer und Video im Kinderzimmer 325

Freizeit gestalten in Köln 326
Köln entdecken 326, Stadtführungen 326, Bootsfahrten 327, Aussichtspunkte 328, Universum entdecken 329, Dat Wasser vun Kölle is joot 329, Pflanzen und Tiere 329, Außerschulische Lernorte 332

Mit Kindern ausgehen 333
Biergärten 333, Eiscafés 334

Freizeitangebote für Jugendliche 335
Jugendclubs und -einrichtungen 335, Adressen und Aktivitäten 336, *Die übrigen Jugendeinrichtungen* 338, Jugendpflege 341, *Die Bezirksjugendpfleger und -pflegerinnen in Köln* 342

Spielplätze

Was tut die Stadt?

Amt für Kinderinteressen

Amt für Kinderinteressen
Johannishaus
Johannisstr. 66–80
50668 Köln
✆ 221-2930

Der Rat der Stadt Köln hat in seiner Sitzung vom 27.3. 1990 die Einrichtung eines Amts für Kinderinteressen (siehe S. 184) beschlossen, das so in der Bundesrepublik einmalig ist. Seine Aufgabenbestimmung stützt sich auf die Globalziele des neuen, vorbeugend orientierten Kinder- und Jugendhilfegesetzes. Junge Menschen sollen demnach in ihrer individuellen und sozialen Entwicklung gefördert und Benachteiligung abgebaut werden. Jungen Menschen soll das Hineinwachsen in die Gesellschaft erleichtert werden, und ihnen sollen möglichst positive Lebensbedingungen in Familie und Umwelt geschaffen werden.

Alles was zu diesen formulierten Zielen führt, vorbereitend wie aktiv gestalterisch, fällt in die Kompetenz des Amtes für Kinderinteressen. So ist das Amt auch für alle Spielplatzangelegenheiten zuständig und hat dafür die alleinige städtische Zuständigkeit.

In Köln gibt es 509 öffentliche Spielplätze mit 1 330 000 Quadratmetern Fläche. Das Amt für Kinderinteressen erneuert und gestaltet bestehende Spielplätze um, saniert schadstoffbelastete Anlagen und errichtet neue Spielplätze. Neben den öffentlichen Spielplätzen ist dieser Bereich auch mit Fragen der »Satzung der Stadt Köln über die Lage, Größe, Beschaffenheit, Ausstattung und Unterhaltung von Spielflächen für Kleinkinder« (private Spielplätze) befaßt.

Das Amt übernimmt auch hier die pädagogische Konzeption und Planung eines Spielplatzes und betreut den Bau. Zugleich werden spielpädagogische Programme zur Verbesserung der immer noch defizitären Spielplatzsituation in Köln durchgeführt, und das Amt hat es sich zur Aufgabe gemacht, neue Spiel- und Erfahrungsräume für Kinder in der Großstadt zu erschließen und auszuweiten. Deshalb liegt ein weiterer Schwerpunkt der Arbeit in der Einrichtung zusätzlicher Spielangebote und Spielräume in Köln. Es geht dabei darum, Spielmöglichkeiten auf anderen öffentlichen Flächen zu schaffen, die Spielsituation durch städtebauliche Sanierungs- und Wohnumfeldmaßnahmen zu verbessern und Schulhöfe als Spielflächen für außerschulische Freizeitaktivitäten nutzbar zu machen.

Spielplatzpaten

Auf vielen Spielplätzen gibt es inzwischen »Spielplatzpaten«, die sich in Zusammenarbeit mit dem Amt für Kinderinteressen für die Verbesserung der Situation auf dem jeweiligen Spielplatz einsetzen. Sie sind dort Ansprechpartner für die Kinder und kümmern sich um Probleme, die den Spielbetrieb stören. Spielplatzpaten sind Bürger, die sich ehrenamtlich um einen Spielplatz kümmern. Sie leisten Hilfestellung bei Konflikten, melden defekte Spielgeräte und unterstützen die Kinder in ihrem Bedürfnis nach ungestörtem Spiel.

Spielplatzpaten
✆ 221-5429 u. 221-5567

Bauspielplätze

Budenbauen, Feuermachen, Spielen, Toben, Spaß haben. Die Kölner Bauspielplätze bieten Kindern zwischen 6 und 14 Jahren ausreichend Gelegenheit, aktiv zu werden. In fast allen Einrichtungen wird aber auch eine Vielzahl von Werk- und Bastelveranstaltungen geboten für alle, die noch was lernen wollen. In den an das Außengelände angeschlossenen Räumen der Bauspielplätze kann man kicken, Tischtennis spielen oder einfach nur quatschen. Bauspielplätze befinden sich am Oberländer Wall 1, Krombachweg 29, in der Abendrothstraße 7, am Senkelsgraben und in der Stresemannstraße 30 (genaue Anschriften siehe »Die übrigen Jugendeinrichtungen« S. 338 ff.).

Bund der Jugendfarmen und Aktivspielplätze e. V.
Struktur und Enge großstädtischer Wohnareale stehen dem kindlichen Bewegungs- und Entdeckerdrang entgegen. Eltern und Bürgerinitiativen, denen sich dann engagierte Politiker und Pädagogen anschlossen, traten seit den 70er Jahren für die vermehrte Errichtung von pädagogisch betreuten Spielplätzen, heute Bauspielplätze, ein. 1972 entstand vor diesem Hintergrund der »Bund der

Bund der Jugendfarmen und Aktivspielplätze e. V.
Haldenwies 14
70567 Stuttgart
✆ 0711/6872302

Jugendfarmen und Aktivspielplätze e. V.« in Stuttgart. Der Verein gibt Gründungshilfen, berät und betreut Einrichtungen, bildet Mitarbeiter aus und verbreitet Sachinformationen zum Thema Aktivspielplätze.

> **Zur Geschichte des Bauspielplatzes**
>
> »Bereits 1943 hatte der dänische Stadtgartenarchitket C. Th. Sorensen zusammen mit einer Wohnbaugesellschaft in Emdrup den ersten pädagogisch betreuten Spielplatz errichtet. Auf diesem ›skrammellegepladsen‹ (Krempelspielplatz) konnten die Kinder mit interessantem Krempel – alten Autos, Lokomotiven, Balken usw. – spielen. Später entstandene Spielplätze nannten sich – wegen des für manche Erwachsene negativ klingenden Wortes Krempel, ›byggelegepladsen‹ (Bauspielplatz) …
>
> In Großbritannien waren Ende der 40er Jahre nach einem Besuch von Lady Allen of Hartwood in Emdrup, einer engagierten Verfechterin des Spielplatzgedankens, erste betreute Spielplätze entstanden: die ›adventure playgrounds‹.
>
> Nach diesen Vorbildern entstand 1967 der erste pädagogisch betreute Spielplatz im Märkischen Viertel in Westberlin, initiiert und getragen von einer Elterngruppe.
>
> In den 70er Jahen wurden in der Bundesrepublik Deutschland in vielen Städten pädagogisch betreute Spielplätze gegründet, sie nannten und nennen sich ›Bauspielplatz‹, ›Abenteuerspielplatz‹, ›Aktivspielplatz‹ oder ›Jugendfarm‹. Unterschiedliche Namen bei ähnlichem Konzept.« (Bund der Jugendfarmen)

Spielpädagogische Programme der Stadt

Über den konventionellen Spielplatzbereich hinaus kann Kindern und Jugendlichen ein großer Raum für Spielerfahrung und Spielanimation gegeben werden. Die Stadt hat in diesem Sinne viele gute Angebote erarbeitet, die allesamt vom Amt für Kinderinteressen initiiert wurden und betreut werden.

Rollende Spielplätze »Juppi«

Das Projekt Rollende Spielplätze »Juppi« bietet nachmittags offene Spielangebote für Kinder an. Die Rollenden Spielplätze sind umgerüstete LKWs mit vielerlei Spielmaterial das sowohl draußen als auch im Fahrzeug eingesetzt werden kann. Sie versorgen unzureichend ausgestattete Spielplätze mit Spielmaterial oder verwandeln Park- und Marktplätze, aber auch Grünanlagen in Spielflächen. Jede Woche steuern sie einen anderen Standort in rechts- oder linksrheinischen Stadtgebieten an. Kinder finden hier Rutschen, Trampoline, Planschbecken, Sprungmatten, Hockeyschläger, Bastel- und Werkmaterial und vieles mehr. Bei schlechtem Wetter ist der »Juppi« ein überdachter Gruppenraum.

Auskunft zu allem, was mit den Rollenden Spielplätzen zusammenhängt, erhält man unter ℡ 221-2214749

Spielcontainer

Die Spielcontainer sind große, bunt angemalte Spielkisten, die mit umfangreichem Spielmaterial ausgestattet sind und von Eltern, Gruppen, Vereinen und Jugendverbänden für Spiel- und Stadtteilfeste u. ä. beim Amt für Kinderinteressen ausgeliehen werden können.

Informationen und Schriften zu den Projekten sind beim Amt für Kinderinteressen, Abteilung Freizeit- und Spielpädagogik, zu erhalten. ℡ 221-2214749

Sonder- und Ferienspielaktionen

Neben den täglich stattfindenden Programmen werden für die Kinder im Laufe des Jahres verschiedene Groß- und Sonderaktionen (z. B. der Weltkindertag) angeboten. In

*Äktschen-Telefon:
℡ 221-5555
»Köln-Ferien-Zeitung«
℡ 221-2214749*

den Schulferien finden die Sommerferienprogramme im Volksgarten und im Mülheimer Stadtgarten statt, die Standorte der Oster- und Herbstferienaktionen sind an verschiedenen Orten.
Die aktuellen Veranstaltungshinweise können Kinder, Jugendliche und ihre Eltern täglich über das »Äktschen-Telefon« abrufen (✆ 221-5555). Einen Gesamtüberblick über das, was in den Sommerferien in Köln los ist, bringt die *Köln-Ferien-Zeitung*, die vom Amt für Kinderinteressen herausgegeben wird (✆ 221-5570).

Feste feiern leicht gemacht

Riesenrummel für die Geburtstagsfete

Jan hat Geburtstag und will mit seinen kleinen Freunden und Freundinnen bei McDonald's feiern. »Welch ein Horror«, denken Sie und sind ratlos. Mit 12 Kindern in die Imbißkette, das wird nicht nur teuer, sondern kostet auch jede Menge Nerven. Und pädagogisch wertvoll ist es schon gar nicht. Aber was könnten Sie den kleinen Energiebündeln sonst bieten? Eine Topfschlagen-Party ist für die Kids keine Alternative, das wissen Sie. Für die erste richtige Fete mit Tanz und Cola sind sie noch zu klein, und fürs Freibad ist es im November entschieden zu kalt.

Wenn Sie Ihren Kleinen eine gelungene Überraschung zum Geburtstag bereiten wollen, können Sie mit einiger Hilfe einen Riesenrummel auf die Beine stellen. Im folgenden steht, wie und wo Sie Unterstützung finden.

Spielgeräteverleih

Stadtsportbund Köln
Schaevenstr. 1 b
50676 Köln
✆ 2401214

Wer ein Spielfest plant oder einen bunten Nachmittag veranstalten will, kann beim Stadtsportbund Köln eine breite Palette von Spielgeräten entleihen. Voraussetzung ist die Mitgliedschaft im **Stadtsportbund**. Gegen eine geringe Gebühr werden an Mitglieder des Stadtsportbundes Bälle, Reifen, Pedalos, Schwungtücher, Taue und vieles mehr zur Verfügung gestellt. Außerdem hilft der Stadtsportbund bei der Vorbereitung und Planung von Spielfesten.

SPIELZEUG

Kölner Spielewerkstatt

Die Kölner Spielewerkstatt animiert Kinder zu aktivem und phantasievollem Spiel. Der Verein berät Eltern – seit 10 Jahren mit wachsendem Erfolg – bei der Veranstaltung von Festen und vermietet Spielkonzepte und – geräte. Der Riesenrummel beispielsweise bietet bis zu 200 Kindern 3 Stunden lang eine Riesengaudi mit einem Luftkissen (5 x 5 Meter), einer Rollenrutsche, Riesenschlange, einer Schlauchstadt, dem Haus der Verwandlung, vielen Spielangeboten und professioneller Moderation. Über alles, was die Durchführung der Programme (Sinnesgarten, Kistenklettern, 50-Fragen-Rallye etc.) und die Vermietung der mobilen Spielgeräte betrifft, informiert der Verein.

Kölner Spielewerkstatt e. V.
Wißmannstr. 38
50823 Köln
✆ 514144 u. 5105347

Spielzeug

Sie werden vergeblich hoffen, nachfolgend einen Beitrag über pädagogisch wertvolles bzw. nicht wertvolles Spielzeug zu finden. Es gibt zahlreiche Publikationen zu diesem Thema, denen wir an dieser Stelle keine Konkurrenz machen wollen und können (siehe »Literaturhinweise«). Wir nennen Ihnen aber einige Kriterien, die Ihnen helfen sollen, selbst zu entscheiden, ob ein Spielzeug gut oder schlecht ist, und sagen Ihnen die Stellen, die Ihnen kompetent zu allen Fragen Auskunft erteilen können.

Literatur

Der Arbeitsausschuß »spiel gut« informiert über die Qualität von Spielzeug und gibt verschiedene Broschüren zum Thema Spielzeug heraus.
Z.B. *Gutes Spielzeug von A–Z, Verzeichnis der spiel gut ausgezeichneten Spielzeuge, Umweltfreundliches Spielzeug – Was bedeutet das? Viel Spiel für wenig Geld – Gutes Spielzeug unter 20,– DM, Horror-Spielzeug – die neue Gewalt im Spiel?*

spiel gut
Arbeitsausschuß
Kinderspiel + Spielzeug e. V.
Geschäftsstelle
Heimstr. 13
89073 Ulm
✆ 0731/65653

Spielzeug-Kennzeichnungen

Seit 1991 ist die CE-Kennzeichnung für jedes im Handel angebotene Spielzeug Pflicht. Das gilt auch für unsinniges, minderwertiges, umweltschädliches »Wegwerfspielzeug« sowie für Spielzeugwaffen, Horror- und Kriegsspielzeug jeder Art. Nur die Sicherheitsnormen müssen eingehalten werden. Von vielen Verbrauchern werden das Sicherheitszeichen CS und andere Kennzeichnungen als Qualitätssiegel mißverstanden. Dabei sagen sie lediglich, daß das Spielzeug den europäischen Sicherheitsnormen in puncto Mechanik, Chemie, Elektrik und Entflammbarkeit genügt. Die Zeichen treffen jedoch keine Aussage über die Funktion, das Material, die Verarbeitung, das Design, den Spielwert und die Umweltverträglichkeit des Spielzeugs.

Bedeutung der Spielzeugkennzeichnungen

CE: Seit dem 1.1.1991 besteht CE-Kennzeichnungspflicht auch für Importe. Der Hersteller garantiert damit die Sicherheit nach den Europäischen Sicherheitsnormen.

TÜV, Product Service, LGA – Landesgewerbeanstalt Bayern, DEKRA, VDE, GS: Die Zeichen stehen für eine freiwillige kostenpflichtige Prüfung, die auf Antrag des Herstellers bei einer der zugelassenen Prüfstellen, z. B. TÜV Product Service, durchgeführt wird und ausschließlich die Sicherheit des Spielzeugs garantiert.

Stifung Warentest: Die Stiftung Warentest führt vergleichende Untersuchungen mit Benotungen »sehr gut« bis »sehr mangelhaft« durch. Die Ergebnisse werden in der Zeitschrift *Test* vorgestellt und geben Auskunft über die Sicherheit, die Funktion, das Material, die Verarbeitung, das Design und den Spielwert eines Spielzeugs.

SPIELZEUG

> **spiel gut:** Das Siegel »spiel gut« ist die höchste Auszeichnung, das ein Spielzeug tragen kann. Es dokumentiert Qualität, bezogen auf die Kriterien: Sicherheit, Funktion, Material, Verarbeitung, Design, Spielwert und Umweltverträglichkeit. Jährlich werden ca. 250 »spiel gut«-Empfehlungen ausgesprochen. Ein Gesamtverzeichnis (ca. 1700 Produkte) ist über den Arbeitsausschuß von »spiel gut« zu beziehen.

Computer und Video im Kinderzimmer

Die zu beobachtende zunehmende Gewalt, gerade auch gegen Frauen und Mädchen, findet nicht nur im alltäglichen Leben ihren Niederschlag, sondern immer stärker auch in den Medien. In den Fachzeitschriften der elektronischen Medien stehen zahlreiche Anzeigen, die für Computerkriegs- und -sexspiele werben.

Da die Spiele von den Herstellern auf Anfrage verschickt werden, ohne daß die Besteller ihr Alter nachweisen müssen, ist es für Kinder ein leichtes, an nicht jugendfreie Ware heranzukommen.

Der **Internationale Computerclub e. V. (ICC e. V.)** hat es sich deshalb zur Aufgabe gemacht, für den Jugendschutz einzutreten und über rassistische, völkerverhetzende, kriegshetzerische und andere undemokratische Software aufzuklären. Die Aktion Jugendschutz (AJS) gibt die Broschüre *Computerspiele, Spielspaß ohne Risiko* heraus, in der Hinweise und Empfehlungen bezüglich kind- und jugendgerechter Computerspiele zu finden sind.

Das Kinder- und Jugendfilmzentrum in der Bundesrepublik spricht Empfehlungen zu kindgerechten Videos aus.

Internationaler Computerclub (ICC) e. V.
Sektion Köln
c/o Peter Koch
Koburger Str. 6
51103 Köln

Kinder- und Jugendfilmzentrum in der Bundesrepublik Deutschland
Küppelstein 34
42857 Remscheid

Freizeit gestalten in Köln

Die Großstadt Köln bietet eine unüberschaubare Fülle an Freizeitmöglichkeiten. Eine stattliche Anzahl von Autoren hat sich schon die Mühe gemacht, das Angebot zu durchforsten, zu prüfen, zu bewerten und in Buchform anschaulich zu präsentieren. Das *Kölner Elternhandbuch* will all diesen Publikationen keine Konkurrenz machen. Vielmehr haben wir einige Möglichkeiten zur sinn- und spaßvollen Freizeitgestaltung für Eltern mit Kindern herausgegriffen, die im Selbsttest nur die besten Noten bekommen haben.

Köln entdecken

Gerade wenn Sie Urkölner oder Urkölnerin sind, haben Sie sich wahrscheinlich noch nie die Mühe gemacht, die Stadt, in der Sie leben, so richtig zu erkunden. Sie kennen sich in Ihrem Veedel ganz gut aus, wissen, wo Sie gut einkaufen und nett essen gehen können. Aber wenn es um Stadtgeschichte oder die Besonderheiten anderer Stadtteile geht, müssen Sie passen, stimmt's? Das ist doch eigentlich schade, zumal Köln viele spannende Geschichten zu erzählen hat. Wenn Sie mal Zeit haben und Ihren Kindern Köln schmackhaft machen wollen, greifen Sie doch eine der nachstehenden Anregungen auf! Für Zugezogene gilt der Tip natürlich ebenso.

Stadtführungen

StattReisen Köln e. V.
Hansaring 135
50670 Köln
✆ 7325113
Infoline: 738095

StattReisen Köln e. V.
Stadtrundfahrten sind für Kinder meistens so eine Art wahrgewordene Horrorvision. Sie sind umgeben von Japanern, Franzosen und Amerikanern, eingequetscht in Busse und für Stunden auf einen unbequemen Sitz gefesselt. Wer seinen Kindern diese Marter ersparen, sie aber trotzdem neugierig machen will auf die Stadt, in der sie leben, kann das gute und beliebte Angebot der Kinderführungen von »StattReisen« wahrnehmen.
Der Name »StattReisen« steht für einen neuen Trend im

Städtetourismus: Abseits der ausgetrampelten Touri-Routen werfen aufgeklärte »StattReisende« Blicke hinter denkmalgeschützte Fassaden, auf Hinterhöfe, Friedhöfe, Häuserlücken und Fabrikgelände, in Neubauviertel, Zechen und skurrile Geschäfte. Anfang der 80er Jahre in Berlin gegründet, haben sich »StattReisen« mittlerweile über die halbe Republik verbreitet.
In Köln bietet das Team auch Kinderführungen an, z. B. zum Thema Kölner Sagen und Legenden. »Für Kinder und Eltern, die Spaß daran haben, Geschichte und Geschichten lebendig werden zu lassen. Auf verkehrssicheren Wegen durch die Altstadt werden Kölner Sagen erzählt über den Löwen von Köln, besonders listige und besonders heilige Frauen und über bemerkenswert mutige und bemerkenswert dumme Männer«, heißt es im Programm. Das Mindestalter für diese Führung liegt bei 6 Jahren. Sie findet jeden Sonntag um 11 Uhr statt und startet am Rathaus/Renaissancelaube.
Für Kindergruppen, z. B. für Geburtstagsgäste oder Schulklassen, wird die Tour auch zu einem Termin Ihrer Wahl durchgeführt.

Bootsfahrten

Köln-Düsseldorfer Deutsche Rheinschiffahrt AG

Solange das Hochwasser den Kölnern keinen Strich durch die Rechnung macht, fahren die weißen Schiffe der Köln-Düsseldorfer von April bis Oktober die Strecke Köln, Koblenz, Mainz. Natürlich kann man mit den kleineren Schiffahrtsgesellschaften auch kürzere Strecken, zum Beispiel vom Dom bis nach Rodenkirchen, zurücklegen und dabei das Stadtpanorama genießen.

Köln-Düsseldorfer Deutsche Rheinschiffahrt AG
Frankenwerft 15
50667 Köln
Information und Fahrscheine:
Köln, Rheingarten,
✆ 2583011
Porz, Rheinufer,
✆ 02203/53741
Wesseling, Rheinufer,
✆ 02236/42688

Kindertarife bei der Köln-Düsseldorfer

Mit dem KD-Sparkalender beweist die KD ein Herz für Familien: Jeden Samstag und Sonntag können Kinder von 4 bis 13 Jahren in Familienbegleitung für 2,– DM Schiffsreisen unternehmen. Im Juli und August gilt der Kindersondertarif auch dienstags und donnerstags. Fahren können Kinder mit diesem Sparticket solange und so weit sie wollen. Kinder unter 4 Jahren reisen auf den KD-Ausflugsschiffen immer kostenlos.

Familienessen
Für Väter, Mütter und Kinder kostet das Essen auf den Ausflugsschiffen nur 30,– DM. Jede weitere Person zahlt 10,– DM. Das ist eine gute Alternative zum Kochstreß am Sonntag!

Kinderfeste an Bord
Mit dem Slogan »Kinder kommt an Bord!« wirbt die Gesellschaft für das Piratenfest, die Märchenfahrt und die Kinderanimation an Bord der *MS Wappen Köln*. Das Piratenfest bietet Clowns, Zauberer, Puppentheater, Kinderdisko, Karussell, Hüpfburg, Surfsimulator, Tombola und viele andere Überraschungen. Es dauert von 11.30 bis 17 Uhr und kostet für Kinder 16,– und für Erwachsene 36,– DM.
Mit der Märchenfahrt geht es ab zur »Prinzessin auf der Erbse« auf der Freilichtbühne Zons. Während der Schiffstour werden die Kids von Clowns, der Wasserschutzpolizei und diversen Bastel- und Spielaktionen unterhalten. Die Tour kostet für Kinder 22,– und für Erwachsene 36,– DM inklusive Eintritt in Zons und dauert von 10.30 bis 20.15.
Ein regelrechter Spielspaß auf dem Freideck mit verschiedenen Spielgeräten, Tischtennis, Brettspielen, Kinderkino und beliebten Kindergerichten im Restaurant steht täglich ab 9.30 Uhr bei der KD auf dem Programm.
Und Geburtstagskinder haben einen besonderen Grund, den Jubeltag auf einem KD-Schiff zu feiern: Sie fahren zum Nulltarif!

Aussichtspunkte

Legen Sie Ihrem Kind die Stadt zu Füßen

Wie groß die Stadt ist, läßt sich am besten mit einem Blick von oben erfassen. Die Kölner Aussichtspunkte bieten bei gutem Wetter einen phantastischen Weitblick. Vom Südturm des Doms (Gesamthöhe 157 Meter), Domkloster 4, hat man von der Aussichtsplattform in rund 100 Meter Höhe eine sehr gute Rundsicht über ganz Köln. Der Turm ist täglich von 9–17 Uhr geöffnet.

FREIZEIT GESTALTEN IN KÖLN

Einen Blick auf das Martinsviertel und Deutz hat man vom Restaurant Café Bellevue am Maritim Hotel, Heumarkt 20, und vom Messeturm in Deutz (85 Meter). Die südliche Altstadt läßt sich am besten vom Hotel im Wasserturm, Großer Griechenmarkt 61/Kaygasse 2, überblicken und die Nordstadt vom Hanshochhaus, Hansaring 97, aus.

Universum entdecken

Volkssternwarte
Bei gutem Wetter können Einzelpersonen oder Gruppen freitags ab 19.30 Uhr von hier aus den Mond, die Sterne und die Planeten studieren. Bei Regenwetter wird eine Tonbildschau zum jahreszeitlichen Sternenhimmel gezeigt. Gruppen ab 10 Personen können nach Voranmeldung Sonderführungen bekommen. Der Eintritt kostet für Erwachsene 4,– und für Kinder und Schüler 2,– DM.

Volkssternwarte
Schillergymnasium
Nikolausstr. 55
50937 Köln
✆ 415467

Dat Wasser vun Kölle is joot

Wer's nicht glaubt, sollte sich mit seinen Kindern mal auf den GEW-Wasserlehrpfad begeben. Mitten im Wasserschutzgebiet gelegen, informiert das Wasserwerk Weiler im Kölner Norden mit seinem Wasserlehrpfad über alles Wissenswerte zum »Wasser vun Kölle«. Er veranschaulicht anhand zahlreicher Modelle und Schautafeln, woher das Wasser in Köln kommt, wie es gewonnen und aufbereitet wird und welchen Weg es bis zum Wasserhahn in den Kölner Wohnungen und Häusern nimmt. Der Lehrpfad ist jederzeit zugänglich, wobei auch die satte grüne Umgebung einen Ausflug lohnt.

Gas-, Elektrizitäts- und Wasserwerke Köln AG
Parkgürtel 24
50823 Köln

Wasserlehrpfad
Dresenhofweg
50765 Köln
✆ GEW 178-3311

Pflanzen und Tiere

Zoologischer Garten
Der Kölner Zoo mit seinem parkartigen Charakter, den zahlreichen Wasserflächen und dem wertvollen Baumbestand ist einer der größten, schönsten und ältesten Deutschlands. Einmalig und unbedingt sehenswert sind

Zoologischer Garten Köln mit Aquarium
Riehler Str. 173
50735 Köln
✆ 7785122
Öffnungszeiten:
tägl. 9.00–18.00 Uhr
im Winter 9.00–17.00 Uhr

FREIZEIT GESTALTEN IN KÖLN

das Elefantenhaus im maurischen Stil und das Südamerikahaus im Stil einer russischen Kathedrale. Beide Gebäude stehen unter Denkmalschutz. Der grundsätzlichen Aufgabe eines zoologischen Gartens verpflichtet, zeigt der Kölner Zoo in Freianlagen, Tierhäusern und im »Aquarium am Zoo« ca. 500 Tierarten in 5000 Exemplaren. Der Schwerpunkt des Tierparks liegt allerdings in der Haltung und Zucht von Affen, wo er auch Weltruhm genießt. Mit 30 Arten stellen die Affen (Halbaffen, vietnamesiche Kleideraffen, Guereza-Affen und andere) ein Drittel aller gezeigten Säugetierarten im 1973 eröffneten Lemurenhaus.

Botanischer Garten
Amsterdamer Str. 34
50735 Köln
✆ 764335
Öffnungszeiten: auf dem Freiland: 8 Uhr bis zum Einbruch der Dunkelheit, längstens bis 21 Uhr.
Gewächshäuser: 10–18 Uhr (Oktober–März bis zum Einbruch der Dunkelheit)
Mo–Fr: 12–13 Uhr geschlossen

Verkehrsverbindungen:
Haltestelle Zoo/Flora: S-Bahnlinie 15, 16, 18, Buslinie 134
Haltestelle Kinderkrankenhaus/Flora: S-Bahnlinie 19

Forstbotanischer Garten Rodenkirchen
Schillingsrotter Weg
50996 Köln
✆ 354325
Öffnungszeiten: Januar, Februar, November, Dezember: 9–16 Uhr
März, September, Oktober: 9–18 Uhr
April–August: 9–20 Uhr
Haltestelle Schillingsrotter Str.: KVB-Linie 135

Erholungsgebiet Leidenhausen
✆ 02203/601307

Botanischer Garten

Im Botanischen Garten, der nach den Plänen des berühmten Gartenarchitekten Peter Joseph Lenné ab 1863 angelegt wurde, werden heute ca. 12 000 Pflanzenarten kultiviert. Im älteren, südlich gelegenen Teil, der Flora, findet man einen schönen alten Baumbestand, u. a. zahlreiche Schaugewächshäuser mit tropischen und subtropischen Pflanzen. Daran unmittelbar nördlich anschließend, können im Botanischen Garten Freilandpflanzen studiert werden, die nach thematischen Gesichtspunkten gruppiert sind.

Forstbotanischer Garten Rodenkirchen

Führungen durch den Forstbotanischen Garten finden jeden 1. Mittwoch im Monat um 14 30 Uhr, jeden 3. Sonntag im Monat um 15 Uhr oder nach Vereinbarung statt. 400 Pflanzenarten, z. B. nordamerikanischer Mammutbaum, seltene Rhododendronarten, japanische Gewächse, machen staunen. Als besonderer Clou können dem Besucher 2 wunderschöne Pfauen begegnen, die meist unerwartet auftauchen.

Erholungsgebiet Leidenhausen

Das Erholungsgebiet Leidenhausen liegt am Rande der Wahner Heide und bietet große Erholungswaldanlagen mit Rundwanderwegen, großräumige Liegewiesen, einen Großsandplatz und eine Greifvogel-Schutzstation mit Tag- und Nachtvögeln.
Öffnungszeiten: April bis September: 10 bis 19 Uhr und

Oktober bis März 10 bis 17 Uhr an Sonn- und Feiertagen.

Wildgehege Brück

Besonders spannend für Kinder ist das großräumige Gehege mit Wanderwegen und einem Waldlehrpfad mit heimischen Baum- und Straucharten in Brück. Zu erreichen ist das Wildgehege Brück mit der S-Bahnlinie 1 (Haltestelle Brück) und der Buslinie 154 (Haltestelle Erker Mühle).

Wildgehege Brück
Königsforster Str.
51109 Köln
✆ 861743

Wildpark Dünnwald

Schwarz- und Damwild, Mufflons, Axishirsche und Wisente »wohnen« im Dünnwalder Wildpark.
Er ist täglich bis zur Dämmerung geöffnet.
Führungen finden jeden 2. Mittwoch im Monat um 15 Uhr oder nach Vereinbarung statt.

Wildpark Dünnwald
Dünnwalder Mauspad
51069 Köln
✆ 601307
Verkehrsverbindungen:
Haltestelle Wildpark: Buslinie 154/155

Arbeitskreis Fledermausschutz

Der BUND und der NABU (Naturschutz-Bund) haben sich den Fledermausschutz zum gemeinsamen Anliegen gemacht und sich 1992 in einem gemeinsamen Arbeitskreis zusammengeschlossen.
Der Arbeitskreis Fledermaus organisiert Nachtführungen zum Leben der Tiere in der Stadt und spricht mit diesem Angebot Schulklassen und Privatgruppen an. Schulklassen zahlen 3,- DM pro Kind und 7,- DM pro Erwachsenen, Privatgruppen mit maximal 12 Kindern zahlen pauschal 120,- bis 150,- DM.
Es werden auch Führungen zu anderen Tierarten (z. B. Eulen, Insekten, Wildbienen) durchgeführt.

BUND Köln
Arbeitskreis Fledermausschutz
Bettina Duwe
Weißenburgstr. 65
50670 Köln
✆ 724710 u. 363621

Das Ministerium für Umwelt, Raumordnung und Landwirtschaft des Landes Nordrhein-Westfalen gibt verschiedene Broschüren heraus, die sich dazu eignen, einen Ausflug in die Natur, in Fauna und Flora, spielerisch vorzubereiten. Die Titel lauten u. a. *Wir erkunden die Wiese*, *Wir erkunden die Luft*, *Wir erkunden den Boden*, *Wir erkunden den Wald*, *Der Ackerrandstreifen mit seinen Wildkräutern*.
Das Naturschutzzentrum Nordrhein-Westfalen gibt ein Materialheft für Kinder heraus, das den Natur-Kinder-

Garten thematisiert, und das Heft *Natur-Spiel-Räume für Kinder*, das eine Arbeitshilfe zur Gestaltung naturnaher Spielräume an Kindergärten und anderswo ist.

Außerschulische Lernorte

Außerschulische Lernorte sind Anlagen, in denen Kinder im Klassenverbund mit ihren Lehrern, z. B. etwas über die Umwelt, Pflanzen und Tiere erfahren können. Anders als in der Schule, wo anschaulicher Unterricht nur eingeschränkt möglich ist, bieten die nachstehenden 4 außerschulischen Einrichtungen in Köln Kindern Lehrstoff zum Anfassen.

Sie als Eltern können diese Angebote nicht individuell mit Ihren Kindern nutzen, denn sie stehen ausschließlich Schulklassen offen. Vielleicht können Sie aber einen Besuch der Einrichtungen beim nächsten Elternsprechtag anregen.

Freiluga
Belvederestr. 159
50933 Köln
✆ 492780

Freiluga

Die städtische Freiluft- und Gartenarbeitsschule, kurz Freiluga, besteht nunmehr seit über 70 Jahren und setzt auf die Erziehung der Jugend zur Betätigung in der Natur und auf den engen Kontakt zur Natur, nicht zuletzt, um sie dem Umweltschutz näherzubringen. Die Kinder können hier Bienenwaben aus Bienenstöcken herausholen, im Wasser nach Wasserflöhen fischen, Kaninchen füttern oder Tomatenpflänzchen ziehen.

Die Freiluga ist ein Schulgarten für ganz Köln, den jährlich durchschnittlich 6000 Kinder für wenigstens zwei Tage besuchen, und der sich wahrlich nicht über mangelndes Interesse beklagen kann. Bis 1997 sind alle Tage ausgebucht.

Mit mehr als 6000 Quadratmetern, altem Baumbestand, Wiesen, Beeten und Hühnern ist die Freiluga einzigartig in Köln.

Waldschule der Schutzgemeinschaft Deutscher Wald e. V. Leidenhausen
51147 Köln
✆ 02234/8051
Öffnungszeiten: von Oktober bis März: 10–17 Uhr sonn- und feiertags: 10–18 Uhr

Waldschule der Schutzgemeinschaft Deutscher Wald e. V. Leidenhausen

In der Waldschule erfahren Kinder alles, was sie schon immer über den Wald wissen wollten, denn das Wald-

MIT KINDERN AUSGEHEN

museum zeigt anschaulich die Waldentwicklung aus vorgeschichtlicher Zeit auf, die Waldzonen der Erde, lehrt die Jahresringdatierung und erklärt die Anatomie und Physiologie des Baumes.
Anschauliche Wissensvermittlung bieten auch die Grüne Schule Flora und die Zooschule im Zoologischen Garten.

Flora – Grüne Schule
Amsterdamer Str. 34
50735 Köln
⌀ 768367

Zooschule im Zoologischen Garten
Riehler Str. 173
50735 Köln
⌀ 7785-116

Mit Kindern ausgehen

Biergärten

Kinder fühlen sich wohl, wenn sie sich frei bewegen können. Nichts ist für sie schlimmer, als in einem Restaurant zu sitzen und darauf zu warten, daß die Eltern endlich fertig sind mit Essen und Trinken. Einen guten Kompromiß für genußfreudige Eltern und Zappelphilippe sind die Kölner Biergärten. Hier können Eltern in Ruhe einen Happen essen und ein frisches Kölsch trinken, während der Nachwuchs durch die Gärten tobt.

Innenstadt

Biergarten auf dem Rathenauplatz
Rathenauplatz

Biergarten im Volksgarten
Volksgartenstr. 27
⌀ 382626

Gaffel-Haus
Alter Markt 20–22
⌀ 2577692

Päffgen Brauhaus
Friesenstr. 64–66
⌀ 135461

Stadtgarten
Venloer Str. 40
⌀ 516037

Rodenkirchen

Küppers Brauhaus
Alteburger Str. 157
⌀ 373242

Lindenthal

Biergarten am Aachener Weiher

Decksteiner Mühle
Gleueler Str. 371
⌀ 433844

Em Birkebäumche
Neuenhöfer Allee 65
⌀ 433907

Brenne'scher Hof
Wilhelm-von-Capitaine-Str. 15–17
⌀ 94860067

Ehrenfeld

Underground
Vogelsanger Str. 200
∅ 542326

Nippes

Biergarten an der Rennbahn
Scheibenstr. 40
∅ 7408300

Monheimer Hof
Riehler Str. 231
∅ 767490

Schwarzbrenner
Neusserstr./
Monheimer Str. 1
∅ 744073

Zur alten Zollgrenze
Neusserstr. 549
∅ 742350

Chorweiler

Biergarten am Fühlinger See
Oranjehofstr.
∅ 708286

Kalk

Em Heidestüfgen
Bilsteiner Str. 3
∅ 896209

Badische Weinstube
Rösrather Str. 604
∅ 865338

Em ahle Kohlberg
Ostmerheimer Str. 455
∅ 692525

Mülheim

Am Ritter
Berliner Str. 825
∅ 601080

Zur alten Post
Bergisch Gladbacher Str. 1124
∅ 681210

Eiscafés

Kinder lieben Eis, und auch Erwachsene schätzen das Gefrorene oder die weiteren Angebote der Eiscafés. Also, gönnen Sie sich und Ihren Kindern doch mal eine Pause, um ein Eis zu schlecken.

Innenstadt

Adria
Neusser Str. 21/Schillingstr.
∅ 736815

Al Cappuccino
Schildergasse 98
∅ 255558

Carte d'Or
Kölner Ladenstadt 32 a
∅ 213303

Cortina
Hohenstaufenring 22
∅ 217117

Dansk is Paradis
Alter Markt 55
∅ 2576980

Eiscafé Pörling
Friesenwall 116
∅ 255265

Forum
Brüsseler Platz 6
∅ 511859

Forum Fresenum
Friesenwall 29

Forum Ubierring
Ubierring 25
∅ 312886

Häagen-Dasz-Eis
Große Neugasse 2–4
∅ 2581072

Le Palme Eiscafé
Mittelstr. 12–14
∅ 255851

MIT KINDERN AUSGEHEN

Riviera
Aachener Str. 23
℘ 251902

Roberto
Venloer Str. 11
℘ 513483

Sagui
Hohe Str. 164–168
℘ 2580440

Toto
Quatermarkt 5
℘ 254164

Toto-Eiscafé
Richmodispassage
℘ 2570877/78

Venezia
Hohenzollernring 48
℘ 254486

Settebello Eiscafé
Alteburger Str. 5
℘ 329194

Rodenkirchen

Cortina
Hauptstr. 94
℘ 393382

Forum
Gottesweg 147

Il Gabbiano
Hauptstr. 71–73
℘ 395969

Van der Putt
Höninger Platz 3
℘ 363398

Lindenthal

Christina
Zülpicher Str. 355
℘ 435214

De Zordo Eiscafé
Zülpicher Str. 209
℘ 413972

Rino
Luxemburger Str. 251
℘ 411247

Ehrenfeld

Panciera
Berliner Str. 388
℘ 602776

Nippes

Forum
Kapuzinerstr. 4
℘ 747186

Kalk

Casal
Kalker-Hauptstr. 82
℘ 8702720

Marcuzzi
Gremberger Str. 26
℘ 833155

Mülheim

Eiscafé Gelato
Bergisch Gladbacher-Str. 600
℘ 632422

Forum
Dellbrücker Hauptstr. 75
℘ 6802634

Freizeitangebote für Jugendliche

Jugendclubs und -einrichtungen

Jugendliche wollen ihre Freizeit natürlich mit anderen Jugendlichen verbringen, wissen aber manchmal nicht, was sie machen und wohin sie gehen können.
In den Jugendeinrichtungen der Stadt, der Kirchen und der freien Träger besteht die Möglichkeit, Angebote in Bereichen wie beispielsweise Tischtennis, Billard, Theater,

FREIZEITANGEBOTE FÜR JUGENDLICHE

**Arbeitsgemeinschaft
Offene Tür in Köln (AGOT)**
Marzellenstr. 32
50668 Köln
✆ 1642-312

Jugendamt der Stadt Köln
Ruth Hartmann
✆ 221-5413

Tanz, Skateboardfahren oder in anderen Sportarten wahrzunehmen. In Gruppen – zum Teil auch speziell für Mädchen – kann der Umgang mit Video, Kamera und Computer geübt werden, aber immer können die Jugendlichen auch eigene Wünsche zur Freizeitgestaltung anmelden. Der Besuch der Jugendeinrichtungen ist freiwillig, kostenlos und während der Öffnungszeiten jederzeit möglich. Teilweise haben sich in den Jugendclubs Schwerpunkte in der Arbeit herausgebildet. Im folgenden werden die herausragenden Aktivitäten einzelner Jugendeinrichtungen exemplarisch vorgestellt; die Adressen der übrigen Jugendclubs in den Stadtteilen finden sich – nach Bezirken geordnet – in einem nachfolgenden Kasten.
Detaillierte Informationen über das spezielle Angebot in den einzelnen Jugendeinrichtungen erhält man am besten vor Ort, weil es doch gewissen Änderungen unterworfen ist. Die **Arbeitsgemeinschaft Offene Tür** erteilt Auskunft zu allen Belangen, die die Einrichtungen freier Träger betreffen, und auch das Jugendamt weiß Bescheid.

Adressen und Aktivitäten

Freizeitanlage Klingelpütz
Vogteistr. 17
50670 Köln
✆ 221-9506

Freizeitanlage Klingelpütz
Die Freizeitanlage Klingelpütz liegt im dicht besiedelten Wohngebiet der nördlichen Altstadt. Für die Nachbarschaft und die Bewohner des Viertels bietet die Einrichtung ein breit gefächertes Freizeitangebot mit sozialpädagogischer Betreuung. Zentraler Treffpunkt am Rande der Klingelpützparkanlage ist »D'r Waggon«, ein alter, zum Spielwaggon ausgebauter Eisenbahnwagen. Alle anderen Aktivitäten finden in einer vielfältig genutzten Mehrzweckhalle und in mehreren Gruppenräumen des angrenzenden Mietshauses statt. Insgesamt ist die Angebotsstruktur auf einen multikulturellen Treffpunkt ausgerichtet und leistet auch Mädchenarbeit.

Jugendzentrum Zollstock
Höninger Weg 381
50969 Köln
✆ 363316

Jugendzentrum Zollstock
Tradition haben die Trialsport-Ferienfahrten des Jugendzentrums Zollstocks, die meist nach Bilstain in Belgien führen. Trialsport ist eine Motorradsportart, bei der leichtere und schmalere Motorräder gefahren werden, die einen

FREIZEITANGEBOTE FÜR JUGENDLICHE

engeren Wendekreis als »normale« Motorräder und keine Sitzbank haben. Beim Trial zählen Geschicklichkeit, Konzentration und Geduld.

OTVITA
In der Offenen Tür Vitalisstraße besteht eine Disko-Gruppe, die Diskoveranstaltungen organisiert und dabei verantwortlich ist für alles, was den Diskobetrieb ausmacht: Auswahl, Einkauf und Inventarisierung der Schallplatten, Auf- und Abbau der Musikanlage, DJs, Bedienung an der Theke, Abrechnung der Diskokasse etc.

OTVITA
Offene Tür
Vitalisstr. 293
50933 Köln

Bürgerschaftshaus Bocklemünd/Mengenich
Aus offen gestalteten Musikproben für Kinder und Jugendliche im Bürgerschaftshaus Bocklemünd/Mengenich, bei denen es erst mal darum ging, Instrumente kennenzulernen, entwickelten sich mehrere Gruppen, die nun regelmäßig proben. Aus dieser Arbeit ist die Band »Lost Tunes« hervorgegangen.

Bürgerschaftshaus
Bocklemünd/Mengenich
Jugendeinrichtung
Görlinger Zentrum 11-15
50829 Köln
✆ 501017/18

Jugendfreizeitzentrum Wilhelmshof
Das Angebot auf dem Wilhelmshof umfaßt Wochenendfreizeiten, Ferienfreizeiten und Pony-Reit-Planwagen-Fahrten sowie Workshops (Schur der Schafe, Kosmetikherstellung mit Schafwollfett, Käseherstellung) und kreative Nachmittage für Kinder und Jugendliche im Alter von 7 bis 14 Jahren.

Jugendfreizeitzentrum
Wilhelmshof e.V.
Bergheimer Weg 27
50737 Köln
✆ 5992926

Jugendzentrum Krebelshof
Jugendlichen ab 14 Jahren stehen die Gärten vom Krebelshof zum Zelten, Billard- und Tischtennisspielen offen. Ein Hauszelt bis zu 3 Personen kostet 5,– DM, ein großes Zelt 7,– DM pro Tag. (Siehe auch S. 300)

Jugendzentrum Krebelshof
e. V.
Alte Str.
50769 Köln
✆ 783964

Jugendzentrum Höhenhaus
Seit Mitte der 80er Jahre gibt es in der städtischen Jugendeinrichtung in Köln Höhenhaus engagierte Mädchenarbeit. Das Programmangebot reicht hier von Selbstverteidigungskursen über Tanzworkshops bis zu Ferienfreizeiten nur für Mädchen.

Jugendzentrum Höhenhaus
Johannesweg 5 c
51061 Köln
✆ 634783

FREIZEITANGEBOTE FÜR JUGENDLICHE

Die übrigen Jugendeinrichtungen

Innenstadt

Offene Tür Casa Italia
Meister-Gerhard-Str. 10–14
50674 Köln
⌀ 211610

Offene Tür
Machabäerstr. 42
50658 Köln
⌀ 121184

Quäker Nachbarschafts-
heim
Kreutzerstr. 5
50672 Köln
⌀ 9515400

Bauspielplatz
Friedenspark
Oberländer Wall 1
50678 Köln
⌀ 374742

Jugendeinrichtung
Elsaßstr. 43
50677 Köln
⌀ 326531

Jugendbereich im Bür-
gerhaus Stollwerck
Dreikönigenstr. 23
50678 Köln
⌀ 318053

Jugendeinrichtung
Gießener Str. 30
50679 Köln
⌀ 810801

Teil Offene Tür
Antwerpener Str. 19–29
50672 Köln
⌀ 525269

Bürgerzentrum
Alte Feuerwache
Melchiorstr. 3
⌀ 7391073

Teil Offene Tür
Bildungszentrum
Sonnenfeld
Sachsenring 18
50677 Köln

Rodenkirchen

Jugendzentrum
Rheinsteinstr. 4
50968 Köln
⌀ 380127

Jugendzentrum
Georgstr. 2
50999 Köln
⌀ 02236/66450

Jugend- und Kinderhaus
Weiß
Georgstr. 2
50999 Köln
⌀ 02236/66795

Jugendzentrum
Meschenich
Brühler Landstr. 428
50997 Köln
⌀ 02232/68506

Jugendhaus für
Behinderte und
Nichtbehinderte
Fronhofstr. 42
50977 Köln
⌀ 02236/65497

Teil Offene Tür
Albert-Schweitzer-Str. 3–5
50968 Köln
⌀ 381416

Lindenthal

Jugendzentrum Weiden
Ostlandstr. 39
50858 Köln
⌀ 02234/409659

Jugendzentrum
Röndorfer Str. 6
50939 Köln
⌀ 443740

Jugendeinrichtung
Junkersdorf »Magadha«
Birkenallee 20
50858 Köln
⌀ 487079

Jugendzentrum
Paulchen
Lindenthalgürtel 30
50935 Köln
⌀ 4769831/32

Jugendzentrum
»Treibhaus«
Herbert-Levin-Str. 4
50931 Köln
⌀ 47698-33

Jugend- und
Kulturzentrum
Sülzburgstr. 112–118
50937 Köln
⌀ 441060

Jugendfreizeitheim »Alte
Schule«
An den Kastanien 7–9
50859 Köln
⌀ 5002101

Jugendgruppe
Stolberger Str. 403
50933 Köln
⌀ 492561

FREIZEITANGEBOTE FÜR JUGENDLICHE

**SKM Zentrum
Sozialdienst Katholischer Männer e. V.
Köln**
Geisbergstr. 53 b
50939 Köln
∅ 438535

**Teil Offene Tür
Jugendclub Feuerstein**
Königsdorferstr. 5
50933 Köln
∅ 492252

Ehrenfeld

Kölner Jugendwerkzentrum
Geisselstr. 1
50823 Köln
∅ 514341

**Offene Tür
St. Bartholomäus**
Helmholtzplatz 11
50825 Köln
∅ 545659

**Teil Offene Tür
St. Johannes**
Grefenbroich
50829 Köln
∅ 508177

**Teil Offene Tür
St. Mechtern**
Thebäerstr. 70
50823 Köln
∅ 518305

**Teil Offene Tür
An St. Rochus**
Rochusstr. 139
50827 Köln
∅ 536471

**Jugendeinrichtung
St. Anna**
Schadowstr. 47
50823 Köln
∅ 557962

**Jugendeinrichtung
Bürgerzentrum
Ehrenfeld**
Venloerstr. 429
50825 Köln
∅ 542111

**Jugendeinrichtung
Christi Geburt**
Görlinger Zentrum 4
50829 Köln
∅ 501032

Nippes

Geschwister-Scholl-Haus
Wirtsgasse 14
50739 Köln
∅ 5992213

Offene Tür
Werkstattstr. 7
50733 Köln
∅ 733699

**Jugendeinrichtung
Boltensternstr. 126**
50735 Köln
∅ 7761266

Offene Tür St. Bernhard
Christoph-Probst-Str. 1
50737 Köln
∅ 5994479

**Pfarrgemeinde
St. Marien**
Auguststr. 58
50733 Köln
∅ 735280

**Jugendeinrichtung
Escher Str. 152**
50739 Köln
∅ 7761-395

Bürgertreff
Geldernstr. 115
50739 Köln
∅ 173959

**Jugendeinrichtung
Am Bilderstöckchen 58 a**
50739 Köln
∅ 175941

Sozialzentrum
Auf dem Ginsterberg 4
50737 Köln
∅ 742924

»Grünes Haus«
Neusser Str. 604
50737 Köln
∅ 748389

Chorweiler

Kinder- und Jugendeinrichtung
Netzestr. 4
50765 Köln
∅ 221-1367

**Jugendzentrum im
Sozialkulturellen
Zentrum**
Pariser Platz 1
50675 Köln
∅ 221-1411

Jugendzentrum Esch
Martinusstr.
50765 Köln
∅ 5901347

Offene Tür Seeberger Treff
Braunsfelsweg 14
50769 Köln
∅ 7902765

FREIZEITANGEBOTE FÜR JUGENDLICHE

Offene Tür Magnet
Lebensbaumweg 41
50767 Köln
⌀ 798858

**Heilpädagogische
Kindertagesstätte
v. sozialen Zentrum
Lino-Club**
Hartenfelsweg 12
50767 Köln
⌀ 794525

**Abenteuerspielplatz
Kinder- und Jugend-
zentrum**
Krombachweg 29
50767 Köln
⌀ 794113

Bauspielplatz
Abendrothstr. 7
50759 Köln
⌀ 7902766

**Teil Offene Tür Chor-
weiler Selbsthilfe e. V.**
Lyoner Passage 3–4
50765 Köln
⌀ 701616

**Jugendclub im
Sozialzentrum**
Fortuinweg 1–2
50769 Köln
⌀ 782917

Porz

Offene Tür
Ohmstr. 83
51145 Köln

**Jugendzentrum
Glashüttenstr. 20**
51143 Köln
⌀ 02203/41426

**Jugendeinrichtung
Friedensstraße**
Friedensstr. 29
51147 Köln
⌀ 02203/21008

**Bauspielplatz
Senkelsgraben**
Senkelsgraben
51147 Köln
⌀ 820/68271

**Sozialzentrum
Am Rolshover Hof**
Jugendclub Am Rolshover
Hof 42
51105 Köln
⌀ 836751

**Bürgerzentrum
Engelshof**
Oberstr. 96
51149 Köln
⌀ 02203/15216

Kalk

**Kinder- und Jugendhaus
Bauspielplatz**
Stresemannstr. 30
51149 Köln
⌀ 8901341

Jugendzentrum
Odenwaldstr. 98
51105 Köln
⌀ 832418

Bürgerhaus Kalk
Kalk-Mülheimer-Str. 58
51103 Köln
⌀ 852051

**Offene Tür Ruppiner
Straße**
Ruppiner Str. 1 a
51107 Köln
⌀ 891928

**Teil Offene Tür
St. Marien**
Kapellenstr. 3–5
51103 Köln
⌀ 8701526

**Jugend- und Bürger-
zentrum Merheim**
Ostmerheimer Str. 600
51109 Köln

**Jugendheim
Teil Offene Tür St. Josef**
Nießenstr. 9
51103 Köln
⌀ 851115

Bürgerzentrum Vingst
Heßhofstr. 43
51107 Köln
⌀ 877021

**Jugendzentrum
Köln-Brück**
Am Gräfenhof 1
51109 Köln

**Ev. Jugendheim
Köln-Kalk**
Lilienthalstraße
51103 Köln
⌀ 857414

Mülheim

Jugendzentrum
Paulinenhofstr. 32
51061 Köln
⌀ 666837

Kölner Jugendpark
Sachsenbergstr.
51063 Köln
⌀ 811198

Don-Bosco-Club
Tiefentalstr. 38
51063 Köln
⌀ 642083

FREIZEITANGEBOTE FÜR JUGENDLICHE

Offene Tür St. John
Ricarda-Huch-Str. 5 a
51061 Köln
✆ 641271

Teil Offene Tür Liebfrauen
Adamstr. 40 a
50996 Köln
✆ 612159

Kölner Selbsthilfe e. V.
Von-Sparr-Str. 17
51063 Köln
✆ 6402908

Offene Tür St. Urban
Ulitzkastr. 34
51003 Köln
✆ 817803

Teil Offene Tür St. Joseph
Von-Diergardt-Str. 44-46
51069 Köln
✆ 601354

Jugendtreff Holweide
Piccoloministr. 528
51067 Köln
✆ 638055

**Offene Tür
Haus der Jugend**
Lippeweg 29
51061 Köln
✆ 607008

**Jugendeinrichtung
Buchholzstr. 20**
51061 Köln
✆ 645558

**Christliche Sozialhilfe
Jugendclub**
Knauffstr. 1–5
51063 Köln

Teil Offene Tür St. Anna
Piccoloministr. 291
51067 Köln
✆ 632675

**Sozialzentrum
Jugendclub**
Wittener Str. 10
51065 Köln
✆ 618179

**Teil Offene Tür
St. Johann Baptist**
Im Weidenbruch 117
51061 Köln

Jugendpflege

Die Jugendpflege der Stadt Köln kümmert sich um die Beratung, Förderung und die Koordinierung von Freizeitaktivitäten von und mit Jugendlichen. In jedem Stadtbezirk ist eine Bezirksjugendpflegerin oder ein Bezirksjugendpfleger tätig. Als Fachberater kümmern sie sich um die Bedürfnisse und Interessen der Jugendlichen vor Ort und sind ihr direkter Ansprechpartner.

Die Bezirksjugendpfleger und -pflegerinnen in Köln

Innenstadt

Christoph Geißler
✆ 221-5267

Marlu Quilling
(Stadtjugendpflegerin)
✆ 221-5421

Rodenkirchen

Stefan Schmidt
✆ 3591-267

Lindenthal

Peter Witz
✆ 5484-267

Ehrenfeld

Hermann Han
✆ 5488-267

Nippes

Joachim Havekost
✆ 7761-267

FREIZEITANGEBOTE FÜR JUGENDLICHE

Chorweiler	**Kalk**
Walter Menke ⌀ 221-1267	Frank Karclczak ⌀ 8279-267

Porz	**Mülheim**
Peter Lingnau ⌀ 02203/41-267	Angelika Tritt ⌀ 6702-267

Aktiv in Politik und Umwelt, Kirche und Gesellschaft

Engagierte Kids 344

Die Jugendverbände 344

Rathausschule 344

Soziales Engagement 345

Aktiv in Politik, Umwelt und Naturschutz 347
Greenpeace 347, Die Falken 347, Bund für Umwelt und Naturschutz 348, Die Naturfreunde 348, Kölner Appell gegen Rassismus 349, Jugendclub Courage 349, Esperanto-Jugend Köln 349

Aktiv in der Kirche 350
Katholische Jugend 350, Evangelische Jugend 351

Pfadfinder 351

Engagierte Kids

Engagement macht Spaß

In den »in«- und »out«-Listen einschlägiger Zeitgeistmagazine rangieren aktive Kids, die sich in Sachen Umwelt, Kirche oder Politik engagieren, in der »out«-Rubrik. Denn Freizeit ist in unserer Gesellschaft ein Wert an sich, der nicht unbedingt mit Sinn gefüllt sein will. Vielmehr soll es in der freien Zeit möglichst originell und aufregend zugehen. Verbandsarbeit oder politische Debatten sind mit den Ansprüchen der Fun-Generation demnach wohl nicht kompatibel. Oder doch?

Das große Engagement der Kinder und Jugendlichen in den Jugendverbänden, bei den Pfadfindern, in den Umweltgruppen oder Kirchen läßt darauf schließen, daß die junge Generation durchaus Interesse daran hat, die eigene Umgebung aktiv mitzugestalten oder zusammen mit anderen Jugendlichen ein aktives Gruppenleben zu erfahren.

In diesem Kapitel werden deshalb die wichtigsten Verbände in den ganz unterschiedlichen gesellschaftlichen Bereichen genannt und vorgestellt. Vielleicht hat Ihr Sohn oder Ihre Tochter ja Interesse daran, sich mit Spaß zu engagieren.

Kölner Jugendring e. V.
Dachverband Kölner
Jugendverbände
Deutz-Kalker-Str. 52
50679 Köln
✆ 815224

Jugendamt der Stadt Köln
Abteilung Jugendförderung
Claudia Hühn
Schaevenstr. 1 b
50670 Köln
✆ 221-5481

Die Jugendverbände

Über 20 Jugendverbände arbeiten, spielen und lernen in Köln mit Kindern und Jugendlichen und sind im **Kölner Jugendring e. V.** zusammengeschlossen. Neben aktuellen Themen wie Umwelt, Frieden und Ausländerpolitik bieten die Jugendverbände Raum für Kreativität und Sport. Eine vollständige Adressenliste der einzelnen Verbände ist über das Jugendamt der Stadt Köln zu beziehen.

Rathausschule

Informationen zur Rathausschule sind erhältlich unter
✆ 221-2928

Die Rathausschule dient dazu, kommunalpolitische Themen mit und für Kinder und Jugendliche zu bearbeiten. Ihre Aufgabe ist es, kommunalpolitische Strukturen transparent zu machen und Kindern und Jugendlichen die

Möglichkeit zu geben, an kommunalen Entscheidungsprozessen mitzuwirken. Beispielhaft wird mit Themen gearbeitet, die Kinder und Jugendliche direkt angehen. Wahrnehmen können das Angebot Lehrer, Erzieher und Eltern sowie die Kinder selbst.

Die Mitarbeiter der Rathausschule beraten interessierte Erwachsene bei der Erstellung von alters- oder zielgruppenorientierten Projekten zu kommunalpolitischen Themen, stellen Informationen über Rat und Verwaltung der Stadt Köln bereit, vermitteln und koordinieren Kontakte und Besuche bei Rat und Verwaltung und organisieren Besichtigungen städtischer Dienststellen und Gebäude und anderer städtischer Einrichtungen.

Die Rathausschule ist keine Schule im herkömmlichen Sinne. Sie hat kein festes Kursprogramm und keine festen Räume, sondern richtet ihr Angebot an der Nachfrage aus und geht dort hin, wo sich Kinder und Jugendliche aufhalten.

Soziales Engagement

Schnell und unbürokratisch helfen. Das war das Leitmotiv der **Arbeiterwohlfahrt**, die 1919 als Selbsthilfeorganisation der Arbeiterbewegung gegründet wurde. Kindern und jungen Menschen steht die AWO und ihr Jugendwerk offen mit Kindergärten und Horten, Kindertagesstätten und Spielgruppen, mit Freizeitangeboten, Aktionen und internationalen Kontakten während der Ferienfreizeiten.

Die Jugendeinrichtungen der AWO bieten eine große Auswahl an Gruppenangeboten wie Sport-, Werk-, Hobby- und Interessengruppen sowie offene Angebote wie Filmprogramme, Disko etc. Zusätzlich gehören Hausaufgabenhilfe und Einzelbetreuung und -beratung zum Angebot. Im offenen Bereich stehen Spiele wie z. B. Billard, Kicker, Tischtennis und eine große Auswahl an Gesellschaftsspielen kostenlos zur Verfügung.

An Mädchentagen werden von Betreuerinnen Programme und Angebote nur für Mädchen und junge Frauen durchgeführt. An diesen Tagen haben sie die Gelegenheit, alle Angebote der Jugendeinrichtung zu nutzen.

Arbeiterwohlfahrt
Kreisgruppe Köln
Rubensstr. 7–13
50676 Köln
✆ *204070*

Arbeiter-Samariter-Jugend
Sülzburgstr. 140
50937 Köln
✆ *476050*

Deutsches Rotes Kreuz
Jugendrotkreuz
Elsa-Brändström-Str. 2-4
50668 Köln
✆ *5487-327*

Malteser Jugend
Herr Kubella
Brüsseler Str. 26
50674 Köln
✆ *2030048 u. 8307107*

Die Jugendeinrichtungen führen jedes Jahr mehrere Wochenend- bzw. Ferienfahrten durch (siehe »Reise & Verkehr«, S. 291).

Die Angebote sind in der Regel für alle Jugendlichen ab 12 Jahren aus dem Stadtteil zugänglich. Die Betreuung erfolgt durch pädagogische Fachkräfte (Sozialarbeiterinnen und Sozialpädagoginnen).

Insgesamt definieren die Hilfsorganisationen wie der **Arbeiter-Samariter-Bund**, das **Deutsche Rote Kreuz** oder der **Malteser Hilfsdienst** ihre Aufgaben als »Hilfe für und Dienst am nächsten«, wobei Kinder und Jugendliche an die Aufgaben, die soziale Verantwortung und Engagement voraussetzen, herangeführt werden müssen. Die Aktivitäten der Jugendgruppen der Hilfsorganisationen erstrecken sich deshalb auch auf Freizeitaktivitäten vor allem in Ferienlagern, um die soziale Kompetenz der Kinder zu erhöhen. Das Deutsche Rote Kreuz führt daneben auch kindgerechte Erste-Hilfe-Kurse durch und leitet eine Zeitungs- und eine Radiogruppe für Kinder.

Jugendeinrichtungen der AWO

Innenstadt

Jugendeinrichtung
Gießener Str. 30
50679 Köln
✆ 810801

Ossendorf

Jugendeinrichtung
Frohnhofstr. 140
50827 Köln
✆ 591030

**Jugendeinrichtung
Westend**
Büro: Max-Fremery-Str. 1
50827 Köln
✆ 581721

Mülheim

**Kinder- und
Jugendeinrichtung**
Berliner Str. 221
51063 Köln
✆ 644921

August-Bebel-Haus
Krahnenstr. 1
51063 Köln
✆ 6402157

Aktiv in Politik, Umwelt und Naturschutz

Greenpeace

Umweltschäden gehören zu den Problemen unserer Zeit, die Kinder und Jugendliche am meisten bedrücken. Aber auch Frieden, eine gerechte Gesellschaft, Verständigung zwischen Menschen verschiedener Hautfarben sind Themen, mit denen sie sich beschäftigen. Sie wollen sich aber nicht nur mit solchen Fragen auseinandersetzen, sondern auch selbst etwas tun.
Greenpeace kämpft seit 1971 gegen die voranschreitende globale Zerstörung der Natur und für die Bewahrung der Lebensgrundlagen. In mehr als 80 deutschen Städten gibt es Greenpeace-Gruppen, die auf lokaler Ebene zu den Themen Atomkraft, Luft, Energie, chemische Vergiftung, Regenwald, Meeresökologie und Artenschutz arbeiten.
Die Kölner Kontaktgruppe informiert die Öffentlichkeit über die Arbeit vor Ort und steht den Bürgern als Anlaufstelle offen. Schulen wird die Hilfe bei Unterrichtsveranstaltungen angeboten, Kinder können sich in sogenannten Greenteams organisieren und zu Themen arbeiten, die sie selbst bestimmen. Ein Erwachsener aus dem unmittelbaren Umfeld, z. B. ein Lehrer oder Elternteil, steht den Kindern als Betreuungsperson zur Seite. Interessierte Kinder können Erstinfos beim Greenpeace Kinder- und Jugendprojekt in Hamburg anfordern.

Greenpeace
Kontaktgruppe Köln
Hansaring 135
50670 Köln
✆ 7391271

Greenpeace
Kinder- und Jugendprojekt
20450 Hamburg

Die Falken

Die Falken stehen für Zeltlager, Ferienfreizeiten und Rockfeten, aber auch politische Seminare und politische Stadtteilarbeit. Sie treten ein für »soziale Gerechtigkeit, Chancengleichheit und eine grundlegende Veränderung der Gesellschaft zur Durchsetzung von Freiheit, Frieden, Gerechtigkeit und Selbstbestimmung für alle Menschen«. Wer mitmachen oder erst einmal Informationsmaterial studieren will, wendet sich direkt an den Kreisverband Köln.

Sozialistische Jugend
Deutschlands – Die Falken
Kreisverband Köln
Bottmühle, Severinswall 32
50678 Köln
✆ 321377

Dort erhält er Infos darüber, wo sich die nächste Gruppe trifft, welche Seminare und Bildungsangebote, Zeltlager und Freizeiten es gibt.

Bund für Umwelt und Naturschutz

Bund für Umwelt und Naturschutz Deutschland e. V.
Weißenburgstr. 65
50670 Köln
℡ 724710

Der BUND wurde 1975 gegründet und zählt 1995 bundesweit über 217 000 Mitglieder. In Köln engagieren sich ca. 900 Menschen für die Umwelt im BUND. Die Kölner Kreisgruppe setzt sich für ein ökologisch verträgliches Müllkonzept ein, für eine autoarme Innenstadt, für den Erhalt der Wahner Heide und ein Ende des Nachtfluglärms, für Stadtbegrünung, für die Erweiterung sowie den Erhalt städtischer Naturschutzgebiete und Grünflächen, für die Renaturierung von Flüssen und Bächen in Köln und für ökologisches Wirtschaften.

Die BUNDjugend kämpft seit Ende 1994 ums Überleben, weil die geringen Mitgliederzahlen die Arbeit nur eingeschränkt ermöglichen. Trotzdem beteiligte sich die BUNDjugend 1995 an wichtigen Informationsveranstaltungen und Arbeitskreisen und initiierte gemeinsam mit dem Berufsinformationszentrum des Arbeitsamtes eine Informationsreihe zum Thema Umweltberufe.

Die Naturfreunde

Die Naturfreunde
Ortsgruppe Köln
Honschaftstr. 330
51061 Köln
℡ 639936

Die Wurzeln der Naturfreunde liegen in der Arbeiterbewegung, aber der Verein ist keine Parteiorganisation. Die erste Jugendgruppe entstand 1892 in Wien. Aus ihr ging der Touristenverein »Die Naturfreunde« hervor, in dem Kinder, Jugendliche und Erwachsene für das Recht der Arbeiterinnnen und Arbeiter auf freien Zugang zur Natur stritten. Damals galten Bergwelt und Wälder als Privatbesitz, in denen einfache Leute nichts zu suchen hatten.

Nach der Befreiung vom Faschismus gehörten die Naturfreunde in der Bundesrepublik zu den Demokraten der ersten Stunde. Heute zählt der Verein weltweit mehr als 600 000 Mitglieder.

Neben der Teilnahme an umweltverträglichen Ferienrei-

AKTIV IN POLITIK, UMWELT UND NATURSCHUTZ

sen (siehe »Reise & Verkehr«, S. 293) können sich Jugendliche hier für die Umwelt einsetzen, Neues entwickeln und initiativ werden, z. B. bei Müllaktionstagen, Gewässerpatenschaften, Umweltseminaren, Umweltaktionswochen, Seminaren zur Dritte-Welt-Problematik, der Regenwaldzerstörung, der Klimakatastrophe ... Darüber hinaus gibt es die Möglichkeit zum Theaterspielen, Zirkusmachen, Zeitungmachen, Skifahren, Schwimmen, Tauchen, Jonglieren und vielem mehr.

Kölner Appell gegen Rassismus

Der Kölner Appell e. V. ist eine unabhängige regionale Bürger- und Menschenrechtsorganisation mit Sitz in Ehrenfeld. Hauptaufgabe des Vereins ist es, gegen den Rassismus in der Bundesrepublik anzugehen. Bei der politischen Aufklärungsarbeit (z. B. Gesprächskreis »Rassismus«) und den Selbsthilfeprojekten mitzuarbeiten, dazu sind auch Kinder und Jugendliche ausdrücklich aufgefordert.

Kölner Appell gegen Rassismus e. V.
Wahlenstr. 1
50823 Köln
✆ 528390

Jugendclub Courage

Der Jugendclub Courage e. V. ist in verschiedenen Bereichen der Jugendarbeit tätig. Durch die Orientierung an gesellschaftlichen Entwicklungen hat sich u. a. der Schwerpunkt politische Jugendbildung herauskristallisiert, der z. B. in Seminaren zum Thema Rechtsextremismus und Rassismus sowie in antifaschistischen Stadtrundfahrten zum Ausdruck kommt.

Jugendclub Courage Köln e. V.
Bismarckstr. 40
50672 Köln
✆ 520936

Esperanto-Jugend Köln

»Freundschaft über Grenzen hinweg« lautet das Motto der Esperanto-Jugend. Und um diese zu begründen und zu erhalten reicht die staatliche Politik, nach Meinung der Jugendlichen, nicht aus. Vielmehr muß von den Bürgerinnen und Bürgern eines jeden Volkes die Bereitschaft ausgehen, Vorurteile und Mißtrauen gegenüber Menschen anderer Rassen, Religionen und Sprachen abzu-

Esperanto-Jugend Köln (EJK)
Gemarkenstr. 150
51069 Köln
✆ 6803250

bauen. Deshalb will die Esperanto-Jugend Köln möglichst vielen Jugendlichen direkte Kontakte mit Menschen anderer Nationalität ermöglichen und führt vielfältige Begegnungsmöglichkeiten, Tagungen, Fortbildungen und andere Veranstaltungen durch.

> **Esperanto**
>
> Esperanto ist »die leichteste Sprache der Welt« und wird inzwischen von etwa 3 bis 5 Millionen Menschen gesprochen. Die Welthilfssprache wurde 1887 von dem polnischen Arzt L. Zamenhof unter dem Pseudonym Dr. Esperanto (der Hoffende) entwickelt. Esperanto hat 16 grammatische Grundregeln, einen kleinen Grundwortschatz, der hauptsächlich auf den romanischen Sprachen und dem Englischen aufbaut, und 6 Vorsilben sowie 12 Nachsilben zur Bildung neuer Wörter. Die Verfechter von Esperanto hoffen, daß möglichst viele Menschen diese Kunstsprache als gemeinsame Zweitsprache beherrschen, damit Esperanto als Brücke bei der internationalen Begegnung und Verständigung dienen kann.

Aktiv in der Kirche

Katholische Jugend

Bund der Deutschen Katholischen Jugend (BDKJ)
Stadtverband Köln e. V.
Kasinostr. 5
50676 Köln
✆ 219902

Als Dachverband aller katholischen Kinder- und Jugendverbände vertritt der BDKJ die Interessen der Kinder und Jugendlichen nach außen. Neben den zahlreichen Jugendferienfahrten organisiert der Dachverband offene Jugendtreffs und Kirchenprojekte für Kinder und Jugendliche.

Evangelische Jugend

Die Jugendarbeit der Evangelischen Kirche wird über die Jugendreferate der 3 Kölner Kirchenkreise organisiert: Köln-Mitte: Kartäusergasse 9, 50678 Köln, ℘ 3382288; Köln-Nord: Myliusstr. 27, 50823 Köln, ℘ 528041; Köln-Rechtsrheinisch: Kartäusergasse 9, 50678 Köln, ℘ 3382284. Köln-Süd: Kantweg 1a, 52388 Nörvenich, ℘ 02421/75774. Neben der kontinuierlichen Gruppenarbeit mit Kindern verschiedener Altersgruppen werden Projekte zu bestimmten Themen, Kinderfreizeiten, Kinderbibelwochen, Spielaktionen sowie Kinder- und Familiengottesdienste durchgeführt. Die Jugendreferate informieren über die Aktivitäten der einzelnen Gemeinden.

Evangelische Jugend im ev. Stadtkirchenverband Köln
Kartäuserwall 24 b
50678 Köln
℘ 93180111

Pfadfinder

In Köln sind 4 Pfadfinderverbände ansässig, 2 interkonfessionelle, ein katholischer und ein evangelischer.

Pfadfinderbund Mosaik
Im Kölner Stadtgebiet gehören rund 2500 Kinder, Jugendliche und Erwachsene dem interkonfessionellen Deutschen Pfadfinderbund Mosaik an. Das Ziel der Mosaik-Pfadfinder ist es, »junge Menschen, gleich welcher Herkunft, Nationalität und Religion, anzusprechen und einen Beitrag dazu zu leisten, sie nach den Grundsätzen der internationalen Pfadfinderbewegung zu freien, verantwortungsbewußten, selbständig denkenden und toleranten Bügern zu erziehen«. Das Programm ist bestimmt von den wöchentlich stattfindenden Gruppenstunden, Fahrten und Lagern an Wochenenden und kreativer Gestaltung sowie musischer Bildung.

Deutscher Pfadfinderbund Mosaik (DPBM), Deutscher Pfadfinderverband
Neue Maastrichter Str. 5–7
50672 Köln
℘ 524018

Verband Christlicher Pfadfinderinnen und Pfadfinder
Der Verband Christlicher Pfadfinderinnen und Pfadfinder (VCP) organisiert Fahrten und Lager, Gruppenunternehmungen und Begegnungen mit jungen Menschen im In- und Ausland. Daneben stehen Spielen, Basteln, Singen, Diskussionsrunden und Aktionen auf dem Programm des

Verband Christlicher Pfadfinderinnen und Pfadfinder (VCP)
Kontakt: Kathrin Barth
Arnoldstr. 18
50679 Köln
℘ 882196

VCP in Köln. »Pfadfinderin und Pfadfinder zu sein heißt für uns, als einzelne in einer Gemeinschaft zu leben, Gemeinschaft zu erleben, unsere Gewohnheiten in Frage zu stellen, Andersartigkeit als Bereicherung anzunehmen und in der christlichen Gemeinde mitzuwirken und Verantwortung zu übernehmen«, heißt es in der Informationsbroschüre des Verbandes.

Ähnliche Zielsetzungen verfolgen die beiden weiteren Kölner Pfadfinderverbände, die Katholischen Pfadfinder und der Bund der Pfadfinderinnen und Pfadfinder.

Katholische Pfadfinder
Diözesanbüro
Rolandstr. 60
50677 Köln
✆ 93702043

Bund der Pfadfinderinnen und Pfadfinder (BdP) Köln e. V.
c/o Insa Licht
Kempener Str. 101
50733 Köln
✆ 723967

Register

REGISTER

Adoption 5, 83f., 99ff.
Äktschen-Telefon 321f.
Alkohol 195, 198
Alleinerziehende 61, 84, 89f., 95ff., 112f., 115, 118, 187, 289f., 294
Allergie 65
American Football 199, 210
Amtspflegeschaft 90
Asthma 65f.
Au pair 6, 123, 155f.
Ausbildungsfreibetrag 119
Autismus 51, 65, 67
Autobücherei 247, 257ff.

Babygymnastik 47
Babymassage 29f., 32ff., 40, 46
Babyschwimmen 38ff., 46, 228f.
Babysitter 41, 123ff.
Badminton 199f., 211f., 298
Ballett 199, 212f.
Baseball 199, 213
Baskettball 200
Bauchladen e.V. 19, 37, 42, 97
Bauspielplatz 206, 320, 338, 340
Behinderte 5, 51, 71ff., 123, 151ff., 157, 162, 172, 215, 273, 286, 289f., 295, 338
Behindertensport 199, 214
Betriebskindergarten 123, 147f.
Bobfahren 199, 215
Botanischer Garten 330
Boule 199, 214f.
Boxen 199, 216, 237
BUND 66, 75, 164, 179, 224, 319f., 331, 343, 348, 350, 352

Campingplatz 300
Celestin-Freinet-Schule 165f.
Computer 263, 269, 317, 325, 336

Domsingschule 162, 271
Doppelname 84f.
Drogen 12, 193, 195
Drogenberatung 6, 183, 195ff.

Ehe 5, 83f., 87, 106
Ein-Elterr-Familie 89
Einmalwindel 48f.
Einschulung 6, 10, 65, 146, 157, 159f., 163
Einschulungstest 159
Eishockey 199, 217
Eislaufen 199, 217
Eltern-Knd-Turnen 217
Entbindung, ambulante 26
Entbindungsklinik 25
Ernährung 29, 52, 55, 70, 75, 187
Erziehungsgeld 9, 97, 102, 104, 112ff., 289
Erziehungsurlaub 5, 102, 104, 110ff.
Eßstörung 70

Falken, Die 347
Familienhotel 296
Familienurlaub 7, 287ff.
Fechten 245
Figurentheater 247, 278ff.
Forstbotanischer Garten 330
Fotografieren 272
Freizeiten 287, 293, 299, 302, 348
Fußball 199f., 217ff.

Ganztagsbetreuung 158, 161, 271
Geburt 5, 9f., 15, 17, 19ff., 41, 47, 53ff., 65, 80, 87, 90ff., 96, 102, 108, 110, 112, 154, 339
Geburtshaus 10, 15, 19, 21, 26, 37, 42, 45, 96
Gesamtschule 6, 157, 175ff., 225
Gewalt, sexuelle 187ff.
Giftnotrufzentrale 54
Gokart 199, 219
Goshin-Jitsu 245
Greenpeace 75, 343, 347
Grundschule 11, 157f., 161f., 166ff., 170f., 177, 179, 261, 271, 277, 315
Gruppen, altersgemischte 135ff.
Gymnasium 157, 166, 172ff., 222, 227

REGISTER

Hagazussa e.V. 36
Handball 199, 220
Hauptschule 6, 157, 166ff., 176
Hausaufgabenbetreuung 11
Hausaufgabenhilfe 70, 157, 179ff., 345
Hausgeburt 27, 29ff., 35
Hebamme 17, 26ff.
Herzkrankheiten 51, 68
Hockey 245
Hort 142, 144ff., 161

Impfung 56ff.

Jazz-Dance 221
Jazz Haus Schule 268f.
Judo 245
Jugendberater 157, 177
Jugendbuch 250, 252
Jugendherberge 301
Jugendkunstschule 269f., 272, 281
Jugendpfleger 314ff.

Kanu 199, 222
Karate 199, 222, 238
Kind, ausländisches 150f.
Kind, behindertes 71ff., 152
Kind, nichteheliches 91
Kinderbetreuung 6, 11, 41, 90, 97f., 123, 131, 149, 294, 301
Kinderbuch 251, 254
Kinderbuchabteilung 263f.
Kinderbuchladen 247, 262
Kinderchor 271
Kinderfreibetrag 118
Kindergarten 9, 137, 140f., 144ff., 148, 151f., 159, 190
Kindergartenplatz 9ff., 140
Kindergeld 6, 93, 102, 104, 110, 113, 289, 306
Kinderheilkunde 51, 54, 56, 59, 63
Kinderkarneval 247, 283f., 286
Kinderkino 247, 282f., 328
Kinderliteraturzeitschrift 250, 266
Kinderpsychiatrie 5, 51, 76ff.

Kinderschutzbund 60, 75, 88, 95, 126, 181, 186f., 189f., 194
Kindersitz 314
Kindertagesstätte 136f., 146, 148, 152, 340
Kindertelefon 183, 185
Kindertheater 247, 255, 275
Kinderwohngruppe 190
Kindesentziehung 88
Kindesmißhandlung 189f., 194
Köln-Ferien-Zeitung 183, 186, 321f.
Krabbelgruppe 9f., 123, 130ff.
Krankenkasse 18, 41, 59ff., 78, 109, 114f.
Krankheit 5, 20, 51, 64, 79, 92f., 196
Krisentelefon 185f.
Kündigungsschutz 107, 110f.
Kunst 7, 77, 167, 170, 172, 247f., 268f., 272ff., 277
Kunstradfahren 245
Kur 79

Leichtathletik 199, 204, 222f., 298

Mädchenhaus 190f.
Minimale cerebrale Dysfunktion 51, 67
Mißbrauch, sexueller 187ff.
Montessori-Kindergarten 154
Montessori-Schule 165, 170, 175
Mountainbiking 199, 224
Museumsdienst 247, 273
Musik 7, 77, 153, 167, 170, 172, 174, 208, 237, 247f., 267ff., 276, 279, 293f.
Mutter-Kind-Kur 79
Muttermilch 15, 42f.
Mutterschaftsgeld 92, 104, 108ff., 113
Mutterschutz 107, 109

Namensrecht 83f., 90f.
Naturfreunde 293, 343, 348
Neurodermitis 65f.
Nummer gegen Kummer 186

Oase e.V. 37, 42
Ökopädiatrie 75

Pantomime 247, 277, 280
Peter-Petersen-Schule 162
Pfadfinder 8, 343, 351f.
Pflege, häusliche 78
Pflegekind 103
Praxisgeburt 27, 29ff., 33, 35
Psychotherapie 17, 51, 77
Puppenspiel 278

Radfahrausbildung 287, 315
Radsport 199, 224f.
Rathausschule 8, 343ff.
Realschule 157, 166f., 170ff., 176, 258
Reiseapotheke 287, 297
Reiten 199f., 214, 225
Rheinische Musikschule 247, 267f.
Rollender Spielplatz 321
Rollschuhlaufen 226
Rooming-in 20, 25
Rudern 199, 204, 227
Rugby 245

Schach 199, 227
Scheidung 65, 83, 85, 89, 91
Schulpsychologischer Dienst 157, 177f.
Schwangerschaft 5, 15ff., 28f., 37f., 43, 53, 78, 87, 92, 96f., 107, 117
Schwerhörigkeit 51, 69
Schwimmen 5, 15, 21ff., 46f., 146, 199f., 204, 222, 228, 230ff., 235, 244, 291, 298, 349
Segeln 199f., 214f., 234, 298f.
Sehbehinderung 51, 69
Selbsthilfegruppe 36, 65, 70, 81, 96, 98
Selbstverteidigung 199, 222, 235ff.
Skateboardfahren 199f., 209, 239, 336
Skifahren 199, 240, 349
Sorgerecht 83, 90f., 113

Sozialhilfe 88f., 91, 105, 113, 115ff., 125, 139, 289, 341
Spätaussiedler 123, 149, 187
Spielecontainer 321
Spielgeräteverleih 317, 322
Spielgruppe 129
Spielplatz 129, 257ff., 319f.
Spielplatzpate 319
Spielwerkstatt 323
Spielzeug 7, 154, 262, 306, 310, 317, 323ff.
Spielzeug-Kennzeichnungen 317, 324
Sport 7, 12, 77, 167, 170, 172, 199ff., 207, 209f., 222f., 225, 293f., 298, 344f.
Sportabzeichen 199, 203f.
Sportverein 243
Squash 199f., 211f.
Stadtführung 326f.
Stadtranderholung 287, 291, 302
Stillen 28, 42ff., 53, 81, 215, 307
Stillgruppe 30, 33ff., 37
Stoffwindel 48
Stottern 71
Sucht 57, 65, 196, 198
Suchtprävention 183, 195f.
Surfen 199f., 209, 234f., 299

Tageseinrichtung 144f., 147, 151ff.
Tagesmutter 41, 123, 127f.
Tagesstätte 140, 152
Tanz 77, 213, 221, 248, 272, 279, 294, 322, 336
Tanzen 199, 240
Tauchen 199, 230, 235, 240, 299, 313, 349
Tennis 199, 211, 241f., 298f.
Tischtennis 199, 243, 298, 300, 319, 328, 335, 345
Turnen 47, 199, 204, 214, 243
Trampolinspringen 199, 244
Triathlon 245

Umgangsrecht 91
Unterhaltsanspruch 92f.
Unterhaltsvorschuß 83, 91f., 97, 99

356

Vaterschaft 90ff., 94
Video 282, 317, 325, 336
Vocal Academy 270
Volleyball 245
Vorsorgeuntersuchung 41

Waldorfkindergarten 153
Waldorfschule 157, 163ff.
Wasserlehrpfad 329
Wasserski 199, 244
Wegwerfwindel 48
WenDo 236ff.

Westdeutscher Rundfunk (WDR) 283
Windelservice 15, 49
Wohngeld 105, 113, 115f.

Zartbitter e.V. 191
Zeichnen 269, 272
Zeltlager 287, 299f., 347f.
Zeugnistelefon 157, 178
Zirkus 247f., 280f.
Zoo 117, 329f.

© Verkehrsverbund Rhein-Sieg GmbH

Stand: 25. Sept. 1994

id Verkehrsplanungs- und Design GmbH
Felderstr. 106 51 371 Leverkusen
Tel. 0214 / 24 55 8 Fax: 24 28 4

Schnellverkehr im Verkehrsverbund Rhein-Sieg

VRS

Region Köln